本书为世界银行委托课题"中国可再生能源规模化发展项目（
社会可持续发展的能源革命战略路线图"研究成果

# "双碳"战略

## ——支撑经济社会可持续发展的能源革命战略研究

中国生产力学会◎编著

# THE ROAD TO CARBON PEAKING AND CARBON NEUTRALITY

经济管理出版社

ECONOMY & MANAGEMENT PUBLISHING HOUSE

图书在版编目（CIP）数据

"双碳"战略：支撑经济社会可持续发展的能源革命战略研究/中国生产力学会编著. —北京：经济管理出版社，2022.12

ISBN 978-7-5096-8849-6

Ⅰ.①双… Ⅱ.①中… Ⅲ.①能源战略—研究报告—中国 Ⅳ.①F426.2

中国版本图书馆 CIP 数据核字（2022）第 236015 号

责任编辑：胡　茜
助理编辑：杜羽茜
责任印制：黄章平
责任校对：张晓燕

出版发行：经济管理出版社
　　　　　（北京市海淀区北蜂窝 8 号中雅大厦 A 座 11 层　　100038）
网　　　址：www. E-mp. com. cn
电　　　话：（010）51915602
印　　　刷：唐山昊达印刷有限公司
经　　　销：新华书店
开　　　本：787mm×1092mm/16
印　　　张：21
字　　　数：455 千字
版　　　次：2022 年 12 月第 1 版　　2022 年 12 月第 1 次印刷
书　　　号：ISBN 978-7-5096-8849-6
定　　　价：98.00 元

# 课题组

## 顾 问

蒋正华　第十届全国人大常委会副委员长
　　　　中国生产力学会名誉会长
王茂林　第十届全国人大法律委员会副主任委员
　　　　中国生产力学会首席顾问
王梦奎　国务院发展研究中心原主任
　　　　中国生产力学会专家委员会主席
杜祥琬　国家能源咨询专家咨询委员会原副主任
　　　　国家气候变化专家委员会原主任
　　　　中国工程院院士

## 组 长

牛仁亮　博士
　　　　中国生产力学会顾问
王进才　博士
　　　　中国生产力学会常务副会长兼秘书长

## 副组长

董 忠　博士
　　　　中华联合保险集团股份有限公司监事长
　　　　国务院研究室原司长
陈文晖　博士
　　　　中国生产力学会监事
　　　　北京服装学院教授

## 学术指导

吴 吟　国家能源局原副局长
周大地　国家发展和改革委员会能源研究所原所长

周凤起　中国宏观经济研究院研究员
　　　　国家发展和改革委员会能源研究所原所长
张希良　清华大学能源环境经济研究所所长、教授
史　丹　中国社会科学院工业经济研究所所长、研究员
李俊峰　中国能源研究会可再生能源专业委员会原主任
杨世伟　中国社会科学院大学教授、博士生导师
　　　　经济管理出版社社长
孙耀唯　中国投资协会能源投资专业委员会会长
杨维富　槐泽（北京）智库专家委员会主任
　　　　国务院发展研究中心公共管理与人力资源研究所
　　　　原所长助理、研究员
李艳芳　中国人民大学能源法研究中心教授
赵晓丽　中国石油大学（北京）经济管理学院教授

## 项目指导

梁志鹏　国家能源局法制和体制改革司副司长
罗志宏　中国可再生能源规模化发展项目管理办公室主任
韩翠丽　中国可再生能源规模化发展项目管理办公室项目经理

## 特邀专家（按姓氏笔画排序）

王世江　中国光伏行业协会秘书长
王贺武　中国电动汽车百人会秘书长
代贤忠　国家电网能源研究院智能电网研究室主任
刘金侠　中国石化集团新星石油公司北京地热能源技术研究院院长
杨　雷　北京大学能源研究院教授
时璟丽　国家发展和改革委员会能源研究所可再生能源中心研究员
何冠楠　美国麻省理工学院博士
宋丽莉　广东气候中心首席分析员、教授级高级工程师
　　　　环境研究中心主任
陈　勇　国际可再生能源署（IRENA）可持续城市能源项目主管
周　胜　清华大学核能与新能源技术研究院副研究员
周希舟　剑桥能源（IHS Markit）全球副总裁
秦海岩　中国可再生能源学会风能专业委员会秘书长
常建忠　山西能源学院院长
雷仲敏　青岛科技大学经济与管理学院城市可持续发展研究中心主任
裴哲义　国家电网有限公司国调中心教授级高级工程师

## 课题组成员

陈文晖　任东明　杜忠明　易跃春　张　达　高　虎　赵勇强　辛颂旭
李琼慧　刘　坚　苏辛一　王新雷　林卫斌　王婧倩　熊　兴　高　源
韩燕旭　华明国　李红耀　李昌伦　翟志伟　马险峰　张哲华　纪　怡
王晓蕊　李少彦　夏　婷　朱丽丽

## 参加单位

中国生产力学会
清华大学能源环境经济研究所
水电水利规划设计总院
国网能源研究院有限公司
电力规划设计总院
国网经济技术研究院有限公司
北京师范大学经济与资源管理研究院
山西能源学院
北京服装学院

# 序言一  大力发展可再生能源，支撑我国经济社会可持续发展

2020年9月22日，国家主席习近平在第七十五届联合国大会一般性辩论上指出："中国将提高国家自主贡献力度，采取更加有力的政策和措施，二氧化碳排放力争于2030年前达到峰值，努力争取2060年前实现碳中和。"这充分展示了我国在气候变化上的大国担当，同时也是对全世界的庄严承诺。实现这一碳减排目标要多管齐下，但其根本还在于大力发展零碳排放的可再生能源，加快从化石能源向清洁能源的彻底转型。一方面，目前我国煤炭在一次能源消费中比重高达57%，二氧化碳年排放量超过美国、欧盟、日本的总和，要在不到10年内实现碳排放达峰、40年内实现碳中和，任务极其艰巨且紧迫。另一方面，新冠肺炎疫情仍在世界蔓延，百年未有之大变局加速演进，俄乌冲突更是加剧了这一变局的演进速度，我国安全形势不确定性、不稳定性增大，鉴于我国石油、天然气分别高达72%和45%的对外依存度，必须把发展可再生能源作为替代石油天然气进口、维护国家能源安全的重大战略和紧迫任务。

从历史经验来看，能源发展通常紧随工业革命的脚步，为工业革命及其发展提供持续且不断增强的动力，工业革命所带来的产业发展又产生了对能源的更大规模、更多形式的需求。可以说，能源革命与工业革命是相伴而生、相互促进的两支革命力量。能源革命是工业革命中最重要的组成部分，是推动工业革命最为核心的力量。能源发生变革的根本原因，离不开当时历史阶段下社会发展对能源的客观需求，特别是工业革命催生的新产业发展对能源所形成的巨大市场需求。当人类社会演进到更高阶段的生产和生活水平时，必然产生对用能方式、能源开采和输送等方面的新要求，新的能源形式和生产供应体系也就应运而生。

当前，全球进入新一轮能源大变革时代，其本质就是用清洁低碳能源替代化石能源，最终建成以非化石能源为主体的可持续能源供应体系。全球能源变革的驱动力来源于世界各国为顺应全球能源变革的大趋势，以及针对传统能源发展所面临的困境所采取的积极行动。解决全球环境污染问题的迫切需要极大推动了全球新一轮能源变革。为应对能源安全问题，许多发达国家和发展中国家都提出了自己的能源

转型战略，均把风能、太阳能等可再生能源作为重点发展领域。我国可再生能源经过10多年的快速发展，水电、风电、太阳能发电、生物质能发电装机均居世界第一，目前风电装机2.1亿千瓦，光伏装机2.04亿千瓦，均占全球的1/3，连续7年成为全球可再生能源最大投资国，形成了有国际竞争优势的产业链，"可再生能源第一大国"的绿色新名片越来越亮。因此，我国目前已具备大力发展可再生能源、加速能源转型的基础条件。

一是经济上可行。2009年以来，光伏发电度电成本累计下降了80%，陆上风电平均度电成本下降了46%，目前大多数地区已基本接近平价上网，部分地区已可实现低价上网。内蒙古、青海等地光伏发电成本已降到0.22元/千瓦时，优于一般火电价格。未来较短时间内，光伏和风电（包括海上风电）成本仍有较大下降空间，可再生能源发电总体上进入平价时代，可以实现不要补贴的自我发展。

二是资源支撑充分。我国可再生能源资源丰富，风能资源技术可开发量超过100亿千瓦，太阳能资源技术可开发量超过1200亿千瓦，可再生能源可提供的能源供应量是我国能源需求总量的10倍以上，完全可以支撑能源替代和变革转型。

三是生态效应明显。2021年我国可再生能源利用总量达到7.5亿吨标准煤，相当于减少二氧化碳排放20亿吨。以前人们担心光伏发电会影响植物生长，但实践表明光伏板能遮光挡风，反而促进了植物生长。青海省海南藏族自治州共和县光伏产业园修建光伏板使子阵区风速下降了50%、蒸发量减少了30%，草地含水量大增，形成板上发电、板下养羊的"牧光互补"发展模式。内蒙古库布其沙漠建立达拉特光伏发电基地，每年减少项目所在局部区域蒸发量800毫米，降低风速1.5米/秒，板下板间还可种植甘草、苜蓿、沙米、打沙旺等植物，形成了防风固沙、储水发电、种植一体化的光伏产业综合发展模式。

当然，我国可再生能源应用的发展并不都是一帆风顺的，目前仍面临着一些障碍，需要采取多方面措施不断推进。

一是能源转型战略实施路线图不清晰。能源清洁低碳转型的长期战略目标与保障能源供应的近期政策目标存在冲突，特别是我国能源资源禀赋长期被描述为"富煤、缺油、少气"，很多人持有"能源安全靠煤炭"的观念，地方和企业对煤炭存在严重的"路径依赖"，在能源转型过程中如何协调煤炭与可再生能源是一个重大挑战。

二是重大关键核心技术依然受制于人。例如，风电机组中的叶片设计软件、控制芯片、主轴承、大功率绝缘栅双极晶体管（IGBT），以及光伏发电中的镀膜设备等，如果西方对我国进行技术封锁，存在一定风险。再如，储能技术是大规模发展可再生能源的基本支撑，但我国电化学储能等新型储能技术还处于起步阶段，各类电化学储能电池成本较高、寿命偏低、安全性有待提高，这是又一大挑战。

三是土地空间管理和用地、融资等政策构成可再生能源发展的重要制约。目前阿联酋光伏发电度电成本不到 0.1 元，重要原因之一就是土地零成本，融资成本低。我国国土空间规划还没有将风电、太阳能发电等纳入用途范围，内蒙古目前 50% 的国土面积划定为生态红线，50% 的国土面积划定为基本草原（实际上相当部分是荒漠化土地），不允许建设风电、太阳能发电项目。此外，用地贵、融资贵已成为突出问题，以光伏电站为例，因土地不合理税费导致度电成本抬升 0.3 元左右，即占度电成本的 15% 左右；因资金成本（国际贷款利率一般在 3% 以下，我国实际达 7% 左右）抬升度电成本 0.6 元，即占度电成本的 30% 左右，两项合计 0.9 元，占度电成本的 45% 左右。

四是电网技术运行体系和电力市场管理体制不适应可再生能源大规模开发利用需要。一方面，大量不可控的风电、光伏发电以及分布式电源，对现有电网的技术和运行控制提出了重大挑战，近年来三北地区出现严重弃风弃光问题就是一个突出反映。另一方面，我国能源价格仍然实施政府定价或间接控制，电网主要由国家电网和南方电网公司投资运营，特别是以省份为实体的电力平衡机制使得跨省份电力交易壁垒严重，阻碍了可再生能源电力的广域配置和消纳，也没有形成促进可再生能源利用的电力市场机制。

因此，为大力发展可再生能源，加速我国能源转型，支撑我国的可持续发展，首先要做好能源转型的顶层设计，制定"三步走"能源转型路线图。瞄准 2035 年、2050 年的现代化目标，坚定向可再生能源为主体的清洁低碳方向发展的战略定力；必须解决好当下的能源供应、能源环境、能源安全、能源成本等问题。可以按照以下路线实施：

第一步："十四五"时期，能源需求增量基本依靠可再生能源和核能的供应增量满足，天然气供应增量主要用于替代煤炭，做到煤炭消费量基本上不再增长。

第二步：2025~2030 年，可再生能源和核能供应增量基本满足能源需求增量，争取化石能源消费总量不再增长，煤炭消费量开始下降，二氧化碳排放量在 2030 年前达到峰值。

第三步：2030 年后，可再生能源供应增量超过能源需求增量，对存量煤炭供应能力进行逐步替代；在 2035~2050 年，进一步加速可再生能源对煤炭、石油等化石能源的替代，2050 年基本建成符合碳中和目标的清洁低碳、安全高效能源体系。建议编制 2021~2035 年可再生能源中长期开发利用规划。

其次要对能源转型重大关键技术研发创新作出战略布局。这是未来国际科技竞争的重要领域。针对能源转型的基础研究，最为重要的是要建立能源国家实验室，围绕太阳能发电、电化学储能、氢能、新型燃料、智能电网等领域，就关键技术进行集中攻关。具体可以参照集成电路产业基金的方式设立国家能源绿色低碳技术引导基金，支持清洁能源的研发创新。

最后，要研究制定大幅降低可再生能源用地成本和融资成本的支持政策。这是制约可再生能源发展的重要瓶颈，要下决心予以突破。我们建议对风电、光伏等用地最大限度降低土地成本，西部地区的一些地方可以实行零地价政策扶持相关产业的发展。另外，可以从国家层面统筹整体设计能源转型的金融支持政策，对金融机构绿色信贷设定基本的金融服务标准，特别要建立支持终端环节分布式能源和节能项目的资金扶持机制。

总之，要按照二氧化碳 2030 年前达峰、2060 年前碳中和的应对气候变化自主贡献目标，对能源管理体制、市场机制、技术体系、能源设施、政策体系等进行全面重塑。在这个过程中，要注意处理好提高可再生能源比重与能源节约的关系，统筹好甲醇等煤基液体燃料与新能源交通在替代石油进口方面的作用，协调好燃煤发电与可再生能源发电的关系，确保顺利实现能源绿色低碳转型的战略目标。

第十届全国人大常委会副委员长

中国生产力学会名誉会长

2022 年 6 月于北京

# 序言二 引领能源行业高质量发展，稳步实现能源转型

2020年9月22日，国家主席习近平在第七十五届联合国大会上宣布：中国将提高国家自主贡献力度，采取更加有力的政策和措施，二氧化碳排放力争于2030年前达到峰值，努力争取2060年前实现碳中和。习近平同志的讲话充分体现了我国与世界各国共建清洁美丽世界的责任担当，表明了我国将"绿色复苏"作为推动疫情后世界经济发展重大战略措施的坚定决心。

我国明确在2060年前实现碳中和的目标，在二氧化碳排放达峰后的30年内就要实现，即使从现在算起也只有不到40年的时间，难度要比发达国家大得多，必须付出成倍的努力，加速能源供应向清洁低碳转型。目前，我国能源领域的二氧化碳年排放量约100亿吨，占全球二氧化碳排放总量的30%左右。2020~2050年，若全球以8%碳强度下降率减排，可以保证以大于66%的概率实现不超过2℃温升的目标。中国要实现二氧化碳排放在2030年前达峰的目标和2060年前碳中和的目标，需要进一步加大减排力度，二氧化碳排放在达峰后即转为快速下降。据测算，化石能源产生的二氧化碳排放将于2035年降至80亿吨，2050年应降至20亿吨左右甚至更低，趋势外延至2060年我国可基本实现碳中和。

碳中和是一盘大棋，实现"双碳"目标需要能源行业进行一场高质量转型。能源转型是长期的、系统性的能源生产和消费方式的转变。可再生能源与化石能源在很长时期内，需要共同分担能源供应保障的责任。可再生能源开发利用与能源节约也必须相互支撑，才能顺利地实现能源绿色低碳转型的战略目标。

一是要优先开发利用可再生能源，调整优化能源生产力布局，推进可再生能源规模化替代化石能源。要明确可再生能源在经济社会发展战略和能源战略中的优先地位，发挥可再生能源资源分布广泛、产品多样化的优势，集中开发与分散利用相结合，开发利用各类可再生能源，把发展可再生能源作为能源结构调整和煤炭消费控制与替代的优先方式，把可再生能源终端利用紧密融入城镇、工业、建筑、交通等各能源消费部门。

二是要解决好技术和体制的创新发展。要抓住多元技术创新蓬勃发展的契机，以

体制机制创新为动力，为可再生能源大规模应用创造条件。利用新一轮科技革命和以新能源为特征的全球第三次工业革命重大机遇，大力推进先进新能源技术装备研制、能源与电力系统智能化升级，促进储能、电动汽车、分布式能源、需求侧管理等新技术和新模式发展，通过加快体制机制创新，形成保障可再生能源电力消纳的电力市场体制机制，建立适应可再生能源发展特点的体制机制和管理体系，显著提高风电和光伏发电等新能源的技术水平和经济竞争力，形成以可再生能源应用为主的能源与电力系统。

三是要解决好以电力为核心的能源转型变革。电力是可再生能源开发利用的主要途径，也是未来能源系统和能源革命的核心。要发挥可再生能源电力运行成本低的优势，把电力作为发展可再生能源的核心，不断扩大可再生能源发电规模和在终端应用中的比重，使可再生能源发电成为全国重要电源和部分地区主流电源，分布式可再生能源发电成为主流利用方式，微电网基本实现商业应用。逐步建成支撑新能源发电的新型电力体系，常规火电电源的比重将下降成为调峰电源甚至备用电源；电网成为调节波动性可再生能源发电、火电调峰电源和各类储能系统的公共服务平台。

四是要准确理解与把握能源安全战略，处理好能源转型过程中实现"双碳"战略目标与现实发展之间的关系。为了如期实现"双碳"目标，中央多次强调要拿出抓铁有痕的劲头，地方政府、各行各业也积极响应。要打好这场硬仗，必须把"减碳"任务落到实处。近年来，一些地方由于对"双碳"目标理解不到位，出现了运动式"减碳"的苗头，加大了关停煤电机组的力度，部分地区甚至出现了"一刀切"的情况，直接关停大批燃煤电厂。不少煤电企业在高煤价和"一刀切"的双重打击下陷入经营困难，同时也引发了局部区域用电紧张的局面，给电网安全带来挑战。

中共中央政治局2021年7月30日召开的会议提出，要统筹有序做好碳达峰、碳中和工作，尽快出台2030年前碳达峰行动方案，坚持全国一盘棋，纠正运动式"减碳"，先立后破，坚决遏制"两高"项目盲目发展。所谓"先立后破"就是先把减碳基础设施建设好，做好各项准备工作，在保证经济平稳运行的基础上，有计划、有步骤地去煤减碳，避免对经济发展造成较大冲击。

"十四五"时期是碳达峰的关键期、窗口期。按照中央决策部署，中国将重点在构建清洁低碳安全高效的能源体系、实施重点行业领域减污降碳行动、推动绿色低碳技术实现重大突破、完善绿色低碳政策和市场体系、倡导绿色低碳生活、提升生态碳汇能力等方面下功夫。

从现实看，一方面，要立足于实际，积极推动煤炭的高效清洁利用。煤炭作为我国长期以来重要的一次能源，是能源转型与保障能源安全的根本底线要求，到2030年煤电的比重仍然会达45%以上。今后10~15年是加大煤炭清洁高效利用的窗口期，要在比如超超临界发电基础上积极推进洁净煤技术创新，形成引领世界的煤炭清洁高效转化与利用的新兴产业。另一方面，要把握好能源转型的节奏与力度。不同地区经济发展阶段、排放现状、减排潜力存在较大差异。经济较发达的城市，服务业比重高，落实"减碳"目标难度相对较小。但有些地方产业结构偏重，"减碳"任务更艰巨。这些问题如何协调解决，需要用全国一盘棋的思维统筹考虑。

总之，要按照2030年前碳达峰、2060年前碳中和的应对气候变化自主贡献目标，对能源管理体制、市场机制、技术体系、能源设施、政策体系等进行全面重塑。这个过程中，要注意处理好提高可再生能源比重与能源节约的关系，统筹好甲醇等煤基液体燃料与新能源交通在替代石油进口方面的作用，协调好燃煤发电与可再生能源发电的关系，确保顺利实现能源绿色低碳转型的战略目标。

本人作为中国生产力学会的前会长和首席顾问，带领学会在能源方面进行了一系列的研究，先后完成了《发展煤基醇醚燃料是我国替代石油的根本出路》《关于建立我国煤炭期货市场的建议》《我国煤炭企业建设和谐矿区模式探索》《关于建立上海国际石油期货交易中心（所）的建议》《进口煤过多对我国煤炭行业发展的影响及对策建议》《关于支持煤层气开发利用和技术创新的建议函》《关于从能源安全战略角度规划布局用甲醇替代石油进口的研究报告》《关于大力发展可再生能源及其关键路径研究报告》等能源方面的研究报告，并多次得到了党和国家领导人的批示。本书正是取材于世界银行于2019年委托中国生产力学会完成的"支撑经济社会可持续发展的能源革命战略路线图"项目。经过1年的深入研究，完成了1篇主报告、5篇子报告、3篇专题报告、2篇调研报告共计38万余字的课题成果，为此课题组组织了20余次的业内知名专家研讨会，数十位业内专家为此不辞劳苦、潜心研究，课题组调研的足迹出现在黄河两岸，出现在沙漠戈壁，也出现在沿海和江南。

借此，我代表中国生产力学会向一如既往支持学会工作的各位领导，向课题组辛苦研究的各位专家表示由衷的感谢！

第十届全国人大法律委员会副主任委员

中国生产力学会首席顾问

王茂林

2022年6月于北京

# 前　言

中国生产力学会成立于1980年11月，业务主管部门为国家统计局。学会组建于改革开放之初，伴随改革开放步伐走过了40多年的历程。作为从事生产力理论研究和实践活动的单位和个人自愿结成的全国性、学术性、非营利性社会组织，中国生产力学会为政府和企业提供关于生产力发展的专业化决策和咨询服务，是国内外知名高端智库。迄今为止，在海洋强国建设、能源与粮食安全战略、自贸区发展战略、区域生产力发展、推动企业创新等方面，形成了重要研究成果，已有81项研究获得党中央、国务院领导批示，并推动落地实施，为推进我国生产力发展做出突出贡献。

本书是在世界银行委托中国生产力学会完成的"支撑经济社会可持续发展的能源革命战略路线图"项目基础上形成的，该课题历时1年，由10余位行业领军人物掌舵，20余位业内资深专家全程参与，课题采用最前端的模拟技术预测未来场景，共组织了20余次研讨会，并组织人员前往各地开展深入调研，最终形成了总报告、专题报告、调研报告及政策建议，共计35万余字的研究成果。报告围绕能源转型路径、未来情景分析、经济效益评价、体制机制保障等方面展开，对我国今后"双碳"战略的实施具有一定的参考价值和意义。

本书紧扣能源高质量转型的主题，深度剖析了我国发展可再生能源的可行性，符合我国能源转型的总体趋势要求，不仅为我国可再生能源发展道路选择提供了理论支持，更为能源转型实施路径提供了可供借鉴的方案、操作模型、体制机制与政策支撑。

本书第一章、第二章由任东明、高虎主持完成；第三章、第五章、第七章在张希良教授悉心指导下，由张达负责完成；第四章由任东明、李琼慧、苏辛一、王晓蕊、刘坚、王新雷联合完成；第六章由任东明、辛颂旭、李少彦、夏婷、李琼慧、王晓蕊联合完成；第八章由辛颂旭、李少彦、夏婷联合完成；第九章由任东明、李琼慧、王晓蕊、刘坚、王新雷、林卫斌联合完成；第十章由赵勇强、林卫斌、李琼慧、任东明联合完成；第十一章为由翟志伟、朱丽丽、王进才、陈文晖分别赴山西、青海在调研基础上形成的调研报告。

# 目　录

# 第一章　全球能源转型的必然性和趋势

## 第一节　能源发展的历史规律

要回答人类能源发展历史规律，我们需概要回顾人类能源的发展史。从能源发展史来看，人类社会共经历了三次能源革命，每次能源革命各有其特点并且都为人类文明的进步发挥了重要作用。

第一次能源革命发生在大约 40 万年前，以人工取火代替自然火的利用为标志，人类社会开始进入以薪柴为主要能源的时代。火的使用从根本上改变了人类的生产生活方式，开创了人类征服自然的历史进程，在人类的发展史上具有划时代的意义：火的使用使人类告别了茹毛饮血的生活，开始进入熟食时代，改善了人类的生活质量，提高了人类的生存能力；火的使用既为人类争取到了稳定的居住场所，又使人类更加能够抵御气候的变化，减少了疾病的发生，降低了死亡率；人类在长期使用火的过程中，逐渐开始学会用火烧制陶器、制作器皿，并逐步掌握了金属冶炼技术，劳动生产率大幅提高；人类开始大规模开垦荒地、发展农业，从此进入"刀耕火种"的农业社会；火的使用也扩展了人类的生存活动空间，人类从此开始加速繁衍并向全球各大陆逐步扩散。总之，正是第一次能源革命的发生正式开启了人类社会持续数千年的农业文明。

第二次能源革命发端于 18 世纪的英国，以蒸汽机的发明和煤炭的大规模使用为主要特征，标志着人类社会开始进入蒸汽时代。与第二次能源革命相伴生的是人类第一次工业革命（始于 18 世纪 60 年代）。18 世纪后期，商品经济的出现促进了国际贸易的大规模开展。诸多海外产品成为欧洲的重要消费品，欧洲贸易总量不断增长。贸易的迅速发展引起了对商品的巨大需求，而当时人们所使用的能源物质远不足以支撑大规模商品生产的发展，这就引发了人类对新的能源物质的需求，化石能源的开发和热能的利用应运而生。蒸汽机的发明和煤炭开采技术的突破，结束了人类对畜力、风力和小量水力的依赖，为机械化大生产提供了稳定且能效更高的动力技术。第二次能源革命开启了工业革命，西方国家率先实现工业化，开启了人类社会由古代农业文明向近代工业文明转变的历史进程，带来了资本主义和商品经济的大发展。生产技术的不断创新直接推动了劳动生产效率提高和 GDP 增长，科技进步成为经济增长新的源泉。第二次能源革命逐渐改变了人类的生产方式，机器生产取代了手工劳动，机器大工业取代工场手工业，并逐步形成机械化大生产的工厂体系。工业成为国民经济的支柱和主导产业，工业的迅速增长又进一步推动了整个产业结构的变迁。

第三次能源革命开始于 19 世纪下半叶，以电力、内燃机的发明和使用为主要特征，标志着人类进入了电气时代，能源的开发利用开始从单一以煤为能源的蒸汽动力，转向以煤、石油为能源的蒸汽力和内燃力，并逐渐过渡到以电力、内燃力取代蒸汽力。与第三次能源革命相伴生的是人类第二次工业革命（始于 19 世纪 70 年代）和第三次工业革命（始于 20 世纪中叶），催生出一系列前所未有的现代产业部门，把工业文明推向高度成熟阶段。在第三次能源革命推动下产生的第二次工业革命，机械化为其主要特征，促进了劳动生产率的大幅提高，使西方工业化国家的经济增长明显快于其他国家。同时，工业化国家国民经济结构也发生了重大变化：工业的比重超过农业，重工业的比重超过轻工业，资本、技术密集型产业逐渐超过劳动密集型产业。工业技术被广泛应用到国民经济的各个部门，交通运输、通信、商贸、金融等服务业得到了空前的发展。在第三次能源革命和与之相伴的第二次工业革命的推动下，先行工业化国家相继实现了城市化，城市人口逐渐超过乡村人口进而占据了全国总人口的绝大部分，同时，农业也逐步实现了机械化、现代化，乡村基础设施和公共服务的不断改善使乡村居民也能像城市居民那样享受现代工业文明的成果。

通过上述对人类所经历的三次能源革命历史及其作用的考察，本书归纳了四个方面的历史规律性：第一，能源发展将紧随工业革命的脚步，并为之提供持续发展的动力。第二，能源发展不断从较单一能源物质形态、较小开发利用规模、较低能源密度、较低能源效率向多元能源形态、较大开发利用规模、较高能源密度、较高能源效率的方向转变。第三，能源变革发生的根本触发因素离不开当时历史阶段下社会发展对能源的客观需求，特别是产业发展对能源所形成的巨大市场需求。第四，能源变革往往会伴随着一系列创新，如技术创新、制度创新、理念创新，正是由于这些创新的发生，才为能源变革提供了基础和条件，同时也使得能源变革最终成为可能。

## 第二节　传统能源发展面临的主要困境

传统能源发展主要面临以下三个方面的困境：

第一，气候变化问题的出现必将对传统能源的进一步发展构成实质性制约。1896 年，诺贝尔化学奖得主、瑞典化学家斯万特·奥古斯特·阿累尼乌斯教授估算，如果大气中的二氧化碳含量增加一倍，可使地球气温上升 5℃~6℃。1956 年，物理学家吉尔伯特·普拉斯利用气候模型，第一次阐述了气候变化的二氧化碳理论。随后，加州大学圣迭戈分校的查里斯·基林发表了大气中二氧化碳含量年变化的测量数据，发现大气中二氧化碳浓度有持续上升的趋势。这进一步证明了阿累尼乌斯教授提出的观点：大气中的二氧化碳含量的增加会造成全球变暖。1977年，科学家们达成了一个新的共识：全球变暖确实对人类构成严重威胁。这种威胁可以概括为以下四个方面：一是海平面上升。全球气候变暖导致的海洋水体膨胀和两极冰雪融化，可能在2100年使海平面上升50厘米，这将危及全球沿海地区，特别是那些人口稠密、经济发达的河口和沿海低地。二是对农业和生态系统的负面影响。全球气温和降雨态势的变化，可能使世界一些地区的农业和自然生态系统不能适应，造成大范围的森林植被破坏和农业灾害。三是自然灾害加剧。全球平均气温略有上升，就可能带来频繁的水文气象灾害，如暴雨、大范围干旱和持续高温等。四是危害人类健康。高温会给人类的循环系统增加负担，热浪会引起死亡率增加。同时，随着温度升高，可能使许多国家疟疾、淋巴丝虫病、血吸虫病、黑热病、登革热、脑炎等传染病蔓延。科学观测表明，地球大气中各种温室气体的浓度都在增加，其主要是工业革命以来人类活动影响的结果，特别是消耗的化石燃料（煤炭、石油等）的不断增长和森林植被的大量砍伐导致人为排放的二氧化碳等温室气体不断增加。因此，为有效应对全球气候变暖，人类逐步建立起来的、以煤炭和石油等化石能源为基础的能源系统发展必将受到严格的制约。

第二，全球环境问题的存在对传统能源的进一步发展形成严重制约。随着工业全球化的迅速扩张、化石能源的大量使用，环境问题日益严重，已经成为影响全人类生存和发展的主要因素，其主要表现在：一是大气污染。大气污染主要表现为煤烟型污染或光化学烟雾事件，导致城市大气环境中总悬浮颗粒物浓度普遍超标，二氧化硫污染处于较高水平，并且机动车排放的碳氢化合物、氮氧化物，也进一步加剧了大气污染。酸雨是大气污染的表现形式之一，指的是大气降水中酸碱度（pH值）低于5.6的雨、雪或其他形式的降水。现在"酸雨"一词已用来泛指酸性物质以湿沉降（雨、雪）或干沉降（酸性颗粒物）的形式从大气转移到地面上。酸雨中的成分绝大部分是硫酸和硝酸，主要源于化石燃料。酸雨对人类环境的影响是多方面的：酸雨改变河流、湖泊的生态环境，导致鱼虾减少或绝迹；酸雨可使土壤酸化，破坏营养物质，使土壤贫瘠化，危害植物、森林的生长。此外，酸雨还腐蚀建筑材料，毁坏文物。由于欧洲地区土壤缓冲酸性物质的能力弱，历史上酸雨曾经影响欧洲30%的林区发生退化，有些湖泊的酸化甚至导致鱼类灭绝。美国国家地表水调查数据显示，酸雨曾经造成美国75%的湖泊和大约一半的河流酸化；加拿大政府也进行过测算，约43%的土地（主要在东部）受到过酸雨影响，有14000个湖泊是酸性的。二是臭氧空洞。自1985年英国南极考察队发现南极上空的臭氧层空洞以来，情况越发严重。到1994年，南极上空的臭氧层破坏面积已达2400万平方千米。现在美国、加拿大、西欧、俄罗斯、中国、日本等国的上空，臭氧层都开始变薄。臭氧层被破坏，将使地面受到紫外线辐射增强，危及生物蛋白质和基因物质脱氧核糖核酸，造成细胞死亡；使人类皮肤癌发病率增高；白内障患者增加；抑制植物如大豆、瓜类、蔬菜等的生长，并穿透水层，杀死浮游生物和微生物，从而危及水中生物的食物链和自由氧的来源，影响水体生态平衡和自净能力。三是水污染。水是我们日常最需要的物质，然而由于工业污水、农业污水、生活污水和大量化学物品的随意排放，导致了海水、湖泊、地下水被严重污染，已经超出了环境自身的净化能力，水污染问题形势严峻。世界上许多地区面临着严重的水资源危机。据世界银行估计，由于水污染和缺少供水设施，全世界有 10 亿多人口无法获得安全的饮用水。四是有毒化学品和危险废物对健康的危害。人类活动产生的铅、汞、一些工业试剂和农药等有毒化学品，经常以废弃物的形式暴露于自然环境中，对人类健康产生严重影响。上述污染问题的出现，很大程度上是由于人类长期、大量使用煤炭、石油等化石能源造成的。化石能源在使用过程中释放出大量烟尘、二氧化碳、二氧化硫等有害气体，往往会引起 PM2.5 严重超标、酸雨危害等。此外，化石能源使用后留下的废液、废渣等也会直接引起土壤、水体污染，造成水资源危机、土壤重金属超标，给人类的健康造成严重损害。

第三，能源安全问题的存在也常常会对传统能源造成较大的困扰。人类最初对能源的开发利用往往限于一个固定的区域，然后慢慢扩展到更大的地区，直到近代才迅速扩大到全球。同时，受到早期生产力水平较低的制约，人类对能源的消耗数量有限，一般也不会短缺到出现需要从其他国家或地区进口能源的情况，何况在世界能源市场形成之前，世界范围内的能源流通也缺乏相应的客观条件。然而，当今世界只要提到能源，基本都需要从全球视角进行相关讨论，原因是能源，特别是其中的石油、天然气已经成为这个时代重要的战略资源，其作用足以对全球的政治、经济和军事构成影响，这也是能源安全问题日益引起各国重视的主要原因。

随着全球人口与经济的发展，世界能源安全形势引起各国重视，尤其是对于如何实现清洁、高效能源的稳定可靠供应，无论从长期或短期来看都面临一些困难和挑战。在传统能源安全框架下，油气能源供应是否充足、运输路径是否畅通以及价格是否可负担是通常重点考虑的问题。例如，20 世纪 70 年代成立的国际能源署（International Energy Agency，IEA），其主要作用就是通过建设石油储备、燃料替换和紧急增产能力，提高其成员国应对可能的石油供应中断的应急储备能力。

尽管全球能源系统受到各国经济增长放缓、气候变化形势恶化、环保要求提升、能源价格波动等因素的影响加深，但是世界能源的消费仍然处于上升通道，能源消费总量仍将维持增长态势。预计到 2040 年前，全球能源消费中的大部分增量将来自经济合作与发展组织（OECD）以外的国家，特别是经济增长相对强劲的国家，如中国、印度等亚洲国家，有限的化石能源储量与能源需求的持续增长之间的矛盾日益尖锐。为提高能源安全，尽快减少石油、天然气等能源品种在全球能源消费市场中所占的份额，世界各国必须采取积极的行动，使传统的能源系统向清洁、低碳和可再生的能源系统转变。可见在这一背景下，传统能源发展势必面临更多的发展瓶颈。

## 第三节 全球能源变革大趋势

在传统能源日益面临发展困境的情况下，世界各国正在积极推动全球能源转型，可以预见，未来全球能源变革将呈现以下四个方面的发展趋势：

第一，全球能源系统必将持续向清洁低碳方向转型。《巴黎协定》生效后，以"国家自主贡献"为基础的减排机制正在推动各国自觉制定各自的能源转型战略，提出更高的清洁目标，制定更加积极的低碳政策，以实现本国能源结构向低碳化方向转变。例如，德国提出 2020 年、2030 年、2050 年其终端能源消费中可再生能源比重分别达到 18%、30%、60%，可再生能源占电力总消费量的份额分别达到 35%、50%、80% 的目标。丹麦 2010 年就发布了能源转型发展国家战略，制定了 2050 年 100% 可再生能源路线图，目标是到 2050 年将完全摆脱化石能源消耗。根据国际能源署（IEA）的研究成果，预计到 2040 年，全球非化石能源发电量比重将提高到 45%，将形成煤炭、石油、天然气、非化石能源"四分天下"的能源新格局。

第二，新能源产业必将快速崛起并成为全球能源低碳发展的重要支柱。全球可再生能源权威平台 REN21 发布的数据显示，2019 年，全球可再生能源在发电中的占比已高达 26.4%。2009~2019 年，全球风电装机从 1.5 亿千瓦增加到 6.2 亿千瓦，光伏发电装机从 240 万千瓦增加到 5.9 亿千瓦。从全球一次能源消费结构变化来看，水电、风电、光伏、核电、天然气等清洁能源占比已经由 1965 年的 20.5% 上升到 2019 年的 39.9%，煤炭占比则由 1965 年的 37.5% 下降到 2019 年的 27%，石油占比则由 1965 年的 42% 下降到 2019 年的 33.1%。可见，随着风能和太阳能等新能源产业的快速崛起，全球能源结构已明显朝清洁低碳方向演进。

第三，能源领域多种新技术融合发展必将为人类生产生活方式带来革命性改变。进入 21 世纪以后，全球能源领域的技术创新速度明显加快，具体表现为：风能、太阳能、生物质能、新能源汽车等技术迅速成熟，成本快速下降，市场规模持续扩大。大规模储能、氢燃料电池、第四代核电、天然气水合物开采等技术有望获得明显突破。新能源技术与现代信息、先进制造、智能电网等技术日益深度融合，不断产生能源利用新产品、新模式、新业态，将持续推动全球能源低碳转型，结果必然会给人类生产生活方式带来革命性改变。

第四，以新能源为主导的智慧能源系统必将取代以化石能源为基础的传统能源系统。清洁、低碳、智能和可再生将成为新能源系统的主要特征。新一轮能源变革以能源与信息技术深度融合为表现形式，正在快速形成以智能电网为核心的智慧能源系统。主要发达国家正在积极行动，开展了包括智能电网平台、智能计量、智能监控和管理、可再生能源柔性接入、大规模储能、智慧建筑甚至是智慧城市、电动汽车等一系列技术的研发和应用，并着手制定了与智慧系统相应的标准体系，比较典型的如美国能源部提出的建立"21世界能源网络"，欧盟提出的"智慧能源欧洲计划"，日本的"新一代能源和社会体系示范计划"等。中国早在2011年就已经全面开启并快速推进智能电网建设。2015年7月，国家发展改革委、国家能源局印发《关于促进智能电网发展的指导意见》，明确提出2020年初步建成智能电网的发展目标。2016年2月，国家发展改革委、国家能源局、工业和信息化部联合发布了《关于推进"互联网+"智慧能源发展的指导意见》，随后国家能源局正式启动并公布了55个示范项目，标志着中国智慧能源系统建设工作已经取得阶段性成果并在快速往前推进。

## 第四节 全球能源变革的驱动力

全球能源变革的驱动力直接来源于世界各国为顺应全球能源变革的大趋势，针对传统能源发展所面临的困境而所采取的积极行动。

第一，应对全球气候变化推动了全球能源变革。由于气候变化的全球影响远远超出了自然科学的范围，要应对气候变化问题，需要开展全球范围的合作。因此，在联合国的主导下，联合国政府间气候变化专门委员会（Intergovernmental Panel on Climate Change，IPCC）于1988年在日内瓦成立，目的是协调全世界的气候研究和气候保护。1994年3月21日，《联合国气候变化框架公约》正式生效，此后每年都召开一次缔约国大会。1997年12月，《联合国气候变化框架公约》第3次缔约方会议（COP3）在日本东京召开，提出了温室气体排放将受到国际法的约束。2007年12月在印度尼西亚巴厘岛举行的《联合国气候变化框架公约》第13次缔约方会议通过了名为"巴厘岛路线图"的决议，明确提出了为阻止人类活动加剧气候变化必须"大幅度减少"温室气体排放的决定。2015年11月30日至12月11日，在法国巴黎举行了《联合国气候变化框架公约》第21次缔约方会议。在本次会议上，全球近200个缔约方通过了具有历史意义的全球气候变化新协议，即《巴黎协定》。根据该协定，各方同意结合可持续发展的要求和消除贫困的努力，加强对气候变化威胁的全球应对，将全球平均气温升幅与前工业化时期相比控制在2℃以内，并继续努力争取把温度升幅限定在1.5℃之内，以大幅减少气候变化的风险和影响。在资金方面，协定规定发达国家应协助发展中国家，在减缓和适应两个方面提供资金资源。根据协定，各方将以"自主贡献"的方式参与全球应对气候变化行动。在应对全球气候变化行动的推动下，各国积极制定各自的能源转型战略，极大推进了全球能源转型的步伐。

第二，应对全球环境危机推动了全球能源变革。面对不断加剧的环境问题，在全球范围内掀起了多种反污染反公害的环境保护运动。1967年，日本律师联合会发表了《人权白皮书》，大声疾呼"公害侵犯人权"，新闻媒体也纷纷把焦点对准了环境问题。与此同时，理论界也加强了对这一领域的研究力度，保罗·埃利奇（Paul R. Ehrlich）的《人口、资源、环境》及罗马俱乐部（The Club of Rome）的《增长的极限》等一批影响深远的著作先后问世。1970年4月22日成为世界环保史上值得纪念的日子，这一天群众性环保运动席卷全美国，各阶层人士在各地举行游行、集会、演讲，2000多万人参加了这次规模空前的运动。这次活动在国际社会上产生了广泛影响，得到了世界许多国家的积极响应，形成了世界性的环保运动。为纪念这次活动，每年的4月22日被定为"世界地球日"。各国家先后通过理念创新、政策创新、技术创新、产业创新或经营创新来实现经济社会的可持续发展，力图在完成国际条约中所承诺的环保任务的同时，实现本国能源结构和经济结构的调整并带来新的经济发展模式和新的经济增长点。例如，美国在《清洁空气法》和《能源政策法》的基础上提出了"清洁煤计划"，其目标是充分利用进步技术，提高效率，降低成本，减少排放。欧洲作为老牌的工业地区，从理念、政策和制度、技术和产业、企业经营和消费生活的各个领域，开展了一系列创新活动。2006年欧盟发表了《斯特恩报告》，形成了欧盟应对环境危机的政策基础。日本作为《京都议定书》的发起国和倡导国，其在可持续经济发展方面也作出了巨大努力。投入巨资开发新能源和可再生能源，不仅只集中在新能源的产业化方面，还注重对太阳能、风能、氢能、燃料电池，以及潮汐能、水能、地热能等方面的基础研究。可以说，应对全球环境危机也极大推动了全球能源变革。

　　第三，提高能源安全的战略需求推动了全球能源变革。为应对能源安全问题，许多发达国家和发展中国家都提出了能源转型战略，均把风能、太阳能等可再生能源作为重点发展领域。丹麦提出到2050年完全摆脱化石能源。德国提出的战略目标是到2050年可再生能源在能源消费中占60%、在电力消费中占80%，并制定了各阶段的具体目标。美国没有直接设定可再生能源发展目标，2015年通过的《清洁电力计划》（Clean Power Plan，CPP）要求美国电力部门在2030年碳排放量较2005年下降32%，并要求各州最晚要在2018年提出各自的实施方案。美国能源部相关研究提出到2030年风电可以占到全部发电量的20%，2050年可再生能源发电占全部发电量的80%。美国最重要的可再生能源扶持政策是联邦层面的生产税收抵免（PTC）、投资税收抵免（ITC）以及《2009美国复苏与再投资法案》中的现金补贴政策。此外，约29个州和华盛顿特区建立了可再生能源市场份额政策（RPS）。可见，提高能源安全的战略需要客观上推动了全球能源变革的进程。

## 第五节　全球能源变革带来的深远影响

　　如前所述，能源发展将紧随工业革命的脚步，并为之提供持续发展的动力，可以预见，新一轮能源变革必将对全球产生全方位深远的影响。

　　第一，新一轮能源变革将同一系列新经济形态紧密结合，并将有力推动其迅速扩张。新一轮的能源变革是在循环经济、低碳经济、数字经济（平台经济、共享经济、"互联网+"）的理念指导之下，以循环经济、低碳经济、数字经济相关的一系列现代高新技术作为技术基础，同数字经济、低碳经济、循环经济的生产和消费方式高度契合的一场革命。例如，智能电网、新能源技术均以数字经济作为基础，开发可再生、可持续的能源又显然与循环经济、低碳经济具有内在的同一性。循环经济、低碳经济、数字经济代表了当代世界先进生产力发展的趋势和潮流，因此新一轮能源革命也成为当代世界先进生产力发展趋势和潮流的重要组成部分和重要标志。

第二，新一轮能源变革必然促使能源系统由传统的不可再生、不可持续的化石能源形态，向以低碳和可再生新能源为主的形态发生快速转变。曾经支撑起工业化生产生活方式的石油和其他化石能源资源正日渐枯竭，以化石燃料为基础的各国产业经济竞争引致全球出现严重的地缘政治冲突；化石能源导致的全球气候变化正威胁着人类的生存和发展。从长远看，人类需要一种以可再生能源为推动力的新的经济发展模式，即要系统性地改变社会生产生活方式，以突破化石能源的资源环境约束。

美国、欧盟、日本和韩国等主要发达经济体均纷纷制定了针对性的举措来支持能源相关领域的科技创新，扶持相关产业发展。美国把开发新能源、发展绿色经济作为振兴美国经济的重要突破口之一，重点包括推进风能、太阳能、地热能利用，支持海洋发电技术研发，加大清洁能源技术开发示范力度，加速发展纤维质乙醇、纤维素和藻类等下一代生物能源，大力开发下一代生物燃料技术及新能源汽车，以及发展智能电网、碳捕集和储存等。欧盟曾提出到 2020 年将可再生能源在能源消费总量中的比重提高到 20%，2050 年进一步达到 55% 以上，建成高效低碳能源网络。欧盟明确了可再生能源在未来能源的主导地位，并制定涵盖生物能源、风能、地热能、太阳能以及水力发电等多个领域的计划。日本致力于开发多种可再生能源，包括光伏发电、风力发电、地热发电、水力发电、生物质能利用和太阳能热利用等。日本《能源基本规划》也曾提出到 2020 年可再生能源在一次能源供应结构中的占比达到 10%。韩国将发展低碳绿色经济上升为国家战略，设立绿色基金，加大政府投资力度，实施绿色债券、绿色认证制度以及税收优惠等政策，大力开发新能源和再生能源、低碳能源、发光二极管应用、绿色运输系统等绿色能源技术，建设高科技绿色城市。主要发达国家加大在能源科技创新领域的资金投入和政策支持，将大大加速世界能源科技创新步伐。因此，新一轮能源变革必将大大开拓人类所利用能源资源的范畴和规模，可利用的能源资源将具有无限可能性，因此具有划时代的意义。

第三，新一轮能源变革将使能源系统由当前以集中供应为主向以分布式能源供应为主转变。随着人类对能源的依赖加深，以及传统集中式能源供应系统弊端的日益显现，人们正在寻求支撑人类文明进程的新型能源供应体系。开发利用可再生能源、构建可持续能源供应系统现已成为各国的共识与必然的发展趋势。

分布式能源系统是指将能源生产以小规模、小容量、模块化、分散式的方式布置在用户端，以双向传输冷热电能。可以通过多种渠道生产能源，以分散式发电和大电网统筹的方式，实现能源的多渠道供应和多层次开发，促进可再生能源规模化发展；可以提高能源利用率和供电安全性，实现按需供能，并为用户提供更多选择。分布式能源系统成为全球电力行业和能源产业的重要发展方向。分布式能源作为 21 世纪科学用能的最佳方式，在过去的 30 年间已逐渐得到广泛重视，成为世界各国的共同选择和全球能源发展的新方向。

美国经济学家杰里米·里夫金提出的"第三次工业革命"概念，即是以新能源为核心的工业革命。第三次工业革命将把每一栋楼房变成绿色建筑和微型发电厂，每一个建筑物都成为一个能源收集器，都是能源生产单位，集电、热、冷的采集和储存为一体，实现网络化的储存与传输，建立基于智能化的能源网络体系。未来，人们可以通过互联网，建立起一个像神经末梢的分布式供电智能网络，使电网变成一种能源型的互联网。成千上万分散的建筑，每一个都是小小的发电站。数以亿计的人们将在自己家里、办公室里、工厂里生产出绿色能源，并在能源互联网上与大家分享，这就好比现在我们在网上发布、分享信息。分布式能源系统将改变原有生产与消费时空分离的格局，构建一个全新的能源供应体系，让能源用户成为能源生产和供应商，带来能源生产和供应方式的根本性变化，乃至社会利益格局及人类生活方式的巨大变革。

第四，新一轮能源变革将带来智能电网、储能和电动汽车等新技术的广泛推广和使用。面对日益加剧的化石能源资源耗竭、气候变化和环境恶化等危机，需要大规模开发可再生能源发电。但可再生能源的发展将大大增加波动性发电的比重，随着波动性发电渗透率增加达到 15%~20%，传统电网网架和有限的灵活性严重制约着可再生能源发电的接入，难以确保电力系统的可靠安全运行。需要发展智能电网和储能技术使更多的间歇性电源有效接入电网，促进大规模间歇性电源和分布式电源的接入。

电动汽车和插电式混合动力汽车的发展，将大大促进交通领域的电气化。据 IEA 预测，到 2050 年交通运输行业用电将占电力消费总量的 10%。如果汽车充电不能实现智能管理，可能增加电力系统高峰负荷。智能电网技术可以让充电更具策略性。长期而言，智能电网技术也能够使电动汽车在需要的时候把电池中存储的电力回馈到系统中。

随着电力需求的不断增长和变化以及分布式发电的广泛应用，电网规模的扩大以及影响电力系统安全运行的不确定因素和潜在风险不断增加，而用户对电力供应的安全可靠以及电能质量的要求也越来越高。发达国家老化的配电和输电基础设施需要替换和更新，要求推广应用新技术，确保电网的安全和可靠，提高电能质量，同时能够提高电网效率，实现系统的经济高效。

第五，新一轮能源变革将引发能源生产、流通、分配、消费体制机制的深刻变化。传统的能源生产和消费方式以工业化集中生产为特征，生产者和消费者分离，生产地和消费地分离。新一轮能源革命将使未来能源生产者和消费者可以互动，并在一定意义上完全一样。分布式能源和智能电网的快速发展将使消费者在一定程度上、一定范围内也成为能源生产者。能源生产、使用产生的废弃物又有望成为新的能源资源，因此能源消费过程也成为一个能源生产过程。不仅能源本身已经高度金融化，而且能源消费过程产生的排放物如碳排放也已金融化，重新进入能源市场，将带来整个能源生产、流通、分配、消费体系一系列的重要制度变革，包括产权制度、企业制度、产业组织制度、交易制度、定价制度等。

第六，新一轮能源变革最终会重塑全球能源地缘版图。新一轮能源变革不断推进的最终结果是可再生能源必将变为全球的主体能源。可再生能源具有一些特有的属性：一是不同于化石能源仅集中在特定区域，可再生能源具有地理方面的遍在性，几乎所有的国家和地区都能获得，从而极大提高了各国能源的可获取性，基本可忽略类似油气贸易中地理节点的影响。二是相比化石能源的不可再生性，可再生能源基本上取之不尽用之不竭。三是可再生能源具有开发的灵活性，既可以集中开发也可以分布式开发，这决定了其普及效果将远远大于传统能源。四是可再生能源的边际成本几乎为零，其盈利潜力远远大于化石能源，且开发成本正在快速下降。依靠可再生能源的开发利用，全球大多数国家都有实现能源独立的可能，届时各国将拥有更强的能源安全保障，那些严重依赖化石能源进口的国家将利用可再生能源开发获得足够数量的能源。正如传统化石能源曾改变了过去两个世纪的地缘政治版图一样，以可再生能源为主导的全球能源转型必将彻底改变全球能源治理结构和国家之间的关系，进而会极大降低全球地缘政治动荡风险发生的可能性。

# 第二章 中国能源革命的必然性和紧迫性

## 第一节 能源资源基础及利用条件

### 一、煤炭

中国煤炭资源丰富，保有资源量和预测资源量累计 5.82 万亿吨，其中保有资源量 1.94 万亿吨，1000 米以浅潜在资源量 1.44 万亿吨，1000～2000 米潜在资源量 2.44 万亿吨；保有资源量中，保有已利用量 0.4 万亿吨，保有尚未利用量 1.54 万亿吨[①]。仅从资源量上看，煤炭供应量可继续增加，并保持长期供应。但中国煤炭资源分布很不均衡，集中分布于山西、陕西、内蒙古、新疆等北部、西部地区，南方地区 80% 集中在云南、贵州两省，开发条件较差，成本较高。

### 二、石油

中国常规石油地质资源总量约 1080 亿吨[②]，其中陆上资源 792 亿吨、海域资源 288 亿吨。截至 2018 年底，全国常规石油剩余地质资源量 673 亿吨、剩余可采资源 160 亿吨。其中，陆上剩余地质资源量 478 亿吨、剩余可采资源 105 亿吨；海上剩余地质资源量 195 亿吨、剩余可采资源 55 亿吨。未来通过增加勘探投入等，可进一步增加储量。但从目前已有分析看，每年维持在 2 亿吨的常规产量已属不易。此外，中国还有较大数量的非常规石油资源。非常规石油地质资源量约 672 亿吨，技术开采资源量 152 亿吨，未来有望成为生产重要接替领域。

### 三、天然气

根据国土资源部 2015 年油气资源动态评价结果，中国常规天然气地质资源量 90.3 万亿立方米，可采资源量 50.1 万亿立方米；埋深 4500 米以浅页岩气地质资源量 122 万

---

① 数据来源：彭苏萍，等．煤炭资源强国战略研究［M］．北京：科学出版社，2018.

② 数据来源：郑民，李建忠，吴晓智，等．我国主要含油气盆地油气资源潜力及未来重点勘探领域［J］．地球科学，2019，44（3）：833-847.

亿立方米，可采资源量 22 万亿立方米；埋深 2000 米以浅煤层气地质资源量 30 万亿立方米，可采资源量 12.5 万亿立方米。预计未来常规天然气产量可达到 2300 亿立方米，非常规天然气产量 800 亿立方米。天然气资源主要分布在塔里木、四川、鄂尔多斯、柴达木、松辽、东海、琼东南、莺歌海和渤海湾九大盆地。

### 四、水能

中国水力资源理论蕴藏量在 1 万千瓦及以上的河流共 3886 条，根据《水电发展"十三五"规划》，全国水能资源可开发装机容量约 6.6 亿千瓦，年发电量约 3 万亿千瓦时。未来待开发水能资源集中在金沙江、雅砻江、大渡河、澜沧江、雅鲁藏布江等西南地区。

### 五、风能

中国风能资源分布广泛。根据中国气象局发布的关于 2020 年我国陆上和近海风能资源的评估报告，在剔除不能开发和限制风能资源开发的区域后，对年平均风功率密度大于等于 150 瓦/平方米的区域，我国陆地距地面 70 米、100 米高度层的风能资源技术开发量分别为 75.5 亿千瓦和 98.7 亿千瓦。近海 100 米高度内，水深在 5~25 米范围内的风电技术可开发量约 1.9 亿千瓦，水深在 25~50 米范围内的风电技术可开发量约 3.2 亿千瓦。中国风能资源较强的地区主要分布在内蒙古、新疆、甘肃、河北、吉林、黑龙江、山东、江苏等地区，其中，内蒙古、新疆、青海 100 米高度层风功率密度大于 150 瓦/平方米的风能资源可开发量分别为 29.1 亿千瓦、14.7 亿千瓦、4.0 亿千瓦。

### 六、太阳能

中国太阳能资源十分丰富。根据中国气象局风能太阳能资源中心发布的关于 2020 年我国光伏资源的评估报告，考虑不可开发和限制开发因子的 GIS 空间分析显示，水平面总辐射年总量超过 1000 千瓦时/平方米的太阳能资源丰富地区的光伏技术开发量超过 1361 亿千瓦，覆盖除四川盆地、重庆等地区的全国绝大部分地区。其中，内蒙古中西部、甘肃中西部、青海、西藏、川西高原等地水平面总辐射量年总量超过 1700 千瓦时/平方米，是我国光伏资源最丰富的地区。按水平面总辐射量年总量超过 1700 千瓦时/平方米的区域测算，新疆、青海、内蒙古的光伏技术可开发量分别为 150 亿千瓦、151 亿千瓦和 137 亿千瓦。

## 第二节　能源开发利用状况

近年来，中国能源总体供需平衡，保障能力进一步提升，能源价格稳中有降，能源结构进一步朝清洁、低碳方向发展，能源普遍服务水平明显提高，有效保障了经济社会持续平稳运行。

## 一、能源消费增速和增量均创近年新高

党的十八大以来，中国能源消费维持低速增长基本态势，反映出高质量发展的良好趋势。2021年，我国能源消费总量约52.4亿吨标准煤，同比增长5.2%，全年增加2.6亿吨标准煤，增速和增量达2012年以来最高水平（见图2-1）。

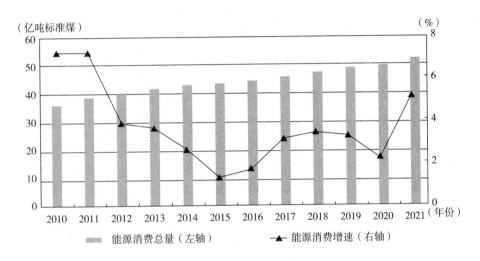

图2-1 2010~2021年中国能源消费总量和增速

资料来源：国家统计局。

## 二、全社会用电量持续增长，电力消费增速大幅波动

2013年以来，我国经济发展进入新常态，电力消费增速明显放缓；之后随着电气化水平不断提升、出口拉动作用增强以及极端天气频繁出现，用电量增速出现反弹，"十二五"期间我国年平均用电增量约3200亿千瓦时，"十三五"时期年平均用电增量提升至3900亿千瓦时。2020年受新冠肺炎疫情影响，全社会用电量再度下降。2021年受新冠肺炎疫情形势好转、国民经济持续恢复、外贸出口快速增长等因素影响，全社会用电量达83128亿千瓦时，同比增长10.3%，2020~2021年两年平均增加近5500亿千瓦时（见图2-2）。

## 三、煤炭消费总体仍处于峰值平台

根据煤炭市场网数据，2021年全国煤炭消费量约42.7亿吨，约增加2.3亿吨，消费总量仍处于峰值平台期，占一次能源消费比重下降至56.0%（见图2-3）。2021年，电力、钢铁、建材、化工主要行业耗煤量分别同比增长8.9%、-1.9%、1.1%、3.6%，其他行业耗煤量同比减少3000万吨，同比下降8.6%。

**图 2-2　2010~2021 年中国全社会用电量增量及全社会用电量增速**

资料来源：笔者根据中国电力企业联合会年度统计数据整理。

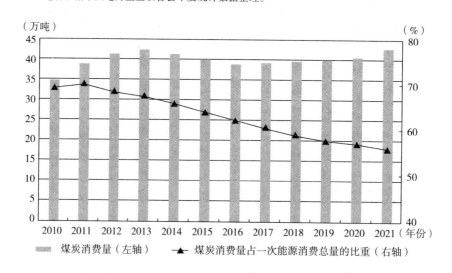

**图 2-3　2010~2021 年中国煤炭消费量及其占比**

资料来源：2013~2020 年数据来自《中国能源统计年鉴》，2021 年数据来自煤炭市场网。

## 四、成品油消费继续保持增长，但汽油、柴油、煤油分化趋势明显

根据相关统计报告，2021 年我国成品油表观消费量 3.85 亿吨，同比增长 3.2%。其中，汽油、柴油、航空煤油全年消费量同比分别增长 5.8%、0.7%、5.7%。随着恒力石化、浙江石化等大型炼厂投产以及原油进口权和使用权改革深入，炼油行业"油转化"进程进一步加快。2021 年，我国原油加工量持续增加，全年加工量达到 7.04 亿吨，同比增长 4.3%，增速较上年提高了 0.9 个百分点；全年石油表观消费量约 7.15 亿吨，同比下降 2.3%[1]。

---

① 资料来源：《2022 年度燃油市场发展报告》。

## 五、天然气消费首次突破 3000 亿立方米，但增量和增速均明显回落

在因地制宜拓展多种清洁供暖方式的政策引导下，近年来全国天然气消费逐年攀升，特别是 2016 年以来加大"煤改气"力度，2017 年天然气新增消费量超过 300 亿立方米，2018 年天然气新增消费量超过 400 亿立方米。2021 年，宏观经济持续复苏，叠加外贸强劲、"双碳"目标提出推动能源转型步伐加快等各方面因素，全年天然气消费量达到 3654 亿立方米，同比增长 12.0%（见图 2-4）。

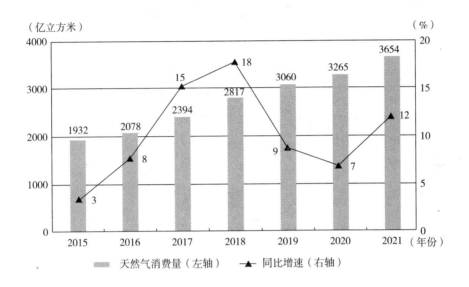

图 2-4　2015~2021 年中国天然气消费量及其增速

资料来源：笔者根据国家能源局公布信息整理。

## 六、非化石能源发电装机容量首次超过煤电装机规模

截至 2021 年底，全口径非化石能源发电装机容量达 11.2 亿千瓦，同比增长 13.4%，占总装机容量的比重为 47.0%，同比提高 2.3 个百分点。其中，水电装机容量 3.9 亿千瓦，同比增长 5.6%；核电 5326 万千瓦，同比增长 6.8%；风电 3.3 亿千瓦，同比增长 16.6%；太阳能发电装机 3.1 亿千瓦，同比增长 20.9%；全国全口径火电装机容量 13.0 亿千瓦，同比增长 4.1%。其中，煤电 11.1 亿千瓦，占总发电装机容量的比重为 46.7%，同比降低 2.3 个百分点。从发电量看，全口径非化石能源发电量 2.90 万亿千瓦时，同比增长 12.0%；占全口径总发电量的比重为 34.6%，同比提高 0.7 个百分点。全口径煤电发电量 5.03 万亿千瓦时，占全口径总发电量的比重为 60.0%，同比降低 0.7 个百分点[①]。总的来看，煤电仍然是当前我国电力供应的最主要电源，也是

① 中国电力企业联合会.2021—2022 年度全国电力供需形势分析预测报告［R］.北京：中国电力企业联合会，2022.

保障我国电力安全稳定供应的基础电源，但随着清洁能源装机容量扩大及设备利用率的不断提高，非化石能源在电力消费中的比重明显提升，煤电发电量比重呈持续下降趋势（见图2-5）。

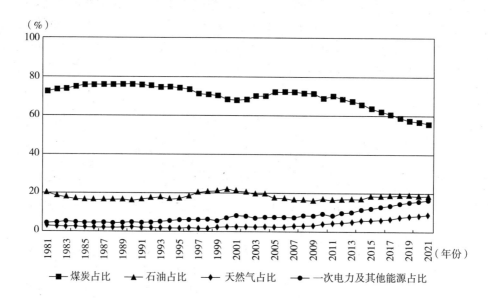

图 2-5　1981~2021 年中国能源消费结构变化

资料来源：根据国家统计局国民经济和社会发展统计公报整理。

## 第三节　能源发展突出问题和挑战

作为全球最大的能源消费国，中国长期以来面临着富煤、贫油、少气等能源资源约束，且能源消费结构中煤炭占比较高，未来能源发展面临着较为明显的挑战。

一是战略性能源资源短缺。中国油气资源储量不丰富、品位相对较低、勘探开发成本较高，市场竞争力较弱。长期来看，中国油气对外依存度将可能长期处于50%以上的高位，能源供应安全问题将成为中国能源可持续发展面临的长期挑战。

二是应对气候变化约束不断增强。虽然近年来煤炭在能源消费结构中的比重持续下降，但考虑到中国煤炭资源丰富、油气资源相对贫乏，在可再生能源逐步成为主流能源进而转化为主导能源之前，煤炭还将发挥较大的能源支撑保障作用，这使得中国将长期保持世界上最大二氧化碳排放国的位置，且当前中国人均二氧化碳排放量不仅超过世界平均水平，也已超过欧洲发达国家平均水平。目前，国家已明确碳达峰、碳中和的目标，能源作为排放最大的部门，将受到越来越大的约束。

三是能源供应和消费逆向分布格局长期存在。长期以来，中国能源生产和消费呈逆向分布格局，主要煤炭、油气等化石能源资源以及水电、风电、太阳能等可再生能源资源都位于西北、西南、东北地区等远离能源负荷中心区域，需要进行大规模的"北煤南运""西电东送""西气东输""南北串气"等跨区域能源调配，这种能源资源及消费空间格局不匹配的情况难以扭转，对能源基础设施优化布局及能源安全运行协调都提出了较高要求。

四是能源体制机制弊端突出。多元主体有效竞争的市场体系尚未形成，严重制约能源生产利用效率的提高。能源行业市场机制尚不完善，电力、油气体制改革亟待深化，要素资源市场化配置比例偏低。能源价格承载社会责任过多，难以准确反映资源成本、供求关系和环境成本，市场价格机制没有充分发挥作用。

## 第四节　能源革命的阶段性目标

能源是经济社会发展的基础和动力，能源部门技术种类繁杂，且生产、运输、消费环节众多，影响覆盖范围广。要推进能源革命，就必须对传统的能源发展思路、能源应用技术、能源消费途径、能源管理模式、能源国际合作理念等进行根本性的改变。国家提出碳达峰、碳中和目标，对能源革命的要求更加具体、约束性更为严格，能源革命推进的进程也必须加快，才能适应有明确时间要求的"双碳"发展目标。

从能源转型发展的规律性特点分析，化石能源和非化石能源的接续大体可分为五个阶段。第一阶段，化石能源占绝对主体，非化石能源仅起到局部补充作用。第二阶段，非化石能源成为满足增量需求的主体，但化石能源占比仍然较高，是保障能源供应的"压舱石"。第三阶段，非化石能源完全满足新增能源需求，成为主流能源，且开始对存量化石能源进行替代。第四阶段，非化石能源所占比重不断提升，成为能源供应的主导品种，化石能源与非化石能源在能源系统中的主辅角色互换。第五阶段，碳中和阶段，非化石能源成为能源供应的绝对主体，化石能源转而成为系统"补充"的角色。

从能源发展的进程分析，当前中国正处于第二阶段的末期，"十四五"时期将是非化石能源成为满足增量能源供应主体的关键期。为此，必须摒弃新建能源生产和利用设施以传统化石能源为主的发展思路，以清洁低碳的非化石能源满足不断增长的能源需求。同时，在此基础上，积极推动以化石能源为主的能源体系向以非化石能源为主的清洁低碳能源体系转变，推动中国能源发展快速进入第三乃至第四阶段，进而支撑中国经济的低碳发展。

当前，中国已经明确了新时代"两步走"的经济社会发展中长期目标。中国开展能源革命，就是要以推动能源供给革命、能源消费革命、能源技术革命、能源体制革命和加强能源国际合作等各项综合性措施，支撑 2035 年基本实现社会主义现代化及 2050 年全面建成社会主义现代化强国目标。2035 年前，能源发展以服务基本实现社会主义现代化和美丽中国为核心目标，以能源转型发展支撑生态文明建设，努力实现 2030 年前碳达峰目标，并加快推动能源发展进入非化石能源对存量化石能源进行替代的第三阶段；2035 年后，能源发展进一步转向低碳化、无碳化，要加快实现化石能源和非化石能源在能源系统中的角色互换，逐步建成适应 2050 年富强民主文明和谐美丽社会主义现代化强国的现代能源经济体系，从而为 2060 年前实现碳中和目标奠定基础。

## 第五节　能源革命需解决的重大问题

一是要解决能源发展的生产力布局。要优先开发利用可再生能源，调整优化能源生产力布局，推进可再生能源规模化替代化石能源。要明确可再生能源在经济社会发展战略和能源战略中的优先地位，发挥可再生能源资源分布广泛、产品多样化的优势，集中开发与分散利用相结合，开发利用各类可再生能源，把发展可再生能源作为能源结构调整和煤炭消费控制与替代的优先方式，把可再生能源终端利用紧密融入城镇、工业、建筑、交通等各能源消费部门。

二是要解决好技术和体制的创新发展。要抓住多元技术创新蓬勃发展的契机，以体制机制创新为动力，为可再生能源大规模应用创造条件。利用新一轮科技革命和以新能源为特征的全球第三次工业革命的重大机遇，大力推进先进新能源技术装备研制、能源与电力系统智能化升级，促进储能、电动汽车、分布式能源、需求侧管理等新技术、新模式发展，加快开展氢能、CCUS[①] 等技术示范应用，通过加快体制机制创新，形成保障可再生能源电力消纳的电力市场体制机制，建立适应可再生能源发展特点的体制机制和管理体系，显著提高风电和太阳能发电等新能源的技术水平和经济竞争力，形成以可再生能源应用为主的能源与电力系统。

三是要解决好以电力为核心的能源转型变革。电力是可再生能源开发利用的主要途径，也是未来能源系统和能源革命的核心。要发挥可再生能源电力运行成本低的优势，把电力作为发展可再生能源的核心，不断扩大可再生能源发电规模和在终端应用中的比重，使可再生能源发电成为全国重要电源和部分地区主流电源，分布式可再生能源发电成为主流利用方式，微电网基本实现商业应用。逐步建成支撑新能源发电的新型电力体系，常规火电电源的比重将下降成为调峰电源甚至备用电源；电网成为调节波动性可再生能源发电、火电调峰电源和各类储能系统的公共服务平台。

---

① 即 Carbon Capture，Utilization and Storage，碳捕获、利用与封存。

# 第三章　中国能源革命路线图情景设定

本章以新时代"两步走"战略为出发点，首先明确到 21 世纪中叶经济社会发展需要达到的目标，分析未来经济转型带来的能源强度下降和能源效率提高趋势，以此研判未来中国能源需求增长情况。其次，梳理出未来能源发展必须要满足的应对气候变化、提升空气质量和保障能源安全等约束条件。在此基础上，设计反映当前能源系统转型力度的常规转型情景和反映未来能源系统加速转型的加速转型情景，对这两个情景下的能源需求、能源结构、电力、交通和供热分部门转型特点以及上述约束条件的满足情况开展分析。

本章主要采用中国—全球能源经济模型（China-in-Global Energy Model，C-GEM）和中国可再生能源电力规划及运行模型（REPO）进行分析。C-GEM 模型是一个全球多区域、多部门、可计算的一般均衡模型，可以有效地表述经济系统与能源系统之间的关联关系与相互影响，主要用于模拟能源与气候政策对于经济、产业、贸易、能源以及二氧化碳排放的影响。模型采用新古典主义宏观闭合，内生决定所有产品和要素的价格。模型将全球划分为 17 个区域，部门划分为 19 个生产部门及 2 个消费部门。模型以 2014 年为基年并校核至 2018 年，随后从 2020 年起以 5 年为一个周期运行到 2050 年。模型注重对中国及"一带一路"主要国家及地区的经济特性表述，并对能耗较高的工业部门细节与对能源系统低碳化转型十分重要的多种能源技术做出详细刻画。

REPO 模型是反映中国电力系统运行特征和省际差异的分省份电力系统规划模型。模型以最小化电力系统贴现成本为优化目标，模拟出满足约束条件下各类发电技术各模型模拟年份在各省份的装机和发电量、省份间传输线路容量和碳排放等结果。模型涵盖 32 个省级电网区域，并在省级尺度上表达了电力需求、资源潜力、已有装机容量和传输线容量信息。模型以 2015 年为基年，5 年为优化步长，可优化至 2050 年。在每个优化年份，模型选取 72 个典型时段代表全年电力运行情况进行优化。模型涵盖燃煤发电、燃气发电、核电等常规发电技术，燃煤 CCS 和燃气 CCS 技术，水电、风电、太阳能发电、生物质发电等多种可再生能源发电技术，以及储能技术。模型注重对风电、光伏等可再生能源发电技术的表达，对其资源潜力和资源波动性进行了详细刻画，并考虑了未来可再生能源发电的技术进步。

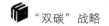

## 第一节　经济社会发展展望

党的十九大报告提出到 2035 年基本实现社会主义现代化，到 2050 年把中国建成富强民主文明和谐美丽的社会主义现代化强国的目标。为实现这一新时代"两步走"战略，需要以创新为增长动力，建设结构优化、质量提高、效益优先的现代化经济体系，经济发展的格局将从高速增长转向高质量发展。未来中国能源革命路线图的制定，也需要合理研判人口趋势和经济增长这两个反映未来中国经济社会发展的重要指标。

### 一、人口趋势

人口增长是驱动经济增长和能源消费的重要因素。合理预测未来人口趋势对于估计未来能源总需求和以人均活动水平为分析基础的分部门能源需求（如居民部门的交通和供热需求）非常重要。

本章对未来人口增长趋势的预测主要参考联合国秘书处经济和社会事务部（UN-DESA）发布的《2019 年世界人口展望》中生育率情景预测结果：中国人口预计至 2030 年逐渐增加到 14.6 亿并达峰，2035 年保持在 14.6 亿，2050 年降至 14.0 亿左右。该预测也与《国家人口发展规划（2016—2030 年）》中的人口发展预期目标基本一致。

### 二、经济增长

本章对于经济增长的预测参考了主流机构对于未来经济发展的分析。世界银行（World Bank，WB）、经济合作与发展组织（Organization for Economic Co-operation and Development，OECD）、欧盟（European Union，EU）、联合国（United Nations，UN）和国际货币基金组织（International Monetary Fund，IMF）等国际机构对中国未来经济增速的预测如图 3-1 所示。中国未来经济增速预测如表 3-1 所示，中国经济总量在 2035 年达到 30 万亿美元（2018 年不变价），2050 年达到 48 万亿美元；人均 GDP 在 2035 年达到 2.1 万美元，在 2050 年达到 3.4 万美元。

"十二五"以来，中国的经济结构出现了较为明显的变化，工业部门对中国经济的贡献逐渐下降，服务业的贡献开始上升。在分析发达经济体经济结构演变特点的基础上，预计中国未来产业结构变化趋势如图 3-2 所示，工业行业贡献逐步下降，服务业贡献进一步提高。同时，工业行业未来将绿色发展并进行结构优化，未来中国将大力发展先进制造业，改造提升传统产业，推动生产型制造向服务型制造转变；到 2025 年重点行业单位工业增加值能耗、物耗及污染物排放达到世界先进水平；到 2035 年制造业整体达到世界制造强国阵营中等水平；到 21 世纪中叶制造业综合实力进入世界制造强国前列。

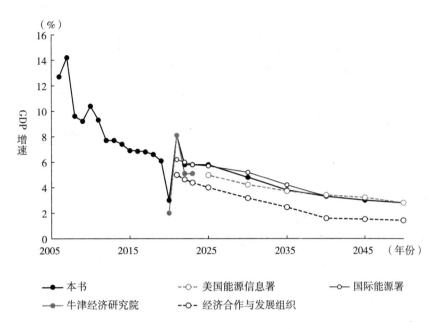

图 3-1　本书及主流机构对中国未来经济增速的预测

表 3-1　中国 GDP 年均增速预测

| 时间 | 2020~ 2025 年 | 2025~ 2030 年 | 2030~ 2035 年 | 2035~ 2040 年 | 2040~ 2045 年 | 2045~ 2050 年 |
|---|---|---|---|---|---|---|
| GDP 年均增速（%） | 5.9 | 4.8 | 3.8 | 3.3 | 3.1 | 2.9 |

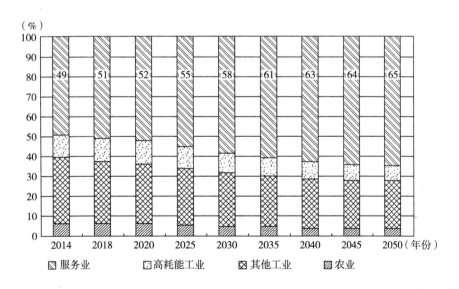

图 3-2　2014~2050 年中国产业结构变化趋势

## 第二节 能源效率及能耗强度

"十一五"以来，中国的节能工作不断取得成效，延续了能源强度快速下降的趋势。2010~2020 年，中国能源强度年下降率在 4% 左右，到 2020 年能源强度下降至 0.49 吨标准煤/万元（2020 年不变价）[1]。然而与世界主要发达经济体相比，中国能源强度仍然明显偏高。2019 年中国能源强度是美国的约 2.1 倍，是 OECD 平均水平的约 2.3 倍，是欧盟和日本的约 2.6 倍[2]。同时，欧盟的能效还在不断进步，进一步反映出中国能效仍有很大提升空间。造成中国能源强度偏高的主要原因是中国产业结构偏重，部分高耗能行业能源效率仍然不高。这显示了在进一步推进产业结构转型、提高能效的条件下，中国未来能源强度仍有显著的下降空间。

随着工业经济驱动力和增长模式的转变，中国的重工业将进入平台期和下降期，重工业产能产量逐步降低，增长点将主要是"低能耗、高附加值"的生产型服务业以及先进制造业，产业结构将呈现服务化、轻型化和高端化发展的势态。预计到 2030 年，中国工业能效将达到 OECD 国家的水平，到 2050 年，钢铁、建材、有色、化工、机械、纺织、交通设备、电子制造等重点行业单位工业增加值能耗分别比 2016 年显著下降。

如图 3-3 所示，本书预计中国能源强度未来将保持年均下降 3%~4% 的速度，到

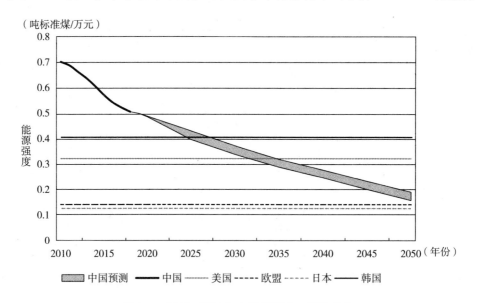

**图 3-3　2010~2050 年中国能源强度下降趋势**

注：能源强度为 2018 年可比价。

---

[1]　资料来源：《中华人民共和国 2020 年国民经济和社会发展统计公报》。
[2]　资料来源：IEA《世界能源展望 2021》。

2035 年能耗强度降至 0.29~0.32 吨标准煤/万元，到 2050 年降至 0.15~0.19 吨标准煤/万元。到 2025 年，中国能源强度降至 2018 年韩国水平；到 2035 年，中国能源强度降至 2018 年美国水平；到 2050 年，中国能源强度降至 2018 年日本和欧盟水平。

## 第三节　能源需求增长研判

考虑上述未来经济社会发展需求和能效提升、能源替代情况，中国一次能源需求总体将呈现先上升之后逐渐保持稳定或逐渐下降的趋势。随着中国居民生活水平和电气化水平的提升，中国电力需求将持续增长。交通出行需求的不断增长伴随着技术进步以及能源替代，使得中国交通能源需求呈现先上升后下降的趋势。中国建筑供热部门的能源需求将保持基本稳定。

### 一、能源需求

本章对于未来能源需求增长的研判参考了比较有影响力的国内外主流机构报告，包括《世界能源展望 2019》《中国可再生能源展望 2018》《中国能源电力发展展望 2019》《重塑能源：中国》等。上述研究预测中国未来一次能源消费需求范围到 2035 年为 43 亿~60 亿吨标准煤，到 2050 年为 34 亿~65 亿吨标准煤。目前提及未来能源需求总量的官方文件仅有《能源生产与消费革命战略（2016—2030）》。其中提出，到 2030 年能源消费总量控制在 60 亿吨标准煤以内。

本章综合以上分析，预计近中期中国能源需求仍将进一步增加，到 2035 年一次能源消费总量达到 57 亿~65 亿吨标准煤。之后随着经济增速进一步放缓、经济结构转型以及能源效率进一步提高，到 2050 年一次能源消费总量为 50 亿~60 亿吨标准煤（见图 3-4）。

### 二、电力需求

随着中国居民生活和电气化水平的不断提升，中国未来电力需求将持续增长。一方面，居民消费水平的提升将拉动居民电力需求增速持续超过能源需求增速；另一方面，能源系统的清洁低碳发展转型将推进生产部门和终端消费部门的电能替代，包括生产部门和供热部门的以电代煤，交通部门的以电代油，显著拉升电力占终端能源消费比重。本章对于未来电力需求增长的研判同样参考了比较有影响力的国内外主流机构报告，包括《世界能源展望 2019》《中国可再生能源展望 2018》《中国能源电力发展展望 2019》《重塑能源：中国》等。上述研究预测中国未来电力需求范围到 2035 年为 10 万亿~13 万亿千瓦时，到 2050 年为 11 万亿~15 万亿千瓦时。

（亿吨标准煤）

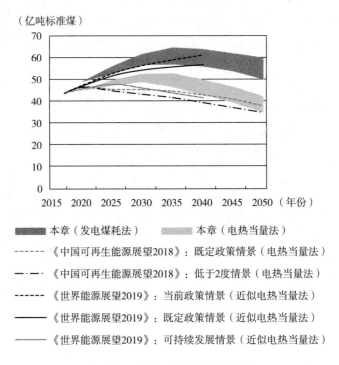

图 3-4　中国一次能源需求预测

　　本章综合以上分析，预计中国人均用电量到 2035 年达到 7600~8100 千瓦时，2050 年达到 9100~10000 千瓦时；总用电量在 2035 年达到 11 万亿~12 万亿千瓦时，2050 年达到 12 万亿~14 万亿千瓦时（见图 3-5）。预计终端能源消费中电力比重在 2035 年达到 40% 左右，到 2050 年将进一步提高到 47%~66%。

（万亿千瓦时）

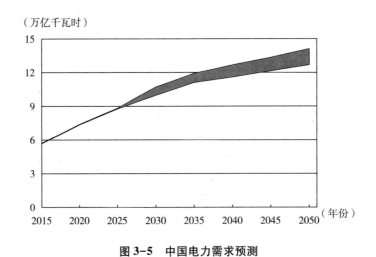

图 3-5　中国电力需求预测

### 三、交通部门用能需求

本章参考清华大学车用能源研究中心及其他有关机构研究，预计未来中国汽车保有量将持续增长，2035 年达到约 5.2 亿辆，2050 年左右达到饱和值 5.4 亿辆。乘用车（出租车除外）是中国汽车保有量增长的主要驱动力，在 2035 年和 2050 年保有量将分别达到 4.6 亿辆和 5.1 亿辆。其他车辆也将有大幅增长，2030 年左右增速达到峰值。

中国新能源汽车产销量近年来显著增加，未来发展潜力巨大。2011～2018 年，新能源汽车年销量从不到 1 万辆增长到 125.6 万辆，新能源汽车产业规模从几十亿元发展到逾千亿元，形成了由上游矿产资源和关键原材料、中游的电池电机电控核心零部件与下游整车和充电桩等各环节构成的相对完善的产业链，相当多的环节已经培育出了具备全球竞争力的企业。随着新能源汽车产业步入高速成长期，终端销量和渗透率将不断攀升。从 2017 年下半年开始，世界许多国家纷纷提出了停止销售燃油车的计划，公布了禁售燃油车时间表。考虑到中国车企发展阶段、中国产业结构以及中国交通发展的状态，中国预计将于 2030～2035 年前后开始逐步禁售燃油车（专业卡车、重型卡车除外），推动电动汽车和氢燃料电池汽车等新能源汽车发展，预计到 2050 年新能源汽车将成为市场的绝对主流。

非道路交通方面，未来将继续优化交通结构，促进长途旅客和货物运输需求向铁路和水运运输方式转移，继续发挥铁路、水运在大宗物资远距离运输中的骨干作用，减少重载柴油货车比例，推进长距离客运向航空或铁路转移。同时，将在铁路、航空和水运交通中推进电力、生物燃料和氢能的使用。

预计交通部门用能总量呈现先升后降趋势，到 2035 年能源需求增长至 5.1 亿～5.5 亿吨标准煤，而后到 2050 年能源需求降至 3.5 亿～4.5 亿吨标准煤。考虑到交通方式转变以及交通工具燃料利用的变化，中国交通部门对石油生产的成品油的需求总体呈现先上升后下降的趋势，2035 年成品油需求量为 4.1 亿～4.6 亿吨标准煤，到 2050 年下降至 0.7 亿～2.5 亿吨标准煤。

### 四、居民供热用能需求

虽然未来民用建筑规模还会保持增长趋势，但随着经济发展进入新常态，城镇化进程逐渐达到饱和阶段，建筑规模增速将不断放缓。本章根据清华大学建筑节能研究中心和其他有关机构研究，预计在中国建筑节能稳步推进的情况下，中国到 2050 年全国建筑规模在 720 亿～760 亿平方米，其中北方地区城镇建筑规模在 200 亿～240 亿平方米。未来，综合考虑中国城镇建筑新建建筑标准的进一步提升，既有建筑改造工作的推进，以及室内设计温度可能会有一定提升，本章预测到 2050 年，北方地区城镇建筑整体热耗水平在 6.8～8.5 千克标准煤/平方米。

随着城镇化进程的推进，中国农村人口将保持下降趋势。预计到 2050 年，北方农村地区建筑规模在 65 亿～76 亿平方米。综合新建、既有建筑围护结构的节能潜力以及室内环境的变化，本章预测到 2050 年，北方地区农村建筑整体热耗水平在 8.5～10.2

千克标准煤/平方米。考虑到农村居民会较大程度地维持目前生活习惯，采暖比例在70%~85%。综合以上分析，本章预计到2035年北方地区供暖需求约为2.4亿吨标准煤，到2050年降至2.3亿吨标准煤，如表3-2所示。

表3-2　北方地区供暖建筑需求预测（不含工业供暖）

| 地区 | 指标 | 2035年 | 2050年 |
|---|---|---|---|
| 城镇 | 城镇建筑面积（亿平方米） | 200 | 220 |
| | 采暖强度（千克标准煤/平方米） | 8.9 | 8.2 |
| 农村 | 农村建筑面积（亿平方米） | 74 | 65 |
| | 采暖强度（千克标准煤/平方米） | 8.2 | 7.8 |
| 合计 | 供暖需求（亿吨标准煤） | 2.4 | 2.3 |

采暖模式层面，结合中国建筑节能工作发展趋势以及"清洁取暖"发展规划，未来北方地区民用建筑采暖的发展需要满足以下四点要求：①全面满足居民冬季采暖需求；②降低冬季供暖导致的化石能源消耗和碳排放；③大幅降低冬季供暖导致的污染物排放，改善北方地区冬季雾霾现象；④农村供暖初始投资与运行费用在农村居民可接受范围内。

目前，中国北方地区城镇可利用的、较为成熟的热源包括各类热电联产、工业余热利用、地水源/空气源热泵、各类锅炉、电直热等。目前，燃煤、燃气锅炉还是中国城镇供热主要的热源类型，预计中国未来燃煤锅炉的使用会大幅下降，可能会保留一部分燃气锅炉。考虑到供热效率、经济性以及环境排放，利用各类热电联产以及工业生产过程中的余热将是城镇供热的首选方式，但预计这类余热的资源潜力将无法完全满足北方地区的供热需求。采用各类热泵是较为高效的依靠电力进行采暖的方式，且室外温度过低时制热效率低的问题已经得到改善，预计这一供热方式将持续发展。电直热效率较低，但使用不受外温影响，且安装成本较低。如果未来供暖全面推进电气化，在严寒地区，电直热会成为可供选择的采暖方式之一。

对于北方农村地区，综合考虑初始投资、运行费用、能耗水平与清洁要求，较为适宜的采暖方式为分散采暖，适宜的设备主要为低温空气源热泵热风机以及高效的生物质锅炉。这两类设备在未来都可以较好地利用可再生资源。

随着中国居民生活水平的提升，长江流域地区的冬季采暖问题逐渐受到关注。与北方地区采暖相比，长江流域地区采暖具有间歇性、局部性与多样性的特征，即该地区采暖负荷波动较大，绝大部分居民采用"部分时间、部分空间"的使用模式，用户根据自身需求选择采暖设备。因此，长江流域地区采暖模式不应照搬北方地区，而需要因地制宜，结合自身热需求特征找到采暖解决方案。

考虑长江流域地区居民将在保持自身间歇采暖特性的同时提升室内冬季环境温度，本章对长江流域地区的采暖需求预测如表3-3所示。在城镇地区，由于城镇化的推进，建筑面积到2050年将增长至230亿平方米，采暖强度增长至4.8千克标准煤/平方米。

在农村地区，住宅建筑面积到 2050 年约 90 亿平方米，采暖强度约 3.9 千克标准煤/平方米；2035 年，长江流域地区供暖需求约 1.3 亿吨标准煤，到 2050 年约 1.5 亿吨标准煤。

表 3-3　长江流域供热需求预测

| 地区 | 指标 | 2035 年 | 2050 年 |
|------|------|---------|---------|
| 城镇 | 长江流域城镇建筑面积（亿平方米） | 210 | 230 |
| | 采暖强度（千克标准煤/平方米） | 4.5 | 4.8 |
| 农村 | 长江流域农村建筑面积（亿平方米） | 95 | 90 |
| | 采暖强度（千克标准煤/平方米） | 3.9 | 3.9 |
| 合计 | 供暖需求（亿吨标准煤） | 1.3 | 1.5 |

# 第四节　常规转型情景

根据当前中国政策强度和能源系统转型力度，未来氢能、电动汽车、高效热泵等先进能源技术将得到一定程度采用，终端能源电气化水平稳步提升，可再生能源利用量稳步提升，但能源供应对煤、石油、天然气仍依赖较重。以此主导未来能源发展，可称为常规转型情景。

## 一、能源系统

常规转型情景下，2035 年一次能源消费总量达到 60 亿~65 亿吨标准煤，中值取 63 亿吨标准煤；到 2050 年降至 55 亿~60 亿吨标准煤，中值取 58 亿吨标准煤。

常规转型情景预计将实现《能源生产与消费革命战略（2016—2030）》提出的到 2030 年非化石能源占能源消费比重达到约 20%，到 2050 年占比超过一半的战略要求。常规转型情景下，煤炭在一次能源消费中占比不断下降，到 2035 年降至 41%，2050 年降至 25%；石油消费占比在 2035 年为 17%，2050 年略降至 13%；天然气消费占比在 2035 年为 11%，2050 年略降至 9%；非化石能源消费占比有明显提升，2035 年为 32%，2050 年升至 53%。

常规转型情景下，煤炭消费量在 2035 年为 36 亿吨，2050 年为 20 亿吨；石油消费量在 2035 年为 7 亿吨，2050 年为 6 亿吨；天然气消费量在 2035 年为 5000 亿立方米，2050 年为 3900 亿立方米；一次电力供应量在 2035 年为 7 万亿千瓦时，2050 年为 10 万亿千瓦时。

## 二、电力部门

常规转型情景下，总用电量在 2035 年达到 10.8 万亿~11.4 万亿千瓦时，取中值 11.1 万亿千瓦时，2050 年达到 12 万亿~13.4 万亿千瓦时，取中值 12.7 万亿千瓦时。

风电和光伏发电是未来满足电力需求增长和替代化石能源的最关键发电技术。在综合国内专家意见，参考国际能源署、美国可再生能源实验室等国际机构对于未来风电、光伏装机成本的预测基础上，对于未来风电和光伏发电装机成本做出以下假设：风电装机成本在未来将有小幅下降，到 2035 年下降至 6900 元/千瓦，之后保持不变，同时随着风机技术进步及塔筒高度的增加，到 2035 年风电年利用小时数增加 6%，发电成本降至 0.25~0.36 元/千瓦时。光伏发电装机成本将快速下降，常规转型情景下，到 2035 年下降至 4100 元/千瓦，2050 年下降至 3600 元/千瓦，发电成本到 2035 年降至 0.22~0.37 元/千瓦时，到 2050 年降至 0.20~0.35 元/千瓦时。

储能技术也是未来大规模发展可再生能源的重要支撑技术，电池储能技术成本将有较大的下降。常规转型情景下，假设电池储能投资成本在 2035 年达到 1350 元/千瓦时，2050 年达到 1000 元/千瓦时；循环充放电成本在 2035 年约 0.25 元/千瓦时单循环，2050 年约 0.2 元/千瓦时单循环。

化石能源和非化石能源在电力部门中均占有相当比重。可再生能源和非化石能源发电量占比在 2035 年分别为 50% 和 60% 左右，2050 年分别提高至 65% 和 80% 左右。风电和光伏发电逐渐成为主力电源，到 2035 年合计贡献约 30% 的发电量，到 2050 年贡献约一半的发电量。煤电占比逐渐下降，到 2035 年承担约 1/3 的发电量，到 2050 年发电占比不足 15%，煤电将承担更多的调峰作用。

常规转型情景的装机构成和发电量构成分别如表 3-4 和图 3-6 所示。

表 3-4　常规转型情景关键时间节点装机预期目标　　　　单位：亿千瓦

| 发电技术 | 装机 | |
|---|---|---|
| | 2035 年 | 2050 年 |
| 煤电 | 10 | 3 |
| 气电 | 1 | 2 |
| 核电 | 2 | 3 |
| 常规水电 | 4.6 | 5.2 |
| 抽水蓄能 | 1 | 1 |
| 生物质及垃圾发电 | 0.5 | 1 |
| 风电 | 7 | 14 |
| 光伏 | 11 | 19 |
| 光热 | 0.2 | 0.5 |

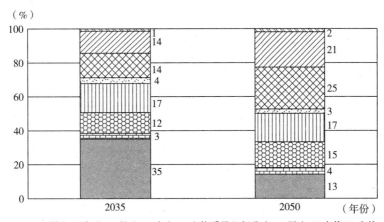

**图 3-6 常规转型情景关键时间节点发电结构预期目标**

## 三、交通部门

如图 3-7 和表 3-5 所示，常规转型情景下，基本采用了前述新能源汽车发展规模的预测。电动汽车等新能源汽车将逐步替代燃料汽车，传统燃油乘用车 2035 年前后退出销售市场，交通部门电气化率逐步提高，交通生物燃料和氢能利用量也逐步提高。到 2035 年交通用能中非化石能源占比达到 11%，到 2050 年提高到 33%。

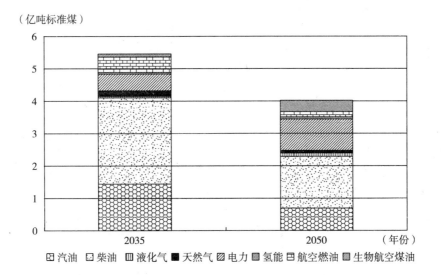

**图 3-7 常规转型情景交通部门燃料消费**

表 3-5　常规转型情景关键时间节点交通部门设计

| 指标 | 常规转型情景 |
|---|---|
| 新能源车（电动车）渗透率 | 2035 年、2050 年新能源汽车保有量占比分别为 20%、50% |
|  | 2035 年、2050 年货运车型中新能源车（含 EV 和 FCV）占比分别为 6%、15% |
| 交通电气化率 | 2035 年、2050 年交通能源中电力（电热当量）占比分别为 9%、24%（总量分别为 5.5 亿吨标准煤、4.0 亿吨标准煤） |
| 交通生物燃料利用 | 2035 年、2050 年分别为 900 万吨标准煤、3500 万吨标准煤 |
| 交通氢能利用 | 2035 年、2050 年分别约为 0.003 亿吨标准煤、0.02 亿吨标准煤 |

## 四、供热部门

常规转型情景下，北方城镇供暖尽可能使用热电联产（包括各类火电、核电、生物质发电等）以及工业余热，难以采用余热资源的建筑，结合当地能源整体规划进行热源选择，优先采用高效热泵。到 2050 年，各类余热占比达 70% 以上，其余主要采用热泵、燃气锅炉等其他采暖方式，占比小于 10%。北方农村供暖优先发展高效生物质锅炉与低温空气源热泵热风机，但会保留一定比例的燃气壁挂炉采暖。到 2050 年，采用两类设备的住户超过 65%。

长江流域城镇供暖鼓励采用各类热泵，部分用户采用天然气燃气壁挂炉。到 2050 年，燃气锅炉占比小于 10%；农村地区鼓励采用高效生物质锅炉与低温空气源热泵热风机，部分住户采用燃气壁挂炉。到 2050 年，采用两类设备的住户超过 90%。

常规转型情景关键时间节点热源占比规划如表 3-6 所示。

表 3-6　常规转型情景关键时间节点热源占比规划

| 供暖地区 | 热源形式 | 年份 | 热源占比 |
|---|---|---|---|
| 北方城镇 | 余热利用（各类热电联产与工业余热） | 2035 | >65% |
|  |  | 2050 | >70% |
|  | 各类热泵（地水源、空气源热泵等） | 2035 | 20%（地水源热泵约 10%） |
|  |  | 2050 | 20%（地水源热泵约 12%） |
|  | 锅炉和电直热 | 2035 | <15%（燃煤锅炉<3%） |
|  |  | 2050 | <10%（主要为燃气锅炉） |
| 北方农村 | 低温空气源热泵热风机与高效生物质锅炉 | 2035 | >50% |
|  |  | 2050 | >65% |
|  | 燃气锅炉、电直热 | 2035 | 30% |
|  |  | 2050 | 30% |
|  | 燃煤、低效的传统生物质 | 2035 | <20% |
|  |  | 2050 | <5% |

续表

| 供暖地区 | 热源形式 | 年份 | 热源占比 |
|---|---|---|---|
| 长江流域城镇 | 各类热泵（地水源、空气源热泵等） | 2035 | >85% |
| | | 2050 | >90% |
| | 燃气锅炉 | 2035 | 15% |
| | | 2050 | 10% |
| 长江流域农村 | 低温空气源热泵热风机与高效生物质锅炉 | 2035 | >65% |
| | | 2050 | >90% |
| | 燃气锅炉、电直热 | 2035 | 5% |
| | | 2050 | 8% |
| | 燃煤、低效的传统生物质 | 2035 | <30% |
| | | 2050 | <2% |

### 五、能源发展约束条件满足情况

常规转型情景不能完全实现中国生态环境发展要求。部分地区空气质量难以完成2035年、2050年实现"美丽中国"的空气质量要求。碳排放路径能够实现国家到2030年达峰的国际承诺，但未来碳排放下降幅度有限，无法满足2℃目标要求的排放约束（如图3-8所示）。

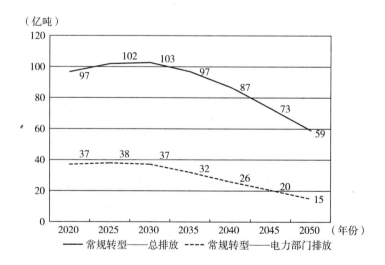

**图3-8　常规转型情景中国化石能源产生的二氧化碳排放路径**

常规转型情景将在一定程度上控制并降低中国能源对外依存度。假定中国国内石油和天然气产量未来还将小幅提升，到2035年，中国石油对外依存度控制在70%，天然气对外依存度控制在60%；到2050年，中国石油对外依存度下降至65%，天然气对

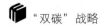

外依存度下降至50%。

## 第五节 加速转型情景

根据中国经济社会和生态环境发展约束,加大政策强度和能源系统转型力度,在交通部门大力推进氢能、电动汽车应用,在建筑部门大力推进高效热泵等技术应用,大幅提高先进能源技术渗透率,加速提升终端能源电气化水平,可再生能源利用量大幅提升。能源供应由依赖化石能源转向主要依靠可再生能源。以此主导未来能源发展,可称之为加速转型情景。

### 一、能源系统

加速转型情景下,一次能源消费量略低于常规转型情景,2035年一次能源消费总量为57亿~62亿吨标准煤,中值取59亿吨标准煤;2050年降至50亿~54亿吨标准煤,中值取52亿吨标准煤。

加速转型情景相比常规转型情景,可再生能源发展规模有进一步提升,煤炭消费占比下降更为显著。煤炭消费在一次能源消费中占比到2035年降至33%,2050年降至6%;石油消费占比在2035年为17%,2050年为11%;天然气消费占比在2035年为11%,2050年降至6%;非化石能源消费占比提升比例更大,到2035年提升至39%,2050年提升至77%。

加速转型情景下,煤炭、石油、天然气消费量均显著低于常规转型情景。煤炭消费量在2035年为28亿吨,2050年为5亿吨;石油消费量在2035年为7亿吨,2050年为4亿吨;天然气消费量在2035年为4800亿立方米,2050年为2500亿立方米;一次电力供应量在2035年为8万亿千瓦时,2050年为13万亿千瓦时。

### 二、电力部门

加速转型情景下,考虑到终端用能部门电气化水平的进一步提升,总用电量相比常规转型情景有进一步增长,在2035年达到11.5万亿~12.5万亿千瓦时,取中值12万亿千瓦时,2050年达到13.2万亿~14.8万亿千瓦时,取中值14万亿千瓦时。

关键技术成本方面,风电装机成本假设到2035年下降至6800元/千瓦,同时随着风机技术进步及塔筒高度的增加,到2035年风电年利用小时数增加8%,发电成本降至0.24~0.34元/千瓦时;光伏装机成本假设有进一步下降,到2035年下降至3200元/千瓦,2050年下降至2500元/千瓦,发电成本到2035年降至0.20~0.32元/千瓦时,到2050年降至0.17~0.25元/千瓦时。储能成本相比常规转型情景下降更为显著:投资成本在2035年达到800元/千瓦时,2050年达到500元/千瓦时;循环充放电成本在2035年约为0.17元/千瓦时单循环,2050年约为0.1元/千瓦时单循环。

加速转型情景下，可再生能源发电有更为明显的增加。可再生能源和非化石能源发电量占比在2035年分别达到55%和65%左右，2050年分别提高至80%和95%左右。风电和光伏发电成为最主要的供电电源，到2035年合计贡献约35%的发电量，到2050年贡献超过一半的发电量。煤电到2050年发电利用小时数进一步降低，仅贡献不足5%的发电量，主要承担电网支撑和调峰作用。

加速转型情景的装机构成和发电量构成如表3-7和图3-9所示。

表3-7 加速转型情景关键时间节点装机容量预期目标　　　　单位：亿千瓦

| 发电技术 | 装机容量 | |
| --- | --- | --- |
| | 2035年 | 2050年 |
| 煤电 | 10 | 3 |
| 气电 | 1 | 2 |
| 核电 | 2 | 3 |
| 常规水电 | 4.6 | 5.2 |
| 抽水蓄能 | 1 | 1 |
| 生物质及垃圾发电 | 0.5 | 1 |
| 风电 | 9 | 21 |
| 光伏 | 16 | 24 |
| 光热 | 0.2 | 1.4 |

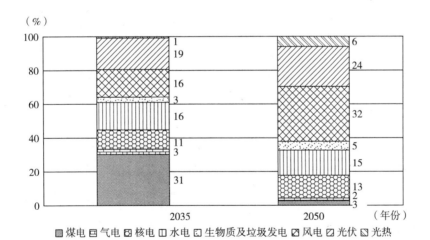

图3-9 加速转型情景关键时间节点发电结构预期目标

## 三、交通部门

如表3-8和图3-10所示，加速转型情景下，假设新能源汽车有进一步的发展，电动汽车技术的突破性进展和充电基础设施的超前布局驱动电动汽车在乘用车领域的加速规模应用，推动传统燃油乘用车 2030 年退出销售市场，同时加快客车和货车电动化进程。此外，还考虑了未来一定规模采用生物燃料和氢气应用于航空、航海交通部门的低碳发展。交通生物燃料和氢能利用量进一步提高。到 2035 年交通用能中非化石能源占比达到 16%，到 2050 年提高到 75%。

表 3-8　加速转型情景关键时间节点交通部门设计

| 指标 | 加速转型情景 |
| --- | --- |
| 新能源车（电动车）渗透率 | 2035 年、2050 年新能源汽车保有量占比分别为 28%、85% |
| | 2035 年、2050 年货运车型中新能源车（含 EV 和 FCV）占比分别为 8%、45% |
| 交通电气化率 | 2035 年、2050 年交通能源中电力（电热当量）占比分别为 13%、57%（总量分别为 5.1 亿吨标准煤和 3.5 亿吨标准煤） |
| 交通生物燃料利用 | 2035 年、2050 年分别为 900 万吨标准煤、4600 万吨标准煤 |
| 交通氢能利用 | 2035 年、2050 年分别约为 0.02 亿吨标准煤、0.18 亿吨标准煤 |

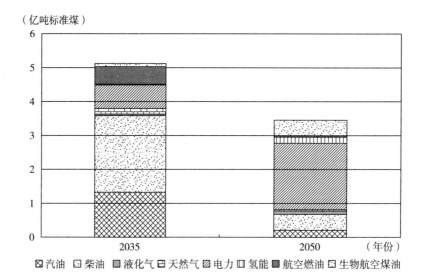

（亿吨标准煤）

⊠汽油　□柴油　■液化气　□天然气　▨电力　□氢能　■航空燃油　⊞生物航空煤油

图 3-10　加速转型情景交通部门燃料消费

## 四、供热部门

加速转型情景下，北方城镇地区将尽可能使用热电联产以及工业余热，大力推进热电气协同技术；难以采用余热资源的建筑采用高效热泵，在极少数特别寒冷、热泵技术短期内还存在一定问题的地区考虑采用电直热；到 2050 年，各类热泵占比达 60% 以上，此外除少量电直热（<5%），利用各类余热供暖。北方农村供暖根据当地生物质资源情况等发展高效的生物质锅炉或低温空气源热泵热风机，到 2050 年，采用这两类设备采暖的住户超过 95%。

长江流域城镇供暖鼓励采用各类热泵，部分用户采用天然气燃气壁挂炉。到2050年，燃气锅炉占比小于3%；农村地区鼓励采用高效生物质锅炉与低温空气源热泵热风机，部分住户采用燃气壁挂炉。到2050年，采用两类设备的住户超过95%。

加速转型情景关键时间节点热源占比规划如表3-9所示。

**表3-9　加速转型情景关键时间节点热源占比规划**

| 供暖地区 | 热源形式 | 年份 | 热源占比 |
|---|---|---|---|
| 北方城镇 | 余热利用（各类热电联产与工业余热） | 2035 | 45% |
| | | 2050 | 35% |
| | 各类热泵（地水源、空气源热泵等） | 2035 | >43%（地水源热泵约15%） |
| | | 2050 | >60%（地水源热泵约20%） |
| | 锅炉和电直热 | 2035 | <12%（燃煤锅炉<1%） |
| | | 2050 | <5%（主要为电直热） |
| 北方农村 | 低温空气源热泵热风机与高效生物质锅炉 | 2035 | >80% |
| | | 2050 | >95% |
| | 燃气锅炉、电直热 | 2035 | 10% |
| | | 2050 | 5% |
| | 燃煤、低效的传统生物质 | 2035 | <10% |
| | | 2050 | 0 |
| 长江流域城镇 | 各类热泵（地水源、空气源热泵等） | 2035 | >90% |
| | | 2050 | >97% |
| | 燃气锅炉 | 2035 | 10% |
| | | 2050 | 3% |
| 长江流域农村 | 低温空气源热泵热风机与高效生物质锅炉 | 2035 | >80% |
| | | 2050 | >95% |
| | 燃气锅炉、电直热 | 2035 | 8% |
| | | 2050 | 5% |
| | 燃煤、低效的传统生物质 | 2035 | <12% |
| | | 2050 | 0 |

## 五、能源发展约束条件满足情况

加速转型情景将完全实现中国生态环境发展要求。全国范围内满足实现"美丽中国"的空气质量要求；碳排放路径满足实现2℃目标要求（如图3-11所示）。

加速转型情景将显著控制并降低中国能源对外依存度。假定中国国内石油和天然气产量未来还将小幅提升，到2035年中国石油对外依存度控制在70%，天然气对外依存度控制在55%；到2050年，中国石油对外依存度下降至45%，天然气可以实现自给自足。

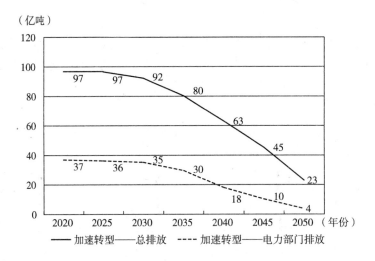

图 3-11　加速转型情景中国化石能源产生的二氧化碳排放路径

### 六、与常规转型情景对比

相比常规转型情景，加速转型情景对化石能源的消费量显著降低，煤炭、石油、天然气消费量在 2035 年分别减少 8 亿吨、0.1 亿吨、200 亿立方米，在 2050 年分别减少 15 亿吨、2 亿吨、1400 亿立方米。加速转型情景下，一次能源消费中非化石能源消费占比显著提高，在 2035 年提高了 7 个百分点，在 2050 年提高了 41 个百分点。

电力系统在加速转型情景下，风、光等非化石能源装机相比常规转型情景有明显提升，到 2035 年，可再生能源主导情景风电和光伏发电装机分别比多元发展情景高 2 亿千瓦、5 亿千瓦；到 2050 年，风电、光伏发电装机分别比多元发展情景高 7 亿千瓦、5 亿千瓦。加速转型情景非化石能源发电占比相比常规转型情景也有显著提升，在 2035 年增加了 5 个百分点，在 2050 年增加了 15 个百分点。

交通部门在加速转型情景下，交通电气化水平有明显提升，氢能、生物燃料利用增加。相比常规转型情景，电力在交通能源中占比在 2035 年提高了 4 个百分点，在 2050 年提高了 33 个百分点；氢能利用量在 2035 年提高了 0.017 亿吨标准煤，在 2050 年提高了 0.16 亿吨标准煤；生物燃料利用量在 2050 年提高了 1100 万吨标准煤。

北方地区供热部门在加速转型情景下，城镇地区各类热泵供热比例明显提高，相比常规转型情景到 2050 年提高了 40 个百分点；农村地区低温空气源热泵热风机与高效生物质锅炉利用比例明显提高，相比常规转型情景到 2050 年提高了 30 个百分点。

应对气候变化方面，加速转型情景相比常规转型情景，全国二氧化碳排放量显著降低，到 2050 年累计减少二氧化碳排放量约 500 亿吨。

# 第四章  中国能源革命路线图选择

## 第一节  化石能源的开发利用策略选择

### 一、煤炭

煤炭是中国的主体能源，占一次能源消费比重长期维持在60%以上，近几年比重才降至57%左右。煤炭主要用于发电、工业锅炉和炼钢、化工及其他散煤利用等，这些部门的煤炭消费都有可替代的清洁能源技术。

（一）电力部门

随着风电、光伏发电等清洁能源发电规模不断扩大，新增煤电需求逐步缩小，"十四五"将是煤电装机走向峰值的平台期，此后煤电规模将逐步下降。未来煤电的发展路径：一是煤电的定位发生转变。2035年前煤电仍是中国电力、电量的供应主体，但其在电力系统中的作用逐步转变，将从"主要提供电量"向"提供电量+电力"并重的双重角色转变。二是煤电的效率大幅提升，2035年前新建燃煤发电机组供电煤耗低于280克标准煤/千瓦时，新建高效机组将逐步替代剩余的亚临界、超临界机组，平均供电煤耗进一步降低。

（二）终端工业部门

"十三五"时期，采用多种方式逐步降低终端工业锅炉和建材窑炉燃煤需求。到2020年终端煤炭消费量及终端工业煤炭消费量分别为7.0亿吨和5.0亿吨左右，占煤炭消费总量的比重分别下降至18.0%和13.0%。中期（2021~2035年），利用成熟清洁的煤粉锅炉技术以及燃气锅炉技术，减少或替代终端工业锅炉燃煤需求，实现终端煤炭消费不超过4.4亿吨，其中终端工业锅炉用煤炭消费约3亿吨。远期（2035~2050年），进一步减少或替代终端工业锅炉燃煤需求。到2050年，终端工业锅炉燃煤量不超过2亿吨，其中建材行业耗煤1.5亿吨，其他分散煤炭利用量降至3000万吨以内（含居民生活耗煤）。

（三）钢铁行业

提升炼钢能源效率及结构，以充分回收利用废钢及提升电转钢炉的比重为重点，减少炼焦用煤量。到 2035 年，全国炼焦用煤约为 3.1 亿吨，钢铁行业煤炭消费比重下降至 10% 左右。2035 年后，全国基本为电转钢炉，随着技术进步，钢铁行业煤炭消费量占比降至 6% 左右。

（四）煤化工

发展新型煤炭化工技术战略储备，稳定煤化工行业煤炭消耗。中期（2021~2035年），在实现中国煤制油技术战略储备情况下，限制煤化工发展，减少煤化工的煤炭消耗。煤化工行业耗煤稳定在 3.0 亿吨左右。2035 年化工行业耗煤 12% 左右。远期（2035~2050 年），化工行业耗煤实物量基本稳定，但比重在 2050 年提升至 12% 左右。

（五）居民用煤

推动居民生活用能清洁优质化，大幅减少生活用煤需求。通过电代煤、气代煤以及可再生能源供热等方式，减少居民生活消费的煤炭消费。中期（2021~2035 年），进一步推动居民用能清洁优质化，减少居民生活消费的煤炭需求。到 2035 年，居民生活用煤量下降至不足 3000 万吨，占煤炭消费总量不足 1%。远期（2035~2050 年），进一步推动居民用能清洁优质化，减少居民生活消费的煤炭需求，争取到 2050 年，除偏远山区个别地方外，居民不再使用散煤燃烧，生活用煤量下降至不足 1000 万吨，占煤炭消费总量的不足 0.4%。

## 二、石油替代

在道路交通部门，随着动力电池技术发展和充电网络逐步建立，电动汽车将逐步普及，并在 2050 年占据乘用车市场较高比例。在重型道路交通、航空和航运交通部门，天然气、非粮生物燃料应用将加大对石油消费的替代。到 2035 年，石油消费 6.5 亿吨，2050 年降至 4.5 亿吨左右。

（一）电动汽车

在公交、物流和公务用车领域加强新能源汽车的推广，争取 2020 年前后电动汽车应用达到 500 万辆。到 2030 年，建成全国联网的电动汽车充电设施网络，有序充电及 V2G（Vehicle-to-Grid，车辆到电网）移峰填谷功能开始发挥显著作用，插电式及纯电动汽车总量超过 1 亿辆，占全国私人乘用车总量的 30%，成为重要甚至主要的低谷负荷。到 2050 年，在全国范围内建成与分布式可再生能源发电结合的智能化充放电网络系统，电动汽车成为电力系统提供灵活性的重要设施。

（二）替代燃料

一是加快天然气在车辆、船舶等重点领域的应用推广，加大加气站等基础设施建设力度，实现长距离和高载重运输领域天然气对油品的替代，同时鼓励船舶油改电、油改船气，减少船舶柴油消费。二是积极发展纤维素乙醇、藻类等先进生物液体技术，逐渐实现对重型道路交通、航空和航运交通部门中汽油、柴油、煤油的规模化替代。争取到 2030 年，生物乙醇和生物柴油分别达到 700 万吨、1200 万吨，替代各种石油燃料约 2300 万吨；到 2050 年，生物乙醇和生物柴油分别达到 1000 万吨、5000 万吨，替代各种石油燃料约 8000 万吨。

### 三、天然气

发挥天然气清洁优势，在城镇燃气、工业燃料、调峰发电及分布式利用和交通燃料领域形成对煤炭、石油等的大规模替代。争取到 2035 年天然气消费量达到 6000 亿立方米，2050 年降至 4500 亿立方米左右。

（一）城镇燃气领域

结合城镇化发展快速提高城镇居民气化水平，以京津冀及周边、长三角、珠三角、东北地区为重点，加快推动城镇居民生活、商业及公共服务等方面天然气替代煤炭。争取城镇居民气化水平在 2035 年达到 70%，2050 年达到 90%。鼓励发展城市燃气集中式、分户式采暖，引导南方有条件地区发展天然气采暖，降低煤炭消费。

（二）工业燃料领域

积极推进以气代煤、以气代油。以京津冀及周边、长三角、珠三角、东北地区为重点，对中小型燃煤和排放不达标的燃油工业锅炉、窑炉实施天然气替代，新建、改扩建工业锅炉、窑炉使用天然气、电力等。在重点污染控制区和生产集中区，引导推进玻璃、陶瓷等行业以气代煤、以气代油。

（三）燃气发电领域

鼓励发展天然气调峰电站、大力支持天然气分布式能源项目。在可再生能源发展集中区，鼓励风电、光电等项目配套建设燃气调峰电厂，降低弃风、弃光率。在京津冀及周边、长三角、珠三角等经济承受力较高的地区，发展热电联产气电项目。在大中城市的大型商业区及新型产业区加快发展天然气分布式能源，在商业中心、交通枢纽、医院等推广天然气分布式冷、热、电联供项目，满足企业电、热、冷等多种需求。

# 第二节　电力系统发展格局及转型选择

## 一、我国电力系统发展概述

（一）我国电力系统发展回顾

新中国成立以来，我国电力工业从小规模、分散、独立的供电系统，逐步发展成为世界上规模最大的互联电力系统，形成了完整的电力工业体系，包括配套技术研发、规划设计、试验等产学研体系，有力支撑了国民经济快速发展和人民生活水平不断提高。截至 2020 年底，全国全口径发电装机容量达 22.0 亿千瓦，非化石能源发电装机容量占比 44.7%，"西电东送"装机规模达到约 3.0 亿千瓦。2020 年，我国全社会用电量 75214 亿千瓦时。

回顾我国电力系统发展过程，可大致分为起步、省级电网互联、区域电网互联三个阶段。

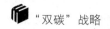

1. 起步阶段

此阶段指从 19 世纪 80 年代我国电力起步到 1980 年左右省级电网初步形成时期。1882 年中国第一家发电厂在上海建成，装机容量仅为 12 千瓦，这标志着中国大地上诞生了第一家电力生产企业。中国最早的电网起步于 1907 年的上海，最高电压等级为 2500 伏。新中国成立前，由于列强入侵、政府腐败、战乱频仍，初创的中国电力工业步履蹒跚，艰难前行。1949 年，全国电力装机容量 185 万千瓦，居世界第 21 位，发电量 43 亿千瓦时，居世界第 25 位。

起步阶段我国电力系统以小电源、小电网为主。由初期独立电厂外送直接供电，发展到多个电厂互联和以电厂为中心向四周供电的局部电力系统，电力就地平衡，系统分散，不均衡发展；后期，随着 220 千伏线路的建设，城市电网形成。1980 年，省级电网基本形成，全国有容量 10 万千瓦以上电网 32 个，其中 100 万千瓦 12 个；全国发电设备容量达 6587 万千瓦。

起步阶段，在计划经济下，电力工业受国家政策和战略影响显著。电源建设集中在重点工业区，水电增速较快。电力系统按照满足电源外送和保障基本供电要求设计，电网伴随电源建设特点明显，电网结构薄弱，自动化水平较低，电网频繁出现稳定问题，仅"四五"时期发生的稳定事故就有 100 起左右。

2. 省级电网互联阶段

此阶段指 1980~1995 年，为区域电力系统形成时期。该阶段是市场经济体制的确立与探索时期，加快适应国民经济发展仍然是该时期电力工业建设的主要任务。电力行业管理体制实现政企分开，电网用于互济与互联功能显著提高。超高压电网高速发展，区域电网初步形成，除台湾、香港、澳门地区外，全国已形成华北、东北、华东、华中、西北 5 个跨省份电网，南方联营电网和 10 个独立的省份电网。1995 年，全社会用电量 9886.4 亿千瓦时，全国全口径发电装机容量达到 21722 万千瓦。

本阶段，电力工业进入超高压电网发展时期，电力系统建设一方面适应大容量机组远距离外送，另一方面满足电力系统的安全稳定运行；以区域内资源配置为主，立足省内平衡，辅以省间互济，围绕省内负荷中心重视省网建设。

3. 区域电网互联阶段

1996 年以来，电力建设在社会主义市场经济的大背景下飞速发展，大型梯级水电站和煤电基地相继投产，严重缺电局面开始扭转，高压、超高压交直流电网快速建设。"西电东送"与全国联网是这一时期电力工业建设的主题，电网大范围资源配置能力显著增强。2015 年，全社会用电量 56933 亿千瓦时，全国全口径发电装机容量达到 152527 万千瓦，新能源发电迅猛发展。

本阶段，电力系统以区域电网为基础，以超高压、特高压交直流电网为载体，发展跨省大跨区的大规模电力资源配置，在满足电力系统安全可靠运行、预防事故发生的前提下，立足在能源基本格局下区域平衡，优化主网架结构。

（二）电力系统发展现状

2020年，国内生产总值（GDP）达到1015986亿元（现价），同比增长2.3%[①]。2020年，全社会用电量75214亿千瓦时，同比增长3.24%。分产业看，第一产业用电量859亿千瓦时，同比增长10.15%；第二产业用电量51318亿千瓦时，同比增长2.71%；第三产业用电量12091亿千瓦时，同比增长1.91%；城乡居民生活用电量10946亿千瓦时，同比增长6.84%[②]。

2020年，全国6000千瓦及以上电厂发电设备累计平均利用小时为3756小时，同比减少72小时。其中，水电设备平均利用小时为3825小时，同比增加128小时；火电设备平均利用小时为4211小时，同比减少97小时[③]。

按照中电联统计，截至2020年底，全国全口径发电装机容量达22.0亿千瓦，同比增长9.6%；非化石能源发电装机容量达9.85亿千瓦，占总装机的44.7%。全国发电装机容量中水电37028万千瓦，火电124624万千瓦，核电4989万千瓦，风电28165万千瓦，太阳能发电25356万千瓦[④]。

（三）存在的问题

党的十九大将能源发展作为生态文明建设的重要内容，强调坚持绿色发展理念，推进能源生产和消费革命，构建清洁低碳、安全高效的能源体系。"清洁""低碳""安全""高效"的八字方略涵盖了能源系统优化的四个目标维度。以下将从这四个维度出发，分析我国的能源电力系统发展面临的主要问题。

1. 清洁低碳方面：能源转型任务艰巨、面临突出障碍

我国以煤为主的能源结构长期没有得到改变。2017年，我国煤炭消费量自2013年以来再次出现增长。截至2020年底我国煤炭消费量占能源消费总量比重已降至56.8%，但仍为世界煤炭平均水平的2倍左右。煤炭消费占终端能源消费比重高达20%以上，高于世界平均水平10个百分点。

我国清洁能源供应规模尽管不断扩大，但仍面临突出的障碍。壮大清洁能源产业的长效机制仍有待完善。《中华人民共和国可再生能源法》、全额保障性收购制度等保障可再生能源优先利用的法律法规和政策机制没有得到充分落实，相应的考核机制不够完善，少数地方政府降低可再生能源的保障性收购小时数和设置交易价格，影响了行业的健康持续发展。非化石能源消费比重目标的责任划分与指标体系尚不完善，各类市场主体开发利用非化石能源的积极性没有充分调动，亟须建立可再生能源电力配额制。价格机制和税收机制没有充分反映传统化石能源的资源稀缺程度与环境保护支出，相对降低了清洁能源产业的市场竞争力。

同时，清洁能源发展还面临消纳、补贴和经济性等问题。部分地区弃水、弃风、弃光问题没有得到根本性解决，可再生能源消纳问题是制约清洁能源供应增加的关键。可再生能源补贴资金存在缺口等问题也对可再生能源行业发展产生较大影响。清洁能

①③ 国家统计局. 中国统计摘要（2021）［M］. 北京：中国统计出版社，2021.
②④ 中国电力企业联合会. 中国电力行业年度发展报告2022［R］. 2022.

源发展的非技术问题日益突出，环保和移民等因素削弱了水电项目市场竞争力，土地、税收等非技术成本高企成为制约新能源平价上网的关键因素，中东部和南方地区新能源开发的土地和环保制约问题日益突出。

2. 安全方面：能源消费的刚性需求偏高，安全保障压力较大

我国的能源消费总量和能源消费强度仍然偏高，能源消费的方式仍然较为粗放。2020年，我国一次能源消费总量占全球的26.13%。随着我国经济社会发展进入新常态，能源消费增速虽然有所下降，但总体需求仍然比较旺盛，特别是近几年，能源需求回暖趋势明显。2017年我国能源消费总量44.9亿吨标准煤，同比增长2.9%，较2016年提高1.5个百分点，当年新增能源消费超过1亿吨标准煤。全国能源需求回暖程度超出"十三五"初期"保供压力明显缓解、供需相对宽松"的判断，我国能源经济安全运行短期面临压力。

我国化石能源资源总体呈现"富煤、贫油、少气"的基本特点，国内化石能源供应能力增长有限。我国原油产能长期维持在2亿吨左右，近几年产量连续下降，随着国内勘探开发成本的逐步提高，增产稳产难度增大。2017年我国天然气产量达1480亿立方米，同比增长8.2%，但仍远低于天然气消费14.8%的增速，综合考虑我国天然气赋存条件及勘探开发能力，预计国内天然气产量短期内难以满足实际消费需要。总体来看，除煤炭之外，我国油气供应能力总体增长有限，难以满足我国不断增长的能源需求。

随着我国能源消费总量不断增加，我国能源对外依存度不断创下历史新高。2017年我国能源进口总量8.7亿吨标准煤，同比增长13.6%，能源总体对外依存度上升至20%，特别是石油和天然气的对外依存度分别达到69%和39%，我国已成为全球第一大石油进口国和第二大天然气进口国。现阶段，我国石油资源进口主要来源于中东、非洲、俄罗斯和西半球国家，天然气进口主要包括俄罗斯东部、中亚、缅甸和海上LNG"三陆一海"四大进口通道，其中约一半的石油进口来自于中东地区，一半以上的天然气来自中亚和中东。中东的油气进口均需要通过印度洋、马六甲海峡，这些区域地缘政治复杂，也是国际各种势力角力博弈的重点区域，油气供给存在一定的不确定性。同时，随着全球能源需求中心进一步向亚洲转移，亚洲地区的能源供应形势将更加紧张，存在地区能源矛盾激化风险。

我国能源价格受国际局势影响日益加深。随着我国能源需求总量和对外依存度的不断提高，我国油气价格受国际市场供求关系和国际政治等因素影响越来越大。2016年以来，受OPEC减产等多重因素影响，国际油价持续波动；2017年底，受我国天然气进口大幅增加等因素影响，国内LNG现货价格出现了大幅度波动，这些都给我国能源生产和终端消费者带来了较大的影响。进入2018年，国际政治和能源格局又发生了新的变化，年初开始的中美贸易争端持续发酵，美方已经开始对我国产品加征关税；6月，美国宣布对伊朗实施制裁，并要求所有国家从11月开始停止进口伊朗石油；伊朗是我国重要的石油进口国，每年出口至我国的石油超过3000万吨，在美国页岩油气在国际能源市场占比不断提升和中美贸易摩擦不断升级的大背

景下，伊朗石油问题可能会进一步加剧中美摩擦，影响我国能源安全。

3. 高效方面：能源系统转化、输送和利用整体效率有待提高

能源系统效率方面问题首先体现在弃风、弃光、弃水问题。"十三五"以来，可再生能源消纳利用情况持续好转，风电光伏利用小时数持续提升，风电、光伏的弃电量和弃电率实现"双降"，四川、云南两省弃水问题也有所缓解。但目前取得的成绩并不牢固，尤其反映在保障消纳的市场机制尚不完善、电力系统的结构和运行方式仍有待进一步优化、省间壁垒问题较为突出、大量自备电厂并未参与系统调峰、电力现货市场试点推进缓慢、辅助服务市场机制仍不健全，电源侧和用户侧灵活调节能力未能充分发挥。

能源系统效率方面问题还体现在中间环节的损耗较大。一是化石能源在采集、加工、转换、储运过程中的能耗损失较大，能源的综合梯级利用程度不高；二是跨省份能源资源配置矛盾凸显，主要能源消费地区需求增长放缓，对接受区外能源的积极性普遍降低，加上缺乏有效的市场资源配置机制，造成输电通道利用率不高。

## 二、我国能源资源禀赋及电力系统转型面临的挑战

（一）我国各类能源资源分布

1. 水力资源

我国水力资源非常丰富。根据 2005 年发布的我国第四次水力资源复查成果：我国大陆水力资源理论蕴藏量在 1 万千瓦及以上的河流共 3886 条，水力资源理论蕴藏量年电量为 60829 亿千瓦时；技术可开发装机容量为 54164 万千瓦，年发电量为 24740 亿千瓦时。

我国水力资源地区分布不均衡。从总体上看呈现西多东少分布，水资源相对集中在西南地区（四川、重庆、云南、贵州、西藏），我国经济相对落后的西部地区水力资源约占全国总量的 81.7%，西南地区就占 66.7%，其次是中部地区占 13.0%，用电负荷集中的东部地区仅占 5.3%。我国水资源主要集中在大江大河干流，如金沙江、雅鲁藏布江、澜沧江和怒江等河流干流，便于集中开发。

根据我国水力资源的分布特点，我国规划建设长江干流上游、金沙江、大渡河、雅砻江、乌江、南盘江红水河、澜沧江、黄河上游、黄河北干流、东北、湘西、闽浙赣、怒江共 13 个大型水电基地。

我国抽水蓄能电站资源较为丰富，开发潜力较大。长远来看，经初步选址和统计的站址资源可装机规模超过 3 亿千瓦。按照"统一规划、合理布局"的原则，应适度加快抽水蓄能电站建设。抽水蓄能电站的发展受到诸多因素影响，我国抽水蓄能电站未来的合理装机容量确定，主要取决于以下因素：第一，电源结构。随着风电等可再生能源的快速发展，具有随机特性和反调峰特性发电装机比重逐步提高，系统中亟须抽水蓄能电站等优质调峰机组参与调峰。第二，负荷特性。随着我国产业结构调整的逐步深入、城镇化建设的发展，电力负荷的峰谷差也将迅速增加，具有良好移峰填谷性能的抽水蓄能电站存在广阔的发展空间。第三，经济效益。抽水蓄能电站的利用效

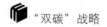

率较低，需要通过电力市场体制改革和辅助服务市场的不断完善，依托合理的体制机制保障电站的经济效益。综合上述三种影响因素，随着电力市场化改革和需求侧管理机制的逐步完善，电源结构将成为影响我国中长期抽水蓄能电站装机容量的主要因素。

2. 风能资源

我国风能资源分布广泛。根据中国气象局 2012 年风能资源详查和评价结果，我国陆地 70 米高度 3 级以上（多年平均有效风功率密度大于等于 300 瓦/平方米）风能资源潜在开发量 30.5 亿千瓦，技术可开发量 26 亿千瓦，技术可开发面积 70.5 万平方千米。随着风力发电技术的不断进步，可利用风力向高度延伸，风电资源可利用总量还有很大潜力。

我国风能资源分布不均衡。我国风能资源较强的地区主要分布在内蒙古、新疆、甘肃、河北、吉林、黑龙江、山东、江苏等。根据中国气象局风能资源详查和评价结果，上述地区 80 米高陆地风电技术开发量分别为 16.1 亿千瓦、3.89 亿千瓦、1.76 亿千瓦、0.58 亿千瓦、1.01 亿千瓦、1.87 亿千瓦、0.5 亿千瓦和 0.137 亿千瓦，合计占全国风电技术可开发量的 92%。中东部和南方地区分散式风电 80 米高的资源开发潜力为 1.96 亿千瓦，仅占全国风电技术可开发量的 5.5%。

风能咨询评价结果显示，台湾海峡附近的福建沿海、浙江东南部沿海是我国近海风能资源最丰富的地区，风能资源等级在 6 级以上；浙江东北部沿海、广东沿海、海南岛西部近海海域的风能资源条件也十分丰富，风能资源等级在 4~6 级；我国沿海其他地区（包括辽宁、河北、山东、江苏、广西北部湾）资源条件也十分丰富，风能资源等级在 3~4 级。考虑到近海风能资源的开发受水深条件的影响很大，目前水深 5~25 米范围内的海上风电开发技术比较成熟，水深 25~50 米区域的风能开发技术还有待发展。风能资源评价结果显示，我国近海水深 5~25 米范围内风能资源潜在技术开发量为 1.9 亿千瓦。

3. 太阳能资源

我国太阳能资源十分丰富。据估算，我国陆地表面每年接受的太阳辐射能约为 $1.47\times10^8$ 亿千瓦时，相当于 4.4 万亿吨标准煤，约等于上万个三峡工程年发电量的总和。

我国太阳能资源呈现西多东少的分布特点。西部 9 省份年平均总辐射量为 5519.46 兆焦/平方米，东部 17 省份年平均总辐射量为 4836.23 兆焦/平方米。按区域可划分为四类：丰富区包括甘肃、青海、西藏、宁夏，年日照时间超过 3000 小时；较丰富区涵盖东北地区，以及内蒙古、河北、山西、陕西等，年日照时间为 2000~3000 小时；沿海地区则是一般区，年日照时间为 1000~2000 小时；不丰富区的年日照时间则少于 1000 小时，如重庆、贵阳等。

4. 天然气资源

根据《全国油气资源动态评价（2010）》，我国常规天然气资源量约为 52 万亿立方米，可采资源量 22 万亿立方米，主要分布在塔里木、四川、鄂尔多斯、柴达木、松辽、东海、琼东南、莺哥海和渤海湾九大盆地。截至 2020 年底，累计探明地质储量 16.88 万亿立方米，剩余技术可采储量约 6.3 万亿立方米。我国非常规天然气资源丰富，根据《中国矿产资源报告（2021）》，2020 年，我国煤层气剩余探明技术可采储量 3315.54 万亿立方米，页岩气剩余探明技术可采储量 4026.17 亿立方米。随着开采技术的逐渐成熟，非常规天然气将是常规天然气最现实的接替资源。

5. 煤炭资源

我国煤炭资源丰富，仅次于美国和俄罗斯，居世界第三位。全国煤炭资源总量为 5.91 万亿吨，保有储量 1.38 万亿吨，基础储量 2158 亿吨①。从资源蕴藏量上看，煤炭供应量还可以继续增加，并保持长期供应。

我国煤炭资源分布不均衡，在煤炭探明保有储量中，华北和西北地区煤炭储量所占比例较高，其中山西、内蒙古、陕西和新疆四省区集中了全国近 76% 的煤炭储量，开发潜力巨大。东北、华东和中南地区煤炭储量所占比例较低，经济最发达的 10 省市（北京、辽宁、天津、河北、山东、江苏、上海、浙江、福建、广东）保有储量仅占全国的 5%，且资源探明率较高，煤炭产量有限。

（二）发展高比例新能源电力系统面临的挑战

如前所述，我国在能源资源禀赋方面具有"贫油、少气、多煤"的特点，为加快推动能源电力系统转型，应加大清洁能源开发应用规模，不断提升能源消费中的清洁能源占比。考虑到我国后续水电开发潜力有限，沿海核电场址开发节奏以及内陆核电场址资源开发存在较大不确定性，大力发展风电、光伏等新能源将成为推动能源电力转型的重要抓手和主要载体。但是，风电、光伏等新能源具有波动性、间歇性和随机性，大规模接入后将深刻影响电力系统格局并给系统的安全可靠运行带来挑战。

1. 新能源大规模并网对电力系统的适应性需求

新能源发电与电力系统中稳定、可控且抗扰动性强的火电等常规能源在发电特性上具有较大差异，具有较强的随机性、波动性和低抗扰性，对电力系统的影响日益显著。一方面，风电、光伏大规模波动性电源并网后，为确保系统功率实时平衡，需要常规机组降低出力以消纳新能源电量，尤其在负荷低谷时段系统调峰压力较大，新能源消纳问题凸显；另一方面，新能源机组依赖电力电子变流器串联/并联接入电网，其输出功率主要取决于自身控制策略，有效转动惯量很小，风电、光伏装机规模的逐渐提高导致系统总体有效惯量不断减小，快速调节能力持续下降。此外，新能源机组对系统高频和过电压的耐受能力较差，当系统发生扰动造成频率、电压发生变化时，新能源机组容易大规模脱网，有引发严重的连锁性故障的风险。

由于新能源的随机性、波动性和低抗扰性（见图 4-1），需要满足新能源与电力系统相互匹配的稳态平衡能力和暂态支撑能力，才能够适应新能源大规模并网。

---

① 自然资源部．2020 年全国矿产资源储量统计表［Z］．2021.

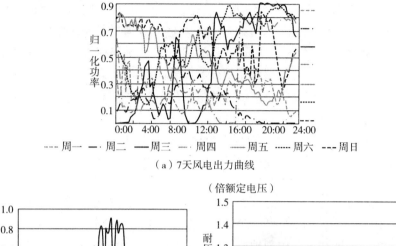

（a）7天风电出力曲线

（b）光伏出力曲线

（c）火电、风电、光伏发电特点

图 4-1　新能源发电特点

（1）稳态平衡能力。稳态平衡能力主要是对电力系统调峰能力的需求。电力系统是一个实时平衡系统，电力不平衡会影响电压和频率质量，进而影响电力系统的安全稳定运行。电力系统调峰主要包括两方面的内涵：一方面是当系统处于负荷低谷时段时，需要在运发电机组降低出力、通过跨省跨区输电通道向外输送盈余电力或通过需求侧响应增加负荷需求，称之为运行调峰；另一方面是当系统处在负荷高峰时段且系统开机容量不足时，需要投入正常运行以外的发电机组以满足系统应急调峰需求，或通过需求侧响应降低系统负荷需求，称之为应急调峰。

当前影响新能源消纳的主要因素是负荷低谷时段的系统调峰能力。随着系统中风电、光伏发电等具有间歇性、随机性的发电机组比例不断上升，为确保功率实时平衡，需要常规发电机组具备灵活调节能力，以消纳更多的新能源电量，尤其是在系统低谷负荷风电大发时段或光伏大发的正午时段（见图 4-2）。我国电源结构中火电、水电、气电、抽水蓄能等具有快速调节性能的电源装机比例逐年缩小，造成电网通过常规手段进行系统调峰的压力不断增大。

（2）暂态支撑能力。新能源大规模并网后系统的频率和电压调节压力增加。新能源依赖电力电子变流器串联/并联接入电网，其输出功率主要取决于自身控制策略，有效转动惯量很小，同时常规火电机组比重减少，导致大规模新能源并网之后系统总体

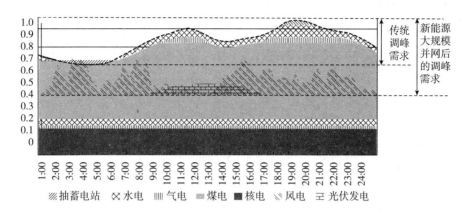

▨抽蓄电站 ✕水电 ▥气电 ▦煤电 ■核电 ⫽风电 ⊟光伏发电

图4-2 电力系统新能源消纳调峰需求

惯量不断减小，频率和电压问题凸显。

随着新能源占比不断增加，系统频率调节能力持续下降，大功率缺失情况下，易诱发全网频率问题。以西北电网某场景为例，如图4-3所示，当系统损失350万千瓦发电功率时，若网内无风电，系统频率下跌0.65赫兹；若网内风电出力达到1200万千瓦，则频率下跌达到0.95赫兹，在风电渗透率为18%的情景下，频率下跌值比无风电时增加0.3赫兹。

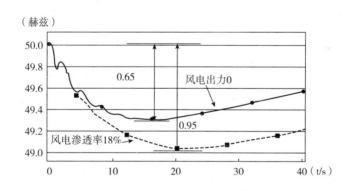

图4-3 西北电网频率问题示例

另外，由于新能源机组耐受过电压水平低于常规机组，在事故情况下容易发生大规模脱网。尤其是在当前我国新能源集群并网呈现出特高压交直流混联、电力大规模跨区输送的情况下，由于大容量特高压直流发生故障时，容易导致送端电网电压大幅波动，存在风电机组因过电压保护动作而导致大规模脱网的风险，使得风电机组的高电压穿越能力成为制约特高压直流通道达到设计送电能力的主要因素之一。

2. 我国新能源并网消纳面临的主要问题

（1）近期面临的主要问题。"十三五"期间，我国可再生能源消纳面临的问题主要表现为"三北"地区①的新能源消纳和西南水电消纳等。具体来看:"三北"地区新能源消纳问题主要是区域内热电机组占比高、冬季供热与清洁能源消纳矛盾突出,导致出现弃风、弃光现象。此外,由于配套机制等问题,企业开展火电灵活性改造积极性不够,火电机组调峰能力释放不足,抽水蓄能电站建设进展缓慢,截至目前,西北电网尚无抽水蓄能电站投产运行;西南地区水电消纳则面临源网荷协调发展的问题,且由于年调节水库占比低,存在丰期外送能力不足和枯期电力不足的问题,具有年调节特性的龙头水库电站资源站址条件有限,同时也面临运行机制不健全、电力市场交易及价格机制不完善等问题。

按照源、网、荷三侧来看,电源侧缺乏相应配套政策机制,各类灵活性电源建设改造进展缓慢;电网侧电网资源优化配置的作用尚未充分发挥,打破省间壁垒的长效机制有待进一步确立;需求侧灵活性有待进一步挖掘。具体来看,我国"富煤、贫油、少气"的能源禀赋决定了我国以燃煤发电厂为主的电源结构,电力系统灵活性较低,然而由于相关配套机制的缺失,我国各类灵活性调峰电源建设改造进展缓慢,难以适应伴随清洁能源发展日益增长的调峰需求;部分区域清洁能源消纳受网架影响明显,跨省份通道送电能力未达到设计要求。与此同时,我国现行电力市场交易主要以送受端政府间"网对网"框架协议为基础,送受双方清洁能源消纳责任不明确,地区间和不同市场主体间利益难以有效平衡,跨省份清洁能源消纳普遍面临着受端市场对外来电价格和曲线要求高、外来电和受端省内发电企业的利益矛盾冲突等因素制约,省间壁垒难以有效破除。我国尚处于电力体制改革的攻坚克难阶段,现行的电价制度已难以适应电力系统绿色低碳发展的需求,亟须建立电力现货市场等市场机制,进一步挖掘需求侧灵活性。

(2)中长期面临的主要问题。从中长期发展来看,随着新能源在电力系统中占比逐渐提升,可再生能源消纳尤其新能源消纳矛盾将由当前的日内/周内调峰能力受限,转变为系统跨月/跨季调节能力受限,此外,高比例新能源接入严重削减系统的暂态支撑能力,新能源并网还面临着安全稳定制约(见图4-4)。

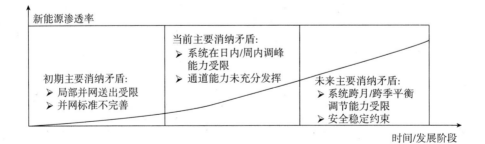

图4-4 新能源发展阶段渗透率对电力系统的影响

---

① 即东北、西北、华北地区。

国际能源署（IEA）对不同新能源发展阶段渗透率对电力系统的影响进行了研究（见图4-4）。基于全球大部分国家新能源占比情况及面临的主要问题，将新能源发展划分为四个阶段，如图4-5所示。第一阶段，新能源占比较低，小于5%时，新能源接入对电网无明显影响；第二阶段，新能源占比提高至5%~15%，系统灵活性出现不足，需加强系统现有的灵活性，通过优化调度运行等手段，挖掘常规火电、水电等调节能力；第三阶段，新能源占比进一步提高至15%~25%，此时需大幅提升系统的灵活性，新增系统灵活性投资，加强源、网、荷、储各侧的灵活性建设；第四阶段，新能源占比超过25%，由于高比例新能源接入严重削减系统的暂态支撑能力，此时除加强系统灵活性建设外，还需采取先进技术保证电网的安全稳定性。

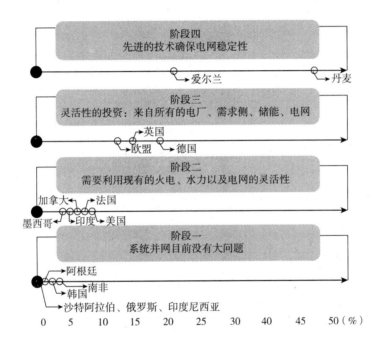

**图4-5　新能源发展阶段**

资料来源：国际能源署。

　　整体来看，我国当前处于第二阶段向第三阶段的过渡过程中。2020年，我国总体的新能源装机占比约24.3%，发电量占比约10%，我国"三北"地区部分省份新能源电量占比达到20%~30%。结合我国实际情况，一方面需加强现有系统灵活性，另一方面应加源、网、荷、储各侧灵活性建设，提升系统调节能力。

### 三、电力系统转型的主要目标

#### （一）终端电气化水平

　　电力是各种能源特别是可再生能源利用的纽带，是未来能源消费的主要形式，大力发展电力替代，提高终端电气化水平，是实现能源高效利用的重要途径。生产侧继

续加大可再生发电开发力度、消费侧不断提升电气化水平，是保障我国能源安全的重要途径。交通、建筑（供热）领域是电能替代的重点方向，预计到 2030 年、2050 年超过 30%、50%。

（二）非化石发电量占比

到 2030 年我国非化石能源消费比重将达到 25% 左右，到 2060 年非化石能源占比达到 80% 以上。电力作为非化石能源的主要转化利用方式，必须加快适应绿色转型的步伐。考虑我国水电后续开发潜力有限，核电开发受到安全性和厂址限制，需要大力发展风电、太阳能发电等新能源，预计到 2050 年新能源发电量占比达到 50%。

（三）新能源装机容量可信度

随着新能源成为电力系统中的主力电源，新能源逐渐由单纯提供电量的电源向同时提供电量以及部分可靠电力容量的电源转变。通过配置电储能、提高能量转换效率、提升功率预测水平、应用光热发电技术等，为系统提供一定的可靠容量，并提供一定调节能力。新能源装机容量可信度[①]逐步提升至 20%~30%。

（四）负荷主动响应比例

改变传统"源随荷动"的模式，充分挖掘需求响应能力，提升传统工业负荷灵活性，发展电供暖、电制氢、数据中心、电动汽车充电设施等灵活负荷。在充分发挥工业负荷需求侧响应的基础上，通过市场化手段激发第三产业和居民负荷响应水平。负荷响应由单向响应向双向实时互动发展，负荷主动响应比例逐步提升至 20%~30%。

（五）电力市场化程度

通过完善调度运行机制、建设智慧调控交易体系，支撑市场交易电量比重不断提升，逐步放开除优先购电用户之外的所有经营性电力用户参与市场。市场化交易电量占比逐步由当前的 30% 提升至 70% 以上。

## 四、电气化引领战略

以下将在前述分析的基础上，研究我国电力系统各环节综合中长期"再电气化"发展战略，提出阶段性发展目标及战略实现路线图。

（一）目标及特征

1. 能源供应结构持续优化

非化石能源比重逐年升高，2020 年、2030 年均超额完成国家战略目标，2050 年非化石能源成为主导能源；煤炭比重显著降低，且更多以电煤方式被利用，2040 年前被非化石能源超越，成为辅助能源；发电用能占一次能源供应比重稳步提升，能源生产侧电气化水平显著提升（见图 4-6）。

---

① 新能源容量可信度 = 新能源替代常规机组容量/新能源装机总容量。

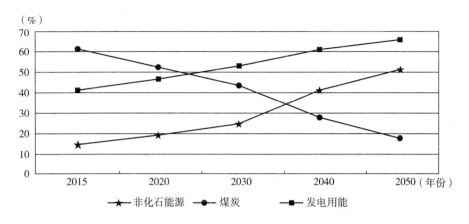

**图 4-6 能源供应结构变化趋势**

**2. 电源结构率先实现清洁化**

清洁能源装机与发电量比重不断提升,煤电装机在 2030 年达到峰值,约 12 亿千瓦,发电量 2030 年左右达峰后下降;在 2035 年前,清洁能源发电量占比超越煤电,成为主导发电能源,其中风电与光伏总发电量与水电相当,且未来持续增长(见图 4-7)。

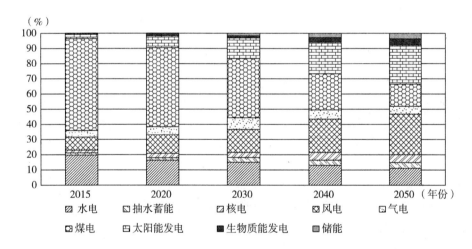

**图 4-7 电源结构变化趋势**

**3. 碳排放提前达峰**

能源系统碳排放 2030 年达峰,峰值不超过 100 亿吨二氧化碳;2020 年、2030 年碳排放强度较 2005 年分别下降 57% 和 72%,均超额完成《强化应对气候变化行动——中国国家自主贡献》要求(见图 4-8)。

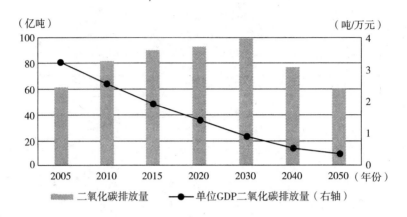

图 4-8　碳排放趋势

4. 清洁能源集中开发与分散利用并举

从 2035 年各省（区、市）清洁能源发电开发布局看，风光等清洁能源开发重点仍在西北地区，以集中式开发为主，约占风光总开发规模的 65%；东中部地区以分散式开发利用为主，约占风光总开发规模的 35%。

5. 清洁能源跨区配置规模显著提升

从 2035 年清洁电力配置格局看，东中部地区受端省份受入电力流主要来自西南水电和"三北"风电、西部太阳能发电基地，对应送端电力装机超过 10 亿千瓦，清洁电力装机占比达到 70%。

6. 能源电力消费重心向服务业转移

工业占比下降明显，用能占比由 2015 年的 66% 下降至 2030 年的 55%、2050 年的 37%，用电占比由 2015 年的 70% 下降至 2030 年的 60%、2050 年的 36%。服务占比大幅提升，用能占比由 2015 年的 2.4% 提升至 2050 年的 11.8%，用电占比由 2015 年的 3.9% 提升至 2050 年的 13.8%。

7. 电能占终端能源消费比重提升显著

终端电气化水平稳步提升，2025 年达 30%，2050 年超过 40%。分部门看，2050 年农业电气化水平达 30%，工业达 40%，与整体水平相当；交通快速提升，达到 33%；商业、居民均约 47%，高于整体和工业电气化水平。

（二）战略途径

如图 4-9 所示，实现电气化提升战略，需要重点推进生产环节的绿色电气化，消费环节的终端电气化，以及整个电力系统的智能电气化，构建我国清洁、低碳的新型能源体系。其中，绿色电气化是指清洁能源对化石能源的替代和发电能源占一次能源消费比重的提升。终端电气化是电能对其他终端能源消费品种呈现出广泛替代的趋势。而智能电气化即将"大云物移"等现代信息技术与能源行业的深度融合，使电能生产利用各环节的智能化、互动化水平显著提升。

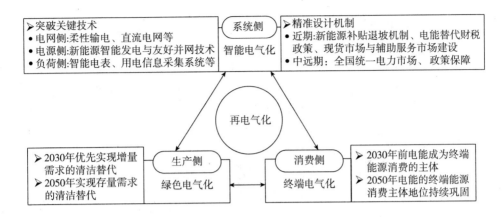

**图4-9 再电气化战略路径**

1. 绿色电气化

我国清洁能源资源丰富，新能源发电装机和发电量均居世界第一位，发输配电技术处于世界领先水平，具备良好的绿色电气化实施基础，将在未来全球清洁能源发展中发挥引领示范作用。

预计在2020~2030年，我国主要完成能源电力需求增量部分的绿色电气化。从满足新增能源消费看，新增能源需求（约9亿吨标准煤）基本由非化石能源和天然气等清洁能源供应，非化石能源是最主要的增量替代能源，在能源需求增量中的贡献率超过54%，其中风、光等新能源与水、核等传统非化石能源各占半壁江山。而从满足未来新增用电看，非化石能源发电在电力需求增量中的贡献率约57%，成为主导替代电源，其中，风、光等新能源发电的增量贡献率超50%，成为替代电源的主力。

2030~2050年，在完成增量清洁替代的基础上，逐步实现存量清洁替代，最终实现全面绿色电气化。从能源供应看，2050年非化石能源供应超过50%，成为主导能源。其中，风、光等新能源发电，水、核等非化石能源发电，以及非发电等利用方式的比例约为6：3：1。从电量供应看，2050年非化石能源发电占比超过70%，成为绝对主导电源。其中，风光等新能源发电、水电、核电发电量比例约为5：3：2，发电用能占一次能源供应比重超过66%。

2. 终端电气化

从终端用能结构看，随着电能替代技术加快推广、用电结构的调整、用电技术的进步和市场机制的完善，终端电气化水平有望于2030年达到30%，2025~2030年电能超越煤炭成为终端能源消费的主体；预计2050年超过40%，电能的终端能源消费主体地位持续巩固。

2020~2030年，新增需求主要由电能和油气满足，终端煤炭消费减少。2030年，预计煤炭终端消费量下降27%。2030~2050年，电能消费继续提升，石油消费达峰后较快下降。2050年，预计煤炭消费量降至5亿吨；石油消费于2030年后很快达峰。

从分部门的终端用能变化看,各部门对电气化水平提升均有贡献。2020～2030年,工业部门仍是我国电气化水平提升的主要驱动,贡献约40%的电量增长;居民、交通、商业分别贡献电量增长的25%、17%、10%。2030～2050年,工业部门用电量稳中略降,对电量增长的贡献率为负;居民、交通、商业成为电气化水平提升的主要驱动,分别贡献电量增长的52%、42%、39%。

(1)工业。电气化水平提升主要得益于电锅炉、电窑炉、电加热、电驱动等电能替代技术以及智能制造和自动化生产的拉动作用。预计2030年工业电气化水平达33%,接近发达国家平均水平;2050年电气化水平达40%,处于世界领先水平。

(2)交通。电动汽车对燃油汽车的替代进程持续加快,电气化铁路、城市轨道交通成为公路交通的重要补充。预计2030年交通电气化水平快速升至14%;2050年交通电气化水平进一步增至33%,较2030年提高19个百分点。

(3)商业。服务业单位产值电耗近年呈逐年下降趋势,未来伴随信息化、智能化进程,第三产业规模持续扩大,电能消费较快增长。预计2030年商业电气化水平达41%,与德国当前水平相当;2050年电气化水平达47%,与美、日、英、法等发达国家当前水平相当。

(4)居民消费。人均生活用能的较快增长、电能占人均生活用能比重的快速提升、城镇化率的稳步提高是居民消费电气化水平提升的重要驱动。预计我国2030年城镇化率达到70%,与发达国家当前平均水平相当,居民消费电气化水平达34%;预计2050年城镇化率达到80%,居民消费电气化水平达47%。

3. 智能电气化

推动智能电气化,适应新能源规模化接入带来的电力系统运行机理变化与挑战,不断强化以"大云物移智"为代表的现代信息技术、人工智能技术与能源行业深度融合,促进电能生产、传输、利用各环节智能化水平提升,优化大电网的自愈能力和用户友好性显著增强。

(1)在电源侧推广大规模可再生能源智能发电与友好并网技术。综合运用材料、信息通信、高端电工装备等先进技术,使得各类电源能够自动采集、智能分析与灵活控制,实现大规模间歇式能源的智能发电与友好并网。

(2)构建集中与分散协同的智慧能源互联网络。以互联网理念构建新型信息能源融合"广域网",以大电网为"主干网",以微电网、分布式电网等能量自治单元为"局域网",构建信息能源一体化架构,实现能源的智能双向按需传输和动态平衡使用,最大限度地适应可再生能源、新型用户接入。

(3)强化能效动态管理与电力需求智能响应。需求侧响应是一种重要的虚拟发电资源,在国内外已经逐步得到大规模应用。在工业负荷、商业和民用空调负荷、大数据中心、电动汽车充电领域均有较大的发展潜力,结合大数据、物联网等新技术,实现用电需求的时移,可降低最大负荷需求和峰谷差。推广应用双向智能电能表、用电信息采集系统、合同能源管理、电网与用户互动服务技术,通过电网公司、发电公司、能源服务公司、产品供应商、电力用户等方面的协作,改进用电方式、提高终端电能利用效率，实现社会效益最优、成本最低的能源服务管理。

（三）战略重点

1. 加快电力基础设施互联互通，建设现代化电网

从世界范围看，加强电网互联互通，实现能源资源大范围优化配置，是能源转型的必由之路。我国国情决定了未来能源开发以西部、北部地区能源基地集中开发、远距离送电为主，东中部地区就地开发作为补充，需要构建以特高压电网为骨干网架、各级电网协调发展的现代化电网，提高电网的安全性和经济性。

通过发挥现代化电网强大的资源优化配置能力，实现西电东送、北电南供、水火互济、风光互补，推动清洁能源大规模开发、大范围配置和高效率利用成为现实，满足电动汽车、微电网、储能等新型用能设备大量接入。

2. 提高智能互动水平，紧密融合电力市场

广泛应用"大云物移"和人工智能技术，实现新一代电力系统的信息化、自动化、互动化。应用大数据技术分析处理电力系统海量在线数据，应用云计算技术快速准确实时仿真、在线决策，应用物联网技术提高发、输、配、用和电力市场全环节智能感知能力和实时监测水平，应用移动互联网技术加强信息通信支撑能力。同时，电力市场成为新一代电力系统的有机组成部分，通过智能互动，开放发电和用户的双向选择权，发电侧与售电侧市场主体广泛参与、充分竞争，用户通过经济政策或价格信号，实现主动负荷响应。

3. 强化重大技术创新，实现系统灵活柔性运行

要围绕可再生能源开发利用的各个环节，加强储能、新能源友好并网、先进输电、新一代智能电网等核心技术研发，加快突破一批关键技术。例如通过大容量、高效率、长寿命储能技术，在发展抽水蓄能电站的同时，积极研发先进电池、压缩空气储能、蓄冷蓄热、电磁储能等各种储能方式，并加强在电力系统的应用；考虑新能源高效发电和电网友好技术，提高新能源发电单元的能量转换效率，积极研究推广虚拟同步技术，增强抗扰动能力。另外，先进输电和新一代智能电网技术，包括特高压交直流输电、大容量海底电缆、超导输电、柔性输电、主动配电网、源—网—荷—储协调互动、新一代控制保护等技术，可以大幅提升电网资源配置能力、平衡调节能力和安全稳定控制能力。

4. 建设本质安全电网，确保系统可控能控

遵循大电网运行规律和安全机理，构建合理的网架结构，加强受端电网建设，实现交流与直流、各电压等级协调发展。重构大电网安全防御体系，升级电力调度自动化、安全控制及继电保护系统，实现在线分析、安全预警、自动控制。强化安全稳定标准，持续完善"三道防线"，实现故障监测预警、准确定位、快速隔离、有效处置，抵御严重故障冲击，防范大面积停电风险。加强主动配电网建设，增强多元负荷接入配电网可观性、可控性和灵活性，提升配电网效率和供电可靠性。

5. 提高负荷管理水平，完善政策与市场机制，实现主动需求响应

随着电气化水平的提升，电动汽车、电制热、电制气等灵活性负荷逐渐增多，将

成为系统灵活性的主要来源之一。如图4-10所示，未来负荷特性将由单向刚性向双向灵活发展，充分挖掘利用用户负荷的可调控性。近期，需求侧响应的参与主体主要为对电价敏感的大工业高耗能负荷；中期，受政策引导与价格激励，电供暖、大数据中心等负荷也将逐步参与需求响应，实现"削峰填谷"，在电力现货市场、实时电价等市场机制的作用下，全面参与需求侧响应；远期，进一步实现电力双向流动，电动汽车（V2G模式）、负荷侧储能可向电网反向送电，提高供需双侧的匹配度，显著降低"逆负荷"特性给大规模可再生能源发电消纳带来的不利影响，使得双侧随机性波动的系统变为较稳定、可控的系统。

图4-10 灵活负荷发展阶段

此外，还应精准设计政策与市场机制，引导用户实现主动需求响应。首先，引入资金和政策支持，通过财税优惠、配额制、绿色金融等政策，吸引更多资金投向新能源领域，鼓励用户积极消费新能源发电；其次，完善产业政策，加强电源、电网统一规划，优化新能源开发布局；再次，建立完善电力市场机制，包括现货交易机制、辅助服务补偿机制以及绿电绿证交易机制等；最后，通过经济政策或价格信号引导用户主动实现负荷需求响应。

## 五、电源结构优化升级战略

### （一）加快可再生能源开发

1. 有序推进水电基地建设

在做好生态环境保护和移民安置工作的前提下，坚持积极稳妥发展水电，科学有序推进西南大型流域水电基地和抽水蓄能电站建设，以水电流域基地为依托，打造多能互补的综合能源基地，建立流域水电开发与生态保护、环境治理的良性循环体系，全面推进水电开发利益共享工作；加快推动雅鲁藏布江下游水电前期工作和规划设计，分步骤有序推进该河段水电站建设。

**2. 积极推动风电有序协调发展**

（1）推动中东部地区和南方陆上风电实现与生态建设协调发展。加快推动中东部地区风电平价开发，高标准建设生态环境友好型风电场，加快推动分散式风能资源开发。在高海拔地区推动超高海拔风电工程建设，在西南地区推动水风光互补基地建设，结合智能微网模式推动分散风电建设。远期发挥 5 兆瓦级以上大型风电机组规模效益，滚动推进运行期限长或临近退役风电场的改造升级和扩容。

（2）有序推动"三北"资源富集地区风电开发。以电力送出通道建设和消纳利用为引领，加快火电灵活性改造和灵活调节电源的建设，有序推进"三北"地区风电建设。发挥风电低成本的优势，结合储能配套技术和多能互补应用，在满足"三北"本地清洁能源供应的基础上，规划建设大型风电外送基地，进一步实现资源优化配置。

（3）稳妥推进海上风电产业发展。优先发展近海风电，规模化带动产业化，促进成本降低和提升市场竞争力。研究深远海基础施工与输电技术，开发深远海风电场，推动漂浮式技术进步并初步具备产业化发展条件。远期滚动实施风电设备更新与微观选址优化，推动深远海风电向纵深发展。

**3. 稳步拓展太阳能多元化产业布局**

（1）分布式光伏发电逐步成为未来新增主力。在技术进步和成本下降的推动作用下，分布式光伏的市场竞争力快速提高。结合泛在电力物联网快速发展、储能、直流配电等技术广泛的应用，以及分布式市场化交易模式和机制的不断创新，分布式光伏更高效、更便捷地融入能源消费端，将成为光伏市场的主力。

（2）推进集中式光伏发电规模化发展和布局优化。在全面实现平价上网目标后逐步探索低价上网，鼓励因地制宜深化"光伏+"理念，实现光伏与其他产业深度融合，提高土地综合利用效率，促进光伏发电开发格局多样化。随着储能技术提高和成本降低，在资源优越的地区规划推动新型外送太阳能基地，提高太阳能发电在通道中的电量占比。

（3）以提高技术经济性为核心进一步推动太阳能热发电发展，应用规模逐步扩大。通过光热示范项目，积累技术和建设运行经验，推动光热发电技术进步和成本下降，并视情况陆续开发甘肃、青海等资源较好地区的光热项目，逐步探索其成为重要调峰电源的可行性。

**4. 加快发展生物质发电**

推动垃圾焚烧发电清洁化高质量发展，建立城乡一体化垃圾收集体系，充分发挥垃圾焚烧发电无害化、减量化、资源化处理垃圾优势，保护城乡生态环境。在具备资源条件的地区推进农林生物质发电转向热电联产，垃圾焚烧发电在条件允许的情况下实施热电联产。

**5. 统筹布局可再生能源发电基地**

（1）发挥"三北"地区风光资源优势，打造风电为主的风光储热互补外送基地。在风能、太阳能资源富集的"三北"地区，利用风、光天然互补特性及外送通道，配套建设风光互补清洁能源基地，外送通道中可再生能源电量比重在 50% 以上。远期利用少量存量火电、抽蓄水能、新型储能技术，规划建设以风电为主的外送基地，基地容量在 2000 万千瓦以上，可再生能源电量占比达到 80% 以上。

（2）在水能资源富集的西南地区规划建设风光水多能互补基地。近期重点解决水能资源富集地区弃水问题；中期结合水电扩机及各流域水电站布局，加快推进风、光、水可再生能源基地建设；远期规划西藏等水能富集地区风光水互补基地，建设 100% 清洁能源外送基地。

（3）发挥西部地区可再生能源资源丰富的优势，规划建设以太阳能资源为主的多能互补综合能源基地。重点规划推进光伏、光热、风电协同示范基地建设，示范推动藏东南太阳能发电基地、超高海拔地区光伏、光热、风电外送基地，充分发挥热发电调峰电源的作用，实现 100% 可再生能源基地外送。

（4）结合东南沿海地区经济发展战略，规划建设东部沿海可再生能源基地。根据粤港澳大湾区、长三角、环渤海等区域经济发展战略，加快推进海上风电基地项目；利用区域光伏产业链优势，积极打造东南沿海"海上风电+光伏"可再生能源发电基地。

（二）推动灵活调峰电源建设

未来我国调峰电源的发展方向主要有新型储能、抽水蓄能、调峰气电、火电灵活性改造、光热发电和龙头水库电站六类，各类电源的发展速度和规模由技术经济特性和场址资源以及其在系统中的地位和作用等因素共同决定。

1. 经济性分析

随着电力体制改革的深入推进，要素市场化配置机制不断完善，经济性将成为影响各类调峰电源发展的最主要因素，包括各类调峰电源的单位调节能力初始投资和度电调节成本两个方面。

从初始投资角度来看，光热发电单位千瓦调节能力建设成本明显高于其他几类调峰电源建设成本，其发展受成本和规模化发展相互制约，预计价格难以出现大规模下降；抽水蓄能、新型储能和调峰气电现阶段单位千瓦调节能力初始投资成本相当，但从发展趋势来看差异较大，其中抽水蓄能受站址、环保、移民等因素影响，预计初始投资长期呈现上涨趋势；燃气调峰电站技术成熟度较高，预计初始投资长期稳中有降；新型化学储能受益于规模化和技术进步，预计成本将延续快速下降趋势；火电灵活性改造初始投资最低，预计初始投资变化趋势与燃气调峰电站相似，呈现稳中有降的趋势（见图4-11）。

从调峰运行角度来看，燃气调峰电站受制于较高的天然气价格和气源的稳定性，其运行调节成本最高；火电灵活性改造和抽水蓄能调峰运行成本相当，其中火电机组深度调峰运行会造成机组效率降低和碳排放、污染物排放增加，长期调峰成本呈上涨趋势；抽水蓄能运行过程中无污染物和碳排放，随着发电效率的不断提升，调峰运行成本长期呈下降趋势；新型化学储能因其较高的充放电效率，其调峰运行成本较抽水蓄能更低，且长期呈下降趋势；光热发电调节成本最低（见图4-12）。

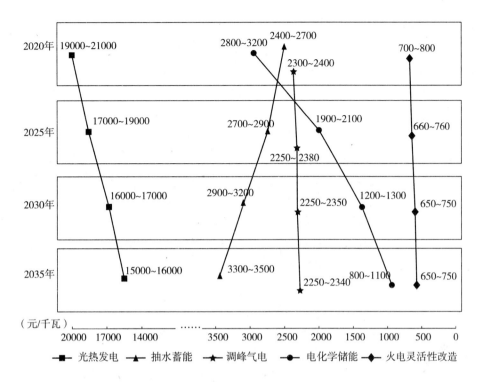

图 4-11 单位千瓦调节能力初始投资成本

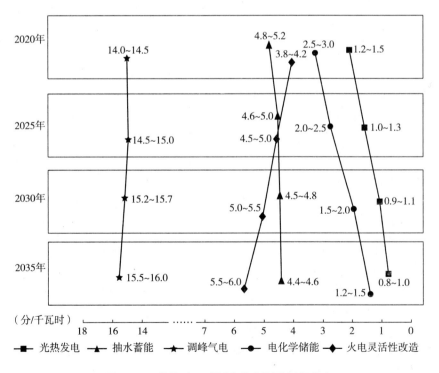

图 4-12 单位千瓦时调节能力调峰运行成本

2. 作用范围分析

除为系统提供调峰能力外，调峰气电和火电机组类似，可以提供系统容量支撑、提供系统调频服务、提供转动惯量等；分布于源、网、荷三端的新型储能发挥作用不尽相同，主要包括延缓输配电投资、提供系统调频服务、提高用户供电可靠性等作用，提供系统容量支撑；抽水蓄能电站则具备调频、调相、事故备用的作用；光热电站可提供系统调频服务，储热系统足够大则可以提供系统容量支撑。

从作用细节来看，虽然各类电源均可提供调频服务，但是火电机组响应时滞长，不适合参与较短周期的调频，抽水蓄能机组调频容易受到地域和季节的制约，可以提供调峰调频服务；新型储能具有响应速度快、精确跟踪的特点，比传统火电调频高效，火电储能联合调频更具优势。从提供系统容量支撑来看，调峰气电、火电、光热（配置足够的储热容量）、抽水蓄能均可以提供一定规模的容量支撑和系统备用，而新型储能对于系统的容量支撑主要体现在对短时尖峰电力的支撑上。

3. 发展定位

（1）抽水蓄能电站：充分发挥调峰、调频事故备用等作用。我国抽水蓄能电站站址有限，且建设周期长、建设成本高，由于配套电价机制不健全，企业开发建设积极性不足。但抽水蓄能电站具有优越的调峰性能且调峰过程中不增加碳排放、寿命周期长、容量大，还可在调节、支撑电网运行方面发挥重要作用，因此抽水蓄能电站应加快发展节奏。

（2）新型储能：提供调峰调频和尖峰负荷容量支撑的作用。新型储能现阶段成本和造价较高，但受益于技术进步、产业升级、应用规模扩大等因素，未来新型储能，特别是锂离子电池储能成本有望快速下降。

（3）火电灵活性改造：火电将由传统的提供电力电量的主力电源，逐步向同时提供可靠容量、电量和灵活性调节能力的基础性电源转变。煤电灵活性改造在现阶段所有调峰电源中建设投资成本和调峰运行成本均较低，尤其对于我国调峰电源紧缺的"三北"地区，火电机组比例大、热电机组占比高，火电灵活性改造能有效缓解"三北"地区的调峰压力，且投资少、建设周期短，因此火电灵活性改造是"十四五"乃至今后较长时期增加系统灵活性应当考虑的主要措施。

（4）调峰气电：在提供系统调峰支援的同时，提供系统容量支撑。调峰气电建设成本较低，但受气价和气源不确定因素影响较大。预计未来随着我国天然气需求的快速增加，我国天然气价格将长期维持高位，应用于发电的天然气占比下降的可能性较大，导致天然气调峰运行成本较高。因此天然气调峰电站优先在华东、华南等煤电发展受限且电价承受能力强的区域开发，兼顾区域内电力需求和调峰需求。

（5）光热发电：配置足够储热容量，提供稳定的电力支撑。与其他调节性电源相比，仅从经济性角度而言，光热发电建设成本较高，且其发展受资源因素制约，未来仅在内蒙古、新疆、青海、甘肃等地区具备规模化开发潜力。但光热调峰电站具有运行灵活、无碳排放和污染物排放等特点，可作为"三北"地区重要的补充调峰电源，结合技术经济发展趋势稳步推进。

（6）龙头水库电站：提高下游水电枯期出力，改善下游梯级电站的调节性能。与国外发达国家相比，虽然我国水电装机规模较大，但配套水库容量较小，导致水电调节能力不足，丰枯季节的发电量差距较大。龙头水库建设的最大制约因素主要是移民安置和投资经济性补偿，开发难度和投资将呈现上升趋势。由于我国龙头水库站址资源有限，为充分发挥水电的调峰作用，提高水能利用率，应该尽快选择具备建设龙头水库的站址。

4. 各类调峰电源发展思路

（1）近期。我国主要的调峰缺口集中在"三北"地区，且"三北"地区煤电占总装机容量的60%，其中一半以上为热电机组，与之相比，抽水蓄能、调峰气电等调峰电源占比到2020年仍不足2%。考虑到抽水蓄能的建设周期及场址因素、天然气发电的基础设施及价格因素以及储能、光热尚处于试点示范阶段的特点，近期"三北"地区调峰电源发展仍主要依赖于火电灵活性改造。

（2）中期。受益于技术进步和成本的快速下降，储能替代火电灵活性改造成为支撑"三北"地区新能源持续发展的重要调节手段，结合抽水蓄能电站站址资源分布和调峰需求情况，加大新增抽水蓄能电站项目开工建设；随着可再生能源和新型储能，特别是锂离子电池储能成本的进一步降低，逐步提高新能源+储能系统应用比例，提高新能源电源的友好性；结合江浙、广东一带电力供需情况以及天然气基础设施建设等情况增加天然气发电装机规模，适度增大调峰气电占比，在保证电力供需的同时发挥调峰气电的启停调峰能力；以及光热技术发展及成本下降情况，以及光热电站开发资源条件，在内蒙古、新疆、青海和甘肃等地区逐步增加建设规模。

（3）中远期。中东部和南方地区的独立储能电站因其在系统调峰调频服务、保障系统安全稳定运行、提供系统电力容量支撑等方面的作用，开始规模化发展；伴随新能源装机占比的持续提升，结合调峰需求情况以及站址资源情况，继续稳步推进抽水蓄能电站建设；结合电力供需情况、调峰需求情况以及天然气基础设施建设，稳步推进天然气电站建设，进一步提高调峰气电比例；结合光热技术进步和成本下降以及在运项目实际运行情况，开始在内蒙古和西北等地规模化布局光热项目。

（三）新能源与储能协同发展

1. 基本情况

近年来随着技术进步、产业链完善和产业规模扩大，新能源发电已成为我国推动能源绿色发展、调整能源结构的重要支撑。未来随着新能源发电成本进一步降低，预计"十四五"期间新能源将实现全面平价甚至低价上网，装机规模有望实现爆发式增长。与传统电源相比，新能源发电具有较强的随机性、波动性，新能源大规模并网将给电力系统调峰及安全稳定运行带来巨大压力。储能的双向功率特性和灵活调节能力可有效平抑新能源出力波动等问题，保障新能源为电力系统提供安全、可控、充裕的发电服务。新能源与储能配套发展是支撑新能源大规模发展的有效途径。截至2020年底，我国可再生能源配套储能的技术应用规模达到155.5万千瓦，占新型储能总规模的47.5%。

从全球范围来看,美国、欧洲等发达国家通过税收减免、政府补贴、配额激励等优惠政策,大力推动新能源与储能配套发展。一是推动户用光伏配套储能,目前欧洲已有接近50%的户用光伏都配套部署了电池储能。二是推动集中式新能源电站配套储能,美国夏威夷州为实现2045年100%可再生能源发电目标大力开展新能源场站配置储能项目。澳大利亚的南澳州政府出台政策对储能配套新能源项目予以资金资助。韩国自2015年起对配套储能系统的风电站给予额外的可再生能源证书奖励,受此政策激励,韩国2018年储能应用居世界首位。

2. 应用场景和作用

储能与新能源发电结合应用,储能通过发挥能量时移作用,可降低新能源出力随机波动性,提升并网友好性和利用率,实现高比例新能源发电接入和协同优化运行。总体来看,主要在以下三个方面发挥重要作用:

(1)促进大规模新能源并网消纳。随着"十四五"风电、光伏发电陆续进入全面平价阶段,消纳成为事关新能源持续健康发展的核心问题。目前主要依靠抽蓄、灵活性煤电、调峰气电等满足系统调节需求,但这些常规调峰资源建设均存在制约因素,比如新建抽蓄电站受站址资源限制且建设周期长制约,调峰气电受气源、价格及燃机技术制约,煤电灵活改造受规模总量和市场机制制约等;而以电化学为主的新型电储能布局灵活,在一些风、光资源条件好且存在消纳问题的地区可率先开展新能源配套储能一体化建设,实现风、光、储协同优化、智能高效运行,保障新能源高效消纳利用。

(2)提升新能源的系统容量支撑能力。储能配合风电、光伏等新能源应用,构建新一代电网友好型电站,增加新能源出力可控性和并网友好性,尤其在一些新能源资源条件好、负荷增速快,而电网薄弱的地区,可实现新能源提供地区高峰供电保障,减少对本地火电建设的依赖;在西藏、新疆等电网末端、供电困难地区,适当建设风光储系统也能够有效为当地电网提供支撑,保障供电安全。

(3)提高新能源外送输电通道利用率。我国未来的基地开发模式将侧重于综合开发外送,重点以"煤电风光储一体化""水电风光储一体化""风光储一体化"模式建设一批综合电力安全保障基地。储能与集中开发的新能源项目配套建设,部分替代火电等常规电源调峰支撑作用,可以提高送端新能源配置比例,提升输电通道利用效率与通道新能源占比,同时也能提升输电通道的利用小时数,降低输电费。

## 六、电网转型战略

(一)电网发展转型

电网发展总体格局将逐渐由大电源、大电网、集中式转型为"集中式大电网"与"分布式微电网"的电网形态的兼容并举、协同发展。

1. 集中式大电网

我国资源禀赋与能源需求逆向分布的特点,决定了"由西向东、自北向南"的跨省区电力资源优化配置的基本格局。西部地区水能技术可开发量占78%,风能技术可开发量占81%；中东部地区2020年全社会用电量占全社会用电总量的75%。因此，要继续发挥大电网优化配置的作用。预计未来全国西电东送、北电南送总规模将达到4亿千瓦，输送可再生能源电量比重逐步提升至80%。

为适应高比例新能源电力系统的发展，需要进一步发挥电网清洁能源消纳的平台作用。一方面，加强统一调度，提升清洁能源消纳水平，通过推进区域备用共享机制常态化、加强清洁能源友好并网水平等方式，探索适应高比例可再生能源电力系统的调度运行体系；另一方面，针对目前部分区域清洁能源消纳受网架影响明显、跨省区资源配置的作用尚未充分发挥等问题，加快完善电网基础设施建设，提升通道输电能力，确保各输电通道尽快达到设计输电能力。

加快建设全国统一的电力市场，完善区域内网架结构，全面打破省间壁垒，充分发挥跨省跨区通道送电能力。结合全国统一电力市场建设进度和我国电力系统发展实际，一方面进一步加强和完善跨省跨区互联通道，促进资源在全国范围内的进一步优化配置；另一方面通过全国统一电力市场进一步发挥跨省跨区通道作用，促进跨区调峰互济，实现调峰资源在全国范围内的优化共享。

### 2. 分布式微电网

相比于传统的集中式能源利用方式，分布式能源靠近负荷侧，能源传输损耗低、利用效率高、基础设施投资少，有利于构建成本稳定、可靠性好、恢复力强、清洁低碳的能源供应新格局。除了大电源、大电网方式外，新一代电力系统还要以新增用能负荷为切入点，大力建设分布式、分散式能源。特别是在建设美丽乡村、解决海岛和偏远地区用电，在负荷中心建设小型工业园区等领域，构建全新的、源网荷完全融合互动的新型供电系统。分布式能源发展应结合分布式发电市场化交易，创新就地消纳的商业模式，通过智能化、分散式的形式促进分布式能源在局部实现自我平衡和优化分配。进一步加强电力与其他能源的融合发展，推动多种能源品种的协同互补。

### （二）调度交易运行体系转型

#### 1. 建立合理反映电力商品价值的市场机制

按照深化电力体制改革的总体要求，坚定不移推进电力体制改革，发挥市场在资源配置中的决定性作用。还原电力商品属性，构建有效竞争的市场结构和市场体系，形成主要由市场决定电力价格的机制。实现各类电源、用户负荷、独立储能设施公平无歧视参与市场交易，实现市场交易信息的全面公开透明。

随着可再生能源大规模并网，对于储能、需求侧响应等灵活性调节资源的需求不断增加。未来需进一步完善电力市场机制，合理反映灵活调节资源在系统中的稀缺价值，引导灵活性资源与可再生能源协调发展。

（1）辅助服务市场机制。合理设定辅助服务补偿价格水平，科学反映优质灵活调节资源的价值。随着大规模波动性可再生能源接入，系统对于灵活调节需求将持续增长，为保障包括需求侧响应在内的各类调节资源公平参与市场竞争、实现辅助服务市场灵活高效运行，建议各地调峰、调频等辅助服务市场加快建立调节性能指标要求，健全以调节性能为衡量标准的辅助服务补偿机制，促进市场根据服务数量和服务质量向参与市场主体提供相应合理补偿，避免采用单纯以数量计费等"一刀切"方式。明确新型电储能和需求侧响应参与辅助服务市场准入标准，推动各地辅助服务市场明确独立电储能设施、虚拟电厂等市场准入资格，促进电储能、虚拟电厂进入辅助服务市场，并提供调频、备用、黑启动等各类辅助服务。

（2）电力现货市场机制。应通过电力现货市场等机制形成分时的电价信号，引导储能有效优化运营模式，通过提供稀缺性、高价值的电力资源获得经济收益。现货市场在机制设计和建设完善过程中，应准许新能源发电、各类储能设施、负荷侧资源参与现货市场，丰富市场主体构成、有效加强市场竞争，并逐步扩大参与市场的机组比例和市场交易电量比例，做好既有政策与市场机制间的过渡和衔接。此外，建议现货市场逐步放开市场价格上限约束，允许储能等高成本灵活性资源通过短时的高电价套利，充分调动灵活性资源参与的积极性。

（3）探索建立电力容量市场。中远期应探索建立储能、需求侧响应、虚拟电厂等容量电费和参与容量市场的规则，在未来高比例可再生能源系统中，充分发挥常规电源、新型电网友好型新能源电站、各类负荷侧资源对系统容量的支撑作用，利用容量市场实现投资成本的回收。目前英国、澳大利亚、美国加州已制定储能电站参加容量市场的相关政策；以英国为例，计划通过引入降额因子来引导储能参与容量市场拍卖。

2. 建立智慧调度运行体系

长期以来，我国电网调度采取"统一调度、分级管理"原则，较好地保障了电力系统的安全稳定运行。但目前的电力调度方式仍然主要是面向常规电源为主的计划调度机制，较多依靠人工离线分析，调度运行方式仍较为固化。构建新一代智能化调控运行体系是电力系统一切先进基础设施和设备"硬件"能够高效运行的"软件系统"，是新一代电力系统的中枢大脑。依托现代信息通信技术、大数据、人工智能等新技术，以电力系统全环节数字化为基础，推动电力系统调度体系由数字化向智能化、智慧化演进，由自动化向自主化发展，建立新一代电力调控体系，实现调控体系的高效化、透明化，适应电力市场环境下交易计划频繁改变，适应高比例新能源并网条件下运行方式的频繁变化。

## 七、中长期电力流格局

（一）基本原则

1. 坚持能源格局决定电力格局的基本原则

电力流规划应坚持能源格局决定电力格局的原则，电力流方案应与我国未来能源格局和流向一致。

2. 坚持绿色、清洁、低碳的发展方向

以"创新、协调、绿色、开放、共享"五大发展理念和能源发展"四个革命、一个合作"战略思想为指导，深化"西电东送"供给侧结构性改革，促进我国"西电东送"电力流朝绿色、清洁、低碳方向发展，实现"西电东送"电力流由以水电、煤电为主向以水电、新能源为主转变。

3. 积极促进我国电源结构调整

为实现我国非化石能源消费比重 2030 年达到 25% 的目标，未来电力流应积极促进我国电源结构调整。

（1）优先消纳水电。合理有序开发西南水电，并在系统中优先消纳。对于接纳外来水电条件较好的省份，应优先考虑消纳外来水电。

（2）积极消纳新能源电力。大力发展风能、太阳能等新能源是实现我国非化石能源消费目标的重要抓手，发电是新能源开发利用的主要方式，应结合储能技术、智能电网技术发展积极消纳新能源电力。

（3）适度发展煤电。大型火电基地多数处于我国西部地区，适当发展煤电电力流，可以在满足中东部负荷中心用电需求的同时促进西部地区经济社会发展，有利于全面小康社会的实现。

4. 坚持经济合理原则

坚持就近送电，避免交叉和迂回送电。电力流应按照先区域内后跨区的原则安排，同时以全国电力流综合送电距离最短为目标进行优化，避免交叉和迂回送电，尽可能减少输电损耗。

5. 坚持电力供应安全的底线

为保证供电安全及可靠性，应适当开展受端地区保安电源建设，合理控制受端地区受电比例。

6. 坚持远近结合、统筹规划的原则

坚持远近结合的原则。对于送端地区，应考虑未来用电需求合理确定电力外送规模，确保送电可持续；对于受端地区，充分考虑受端市场空间未来发展潜力，结合自身资源禀赋条件及环保要求，合理确定受电规模。

（二）电力流格局

随着西北、西南地区能源资源的进一步开发，未来我国能源生产重心将进一步西移和北移，而需求重心将长期保持在东中部地区，能源流向仍将保持"由西向东、自北向南"的基本特点，未来西北地区、华北西北部地区、西南地区均为能源主要输出省份。

通过对我国西北、东北、华北、华中、华东、南方六大区域进行能源平衡分析：西北地区是我国主要的综合能源基地，是我国未来能源开发外送的重点地区，能源主送华中地区、兼顾华东和南方地区。东北地区今后能源消费增长乏力，随着蒙东地区煤炭、风电生产的增长以及辽宁核电的发展，东北地区将转化为能源基本平衡区域，其中蒙东主送黑龙江、吉林、辽宁，适当兼顾外送。华北地区是我国主要的能源基地，也是我国未来能源开发外送的重点地区，在保障京津冀鲁地区的基础上，主送华中、华东地区，兼顾南方地区。华中地区中，四川仍为能源输出省份，随着水能资源开发逐步饱和，未来能源输出逐年减少，远期可结合藏东南水电接续，保持川电外送的持续性；华中东四省为严重的缺能地区，主要依靠区外送入能源。华东地区为缺能地区，具备建设沿海核电的条件，并可以通过海运进口部分能源，其余能源缺口由华北地区

和西北地区补充。南方地区为缺能地区，广东、广西具备建设沿海核电的条件，并可通过海运进口部分能源，其余能源主要靠区外补充。

到 2035 年，考虑满足中东部省份受电需求，考虑以下两种情景：

情景一：多元常规情景。藏区水电大规模开发，2035 年风电装机 6.5 亿千瓦、光伏装机 6 亿千瓦、水电装机 5 亿千瓦、核电装机 1.1 亿千瓦、生物质装机 0.5 亿千瓦。考虑西藏雅鲁藏布江水电加快开发，西藏水电开发程度提高到 40% 左右，沿海核电 1.1 亿千瓦，此情景下电力流规模最大，2025～2035 年规划新增 12 条大型输电通道，新增送电规模 13350 万千瓦。到 2035 年西电东送规模达到 4.7 亿千瓦。

情景二：可再生能源主导，新能源大规模发展，分散式、分布式可再生能源电力充分开发利用，2035 年风电装机 7 亿千瓦、光伏装机 8 亿千瓦、水电装机 4.3 亿千瓦、核电装机 1.1 亿千瓦、生物质装机 0.5 亿千瓦。风电、光伏快速发展，并且 50% 布局在受端电网，四川、云南水电开发 85% 左右，西藏水电开发程度不到 10%。此情景下新增电力流规模 4450 万千瓦。到 2035 年西电东送规模达到 3.8 亿千瓦。

**（三）电网发展路径建议**

随着我国能源发展向清洁低碳转型，能源开发从大规模远距离集中送出的单一化模式转向集中与分散并重的开发模式，电网既要继续承载大规模远距离输送任务，更要适应能源分散化开发利用的需要，加强电网绿色平台作用。随着主干电网规模不断扩大，结构日益坚固，配电网相对薄弱日益凸显，电网发展的重点需要转向配电网，采用智能化的技术进一步加强配电网建设。随着电力市场化改革的不断深入，需要电网更加开放、智能，能够适应并支撑灵活多变的系统运行方式。

**1. 统筹优化跨省跨区输电通道**

我国的能源资源禀赋决定了我国的能源和电力流向将长期保持"自西向东""自北向南"的流向格局。2020 年我国"西电东送"电力流规模约 2.7 亿千瓦，但输电通道优化配置能力不强以及输送清洁能源比例不高的问题亟待解决。一方面，通过完善电网配套工程和市场机制，尽快提升存量通道利用效率；另一方面，新增输电通道的规划应坚持国家主导，统一规划。未来新增电力流的规划需要坚持"清洁优先、经济合理"的原则。优先考虑水电基地、新能源基地等清洁能源基地外送，大幅提高输电通道清洁能源输送比例；电源基地由近及远进行规划建设，减少电力流交叉和迂回；充分考虑送电距离、容量和电量替代效益，保证综合经济性最优，降低输送环节成本。同时，研究在送端配套储能设施和优化电网运行方式，进一步提高通道的利用小时。

全国西电东送电力流规模近期和中期仍将扩大，远期将趋于饱和。预计 2035 年我国西电东送总规模达到 3.8 亿～4.7 亿千瓦，通道平均综合利用小时数达到 4500 小时以上；可再生能源通道占比超过 50%，资源配置范围扩大。

**2. 提升系统侧调节能力**

未来随着分布式新能源的大规模接入，将会导致电力系统的不稳定性增加。尤其是随着光伏发电的大规模接入，电力系统运行会出现一些新的特征。随着分布式光伏渗透率的提升，白天由于光伏发电供应过多，传统发电设备的发电出力高峰将会消失，而傍晚到夜间这一时段，由于光伏发电量减少必须迅速调高传统发电设备的出力或者启动新的发电设备。提高发电出力或启动新设备的响应速度会随着光伏发电的增加而增加，传统火电机组响应速度很难满足要求。未来为适应高渗透率的分布式新能源接入，要求电力系统具备快速爬坡能力。

3. 创新配电网发展模式

配电网是国民经济和社会发展的重要公共基础设施，是满足用户供电需求的直接因素。未来配电网将会发展成为能够满足绿色可再生能源的高度利用以及实现配电网双向潮流灵活控制的主动配电网络，同时高度兼容分布式能源的接入，具备以下的特点：一是具备一定比例的分布式可控资源；二是网络拓扑可灵活调节的配电网；三是较为完善的可观可测可控水平；四是具有实现协调优化管理的调控中心。

未来配电网将主要具有以下几个方面特征（见图4-13）：

（1）可靠的网架结构。以提升供电可靠性为核心，构建坚强有序、灵活可靠的配电网架构，差异化提升供电可靠性和配电网网架灵活性，实现城市高可靠配电，建设新型城镇配电网，保障农村可靠供电。

（2）配电自动化。综合考虑地区经济发展需求、配电网网架结构及一次设备装备水平，因地制宜选择配电自动化技术路线。以高级自动化技术为基础，利用智能化的开关设备、配电终端设备，在坚固电网架构和双向通信网络的物理支持以及各种集成高级应用功能的可视化软件支持下，实现配电网的全面可观、可控。

（3）智能配电网。促进清洁能源的接入和就地消纳，提升能源利用效率；鼓励各类不同电力用户积极参与电网互动，通过主动规划、分层分布协调调控、全局优化能量管理等，实现电网与负荷的高效互动；发展微电网，合理配置储能资源，提升配电网柔性化水平，提高配电网灵活性及适应性，满足分布式能源及多元负荷"即插即用"需求。

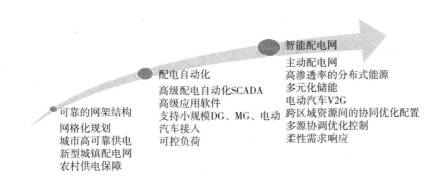

**图4-13　中长期配电网发展模式**

4. 推动电网与热网、气网的耦合

电、热、气等多种能源在生产、传输和存储环节存在互补性，综合利用的前景广阔。氢能具有能量密度高、易于存储的特点，但中间转化损失较高，目前应用成本偏高；热能和冷能的需求量大，梯级利用效益好，但无法长距离和长时间储存；电力系统是覆盖面最广、基础设施最完善、延展性最好的能源子系统，能够与氢能、热、冷等二次能源较好地融合互补，相互转化，发挥各自特长，提高能源的综合利用效率。

## 八、电力系统转型相关建议

为加快推动电力系统转型，必须瞄准 2035 年、2050 年的发展目标，坚定向以可再生能源为主体的清洁低碳方向发展的战略定力；同时把立足当下和谋划长远相结合，改变现在的应激式能源政策和管理策略，对能源电力发展作出全方位的战略性调整。

（一）发挥能源电力转型对转变经济发展方式、实现动力变革的战略性作用

一是发挥非化石能源的替代作用，"十四五"时期作为能源消费增量主体，从"十五五"时期开始对化石能源存量替代。在光伏发电、陆地风电已不需要补贴的新形势下，加大开发利用规模，今后 30 年可再生能源发电达到每年增加 2500 亿~3000 亿千瓦时，非化石能源每年新增 1 亿吨标准煤，到 2050 年形成 37 亿~40 亿吨标准煤的能力。

二是发挥我国能源需求大的市场优势，以及制造能力强、成本低的产业优势，提升和巩固我国在光伏发电、风电、生物质发电、输变电等方面的竞争力，充分发挥可再生能源电力等清洁低碳能源及关联产业对经济增长和结构优化的作用，将清洁低碳及关联产业作为国民经济支柱产业，大力支持其发展。

（二）完善推动能源转型的法律体系，按照法制化构建清洁低碳、安全高效能源体系

一是确立"一主两翼"的基本能源管理制度。"一主"是实行能源消费总量管理；"两翼"是能耗强度考核制度、可再生能源比重指标考核制度。将可再生能源电力消纳责任权重考核机制作为落实可再生能源比重指标的最重要机制，分解到各省（区、市）执行，电力领域各类市场主体以及所有电力用户共同承担责任。

二是在电力转型中将深化电力市场建设摆在更突出位置。加快建立完善现货市场，有效提升现有输电线路资产利用率、引导优化新增电网投资，在市场机制保障下推动调度模式向可再生能源优先调度转变，促进和指导低效煤电机组逐步退出市场，加强区域间电力互联互济以实现更大范围内的资源优化配置，不断丰富和提升电力交易的品种、电量占比和交易水平，推动系统效率和可靠性显著提升，有效支撑中长期高比例新能源并网运行。

（三）以电力为中心加快推动能源供应模式向清洁能源为主转变

一是将电力系统转型作为能源转型的中心任务，以电网为枢纽推动能源转型发展，通过扩大电能消费实现能源清洁低碳化。研究发展大容量输电技术、智能电网技术、先进电力运行控制技术，实现电力系统的灵活可靠运行、大容量远距离输送、高比例可再生能源条件下的电网安全稳定运行。加快终端用能中的电能替代，开发应用工业领域的电能利用技术装备，推动电供暖、电制氢等系统应用。加快推动电力系统向可再生能源为主体转变，电力的建设、输送、运行均应以服务于可再生能源电力和核电优先利用为中心任务进行调整。

二是通过发展电动汽车等新能源汽车，实现交通动力和燃料转换，降低石油供应的对外依存度。以电动交通为主要转型方向，加大对动力电池的技术研发和产业化发展的支持力度，加快充电桩、充电站建设，促进交通系统电动化，同时兼顾发展燃料乙醇、生物柴油，逐步探索氢能交通，在交通领域减少对石油燃料的依赖。到2035年，电动汽车等新能源汽车保有量达到乘用车的50%以上，到2050年上升到90%以上，届时石油年需求量降至1亿吨，石油进口依存度降低到45%左右。

三是采用综合性措施有效提升电力系统灵活性。电力系统灵活性是有效消纳高比例新能源、实现电力系统转型的重要基础，应从电源、电网、负荷共同着手，通过市场规则设计优化和系统规划框架体系提升，释放系统灵活调节能力。电源侧措施包括开展火电灵活性改造、发挥新能源自身调节能力、开展先进电站设计以及探索合成燃料应用等；电网侧包括网架加强、应用智能电网技术、更大范围电网互联等；在大工业负荷、工商业和居民负荷、电动汽车以及电能替代等领域激活需求侧调节潜力。此外，有针对性地应用电力储能设施，并注重加强不同特性、不同调节时间尺度的各类储能技术间的互补配合和协同优化运行。

（四）完善支持能源电力转型的政策体系，形成全社会推动转型的合力

一是适应可再生能源开发利用涉及土地面积广的特点，在生态文明思想指导下，推行土地节约保护与可再生能源合理开发的新模式，对不影响耕地功能的风电开发、与设施农业相结合的光伏开发、与生态修复结合的能源林建设，在土地政策上予以支持。

二是国家在国土空间规划编制和管理中，把重大能源基础设施、水电站、抽水蓄能电站、风电、太阳能发电等工程作为生态兼容建设工程对待，在采取有效的生态保护措施的条件下允许在生态红线区域内建设，或者将有关空间划出红线范围。

三是适应可再生能源资金成本占总生产成本比例高的特点，考虑其对生态环境的正效益贡献，国家制定支持可再生能源的绿色信贷政策，引导金融机构通过绿色信贷等方式支持可再生能源发展。

# 第三节 交通领域用能格局及转型选择

## 一、交通能源发展现状

中国已成为全球最大电动汽车产销市场及保有量国，部分企业在市场规模及核心技术方面居于全球前列，但电动汽车的进一步发展也面临补贴依赖、充电设施不足、产品竞争力弱、环保争议等问题。

（一）电动化已成为全球道路交通发展趋势

为应对各国日益严苛的能耗及排放标准，欧美和日本等传统汽车强国近年陆续投

放电动汽车产品，技术日臻成熟，市场规模不断扩大。2021年，全球新能源汽车（纯电动及插电式混合动力汽车）保有量突破1600万辆，销量超过660万辆。同期，中国新能源汽车保有量784万辆，全球占比接近50%，销量达到3521万辆，全球占比53%。电动汽车已成为当前发展最快的新能源汽车，德国、英国、荷兰、法国、挪威、印度等国及部分汽车企业更是提出燃油汽车禁售目标，为电动汽车的持续发展营造了有利的政策环境（见表4-1）。

表4-1　全球各国（地区/城市）燃油车禁售计划汇总

| "禁燃"国家（地区/城市） | 提出时间（年） | 提出方式 | 禁售时间（年） | 禁售范围 |
|---|---|---|---|---|
| 荷兰 | 2016 | 议案 | 2030 | 汽油/柴油乘用车 |
| 挪威 | 2016 | 国家计划 | 2025 | 汽油/柴油车 |
| 法国巴黎、西班牙马德里、希腊雅典、墨西哥墨西哥城 | 2016 | 市长行动协议 | 2025 | 柴油车 |
| 美国加利福尼亚州 | 2018 | 政府法令 | 2029 | 燃油公交车 |
| 德国 | 2016 | 议案 | 2030 | 内燃机车 |
| 法国 | 2017 | 官员口头表态 | 2040 | 汽油/柴油车 |
| 英国 | 2017 2018 | 官员口头表态 交通部门战略 | 2040 | 汽油/柴油车 |
| 英国苏格兰地区 | 2017 | 政府文件 | 2032 | 汽油/柴油车 |
| 印度 | 2017 | 官员口头表态 | 2030 | 汽油/柴油车 |
| 中国台湾地区 | 2017 | 行动方案 | 2040 | 汽油/柴油车 |

资料来源：能源与交通创新中心（iCET）。

在中国，2017年9月，工业和信息化部表示已启动燃油汽车退出时间表研究。同年，工业和信息化部、财政部、商务部、海关总署、质检总局联合公布了《乘用车企业平均燃料消耗量与新能源汽车积分并行管理办法》（以下简称"双积分"），要求2019年、2020年，汽车企业新售电动乘用车积分占比分别达到10%、12%。而2020年公布的《关于修改〈乘用车企业平均燃料消耗量与新能源汽车积分并行管理办法〉的决定》，明确了2021~2023年新能源汽车积分比例要求分别为14%、16%、18%。"双积分"政策是当前全球唯一一个国家层面的新能源汽车配额政策，该政策的实施意味着传统车企在中国每生产一辆燃油车，就必须拿出一定比例资金用于购买新能源汽车积分；对于电动汽车企业，每生产一辆电动车，除了获得正常的收益外，还可得到传统车企的补贴，其政策信号不言而喻。

（二）中国电动汽车产业发展已取得先发优势

在传统汽车领域，中国车企与国际知名品牌存在巨大差距。当前大众、丰田、通用、雷诺-日产等国际老牌车企全球整体销量都在1000万辆左右，而销量最大的国内品牌仅 100 万辆级。反观电动汽车产业，长期的政策扶持有力推动了产业发展。中国新能源汽车推广历程可分为 2009~2012 年和 2012~2015 年两期节能与新能源汽车示范推广工程阶段及 2015 年以后新能源汽车规模发展阶段。2009~2012 年，在中央财政购车补助引导和科技计划重点支持下，全国三批 25 个 "十城千辆" 试点城市总计推广 44 个整车企业（17 个乘用车企业、27 个商用车企业）自主研发生产的节能与新能源汽车27432 辆①，其中公共领域推广节能与新能源汽车 23032 辆，应用范围从示范初期的公务、公交、出租等领域扩展至邮政、物流、环卫和电力工程等领域，私人购买领域推广 4400 辆。基础设施方面，2009~2012 年全国共建成 174 座充换电站，8107 个充电桩，分散充电桩、集中充电桩、快换电站三种方式都得到应用。

2012 年之后，在节能与新能源汽车示范推广 "十城千辆" 工程基础上，又将新能源汽车推广应用的示范城市从原来的 25 个扩大到 39 个，2013 年至 2015 年 9 月底，全国 39 个推广应用城市（群）累计推广新能源汽车 18.1 万辆，其中公共服务领域共推广新能源汽车 10.07 万辆，私人领域共推广新能源汽车 8.02 万辆。2015 年全国新能源汽车产量达到 33.14 万辆，首次超过全部汽车产量的 1%，并超越美国成为全球最大新能源汽车市场。

2020 年，中国现已连续七年成为全球最大新能源（纯电动、插电式混合动力和燃料电池）汽车产销市场，新能源汽车总量约占全球总量的 1/2②。2016~2021 年电动汽车销量及其销量占比如图 4-14 所示。

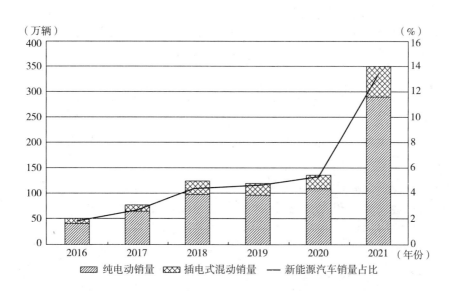

**图 4-14　2016~2021 年电动汽车销量及其销量占比**

资料来源：国家发展和改革委员会。

---

① 包括混合动力汽车、纯电动汽车、插电式混合动力汽车、燃料电池汽车。
② 资料来源：IEA《全球电动汽车展望 2019》。

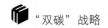

充电基础设施方面，据中国电动汽车充电基础设施促进联盟的数据，截至2021年底，全国充电桩保有量达261.7万个，超过欧洲、美国和日本数量的总和。目前，中国现已形成完备的新能源汽车产业链，在部分动力电池技术路线和充电基础设施方面甚至处于全球领先。

（三）氢燃料电池汽车发展相对滞后

氢燃料电池汽车具备与纯电动汽车相当的节能减排效益和与传统汽柴油汽车相近的车辆性能，是未来极具竞争力的新能源汽车技术路线。特别在重型交通及货运领域，氢燃料电池汽车往往被认为是取代传统燃油汽车的根本途径。此外，燃料电池技术可帮助氢能在电力、气/液燃料、热力在电网、油气网、热网之间实现清洁高效转化，使得原本分离的电网、油气网、热网彼此形成衔接，是未来实现氢能经济的重要元素。然而，氢燃料电池汽车技术的研发与生产涉及应用化学、材料技术、电机技术、电力电子和精密机械等高新科技领域，中国氢燃料电池汽车研发速度明显滞后，特别是燃料电池电堆的功率及寿命明显低于国外水平[①]。尽管在"十二五"期间中国已经突破了金属双极板电堆的关键技术，样堆的功率密度达到了2升功率，但是该电堆还没有形成完整的燃料电池发动机并装车。燃料电池客车方面，虽然多数车辆性能指标（如加速时间、最高车速、续驶里程、氢气消耗量等）和国外产品水平相当，其中氢耗指标和整车成本还有一定优势，但由于中国的燃料电池发动机本身的耐久性和国外相比还比较低，使中国燃料电池客车寿命（约3000小时）明显低于国外燃料电池客车（约10000小时）水平。特别是在燃料电池发动机等关键零部件制造方面，中国与国际先进水平相比差距较大，基本没有成熟产品，产业链配套体系很不完善。例如中国尚未有研发并批量生产空压机组件和氢气再循环泵的企业，但空压机组件不仅是限制燃料电池发动机功率密度的重要原因之一，也是影响发动机的可靠性和耐久性的重要部件，而氢气再循环泵是解决电堆水管理的重要部件，也是影响燃料电池发动机的耐久性的重要部件。

相比整车产业基础不足的问题，氢燃料储运、加注等基础设施的不足更是制约中国氢燃料电池汽车发展的现实问题。世界主要汽车工业强国都制定了氢能基础设施的发展技术路线图，并由能源公司牵头大力建设加氢站等基础设施。在加氢站技术水平方面，国外已经发展到70兆帕的高压车载储氢系统及加氢站，而中国氢气储运还停留在35兆帕阶段，相关技术标准、项目立项障碍重重，严重限制了车载氢罐储氢容量及车辆经济运行能力。

（四）电动汽车发展仍面临挑战

总而言之，中国电动汽车技术及产业整体发展速度较快，在以锂离子电池为基础的纯电动汽车方面进展尤为迅速，目前已形成完整产业链，部分环节已处于国际先进水平，市场规模领先全球。然而就整体产业而言，一些关键发展障碍仍需克服，如全生命周期环境影响争议、动力电池成本与整车经济性、充电基础设施建设与运维模式、

---

① 国内典型乘用车型燃料电池电堆功率在35~50千伏，国外基本在90~100千伏。

氢燃料电池汽车发展缓慢等。

## 二、交通能源转型趋势

### （一）加速内燃机汽车退出显著降低交通能源消费

由于电机相比内燃机具有显著的能源转换效率优势，电动汽车的加速推广将直接降低交通部门终端能耗。受电池成本、充电设施、政策激励等诸多因素影响，未来电动汽车增速呈现较大不确定性。本书基于新能源汽车与传统燃油汽车经济性平价时间，采用 BASS 扩展模型按四类情景预测电动乘用车数量规模变化趋势，再根据电动乘用车辆能效及排放强度分别测算对应数量规模下车用能源消费。

到 2050 年，常规转型情景和加速转型情景车辆总保有量相近，均达到约 5 亿辆，其中乘用车（含轿车、SUV、MPV 等）保有量超过 4 亿辆。但在常规转型情景下，预计内燃机技术在 2050 年完全退出乘用车销量市场，届时电动汽车（含纯电动、插电式混合动力、燃料电池）将占乘用车总保有量的近 90%；而在加速转型情景下，内燃机技术将在 2035 年左右退出市场，2050 年电动汽车保有量占比将达到 98% 以上（见图 4-15）。

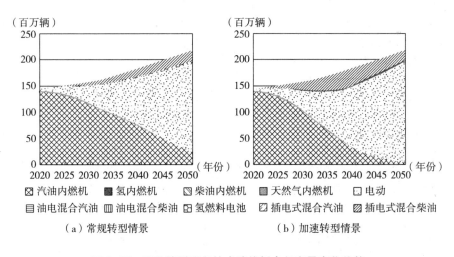

（a）常规转型情景　　　　　　（b）加速转型情景

**图 4-15　两种情景下各技术路线轿车保有量变化趋势**

电动技术在重型货运领域的渗透速度相对迟缓。预计在常规转型情景下，货运车辆仍以内燃机技术为主，其中油电混合技术市场占比速度提升较快，到 2050 年达到总保有量的约 40%；而在加速转型情景下，氢燃料电池技术得以在重型货运领域推广，并在 2050 年占据市场主力，有效降低货运交通行业柴油依赖度（见图 4-16）。

结合道路、轨道、水运、航空等各交通部门能源需求预测，图 4-17 对常规转型情景和加速转型情景下，交通部门能源消费总量及结构进行了预测。由图 4-17 可知，由于客运领域电动化技术趋势已日渐清晰，两种情景电力消费差距相对较小。但在加速转型情景下，氢能在货运领域推广较快，从而进一步降低该情景下对汽柴油燃料的需求量。

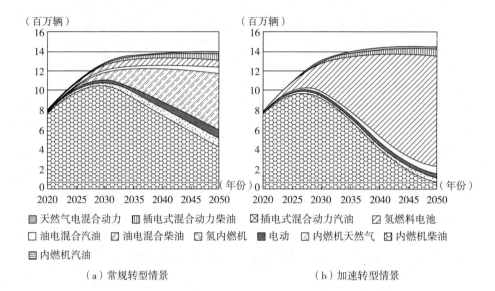

（a）常规转型情景　　　　　　　　　　（b）加速转型情景

**图 4-16　两种情景下各技术路线重型货车保有量变化趋势**

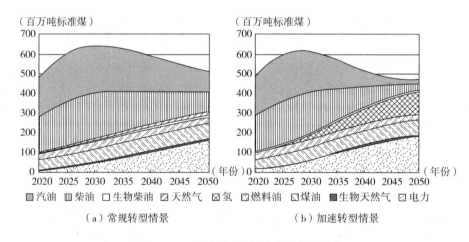

（a）常规转型情景　　　　　　　　　　（b）加速转型情景

**图 4-17　两种情景下能源消费总量及结构**

## （二）电动汽车环境效益将逐步提升

虽然电动汽车在运行过程中无末端尾气排放，但由于当前中国电源结构以火电为主，大规模发展电动汽车仍存在一定全生命周期排放问题。国内外专家对不同车辆技术路线的能源使用和污染物排放情况进行了较多研究，并建立起了专门的全生命周期分析（Life Cycle Analysis，LCA）模型[①]。全生命周期分析一般由能源及车辆两条循环路径构成，其中能源循环包括能源生产、储运、消费环节，车辆循环主要考虑车辆生产、车辆回收环节。对于常规燃料汽车的全生命周期分析包括能源资源开采、运输，

---

① 如 GREET（Greenhouse Gas，Regulated Emissions and Energy Use of Transportation Energy）模型和 LEM（Life Cycle Emission Model）模型等。

燃料生产、运输、分配和储存，燃料加注过程，以及车辆行驶中的能耗和排放。对于电动汽车而言，其能源循环能耗及排放强度主要取决于发电燃料开采与运输、发电结构、各类发电技术排放强度、输配电损耗、充电效率以及车辆能效等因素。本书采用美国能源部的阿贡国家实验室 GREET 模型，以中国电源结构、输配电损耗及典型电动汽车车型为研究对象，分析电动汽车在全生命周期的能耗及排放情况。

对于电动汽车而言，影响其全生命周期能耗及排放的核心因素为上游发电环节的电源结构。2015 年全国发电量为 5.6 万亿千瓦时，其中火电发电量为 4.1 万亿千瓦时，核电发电量为 1695 亿千瓦时，水电、风电及太阳能发电量分别为 1.1 万千瓦时、1851 亿千瓦时和 383 亿千瓦时，非化石能源发电占比为 26.7%，全国输配电平均线损为 6.6%，此时电动汽车全生命周期能耗强度为 1760 千焦/千米，为同等燃油汽车的 50%，同时也低于包括生物燃料在内的几乎所有替代燃料技术路线[1]。同理，目前电动汽车全生命周期温室气体排放强度为 123 克二氧化碳当量/千米，为同等燃油汽车的约 80%，但逊于油电混合动力汽车节能减排效果。图 4-18 分别对比各类汽车的全生命周期单位运行里程的温室气体排放水平，可见采用可再生能源作为充电电源后，电动汽车的能源与环境影响都将明显低于燃油汽车。

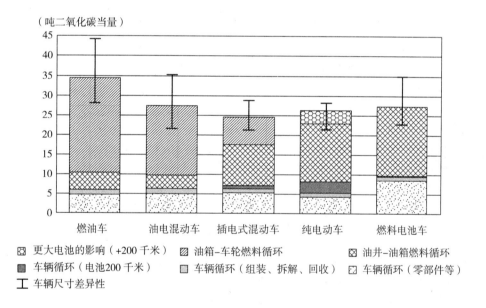

（吨二氧化碳当量）

图例：
- ☐ 更大电池的影响（+200 千米）
- ▨ 油箱-车轮燃料循环
- ⊠ 油井-油箱燃料循环
- ■ 车辆循环（电池200 千米）
- ☐ 车辆循环（组装、拆解、回收）
- ☐ 车辆循环（零部件等）
- I 车辆尺寸差异性

横轴：燃油车　油电混动车　插电式混动车　纯电动车　燃料电池车

**图 4-18　各类车型全生命周期单位公里温室气体排放水平**

资料来源：国际能源署。

车辆的污染气体排放主要包括挥发性有机化合物、一氧化碳、氮氧化物、可吸入颗粒物及二氧化硫等。与温室气体排放类似，电动汽车的有害气体排放同样取决于上

---

[1]　采用 GREET（v1.3.0.13100），电源结构及输配电线路采用中电联 2015 年数据，结果包含车辆制造环节。车型采用纯电动乘用车，锂离子动力电池，充电转换效率为 85%，运行环节单位公里能耗为 644 千焦/千米。

游发电结构。采用地热能发电、风电及太阳能发电技术，电动汽车全生命周期有害气体排放降低为零。

总体而言，在当前以化石能源发电为主的电源结构下，电动汽车的单位里程碳排放水平在某些情况下甚至高于传统汽车。对于内燃机车型技术，若上游液体燃料采用基于乙醇、生物柴油等替代燃料，则内燃机汽车仍然具有显著二氧化碳减排潜力。因此，电动汽车相比传统汽柴油车辆虽具有减排优势，且会起到一定的排放转移效果，但从全生命周期的角度而言，电动汽车减排效益的提升仍需上游发电部门的协同发展。

（三）当前电动汽车购置成本偏高，但下降空间巨大

随着动力电池等电动汽车核心技术不断进步，中国纯电动和插电式混合动力汽车已初步实现产业化，充电技术及基础设施网络不断完善，但综合成本仍高于同级别燃油汽车。目前纯电动汽车成本为同级别燃油汽车的2倍以上，其中约一半成本源自动力电池，成为制约电动汽车经济性的重要因素。

## 专栏4-1　比亚迪2020款"汉"纯电动汽车

比亚迪汉EV车型含单电机以及双电机两个版本，双电机版本为全轮驱动，采用"刀片电池"设计，动力电池容量76.9千瓦时。单电机的电机最大功率为222马力，峰值扭矩为330牛·米，NEDC续航里程为605千米；双电机的前电机的技术参数与单电机版相同，后部电机的最大功率为272马力，峰值扭矩为350牛·米，综合最大功率为494马力，0~100千米/小时加速时间为3.9秒，续航里程为550千米。

在中国，随着电动汽车市场规模快速发展，动力电池成本呈现快速下降趋势。本书根据2012~2018年含动力电池在内各类储能技术成本学习曲线进行了对比。如图4-19所示，相比其他储能技术，电动汽车动力电池呈现更快的成本下降速率（30%），按此成本降速预计到2030年（超过1亿辆电动汽车累计产量），动力电池成本可下降至0.3元/瓦时，在各类电化学成本储能技术中成本最低[①]。虽然大规模生产同样会极大削减其他电池技术（如铅碳电池、全钒液流电池等）的成本，但其市场需求增速对产量的拉动存在较大不确定性。

就总拥有成本而言，电动汽车具有低用电及运维成本优势。Schmidt等（2017）对电动汽车与燃油汽车总拥有成本进行了对比，基于动力电池成本学习率为16%的预测，若充电价格和汽油价格维持在12美分和550美元/桶不变，则当动力电池成本下降到150美元/千瓦时时，电动汽车与燃油汽车总拥有成本持平，平价时间出现

---

① 学习曲线成本方法预测的成本下降极限为电池材料成本，锂电池材料中碳酸锂、镍盐、钴盐、锰盐、铜、铝等价格受市场波动影响较为明显。根据 Bloomberg Professional（Online）数据估算，镍钴锰酸锂电池材料成本为47~56美元/千瓦时。

在 2025~2030 年（见图 4-20）。

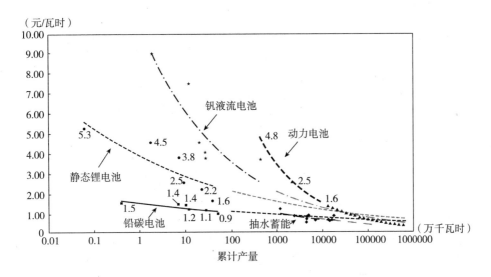

**图 4-19　锂离子电池与各类储能技术投资成本下降趋势**

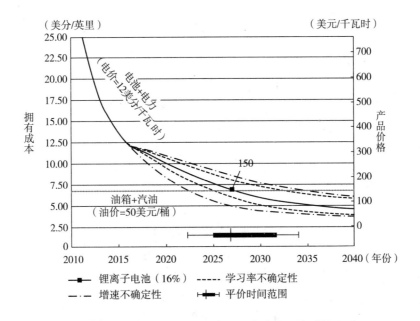

**图 4-20　电动汽车与燃油汽车总拥有成本平价时间预测**

资料来源：Schmidt O，Hawkes A，Gambhir A，et al. The Future Cost of Electrical Energy Storage Based on Experience Rates［J］. Nature Energy, 2017, 6（8）.

（四）充电及氢燃料储运、加注设施不足

当前中国电动汽车供给侧持续发力，特别是"双积分"政策的出台强力推动了生产端产量提升，然而对于整个行业而言，激发消费侧活力，提高电动汽车在终端用户

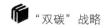

中的接受度是维系电动汽车健康发展更为重要的问题，而当前充电基础设施不足已成为制约用户购买电动汽车最为现实的障碍。

中国长期鼓励充电基础设施建设。国家电网、普天新能源、中石化、中海油、特来电、万邦等国有和民营企业先后进入充电基础设施建设、充电设备制造、充电综合服务等领域，实现了中国充电基础设施的快速发展。2014年国家发展改革委出台《关于电动汽车用电价格政策有关问题的通知》，充电价格由此包含电量价格、充电服务费及容量电费三个部分，且2020年前对电动汽车充换电服务费实行政府指导价管理。2015年印发《关于加快电动汽车充电基础设施建设的指导意见》和《电动汽车充电基础设施发展指南》（2015—2020），规划到2020年新增集中式充换电站超过1.2万座，分散式充电桩超过480万个，以满足全国500万辆电动汽车充电需求。此后财政部等四部门印发《关于"十三五"新能源汽车充电基础设施奖励政策及加强新能源汽车推广应用的通知》，对满足一定条件的地区给予9000万元的充电设施奖励。随后各地方也陆续出台充电设施补贴及用地优惠政策。

然而，充电基础设施建设总体处于发展初期，面临问题种类繁多，部门间协调难度大。总体而言，充电设施建设主要面临的问题包括：①用地难，即电动汽车用户和充电运营商与停车场地运营方相比处于弱势地位，场地方要求服务费分成，且面临场地拆迁风险；②用电难，即充电设施电力报装流程多且烦琐，报装往往需要场地方土地使用许可证、产权证明、用电地址规划开发（建设）证明，且红线外部分建设（供电局负责）周期难以确定；③成本高，电力增容、新老国标改造都需要较高投资；④收益低，由于市场、布局、燃油车占位等因素限制，目前充电设施设备的利用率普遍低于5%。此外，充电行业整体还存在民营装备市场门槛的不公平竞争、补贴滞后等问题。

相比公共充电，住宅及办公地点充电设施对私人电动汽车用户更为重要，但当前私人充电设施建设却面临更大问题。安装住宅充电设施往往需要用户拥有固定停车位，安装流程涉及物业、消防、电网等部门，对于个人用户而言协调难度大。虽然部分车企在销售环节一并提供充电设施安装服务，但是否能够安装最终仍取决于消费者自身条件，大量协调工作也需消费者本人完成。不可否认，私人充电设施已成为阻碍电动汽车发展最现实的问题，且亟待通过商业模式创新等方式破解。

（五）退役电池梯次利用及材料循环回收体系不健全

电动汽车市场的快速发展不可避免地带来动力电池后处理问题。中国电动乘用车动力电池服役寿命通常在6~10年，公交、出租等运营部门电动汽车动力电池使用寿命更短，2016年中国锂离子动力电池的报废量在5万~8万吨，预计到2020年报废量将达到12万~17万吨。锂离子动力电池中含有大量的有价金属及有机物，若不加以回收利用会造成严重的环境污染以及资源浪费。

从电动汽车上退役的动力电池通常还保有初始容量70%~80%的剩余容量，可应用在对能量密度要求不高的固定储能应用场景。对退役动力电池进行梯次利用将有助于降低电动汽车用户及电力系统的储能成本，让较高的储能成本能够在较长的使用寿命中在一次、二次用户中进行分摊。国外研究机构较早就对电动汽车退役电池的梯次利用成本进行了评估。自 2008 年起，随着美国加州政府将零排放车辆激励重新转向插电式电动汽车，退役电池梯次利用更成为业界研究焦点，包括构建电池梯次利用残值计算框架，电池二次利用积分对降低电动汽车成本的作用，退役锂电池重组成本计算，退役电池电网储能应用经济性及市场潜力评估以及退役电池二次利用技术测试。上述研究论证了电动汽车退役电池进行储能二次利用的可行性，但也不同程度反映了电池老化速率、退役电池的市场需求对电池储能梯次利用经济性的影响。

　　近年来中国科研机构及相关企业也正在加速开展动力电池梯次利用的研究与示范。例如出租车充电站梯次利用电池储能示范，退役的电动出租车动力电池主要用于调节变压器功率输出，稳定节点电压水平及帮助充电站实现离网运行；或将废旧新能源汽车拆解及回收再利用，通过动力电池再利用生产线，将动力电池应用于储能、供电基站、路灯及供电工具等领域等（见表 4-2）。但相关研究多侧重动力电池梯次利用的技术可行性的测试与示范，缺乏对规模潜力及经济性的量化分析。

**表 4-2　国内外退役电池储能梯次利用典型案例**

| 地区 | 项目/企业 | 储能规模 | 作用 |
|---|---|---|---|
| 国内 | 北京大兴出租车充电站梯次利用电池储能示范 | 25 千瓦/100 千瓦时 | 电压调节 |
| | 唐山曹妃甸梯次利用电池储能系统示范工程 | 25 千瓦/100 千瓦时 | 调峰、提高供电可靠性及供电质量 |
| 国外 | 日本日产汽车、住友集团 | 退役电池二次利用寿命评估 | |
| | 德国宝马、博世集团 | 退役动力电池应用于住宅及商业楼宇储能示范 | |

　　除梯次利用外，电池材料循环利用也成为全行业关注焦点。目前电动汽车所采用的锂离子动力电池主要由电池包构成，电池包由电池模块、外壳和电池管理系统组成。电池模块由极芯、外壳和紧固件等构成，其含有大量的钴、锂、镍、锰、铜、铝等紧缺有色金属元素和六氟磷酸锂、聚偏氟乙烯等有毒有害物质，对其进行资源化回收和无害化处理具有重大意义。2017 年 1 月，国务院办公厅发布《生产者责任延伸制度推行方案》，提出在新能源汽车领域建立电动汽车动力电池回收利用体系的要求，确保废旧电池规范回收利用和安全处置。2017 年 2 月工信部、商务部和科技部联合发布《关于加快推进再生资源产业发展的指导意见》，开展新能源动力电池回收利用示范工作，重点围绕京津冀、长三角、珠三角等新能源汽车发展集聚区域，建立试点示范。

　　然而，当前国内废旧锂离子动力电池回收在法律、渠道、成本等诸多方面仍存在问题，阻碍了回收市场的快速发展。动力电池企业电池回收业务尚处于规划与试验阶段，电池厂商在动力电池回收方面的进展缓慢。随着中国电动汽车数量的不断增多，废旧锂离子动力电池的数量也在持续增长，这意味着有必要建立合适的废旧锂离子动力电池处理方案。因此，开展对废旧锂离子动力电池的梯次利用、原材料循环回收的研发示范，探索未来产业链协同运营模式，对中国电动汽车产业持续健康发展具有重要意义。

## 三、交通与能源融合前景

### （一）锂电池技术路线可支撑电动汽车续航需求

续航能力是目前影响电动汽车市场接受度的关键因素。随着锂电池技术的不断进步，电动汽车的续航里程还有巨大进步空间。根据日本新能源产业技术综合开发机构（NEDO）的预测，到 2030 年锂离子电池将全面采用全固态体系，届时电池比能量可达到 500 瓦时/千克；美国能源部同样预测未来采用锂硫、锂空气技术后，锂电池比能量可达到 800 瓦时/千克以上，实现单次充电超过 800 千米的续航能力，与目前普通燃油乘用车持平。2019 年以来，我国企业在电池结构成组技术上持续发力，连续推出 CTP（无模组电池）、刀片电池、JZM（卷芯到模组）等技术，引领了电池系统结构技术创新，大幅提升了电池比能量与经济性水平（见图 4-21）。

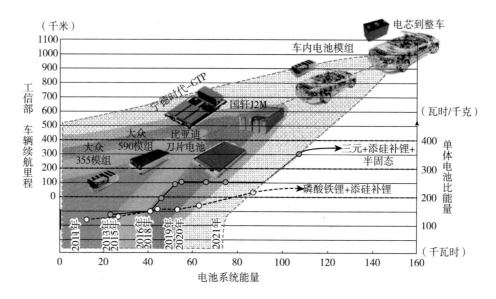

**图 4-21　各类电池材料体系与相应比能量**

资料来源：中国电动汽车百人会。

国内也对未来电动汽车动力电池技术发展制定了较为详细的路线图。例如，中国提出 2020 年前发展高比能量、高安全性的锂离子电池材料技术，2025 年发展锂二次电池材料、固态电池及低成本高精度电池管理技术，目标到 2025 年，动力电池系统电池单体比能量达到 400 瓦时/千克以上，电池系统成本降至 1 元/瓦时；到 2030 年电池单体比能量要进一步提升到 500 瓦时/千克，电池系统成本降至 0.8 元/瓦时（见表 4-3）。此外，中国汽车工程学会《节能与新能源技术路线图》提出到 2030 年，动力电池技术要满足车辆 500 千米续航的要求，电池单体比能量要达到 500 瓦时/千克，系统比能量达到350瓦时/千克；电池单体成本降至0.4元/瓦时，系统成本降至0.8元/瓦时。

表4-3  中国电动汽车电池相关技术路线

| 年份 | 2020 | 2025 | 2030 |
|---|---|---|---|
| 动力电池系统 | 单体比能量达到300瓦时/千克 | 单体比能量达到400瓦时/千克 | 单体比能量达到500瓦时/千克 |
| | 系统寿命达到10年 | | |
| | 单体成本达到1元/瓦时；系统成本达到1.3元/瓦时 | 单体成本达到0.8元/瓦时；系统成本达到1元/瓦时 | 单体成本达到0.6元/瓦时；系统成本达到0.8元/瓦时 |
| 能量存储技术 | 高容量锂离子电池材料技术 | 锂二次电池材料技术 | 新体系电池材料技术 |
| | 高比能、高安全锂离子电池技术 | 宽温度、长寿命、全固态锂电池技术 | 全新材料体系电池技术 |
| | 高精度、高可靠性电池管理技术 | 低成本、高集成化学电池管理技术 | 新型电池管理技术 |
| | 高比能、安全电池总成技术 | 电池总成与集成车身、底盘一体化技术 | |
| | 自动化制造工艺及装备技术 | 数字化、智能化制造技术 | |

综合以上观点，锂离子电池技术路线本身仍有较大的技术进步空间，即使在电化学体系的根本性技术突破的情况下，单纯通过改良现有电化学材料配比及制造工艺，亦可大幅提升锂电池比能量，从而帮助电动汽车实现与当前燃油汽车相当的续航水平（见表4-4）。

表4-4  2020~2050年锂电池技术成本进步空间

| 年份 | 2020 | 2030 | 2050 |
|---|---|---|---|
| 技术路线 | 液态<br>镍钴锰NCM，镍钴铝NCA-高镍、石墨负极-硅负极 | 全固态<br>固态电解液（聚合物、硫化物、氧化物）+硅碳负极 | 全固态<br>硅碳负极-锂负极：LiS，LiO$_2$ |
| 性能参数 | 单体比能量达250瓦时/千克，系统比能量达200瓦时/千克 | 单体比能量达500瓦时/千克，系统比能量达350瓦时/千克 | 单体比能量达800瓦时/千克以上，系统比能量达500瓦时/千克以上 |
| | 放电深度80% 3000次 | 放电深度80% 4000次 | 放电深度80% 5000次 |
| 成本下降 | 单体成本0.6元/瓦时，系统成本0.8元/瓦时 | 单体成本0.3元/瓦时，系统成本0.4元/瓦时 | — |

**（二）动力电池与燃料电池在货运交通领域应用前景存在不确定性**

一般而言，氢燃料电池因其功率和能量单元分离，往往被认为是重型客运乃至货运交通的终极解决方案。然而，随着锂离子电池技术的快速进步，基于锂离子电池的电动汽车技术已开始替代柴油内燃机应用于某些货运交通场景。特别是由于电动汽车具有燃料成本低的特点，其在某些轻型货运场景甚至表现出比电动乘用车更高的经济性。

根据麦肯锡公司的研究，轻型和中型纯电动商用车在总拥有成本方面具有显著优势，其在某些地区的市场份额可能在2030年超过纯电动乘用车。在其"晚期采用"场景，纯电动商用车将在2030年之前占据8%~27%的市场份额，若采用"早期采用"场景，即对于主要城市低排放区域的扩张速度做出更为激进的假设，纯电动商用车将在2030年之前占据15%~34%的市场份额（见图4-22）。在经济性方面，中等日行驶距离最早出现综合收支平衡点，特别是当电价和柴油价格之间的差异比较大时，电动车辆经济性优势尤为突出。在大型客运方面，中国电动公交在新增市场中的份额已超过30%，考虑到政策与监管的持续发力，到2030年该比例有望达到100%。

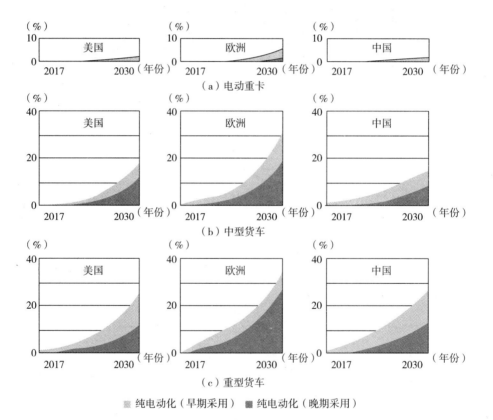

图4-22 2017~2030年电动货车销量市场占比预测：美国、欧洲、中国

资料来源：麦肯锡《2017中国汽车消费者报告》。

对比而言，氢燃料电池和锂离子电池技术路线在重型货运领域各自存在严峻挑战。近年来多家车企推出纯电动重型货运车，例如，在工信部《新能源汽车推广应用推荐车型目录（2017年第3批）》中首次出现了纯电动牵引车，公告型号为CGC4250BEV1GCG2，生产厂商为大运重卡；除了与大运合作，沃特玛还在与一汽、华菱星马等共同研发打造满足市场不同需求的纯电动重卡银隆与联合重卡合作港口牵引车；比亚迪、江淮发布电动卡车生产基地及生产线计划。然而，当前电动重型货车的经济性仍然偏低。以一般柴油重卡为例，每辆报价 30 万~40 万元，同级别<sup>①</sup>电动重卡电池容量为 300 千瓦时，假设电池成本为 1500 元/千瓦时，仅电池成本就高达 45 万元。运营方面，传统燃油重卡百公里能耗约 30 升柴油，按照单价 5.68 元/升来计算，百公里成本约为 170 元，假设一辆车平均生命周期跑 20 万公里，则总运营成本为 34 万元；电动重卡综合百公里电耗约为 120 千瓦时，按照充电费用平均 1 元/千瓦时计算，百公里成本为 120 元，总运营成本 24 万元，若车辆运营寿命为 5 年，年折现率为 6%，则电动重卡合计运营成本节省为 8.4 万元，无法弥补车辆购置差价。目前国内外更多商用重卡采用混合动力技术，比较有代表性的有：奔驰 Atego 1222 Blue Tec Hybrid、曼 MAN TGL 12.220 Hybrid、达夫 LF Hybrid、沃尔沃 VOLVO FE Hybrid 等，均为柴油发动机和电机的并联式混动。虽然氢燃料电池汽车具有高功率、长续航等性能优势，但其在中国还未形成完善的产业链，与国外先进水平的差距正在拉大。当前工信部《新能源汽车推广应用推荐车型目录》中的燃料电池汽车基本集中在公交、轻型物流及专用车领域，在重型货车领域的推广速度与锂电池电动汽车的差距正在逐渐拉大。

总而言之，未来中国货运交通领域可能出现两条技术路线相互竞争的态势，近中期来看，基于动力电池技术中型、轻型货运交通领域已具有一定先发优势；长期而言，特别是在重型交通领域，市场格局取决于动力电池技术突破及氢燃料电池汽车整体产业链的发展情况，因而存在很大不确定性。

（三）电动汽车具有巨大电力系统储能应用价值

对于电动汽车而言，由于当前中国电源结构以火电为主，大规模发展电动汽车一直存在环保争议。对于储能而言，中国已建储能装机容量仅占全国发电装机的不足 1.5%，考虑到国内天然气发电、库容式水电等传统调峰资源贫乏，有限的抽水蓄能资源无法满足未来能源转型的巨大储能需求。虽然近年来电化学储能技术（如锂离子电池、液流电池等）得到一定发展，但其装机规模仅占全部储能装机的 1%，仍不足以在短期内实质弥补储能供应的不足。表 4-5 列示了我国车网互动相关价格政策及试点项目。

表 4-5　我国车网互动相关价格政策及试点项目

| 年份 | 政策与试点 | 内容 |
|---|---|---|
| 2014 | 国家发展改革委《关于电动汽车用电价格政策有关问题的通知》 | 鼓励电动汽车在电力系统用电低谷时段充电 |
| 2017 | 国家发展改革委《关于促进储能技术与产业发展的指导意见》 | 积极开展电动汽车智能充放电业务 |
| 2018 | 国家发展改革委《关于创新和完善促进绿色发展价格机制的意见》 | 鼓励电动汽车提供储能服务，并通过峰谷价差获得收益 |
| 2018 | 国家发展改革委等《提升新能源汽车充电保障能力行动计划》 | 鼓励新能源汽车提供储能服务，并通过峰谷差获得收益 |

---

① 同为 350 千瓦最大马力。

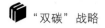 

| 年份 | 政策与试点 | 内容 |
|---|---|---|
| 2018 | 上海市填谷需求响应试点 | 电动汽车直流充电桩进行凌晨低谷负荷充电 |
| 2019 | 工信部《新能源汽车产业发展规划（2021—2035年）》（征求意见） | 加强新能源汽车与电网双向能量互动 |
| 2020 | 国家电网有限公司华北分部参与华北电力调峰辅助服务试点 | 实现了新能源电动汽车一日两充（夜间、午间负荷低谷）两放（早、晚负荷高峰）双向功率连续调节 |

电动汽车与储能实则存在巨大融合发展潜力。一方面，随着电动汽车数量不断增加和电动汽车与电网互动技术日益成熟，电动汽车可作为分散式灵活负荷和储能设施，从而大幅提升电力系统灵活运行能力，平抑用电负荷峰谷波动，破解能源系统可再生能源消纳难题。另一方面，提高可再生能源渗透率将从根本上解决长期困扰电动汽车发展的全生命周期排放问题。特别是随着电动汽车市场的快速成长，中国已具备电动汽车与储能融合的先发优势，利用电动汽车进行储能可极大弥补传统储能资源不足的制约，为中国能源生产消费革命和低碳经济转型提供保障。

综合市场潜力、技术经济性、基础设施等影响因素，若2030年中国电动汽车年销量占汽车总销量的50%以上，则电动汽车保有量将超过1亿辆；考虑到动力电池技术进步及车型差异，届时全部电动汽车理论储能容量接近9亿千瓦，理论储电能力约42亿千瓦时；到2050年电动汽车保有量有望达到5亿辆，理论储能容量超过42亿千瓦，理论储电能力高达360亿千瓦时。若2050年风电、光伏发电装机容量分别达到24亿千瓦、27亿千瓦，则2050年全国电动汽车可满足波动性可再生能源连续33小时发电存储，切实保障高比例可再生能源并网需求（见图4-23）。远期而言，由于氢能具备能

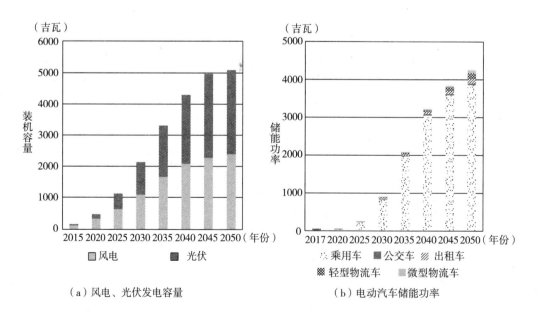

（a）风电、光伏发电容量　　　　（b）电动汽车储能功率

**图4-23　2015~2050年全国风电、光伏发电容量与电动汽车储能功率**

量型储能、储能时间长、自放电率低的特点，基于氢能体系的燃料电池汽车技术有助实现未来更长时间尺度的储能需求。

　　电动汽车可通过电力需求响应（智能充电，SM）、车网双向互动（V2G）、换电（BS）及退役电池储能（RB）等方式实现与电力系统的协同融合。电动汽车各类储能方式规模潜力及成本各异，图4-24和图4-25针对各类电动汽车储能方式的规模及成本进行了预测。

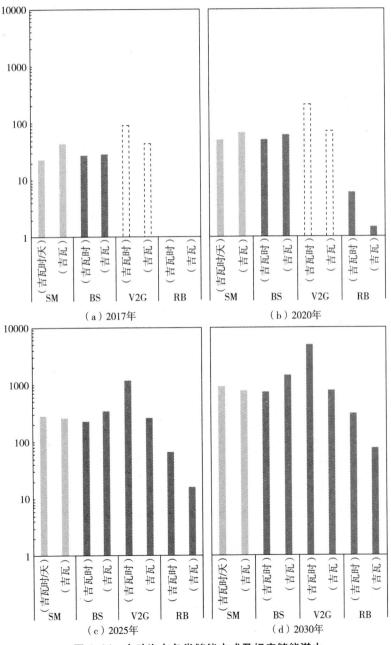

**图4-24　电动汽车各类储能方式及相应储能潜力**

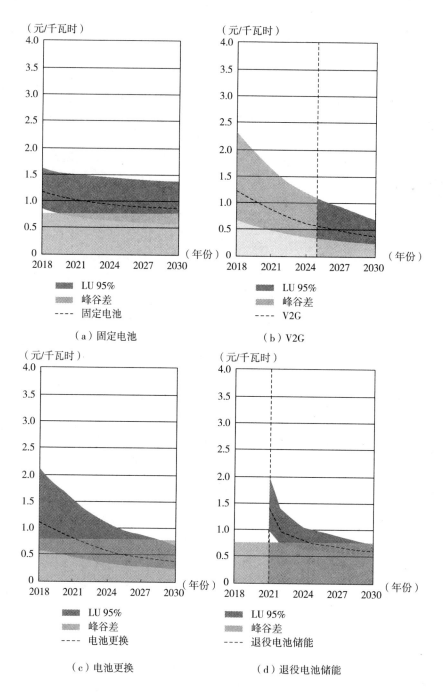

图4-25　电动汽车各类储能方式成本变化趋势

此外，当前的能源网络由热网、电网、油气管网构成，各自分离运行，彼此间几乎没有内在关联，能源系统的优化往往也局限在各自网络内。凭借燃料电池技术，氢能可以在不同种类能源介质（天然气、甲醇、可再生能源、电力、热力）之间进行转换，基于氢能的燃料电池汽车为实现不同能源网络之间的协同优化提供了可能性，未来能源体系的优化空间也可大幅提升（见图 4-26）。

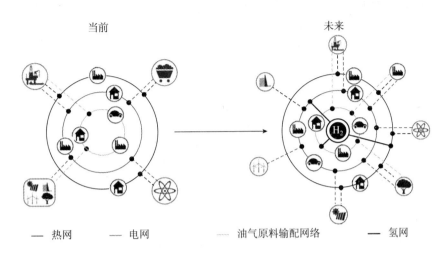

当前                                                 未来

— 热网      — 电网      ---- 油气原料输配网络      — 氢网

**图 4-26 当前能源网络与基于氢能的能源体系**

资料来源：国际能源署。

**（四）电动汽车与智能化技术具有广阔融合发展空间**

电动汽车与智能化技术的融合将对未来交通能源体系产生深远影响。从 1985 年美国陆地自主车（Autonomous Land Vehicles，ALV）计划到 2017 年 Waymo 测试 L4 级别无人驾驶汽车，自动驾驶技术实现了自我快速迭代。美国国家公路交通安全管理局（NHTSA）将自动驾驶分为了六个等级：Level 0：非自动化，所有驾驶任务都由人类驾驶员进行操控；Level 1：辅助驾驶，在特定的驾驶模式下由一个辅助驾驶系统根据驾驶环境信息控制转向或加减速中的一种，并期望人类驾驶员完成所有其他动态驾驶任务，即人类驾驶员和系统通力合作，支持部分路况和驾驶模式；Level 2：部分自动化，在特定驾驶模式下由一个或多个辅助驾驶系统根据驾驶环境信息控制转向和加减速等，并期望人类驾驶员完成所有其他动态驾驶任务；Level 3：有条件的自动驾驶，在特定的驾驶模式下由一个自动驾驶系统完成所有动态驾驶任务，但期望驾驶员能正确响应请求并接管操控；Level 4：高度自动化，在特定驾驶模式下由一个自动驾驶系统完成所有动态驾驶任务，即使人类驾驶员无法及时或者正确响应请求并接管操控；Level 5：全自动化，自动驾驶系统在全部时间、全部路况和环境下（可由人类驾驶员管理）完成所有动态驾驶任务。产业方面，全球也已形成了以谷歌、百度为代表的科技公司，以特斯拉、沃尔沃为代表的汽车企业，以博世、英伟达等为代表的核心零部件企业。

融合自动驾驶技术的电动汽车对能源消费的整体影响体现在车辆数、出行里程、车辆能效三个方面。引入自动驾驶技术后，车辆共享等商业模式或将得到快速发展，从而可能改变当前以私家车为主的用车出行方式，单车的运营效率有所提升，满足相同出行需求所需的车辆数量将有所下降。同样，自动驾驶技术也具有改善车辆驾驶行为、降低风阻、减少拥堵、降低车辆性能需求、促进轻质小型车推广等提升车辆能效的作用。然而，因自动驾驶技术不断成熟，尤其是无人驾驶技术的出现将充分释放原本被人为驾驶所占用的时间，从而大幅提升出行便利性和降低出行成本，激发新生出行需求。同理，原本受驾驶年龄、身体条件限制人群的出行需求也将被释放，加之一定空驶因素影响，自动驾驶技术的发展也可能将增加总体出行里程。图 4-27 列举了自动驾驶技术对车辆能源消费的影响方面及正负影响效果。

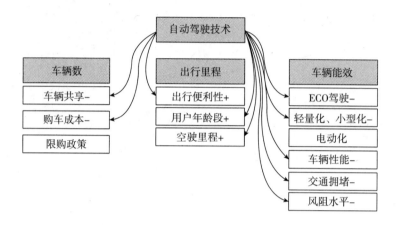

**图 4-27　自动驾驶技术对车辆数、出行里程及车辆能效的影响**

目前，自动驾驶对车辆能源消费的量化分析仍处于早期探索阶段，其中较具代表性的是美国国家可再生能源实验室（NREL）Stephens 及 Gonder 等人基于美国车辆用户典型车型与驾驶行为所做的研究。研究发现，虽然自动驾驶技术在更多层面降低了用能需求，但由于出行便利性提升及用车人年龄层扩大等因素带来的出行需求提升，最终的车辆能源消费将提升近一倍（见图 4-28）。美国能源信息署（EIA）基于此进一

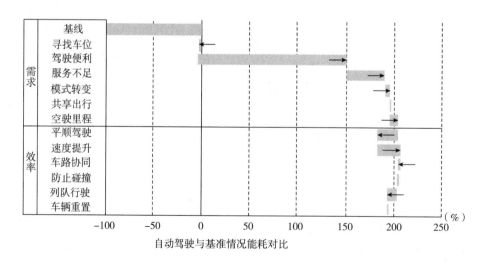

**图 4-28　自动驾驶下各类影响因素对车辆能耗的影响**

步分析了自动驾驶技术对全美乘用车整体能源消费的影响。研究发现，随着自动驾驶层级的不断提升，车用能源消费水平将呈现先降（能效因素为主）后升（出行需求因素为主）的趋势，而最终车辆用能强度的下降仍需要与电动技术结合。

总而言之，电动汽车具有与生俱来的智能化和网联化基因，相比燃油汽车更能适应未来智能交通转型趋势。近年来智能化技术已逐步渗透内燃机汽车，混合动力技术、电子控制单元、自动循迹稳定等电气化和智能化技术已被越来越多的高端燃油车型采纳。随着未来自动驾驶、汽车共享、无人驾驶等新兴技术与业态的发展，各类先进传感器将分布整车，以实现对车辆运行的瞬时监测和精准操控。以内燃机为核心的传统汽车动力系统在响应速度和调节精度方面与智能化技术的融合都存在瓶颈，只有由电池与电机组成的驱动系统才能与车辆智能化形成无缝衔接。智能汽车是决定一个国家人工智能、移动互联网、大数据、云计算、芯片制造、先进传感器等核心技术的集中载体，中国汽车产业在电动化和智能网联的优势叠加后，不仅能够帮助实现中国汽车工业的全面反超，更将有力推动中国信息化、人工智能等战略性新兴产业的革命。

## 四、交通能源转型建议

### （一）积极探索充电设施建设及运维商业模式

电动汽车的健康发展取决于产业链上下游的协同发展，此前的示范推广和购置补贴政策有效开启了早期市场。未来电动汽车推广政策将逐步从"购置补贴"向"生产积分"过渡，政策发力点逐渐从消费侧过渡到生产侧，导致产业下游激励力度减弱。特别是当前电动汽车末端消费市场仍未充分开启，充电设施不足等问题将严重阻碍电动汽车应用。免限行、免限号等扶持政策虽然在短期可以起到立竿见影的作用，但终究无法解决电动汽车充电难题。住宅及办公地交流充电为主、公共场地快速应急充电为辅，应成为未来绝大多数私人电动汽车的基本充电形态，但两者的发展都面临投资高、效率低、用地少、协调难等问题，亟待通过商业模式创新和价格机制突破。

### （二）加快研究制定电动汽车充放电价格政策

充放电价格是影响充电运营效益与电动汽车电力系统应用价值的决定性因素。目前中国对电动汽车充电征收目录电价和充电服务费，而实际操作中充电服务商往往执行固定充电价格。电动汽车用户具有相对较强的电价承受能力，且充电和用车时间分离，用电负荷可调节性较高，实行固化的价格政策显然难以发挥电动汽车储能潜力。因此，建议加快研究制定电动汽车专用充电价格政策，具体机制设计可基于当地负荷及新能源发电特性，也可给予充电设施运营商一定灵活定价空间。对于车电互联（V2G）及退役电池储能等具有放电能力的并网方式，建议参考用户侧峰谷电价设计制定放电价格，以引导合理放电行为。

### （三）加大动力电池、退役电池循环利用、快速充电技术研发示范力度

电动汽车产业的发展依赖于技术的持续进步。当前电动汽车续航水平总体上与同级别燃油车型仍有一定差距，因此需要进一步提高锂电池能量密度，研究采用高容量正极和负极材料，提前布局全固态锂电池技术，力争在五年内实现固态锂电池产业化。

此外，目前动力电池编码制度已经发布，未来将围绕该编码形成覆盖动力电池全生命周期的可追溯管控，相关部门可在政策扶持、技术开发、商业模式方面引导废旧电池回收、拆解、评价、资源化利用，落实生产者责任制度和危险废物经营许可证制度，建立完善动力电池回收网络及有效回收模式。快速充电和智能充电是保障高质量电动汽车充电服务和参与电力需求响应的基础，特别是在共享经济、自动驾驶等新业态、新技术的推动下，快速充电和智能充电需求将不断提高，应在政策及价格机制上有所创新，探索反映新技术市场价值的灵活商业模式及价格体系。

（四）明确氢燃料储运、加注等基础设施扶持政策

氢燃料储运、加注基础设施是当前中国燃料电池汽车产业发展面临的最为现实的问题。第一，应加快 70 兆帕高压储氢系统的产业化攻关，降低运行成本，并提出明确的制氢、储氢和加氢站建设目标。第二，应研究制定新一轮氢燃料基础设施补贴政策，并根据加氢站运营强度制定差异化的补贴标准。第三，当前氢燃料基础设施建设涉及的住建、安监等相关部门之间管理责任不明确，导致当前加氢站项目审批工作进展困难，因此建议将相关责任落实到具体部门。第四，氢燃料电池汽车与纯电动汽车同属电动汽车技术范畴，锂电池、电机及电机控制器等纯电动汽车核心技术同样是氢燃料电池汽车技术突破的关键，两者具有巨大协同发展的潜力。中国应加强两者协同创新，加快开展氢能燃料电池汽车与纯电动汽车融合发展政策研究，通过产业间协同互动助力氢燃料电池汽车产业发展。

（五）研究论证电动汽车与储能融合技术路线

电动汽车储能是推动未来能源系统整体革命的重要机遇。车电互联（V2G）、退役电池梯次利用及电制氢都可通过与大规模储能的融合实现高比例可再生能源体系。然而，各类电动汽车储能技术路线存在较大差异且依赖完全不同的基础设施。对于车电互联（V2G）而言，兼容电力与信息双向传输的充电桩及配电网设施是实现融合发展的前提，而退役电池储能需要在汽车制造企业、电池企业、电池回收与重组企业、储能电站之间形成合力。目前两种路线的技术可行性、成本效益及发展前景仍存在较大争议，有必要对两者的协同发展路径及推进方案进行研究论证，从而有的放矢地推动电动汽车与储能的有序融合。

1. 推动交通用能全面电气化

加快电动汽车市场化推广，持续推进氢能、天然气、乙醇、生物柴油等清洁燃料商业化应用。加强充换电、加氢等新能源汽车基础设施建设，提升互联互通水平和使用效率，鼓励商业模式创新，营造新能源汽车良好使用环境。到 2030 年，全面建成以市场为导向的新能源汽车产业体系，纯电动汽车和插电式混合动力汽车年销量占比达到 50%，保有量超过 8000 万辆，氢燃料电池汽车保有量达到 100 万辆。到 2035 年，燃油内燃机汽车基本退出乘用车销量市场，各类新能源汽车保有量达到 2 亿辆。到 2050 年，新能源汽车销量比重超过 95%，保有量超过 4 亿辆，道路及轨道交通基本实现电动化，清洁燃料在水运、航空领域得到广泛应用，交通领域石油消费量相比目前水平下降 2/3。

**2. 促进交通与能源深度融合**

加强高循环寿命动力电池技术攻关，推动柔性配电网升级改造。统筹新能源汽车充放电与电力调度需求，综合运用政策及经济性手段，实现新能源汽车与电网双向能量高效互动，降低新能源汽车用电成本，提高电网调峰调频和安全应急响应能力。鼓励清洁能源综合利用和"光储充放"（分布式光伏—储能系统—充放电）多功能综合一体站建设，促进新能源汽车与气象、可再生能源电力预测预报系统信息共享，加强新能源汽车充电、制氢与风电光伏协同调度，逐步提升车用可再生能源比例。

**3. 优化综合交通运输体系**

加快公交、地铁、轻轨等城市公共交通基础设施建设，倡导车辆共享、分时租赁等出行新模式、新业态。鼓励中远距离（300千米及以上）城际交通采用铁路或航空等非道路交通方式。到2050年建成多种交通运载工具、多种运营服务模式有机融合的高效便捷、无缝链接的立体化综合交通运输体系。

**4. 培育壮大电气化交通产业链**

全面提升创新能力，实现新能源汽车整车、关键零部件、充换电核心装备等重点领域和关键环节的技术与产业突破。到2025年，新能源汽车科技创新能力和产品技术达到国际一流水平，形成一批全球领先的新能源汽车骨干企业。鼓励新能源汽车、能源、交通、信息通信等领域跨界协同，围绕多元化生产与应用需求，通过开放合作和价值共享，带动可再生能源、智能电网、智能交通、人工智能等相关产业取得突破，打造融合共赢的产业发展生态。

# 第四节　供热领域用能方式及转型选择

## 一、我国供热发展现状

### （一）供热领域

所谓供热，狭义上是指城市集中供暖，它是为了满足适宜的生活和工作条件，以热水或蒸汽作为热媒，由一个或多个热源通过热网或管线向用户提供生产、生活所需热能的过程。供热系统通常由热源、热网（输配管线）和热用户组成。在热力系统中，通过热源生产热力，热网进行供应，最终为热用户提供热力产品。对于没有集中采暖的地区，以电加热器、燃气热水炉、分散式空调为代表的分散式供暖方式也普遍存在。与集中采暖相比，分散式采暖没有复杂的外部管网系统和换热设备，使用更加灵活、方便。

热力生产和供应指的是利用煤炭、油、燃气等能源，通过锅炉等装置生产蒸汽和热水，或外购蒸汽、热水进行供应销售、供热设施的维护和管理的活动。热力生产和供应行业的产品主要包括蒸汽和热水，业务包括蒸汽和热水的供应销售和供热设施的

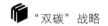

维护和管理。

热用户指的是热力的终端使用方，主要热力消耗对象包括工业生产过程耗热和民用建筑冬季采暖耗热两大部分。我国约 2/3 的热力需求来自工业，但随着城市化进程的不断深入和居民收入水平的提高，供暖和制冷需求迅速增长，民用建筑采暖和生活热水的能源消耗不断攀升。民用建筑的热量需求（包括用于取暖的电，但不包括传统的生物质能）从 2007 年的 $7.0×10^9$ 吉焦增加到 2019 年的 $13×10^9$ 吉焦。工业生产（特别是钢铁等能源密集型行业）的增长也导致同期工业热需求增长了 30%，工业总能耗需求约为 $24×10^9$ 吉焦。假如全部采取燃煤锅炉供热（热效率 70%），满足全部热需求需消耗约 18.1 亿吨标准煤。

按热用户划分，热力系统分为建筑采暖供热和工业生产供热。

1. 建筑采暖供热

建筑采暖，是在低温气候环境下通过各种技术手段在建筑物内营造适宜的室内温度以满足人员的热舒适需要，随着人们生活水平的提高，对建筑采暖和热舒适的要求也在不断提升（见表 4-6）。

表 4-6 建筑采暖热力（热水温度）需求

| 末端方式 | 设计进水温度（℃） | 设计出水温度（℃） |
|---|---|---|
| 散热器 | 75 | 50 |
| 热水地面辐射采暖 | 45 | 35 |
| 毛细管辐射采暖 | 35~40 | 25~30 |

建筑采暖热力需求的特点是：建筑温度水平低，对热源品位要求不高，可以采用可再生能源等低品位热源。建筑采暖热负荷的大小与室外温度、湿度、风速、风向和太阳辐射等气候条件密切相关，导致热力需求的季节变动较大。不仅如此，采暖热力需求还与建筑围护结构的热工性能、气密性和人员活动、室内设备等都具有密切的关系，负荷波动较大，控制调节的难度较高。

据统计，北方城镇平均单位面积耗热量约为 0.35 吉焦/平方米，年集中供热的耗热总量约为 50 亿吉焦。近年来随着建筑热工标准的提升，建筑物保温性能不断改善，单位建筑面积耗热水平逐步下降。

2. 工业生产供热

工业热力需求一般较为稳定，基本不受气候变化的影响，南北方没有明显的季节或地域性差异，只与具体的生产工艺有关。热力需求较大的工业行业包括：化工、纺织、造纸、制药、冶金、食品加工等。与居民用热相比，工业生产所用的工作介质多采用蒸汽，少数为高温热水，对热源的要求较高，一般采用锅炉或热电联产的形式，较少采用热泵或可再生能源。典型工业企业的用热需求见表 4-7。

表4-7  典型工业企业热力（蒸汽参数）需求

| 工业行业企业 | 压力（表压，兆帕） | 温度（℃） |
|---|---|---|
| 机械 | 0.6 | 150 |
| 酿酒 | 0.6 | 150 |
| 食品 | 0.6~0.9 | 165~250 |
| 医药 | 1.0 | 184 |
| 材料 | 0.6~0.9 | 165~180 |
| 化工/冶金 | >0.6 | >160 |

3. 供热范围

中国的传统供热范围以秦岭淮河为界，随着人民生活水平的提高，南方采暖的呼声日渐高涨，南方非传统供热的省份也陆续开展了集中供热的实践，特别是黄河中下游至长江中下游的流域，如武汉、合肥、长沙、南京等地都开始建设集中供热设施。下文分析范围涵盖所有潜在的供热省份。

北方传统供热省份包括：北京、天津、河北、山西、山东、河南（部分）、陕西（部分）、吉林、辽宁、黑龙江、内蒙古、甘肃、宁夏、新疆（含新疆生产建设兵团）、青海、江苏（徐州）。北方地区总人口约6.4亿人，占全国总人口的46.61%；总建筑面积为242亿平方米，占全国总建筑面积的35%。

黄河中下游至长江中下游流域传统非供热省份包括：上海、陕西（部分）、河南（信阳）、江苏（部分）、安徽、湖北、浙江（部分），总人口约2.6亿人，占全国总人口的19.05%（见表4-8）。

表4-8  供暖地区信息统计

| 供热区域 | 地区 | 人口（万人） | 人口占全国比例（%） |
|---|---|---|---|
| 北方地区<br>（传统集中<br>供热地区） | 北京 | 2173 | 1.57 |
| | 天津 | 1562 | 1.13 |
| | 河北 | 7470 | 5.41 |
| | 山西 | 3682 | 2.67 |
| | 山东 | 9947 | 7.21 |
| | 河南（合计） | 8888 | 6.44 |
| | 陕西（合计） | 2892 | 2.10 |
| | 黑龙江 | 2733 | 1.98 |
| | 吉林 | 4378 | 3.17 |
| | 辽宁 | 3799 | 2.75 |
| | 内蒙古 | 2520 | 1.83 |
| | 甘肃 | 2610 | 1.89 |
| | 宁夏 | 675 | 0.49 |

续表

| 供热区域 | 地区 | 人口（万人） | 人口占全国比例（%） |
|---|---|---|---|
| 北方地区<br>（传统集中<br>供热地区） | 新疆（合计） | 2398 | 1.74 |
| | 青海 | 593 | 0.43 |
| | 江苏（合计） | 7999 | 5.80 |
| 黄河中下<br>游至长江<br>中下游 | 上海 | 2428 | 1.76 |
| | 陕西（部分） | 921 | 0.67 |
| | 河南（信阳） | 644 | 0.47 |
| | 江苏（部分） | 7132 | 5.17 |
| | 安徽 | 6196 | 4.49 |
| | 湖北 | 5885 | 4.26 |
| | 浙江（部分） | 3081 | 2.23 |

资料来源：国家统计局。

（二）供热规模

从城市供热能力来看，我国城市供热能力基本上呈现逐年提升的态势，其中蒸汽供应能力有所波动，热水供应能力逐年扩大。2017年我国蒸汽供应能力约10万吨/小时，我国热水供应能力为65万兆瓦。

1. 建筑采暖规模

我国冬季供暖需求主要集中在北方地区，大部分采取在工业生产区域、城市居民集聚区域内建设集中热源厂的集中供暖方式。我国从20世纪50年代开始在北方地区城镇开展集中供暖，随着城镇化进程的推进，集中供暖大面积铺开，集中供热面积保持平稳增速。

截至2016年底，我国北方地区城乡建筑取暖总面积约206亿平方米。其中，城镇建筑取暖面积141亿平方米，农村建筑取暖面积65亿平方米。能够纳入统计数据的，主要是经营性的集中供暖系统。实际上，还存在诸如高校、部队、机关大院以及一些企业独立运营的非经营性集中供热系统。将这些非经营性集中供热面积纳入考量，集中供热率为85%。

截至2016年底，我国城镇集中供热管网总里程达到31.2万千米，其中供热一级网长度约9.6万千米，供热二级网长度约21.6万千米。集中供热管网主要分布在城市，城市集中供热管网总里程约23.3万千米，占城镇集中供热管网总里程的75%，县城集中供热管网总里程约7.9万千米，占城镇集中供热管网总里程的25%。

2. 工业供热规模

工业热力需求占热力总需求的70%左右，工业园区供热形式以工业锅炉分散式供热和燃煤、燃气热电联产为主，热电联产近年来发展非常迅速。截至2019年，我国在用工业锅炉总计62万台，其中燃煤锅炉46万台，小于10吨/时的占总容量的35.59%，小于35吨/时的占总容量的48%。

目前，工业供热集中度较低，以分散供热形式为主，热源点一般分布在工业园区内部或周边，我国工业热力供应存在生产工艺相对落后、热源结构不合理等问题，主要工业产品单位能耗平均比国际先进水平高 30% 左右。工业热负荷稳定的特点适宜采用集中供热的形式，若采用先进技术（如天然气热电联产）进行集中供热，有助于提升能源效率、减少环境污染及降低企业用热成本。因地制宜开展工业集中供热是未来工业园区的主要发展方向，集中供热将成为园区的必要基础设施。

（三）热源结构

供热的能源种类主要包括燃煤、燃气、电力和可再生能源、工业余热等，按照供热方式可分为集中式供热系统和分散式供热系统。集中式热源系统的形式包括燃煤热电联产、燃气热电联产、区域燃煤锅炉房、区域燃气锅炉房、各类热泵集中供热等；分散式采暖则包括户式燃煤锅炉、燃气锅炉、燃气壁挂炉、分体式空调、电加热等。

从能源结构上看，北方地区取暖使用能源以燃煤为主，燃煤取暖面积约为总取暖面积的 83%，天然气、电、地热能、生物质能、太阳能、工业余热等合计约占 17%，取暖用煤年消耗约 4 亿吨标准煤，其中散烧煤（含低效小锅炉用煤）约 2 亿吨标准煤，主要分布在农村地区。北方地区供热平均综合能耗约 22 千克标准煤/平方米，其中，城镇约 20 千克标准煤/平方米，农村约 28 千克标准煤/平方米。[①]

从热源结构上看，我国北方均以燃煤供暖为主，截至 2019 年底，燃煤热电联产集中供暖面积占总供热面积的 45%，燃煤锅炉占比为 32%；随着清洁供暖政策的推行，天然气居第二位，燃气锅炉占总面积的 11%、燃气壁挂炉占比 4%、天然气热电联产占比 3%；此外还有电锅炉、各类电动热泵（空气源、地源、污水源）、燃油锅炉、工业余热、太阳能、生物质等热源形式，共占比 5%（见图 4-29）。过度取暖和管网损失占热力生产总量的大约 20%，其中管网损失占热力生产总量的 3%~5%。

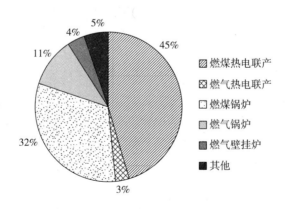

**图 4-29　2016 年中国集中供热热源结构**

资料来源：清华大学建筑节能研究中心 . 中国建筑节能年度发展报告 2019 ［M］. 北京：中国建筑工业出版社，2020.

---

① 数据来源于《北方地区清洁取暖规划（2017—2021 年）》。

不同省份热源结构差异较大，山东、内蒙古、河南等省份以燃煤热电联产为主；辽宁、吉林等省份以燃煤锅炉为主；北京、青海等省份天然气供热的比例较高。

截至2018年底，随着我国能源结构转型和一系列环境整治行动，热源结构中热电联产的比例由40%提升至50%；燃煤锅炉的比例明显下降，从42%降至32%；天然气的使用量有一定幅度的提升，天然气锅炉和壁挂炉的使用比例由12%升至15%。

截至2018年底，北方地区15个省份供热建筑面积200亿平方米，清洁取暖率达到52%。清洁取暖中最主要的方式是超低排放燃煤热电联产供暖，其次是天然气供暖，此外清洁取暖方式还包括电供暖、工业余热供暖和太阳能、地热能、生物质能等可再生能源供热方式（见图4-30）。

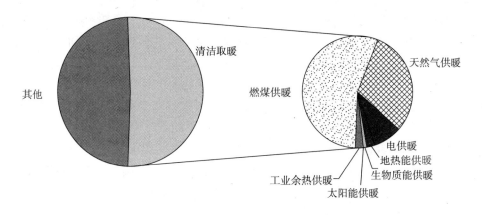

**图4-30　2018年中国北方地区集中供热热源结构**

截至2018年底，我国6兆瓦及以上热电联产机组容量已近5亿千瓦，供热量达到50亿吉焦，已成为热电联产第一大国，为国家清洁供暖提供了有力支撑。

（四）管理体制

我国建筑节能工作发展多年，围护结构热工标准逐年提高，但建筑耗热量强度却参差不齐，供热能源消耗量大幅增长，供热管理体制和人员使用行为是非常重要的原因。

供热计量政策是我国供热管理体制改革和转型发展的核心环节。长期以来，北方集中供热属于计划经济体制下的社会福利，其取费模式一直以来是按面积收费，与用户是否使用、使用多少无关，这不利于激发使用者的行为节能意识，从而造成使用上的浪费。

供热体制的改革始于2003年，由原建设部牵头并联合八部委下发《关于城镇供热体制改革试点工作的指导意见》，开展供热计量收费试点，逐步还原供热的商品属性。取费模式采用按户计量，通过安装热量计量装置和温度调节装置，让用户了解供热能耗并自主调节温度，从而引导用户行为节能。截至2014年底，北方采暖地区累计实现供热计量收费12亿平方米，其中居住建筑供热计量收费8.5亿平方米，公共建筑供热计量收费 3.5 亿平方米。[①] 2016 年，国务院发布的《关于进一步加强城市规划建设管理工作的若干意见》中提到"大力推行采暖地区住宅供热分户计量，新建住宅必须全部实现供热分户计量，既有住宅要逐步实施供热分户计量改造"，供热计量工作已经在全国全面铺开。

由于技术和管理上的诸多困难，供热计量政策在执行中还存在许多现实问题。技术方面，有些住宅建筑采用热计量表法，由于设备质量和管网、水质等问题，造成热表失效或测量不准确，无法实现计量收费。此外，热量在不同用户之间存在传导，其计量准确性受到质疑。管理方面，新建住宅的热计量设施由开发商来承建，质量难以保证，甚至存在验收通过后拆除热表的现象，未能落实由供热企业选择和安装供热计量装置、实施供热计量收费的制度。此外，还存在供热计量价格和收费制度不完善、对热用户的宣传解释工作不到位等问题，造成大量安装热计量表的建筑仍然按照面积收费，许多热计量表在安装后处于闲置状态。

供热计量分摊方法的完善和创新是真正实现供热计量收费的先决条件。不同于北欧等国居民多居住在独栋小楼，我国居民的住所主要是高密度公寓式建筑，针对我国居住建筑特性和热传导特性，供热主管部门创造性地设计了"楼栋计量，按户分摊"的技术路线，为成功推行中国特色供热计量收费改革工作找准了前进方向。

（五）发展趋势

随着生活水平的提高，人民对环境污染问题越来越关注。党的十八大以来提出"大力推进生态文明建设"，以解决资源约束趋紧、环境污染严重的突出问题。传统以燃煤为主的供热方式是导致雾霾等大气污染的重要原因，已不能适应"人民对美好生活向往"的现实需求，清洁化、低碳化是近年来我国供热转型的重要方向，也是促进我国生态文明建设、满足人民美好生活新需要的重要环节。

由于燃煤锅炉污染物排放强度较大，2012 年排放烟尘、二氧化硫、氮氧化物分别约占全国排放总量的 33%、27%、9%。近年来，为防治大气污染、推动清洁供热，政府部门制定了一系列政策方案（见表 4-9），目的在于通过淘汰小型燃煤锅炉、推动散煤治理、采用高效率供暖技术等手段，推动供热能源和技术结构的转变，促进可再生能源、工业余热等清洁能源供热技术的发展布局，改善区域环境质量。

表 4-9 近年清洁采暖政策梳理

| 发布时间 | 文件名称 | 发文机关 | 主要内容/目标 |
|---|---|---|---|
| 2013 年 9 月 | 《大气污染防治行动计划》 | 国务院 | 到 2017 年，除必要保留的以外，地级及以上城市建成区基本淘汰每小时 10 蒸吨及以下的燃煤锅炉，禁止新建每小时 20 蒸吨以下的燃煤锅炉。通过集中建设热电联产机组逐步淘汰分散燃煤锅炉 |
| 2014 年 5 月 | 《2014—2015 年节能减排低碳发展行动方案》 | 国务院办公厅 | 2014 年淘汰 5 万台小锅炉，到 2015 年淘汰落后锅炉 20 万蒸吨，推广高效环保锅炉 25 万蒸吨 |

① 住房城乡建设部城市建设司负责人就供热有关问题答新华社记者问 [EB/OL]. [2015-11-26]. http://www.mohurd.gov.cn/xinwen/gzdt/201511/20151126_225766.html.

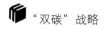

| 发布时间 | 文件名称 | 发文机关 | 主要内容/目标 |
|---|---|---|---|
| 2014 年 11 月 | 《燃煤锅炉节能环保综合提升工程实施方案》 | 国家发展改革委等七部门 | 加快推广高效锅炉，同时加速淘汰落后锅炉，2014 年淘汰燃煤小锅炉 5 万台，2014～2015 年淘汰 20 万蒸吨落后锅炉。除必要保留的以外，到 2015 年底，京津冀及周边地区地级及以上城市建成区全部淘汰 10 吨/时及以下燃煤锅炉，北京市建成区取消所有燃煤锅炉；到 2017 年，地级及以上城市建成区基本淘汰 10 吨/时及以下的燃煤锅炉。到 2018 年，推广高效锅炉 50 万蒸吨，高效燃煤锅炉市场占有率由目前的不足 5% 提高到 40%；淘汰落后燃煤锅炉 40 万蒸吨；完成 40 万蒸吨燃煤锅炉的节能改造 |
| 2018 年 7 月 | 《打赢蓝天保卫战三年行动计划》 | 国务院 | 开展锅炉综合整治，加大燃煤小锅炉淘汰力度。县级及以上城市建成区基本淘汰每小时 10 蒸吨及以下燃煤锅炉及茶水炉、经营性炉灶、储粮烘干设备等燃煤设施，原则上不再新建每小时 35 蒸吨以下的燃煤锅炉，其他地区原则上不再新建每小时 10 蒸吨以下的燃煤锅炉。环境空气质量未达标城市应进一步加大淘汰力度。重点区域基本淘汰每小时 35 蒸吨以下燃煤锅炉，每小时 65 蒸吨及以上燃煤锅炉全部完成节能和超低排放改造 |
| 2018 年 9 月 | 《2018—2019 年秋冬季大气污染综合治理攻坚行动方案》 | 生态环境部 | 2018 年 12 月底前，北京、天津、河北、山东和河南省（市）行政区域内基本淘汰每小时 35 蒸吨以下燃煤锅炉；上海市行政区域内所有中小燃煤锅炉清零；山西、陕西、江苏、浙江、安徽基本淘汰每小时 10 蒸吨以下燃煤锅炉，城市建成区淘汰每小时 35 蒸吨以下燃煤锅炉 |

根据《北方地区清洁取暖规划（2017—2021 年）》（以下简称《规划》）提出的总体目标，到 2019 年，北方地区清洁取暖率达到 50%，替代散烧煤（含低效小锅炉用煤）7400 万吨。到 2021 年，北方地区清洁取暖率达到 70%，替代散烧煤（含低效小锅炉用煤）1.5 亿吨。

清洁取暖工作快速推进，截至 2019 年，北方地区清洁取暖率超过 50%。根据不完全统计，2017～2018 年，重点区域工业小锅炉淘汰可减少散烧煤近 2000 万吨。根据上述不完全统计数据，截至 2018 年底，重点区域散烧煤减少约 5600 万吨，完成进度为 76%。

根据《规划》提出的"2+26"重点城市发展目标，2019 年，"2+26"重点城市城区清洁取暖率达到 90% 以上，县城和城乡接合部（含中心镇）达到 70% 以上，农村地区达到 40% 以上。2021 年，城市城区全部实现清洁取暖，35 蒸吨以下燃煤锅炉全部拆除；县城和城乡接合部清洁取暖率达到 80% 以上，20 蒸吨以下燃煤锅炉全部拆除，农村地区清洁取暖率达到 60% 以上。

截至 2018 年，"2+26"城市清洁取暖率目标基本实现。"2+26"城市（除北京外）城区清洁取暖率已经达到 97%，超额实现 2019 年目标。其中北京、天津、唐山、保定、廊坊、衡水、太原、济南、郑州、鹤壁、新乡、阳泉、长治和安阳等城市城区清洁取暖率均达到100%，提前完成2021年目标。"2+26"城市（不包括北京）城乡接合部、所辖县及农村地区清洁取暖率为70%，基本实现2019年目标。其中，北京、保定、廊坊、郑州、开封等城市已达到100%，提前完成2021年目标。

## 二、国际供热转型经验

### （一）清洁供热的趋势

人类活动导致全球气温不断升高已是不争的事实，气候变化对生态系统和地球生物的生存造成了威胁。2015年，第21届联合国气候变化大会（COP21）在法国巴黎举行。大会通过了《巴黎协定》，近200个缔约方提交了应对气候变化"国家自主贡献"文件，全球共同努力将气温升高幅度控制在不超过工业化前水平2℃。

推动能源转型、实现快速脱碳是应对气候变化的最有效的措施，热能在终端能源中占据的比例最高，提升可再生能源在供热系统中的比例，是全球供热领域的重要趋势。在全球范围内，50%的终端能源消耗是热量，2019年的总消耗量达$220×10^{18}$焦耳。近一半的热量用于建筑物中的空间采暖、生活热水以及烹饪；另一半在工业生产中消耗，如产生蒸汽作为动力或服务于工艺过程。

欧盟国家积极履行和推动《巴黎协定》。欧盟委员会于2016年11月发布"全欧洲人共享清洁能源"计划，其中包括八项立法法案，以促进从化石燃料向清洁能源的过渡。欧盟在2019年完成了其能源政策框架的全面更新，履行《巴黎协定》关于减少温室气体排放的承诺。同时，欧盟制定了到2050年实现碳中和的长期战略。

欧盟已将供暖、供冷行业视为实现脱碳和能源效率目标的优先选项。建筑环境中的供暖和供冷占欧洲最终能源总需求的近40%。供热作为主要的终端用途，与许多能源消耗部门和载体有着紧密的联系。欧盟制定的可再生能源指令和能源效率指令中提出了有关供热和制冷行业的主要法规，从中可以看到欧洲国家供热供冷行业转型的主要方向。其主要内容包括：每年将供暖和制冷中的可再生能源份额提高1个百分点；有关废热和可再生能源进入集中供热系统；在集中供冷供热系统中，客户拥有断开权和信息获取权；将供热和制冷与电力系统相集成（热电联产或冷热电联产）；能源效率优先，提升建筑部门的能源绩效。

### 1. 可再生能源利用是供热转型最重要的关键词

可再生能源供热近年来有了一定的发展，但热力领域可再生能源的发展速度显著落后于电力领域。全球消耗的热量有近3/4是通过直接燃烧石油、煤炭和天然气生产的。可再生能源只能满足总热量需求的9%，相比之下，在发电领域2016年可再生能源发电已占全球总发电量的24%。在欧盟，建筑物和工业中的供暖和制冷量占能源消耗的一半，其中有75%的供暖和制冷来自化石燃料，而可再生能源仅占16%。[①]

在欧洲供热系统的能源结构中，天然气是最常用的燃料，提供了42%的热量需求；

---

① IEA. Renewable Heat Policies［R］. Paris：IEA，2018.

生物质占热量消耗的 12%，但主要用于效率相对低的炉灶和锅炉。欧盟设定了一个宏伟的目标，计划到 2030 年将可再生能源占欧盟能源结构的 32%，彰显了在可再生能源方面的全球领导地位。[①]

2. 发展集中供热能够规模化利用可再生能源与余热废热资源，加速能源转型

发展区域集中供热能够更有效地利用可再生能源，同时让在既有能源系统中被浪费的余热和废热得到有效利用，如热电联产和工业余热的利用。同时，集中供热可以灵活使用多种供热热源，可以是清洁煤炭、天然气、地热、生物质、太阳能等。通常，在供暖需求高的寒冷气候地区的人口稠密地区，大规模的区域集中供热系统都是可行的。可再生能源能量密度低，往往需要较大的布置空间，在人口稠密的城市社区，集中供热是规模化使用可再生能源的唯一选择。区域集中供热能够进行季节性储热，平衡供需两端在时间和空间上分布不均的问题。集中供热可以与发电系统一起整合，通过诸如电锅炉、储热等技术增强发电系统的灵活性。

目前，欧洲区域集中供暖能够满足建筑物供暖和生活热水需求的 12%，但不同国家差异较大，如图 4-31 所示。这是欧洲各国对集中供热系统的总体认识及其对环境影响的认识不同造成的。

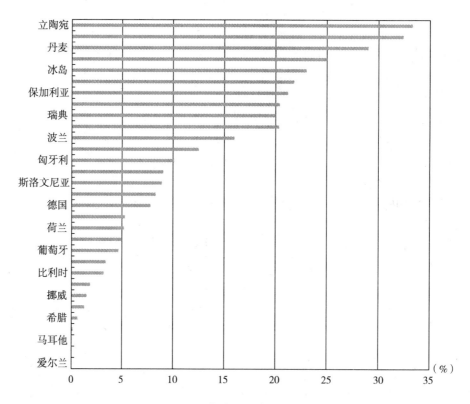

图 4-31　2012 年欧洲国家集中供暖比例

---

① IEA. Renewable Heat Policies［R］. Paris：IEA，2018.

区域集中供热系统大多使用化石燃料。随着能源转型的浪潮，越来越多的区域集中供热已经整合了部分可再生能源。在某些国家（例如英国和荷兰）和某些城市（例如巴黎、慕尼黑和温哥华），集中供热是低碳供热战略的核心。在波罗的海国家，区域供热系统已从使用进口天然气转而使用当地的木屑和生物质颗粒。供热方式所占的比例与资源的可利用性有关。在欧洲的一些城市（如波尔多、慕尼黑和巴黎），采用来自蓄水层的地热供热是较为经济的选择。同时，在丹麦，大规模的太阳能热系统正在为几个城镇（例如希尔克堡）的区域集中供热系统提供可再生能源。

为了适应集中供热节能运行的需要，在管理体制方面进行供热分户计量是大势所趋。《欧洲能源效率指令》提出了一项建议，即通过集中供热和供冷为消费者改善计量和能源消耗计费。根据《欧洲能源效率指令》，经济效益较好的北欧公寓或者多功能建筑中采用区域能源站集中供热和供冷时每个建筑单元应安装单独的计量仪表。在对新建建筑物或建筑物进行大修时，应安装单独的仪表。在项目经济效益不佳时，也应在热交换器或大楼入口处安装计量仪表。根据该指令，新热计量表应在 2020 年之前可以远程读取。现有热表和热分配装置应进行调整，以便在 2027 年之前可以远程读取。北欧国家分户计量已经普遍存在，新建建筑可达到 100% 进行分户计量，供热系统很难改造的拥有百年历史的老房子，至少也可达到分楼栋计量。

3. 提升能源效率、降低热力需求是供热系统高效运行的第一步

热力需求水平与建筑物、设备或过程的能源性能直接相关。能源效率是最重要且经济效益最好的策略，可再生能源的利用则解决需求降低后的部分能源需求。但是，由于过程中总会有热量需求（如某些工业工艺流程），因此能效提升要跟可再生能源利用整合起来，制定综合的政策方法。

这种集成方法在建筑部门中的应用已经非常普遍，许多国家制定了既支持能源效率又支持可再生热解决方案的政策或手段。例如在德国、丹麦、以色列和南非，新建建筑物的建筑能源法规通常要求达到特定的能效水平，并且要求一定比例的可再生能源供热（或与区域供热系统的连接）。在德国、法国以及美国和西班牙的一些地方计划中，许多建筑节能改造的财政激励计划包括节能和使用可再生能源的措施，并且在两项措施结合在一起时会提供更高水平的财政支持。能源效率和可再生能源的结合对于工业供热的脱碳同样重要，但是工业部门通常很少受到政策关注。

（二）国际案例及经验

1. 丹麦

由于气候的原因，北欧国家的供热需求非常强烈，这些国家多数已经建设了广泛的区域供热网络（除挪威以外）。在政府的支持下，这些集中供热设施已经存在和运营了数十年，它们通常使用化石燃料产生的热量运行，多数是热电联产的形式。现在这些区域集中供热较为发达的北欧国家，其可再生能源供热的渗透率也非常高，已经成为世界上可持续能源发展的典范。

丹麦供热的真正转型始于 20 世纪 70 年代的石油危机，当时丹麦的供热主要使用单体燃油锅炉。为了提高供应的安全性，1979 年的《供热法案》引入了在适合于集中供

热系统的热密集地区进行热分区的概念，并要求市政当局制定供热计划。市政当局可以选择强制连接区域供热，大约一半的区域供热客户都被强制连接。区域供热被认为是基本的基础设施，法律规定供热公司不得获利，从而确保供热价格保持较低水平。

2012年，丹麦通过了一项新的能源协议，旨在到2050年成为零化石燃料国家的发展目标，其中供暖起着关键作用。为实现这一目标，丹麦制定了一系列措施：①自2013年开始，新建物业禁止使用油气供热；②从2016年开始，在有区域供热或天然气供应地区的现有建筑物中，不得安装新的燃油供暖装置；③促进现有建筑物能源系统改造；④提供相关财政支持，通过招标为用于区域供热系统的大型热泵提供20%的投资补贴。丹麦的能源和二氧化碳税很高，导致丹麦的天然气价格高昂，税收占家庭账单的60%，在欧盟中所占比例最高，而用于供热的生物质免征大多数税。

2. 瑞典

瑞典在欧盟的可再生能源供热生产中所占份额最大，2015年可再生能源满足了70%的热能需求，高于2004年的50%。在区域供热和分散供热中，可再生能源供热所占份额很高。2017年6月，瑞典在新的《气候变化法》中提出到2045年实现温室气体零排放的目标，其供热系统还需要进一步低碳化。

瑞典的集中供热也是由市政当局作为社会福利建设的，其中大多数建于20世纪50年代至90年代中期。与丹麦类似，瑞典能源行业的真正转型可以追溯到20世纪70年代的石油价格冲击。能源税是这一转变的主要推动力。瑞典自1985年开始对供暖天然气征收能源税，并于1991年对化石能源征收二氧化碳排放税，但生物燃料以及泥煤可享受免税。

2015年，瑞典区域供热满足了60%的供热需求，随着时间的流逝，高额的能源税导致了从燃油取暖向生物质能源的过渡。1991年开始征收二氧化碳排放税时，它几乎使煤炭价格翻了一番，并使生物质成为供热生产中最具竞争力的燃料。2002年，瑞典对可燃废物实施垃圾掩埋禁令，导致热电联产厂燃烧的固体废物数量增加。现在，生物质和城市固体废物占区域供热燃料输入的80%，生物质也主导了整个供热市场。

3. 德国

长期以来，德国的能源转型主要集中在电力上。但是，由于热能消耗占德国终端能源消耗总量的44%，占工业能源消耗的2/3（2016年），因此供热正受到更多政策关注。2016年，热能消耗的13.4%来自可再生能源，比2000年的4.4%有了显著增长，可再生能源供热中有87%来自生物质。

德国要实现其长期的能源和气候目标仍然面临着巨大的挑战，区域供热的脱碳是重点任务之一。与瑞典和丹麦不同，德国的区域供热主要还是基于化石燃料。2015年，德国只有12%的区域供热量来自可再生能源，而煤炭仍占42%。2017年7月，德国颁布了一项新的支持计划，该计划将为创新的新型集中供暖和供冷提供高达60%的投资成本补助，并倾向于热电耦合技术。

根据最新规划，德国业主也可以选择接入区域供热系统或采取其他节能措施作为履行义务的替代方法。此外，德国在2016年为已安装的制热设备引入能效标签，提高人们对老式加热设备效率低下的认识，预计这将提高加热设备的更换率并促进可再生加热技术的安装。

为了推动可再生能源的利用，德国颁布了市场激励计划，每年总计有 3 亿欧元可用于由联邦经济与出口控制局通过小型可再生能源系统的赠款支持，或由德国开发银行通过低息贷款进行大规模集中供热或工业项目的应用。

### 三、我国能源转型过程中清洁供热方式选择及其比较分析

受资源禀赋、供热成本等因素影响，我国北方城镇地区以燃煤热电联产和大型燃煤锅炉房集中供热为主，大量燃煤产生严重大气污染，是冬季雾霾的重要因素。为治理大气污染，实现能源转型，近年来我国开始大力推进清洁能源供热。

（一）当前我国清洁供热方式

清洁供热包括可再生能源供热和清洁的化石能源供热两大类。

1. 可再生能源供热

（1）可再生能源供热总体情况。可再生能源供热是以太阳能、风能、地热能、生物质能等可再生能源作为直接或间接热源的供热方式，具体形式包括太阳能供热、可再生能源电力（风电）供热、地热能供热、生物质能供热等。根据统计，预计到 2021 年我国北方地区清洁供暖比率将超过一半，其中可再生能源供热（含电采暖）将呈持续增长态势。

目前，随着大气污染防治力度的增加，各地对可再生能源供热给予了高度重视，以齐齐哈尔市为例，虽然地处严寒地区，采暖期长，供热电价相对较高，但是该市仍积极探索创新模式，积极推动可再生能源供热发展。通过推动电采暖、生物质供暖为主，天然气供暖为辅的清洁供暖体系，迄今已完成 66 万平方米可再生能源供暖改造，探索创新了一条新的清洁供暖发展思路。

可再生能源供热存在的主要问题是经济性较差或适用范围较小。其中，可再生能源发电供热的适应性较强，但普遍成本较高，采用电驱动热泵供热且热源为电厂循环水、污水、地热等时，供热成本较低但适应范围小；生物质热电联产供热的成本较低，但供热范围限于生物质热电联产项目厂址周边，而生物质热电联产项目只能建设于生物质资源比较丰富的地区，生物质颗粒、生物质制气供热等模式的成本较高；太阳能直接供热、地热能直接供热等其他可再生能源供热也都存在适用范围小、能量密度低、成本高、利用便利性差等问题。

（2）可再生能源电力供热。可再生能源电力供热技术通过电网远距离输送可再生能源电力，再通过电热转换设备将电能转化为热能供热，改变传统热能直接供热的管网与区域限制，实现可再生能源的远距离供热。从供热方式分类，主要分为电热供热和热泵供热，电热供热主要包括电锅炉、电热膜、发热电缆、电暖器，热泵供热主要包括空气源热泵、地源热泵、水源热泵。其中，电锅炉和空气源热泵是可再生能源电力供热技术应用较广的方式，地源热泵、水源热泵的热效率较高，经济性较好。预计到 2021 年我国北方地区电采暖面积将超过 10 亿平方米。

尽管可再生能源电力供热技术具有清洁环保、运行简单等优点,但是经济性是制约其推广的主要因素。一方面,初始投资及运行费用相对其他方式偏高,以典型煤改电与煤改气工程为例分析可知,前者初始投资是后者的 2~4 倍,综合考虑设备折旧与能源综合价格后,前者仍是后者的 1.5~3 倍。另一方面,推广可再生能源电力供热将带来投资巨大的配电网改造费用,在利用电网既有容量基础上仍需新建电网设施。

为推广可再生能源电力供热方式,各地在政策机制、运营模式等方面进行了探索与尝试。例如,乌鲁木齐市通过探索"四方协议模式",在热用户支付当地采暖峰谷电费基础上,通过让风电企业增发电量或风电场给热用户补贴电价的方式促进可再生能源发电供热,参与电采暖的供热面积约为 20 万平方米,配套 9.9 万千瓦风电项目。河北省张家口市基于电力挂牌交易模式促进可再生能源发电供热,从 2017 年开始已成功组织供暖季的清洁供暖的交易工作。张家口市制定了风电供暖四方协作机制,政府制定规划并组织协调,供暖企业或用户与风电企业进行直接交易,电网公司改造供电设施并由冀北电力交易中心基于电力挂牌交易方式开展电力交易,对风电供暖的输电价执行低谷段按 50% 收取的政策。2019~2020 年冬季供暖期,张家口市清洁供暖市场化交易电量累计达 2.47 亿千瓦时,供暖面积超过 500 万平方米,清洁供暖用户使用成本大幅下降,为北方地区清洁能源供暖开创了一条新路。

尽管目前可再生能源电力供热整体成本偏高,在相关政策进一步完善和出台后,将有较大的发展空间。以近几年北方地区"煤改电"工作为例,2017 年北方地区完成"煤改电"户数超过 500 万户,2018 年环保部数据显示"煤改电""煤改气"共完成 500 万户,使得可再生能源供热呈现了长足发展态势。

（3）生物质能供热。生物质能供热是利用农林剩余物、垃圾等生物质能供热的方式,主要有生物质直燃热电联产供热、生物质直燃锅炉供热、生物质压块供热、生物质气化供热等方式。

生物质直燃热电联产供热是中小城镇实现集中供热的重要选择。截至 2019 年 12 月,我国（农林）生物质直燃热电联产规模 900 万千瓦,供热潜力约 4.5 亿平方米,预计到 2020 年末,生物质热电联产装机容量超过 1000 万千瓦,供热潜力将超过 6 亿平方米。考虑到生物质热电厂与热负荷中心的距离、原料收集等因素,以 3 万千瓦生物质热电联产项目为例,其供热面积一般为 150 万平方米左右,在资源许可的情况下,增设生物质锅炉后供热面积可超过 300 万平方米,适合为人口 10 万左右的县城及相应的中小区域供暖,能源利用效率超过 80%[①]。

受生物质资源分布、生物质原材料收集、成型燃料价格等因素的影响,目前生物质直燃锅炉供热方式应用规模不大,适合于农村和小县城等负荷稀疏的地区,难以成为城市集中供热的主要热源。生物质压块、气化供热技术在我国处于起步阶段,相关技术难题与推广应用模式有待进一步深入。

随着生物质清洁燃烧问题解决及生物质直燃热电联产技术的推广应用,预计 2021

---

① 国家统计局. 中国能源统计年鉴（2021）[M]. 北京:中国统计出版社,2022.

年我国北方地区生物质能供热面积将达到21亿平方米。

（4）太阳能直接热利用。太阳能直接热利用是利用太阳能加热建筑物内的水或空气使其升温。截至目前，太阳能直接热利用供暖面积较小，需与其他供暖方式配合使用。目前我国已实施数十个太阳能直接热利用采暖项目，主要分布在黄河以北的若干省份，供热面积约30万平方米，根据有关规划，到2021年将实现太阳能直接热利用供暖5000万平方米，具有广阔的发展前景。

（5）地热能供热。地热能是清洁的可再生能源，具有分布广、储量丰富、热流密度大、流量和温度等参数稳定的特点。考虑到经济性和可用性等问题，深度在200米内的地热能定义为浅层地热能，200米以上的地热能为中深层地热能。一般浅层地热能不直接利用，需通过地源热泵提高温度供热。中深层地热能温度较高，一般热水温度范围为25℃~150℃，主要用于发电、供暖等生产、生活目的，我国多用来直接供热。

2020年，我国地源热泵装机容量近3万兆瓦，占全球的比重上升到34.11%，位居全球第一。我国地源热泵装机容量连续多年位列世界第一，并将持续增长，预计2025年中国地源热泵装机有望超过4万兆瓦[①]。

2. 清洁的化石能源供热

（1）利用大型火电机组循环水热量的热泵供热。大型火电机组冬季循环水温度通常较低，一般为20℃~35℃，达不到直接供热的品位要求，可利用热泵从循环水中提取热量实现供热。对热电联产机组而言，这种改造可使其供暖能力提高30%以上。例如，通过循环水热泵改造，山西大唐国际云冈热电有限公司供热能力提高了480兆瓦，供热面积由1800万平方米增至2400万平方米。山西忻州广宇煤电有限公司改造后供热能力提高了220兆瓦，供热面积由500万平方米增至800万平方米。

根据北方采暖地区已建成区域供热网的热电联产机组运行情况看，如果余热得到充分回收利用，可增加供热面积高达20亿平方米。目前，我国利用热电联产机组循环水热泵供热尚处于发展阶段，只有少数电厂进行循环水热泵改造，余热供热潜力尚待充分挖掘。

（2）大型火电机组长输管线供热改造。目前，我国的热网损失是热力生产总热量的3%~5%[②]。基于吸收式换热原理的大温差输送技术，在同样输送管径和水泵耗电条件下，供热能力提高50%，实现了热能的长距离输送。吸收式热泵低温回水技术应用于山西省古交兴能燃煤热电厂的余热利用中，为40千米以外的太原市提供清洁供热面积3000万平方米，占太原市供热面积的近1/4。根据北方采暖地区供热管网运行情况看，如果全部应用长输管线供热改造技术，在不增建热源条件下可增加供热面积10亿平方米以上。

（3）火电厂灵活性改造提升供热能力。我国北方大容量高参数供热机组在供暖期大量参与调峰，发电和供热深度耦合，电力调峰和供热互相掣肘，因满足调峰需求难

---

① 2021年中国地源热泵行业市场规模现状与发展前景分析　2025年装机有望超过4万兆瓦［EB/OL］．［2021-05-07］．http：//www.qianzhan.com/analyst/detail/220/210507-53617fba.html.

② 参见《民用建筑能耗标准实施指南》。

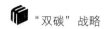 

以充分发挥供热潜力，因此火电厂灵活性改造可以提升供热能力。

近年来，随着东北地区"两个细则"的推动，火电灵活性改造得以充分发展，一方面提升了系统调峰能力和消纳新能源水平，另一方面也增强了机组本省供热能力。以调研的丹东金山热电公司改造方案为例，该公司投资 3 亿元对 2 台 30 万千瓦机组进行了灵活性改造，增加了 4 台 250 兆瓦的蓄热式电锅炉，在大幅度提升供热能力的同时，提升了系统灵活性，增加了公司辅助服务收益，为地区清洁供暖做出了巨大贡献。

（4）天然气供热。截至 2020 年底，北京市实现了天然气大规模供热，供热面积共计 8.95 亿平方米，占比接近 100%，已基本实现清洁供热。① 预计到 2021 年，我国天然气供热面积将增至 40 亿平方米。

自 2017 年开始，全国大范围开展的"煤改气"工程主要采用燃气锅炉供热，北京市燃气锅炉供热面积达 6 亿平方米，占北京市总供热面积的 65%。燃气热电冷三联产技术是燃气高效利用的典型方式，适合在工业园区应用。例如，郑州市新郑新港产业集聚区采用 2 套燃气冷热电三联供热系统满足南北区域 220 蒸吨工业用汽、近 500 万平方米的供热面积和近 200 家企业的用冷需求，能源效率相对热电冷分产效率提高了 15%。除直接作为主力热源外，燃气锅炉及燃气热电联产机组具有启停速度快等特点，特别适合作为城市调峰热源。例如，呼和浩特市城市供热基本负荷由燃煤热电联产机组承担，燃气锅炉作为城市主要调峰热源，调峰热源供热面积 3600 万平方米，占总供热面积的 25% 左右。

随着全国多地大面积推广"煤改气"清洁供热，冬季北方地区天然气需求量猛增，但我国天然气储量并不丰富且分布不均匀，天然气供应对外依存度高，供需矛盾凸显。2017 年，我国天然气累计消费量 2373 亿立方米，同比增长 15.3%，大然气进口量已超过 900 亿立方米，同比增长 27.6%，天然气对外依存度高达 39%。天然气供热拉大了天然气季节性峰谷差，最大峰谷差已超过 10 倍，尤其是北京地区，冬季平均每日输送量为夏季的 7 倍多，冬季高日输送量为夏季低日输气量的 46 倍多，大规模的"煤改气"在没有可靠气源保障情况下，部分地区一度出现天然气供应紧张的局面。同时，天然气供应中间环节过多，导致天然气供热成本高，制约推广应用。天然气单位热值气价为 6.7~13.4 美元/吉焦，是煤炭的 3 倍左右，燃气热电厂热力出厂价 7.3~14.5 美元/吉焦，也是燃煤热电厂的 2 倍左右，过高的运行费用导致天然气供热适用场合受限。

但我国天然气储量并不丰富且分布不均匀，天然气供应对外依存度高，供需矛盾凸显，天然气价格较高（相同热值气价是煤炭的 3 倍左右，燃气热电厂热力出厂价也是燃煤热电厂的 2 倍左右），导致冬季出现"气荒"现象，天然气供热也只能应用于气源充足、经济承受能力较强的地区。同时，天然气供热同样会产生污染，产生相同的热量时，燃气排放的氮氧化物是燃煤的 60%~70%，对于燃气—蒸汽联合循环热电联产项目，由于其热电比低，导致输出同样的热量，氮氧化物排放量与燃煤基本相同，环

---

① 参见《北京市"十四五"时期供热发展建设规划》。

境效益优势不大。

（二）多种清洁供暖方式比较

不同清洁供暖方式的适用条件、主要优点和存在的问题如表4-10所示。

表4-10　多种清洁供暖方式比较

| 供热方式 | 适用条件 | 优势 | 问题或障碍 |
|---|---|---|---|
| 燃煤锅炉 | 几乎不受气候、地质条件限制；可用于分散式及集中供热 | 成本低；技术成熟；调节性能好；不受季节、地域等的影响 | 污染物排放量大；需运输大量煤炭；属国家逐步淘汰的对象；大量老旧锅炉效率低 |
| 燃气锅炉 | 几乎不受气候、地质条件限制；可用于分散式及集中供热 | 与燃煤相比，减少大气污染物排放；减少运煤运渣车带来的交通问题；占地面积小；锅炉热效率高，使用寿命长，设备维修方便 | 天然气气源、价格不稳定，与燃煤锅炉相比，投资高，运行费用高 |
| 生物质热电联产 | 几乎不受气候限制，对地质条件要求不高；必须建设在生物质燃料丰富的地区；适用于区域供热 | 在电价补贴的基础上，较大装机容量机组的经济性好 | 设备价格和生产成本较高，难以形成较强的市场竞争力，需要实行更为优惠的政策 |
| 生物质锅炉 | 几乎不受气候、地质条件限制；生物质直燃锅炉必须建设在生物质燃料丰富的地区；燃用生物质成型燃料生物质锅炉必须有充足的成型燃料市场供应 | 类似燃煤锅炉，调节性能较好 | 经济性较差，需要系统的补贴政策 |
| 空气源热泵 | 几乎不受地质条件影响；受气温影响较大，温度越低制热系数越低，寒冷地区使用需电辅助加热，近年其利用由南向北推进 | 安装方便、结构紧凑，清洁适用性广，受地域限制小；可常年供热和制冷 | 推广需要较多的补贴，包括初投资补贴和运行补贴；多用于户用或小型单体建筑，在有条件的地区并有逐步大型化的趋势，可持续性和可维护性稍差 |
| 土壤源热泵 | 安装有场地要求及钻井许可；一般土壤比较松软的地区、岩石比较多的地区不适合；较适合气候湿润的地区 | 运行效率高，运行稳定；适合集中式及分散式供热，也能满足夏季制冷 | 推广需要较多的补贴，应用条件限制较多 |
| 中深层地热 | 有丰富的中深层地热资源；地质开采条件好的地区 | 技术成熟可靠；采暖效果好，稳定性强；部分地区对改造投资给予补贴 | 系统的多年可靠性问题需要充分验证 |
| 污水源热泵 | 附近必须要有固定的水源（城市污水、江河湖海水、工业中水等），且流量稳定；水温：城市原生污水温度在12℃以上；水质：pH值为6~8 | 高效节能，环保效益显著；运行稳定可靠，一机多用，可应用范围广 | 运行中易出现堵塞、腐蚀、污染等技术问题 |

### 四、我国 2035 年供热转型设计

（一）发展原则

第一，统筹规划，绿色低碳。积极应对气候变化，助力"双碳"战略，走绿色低碳和可持续发展之路，加快供热领域脱碳进程。

第二，改善环境，保护生态。继续推进散煤治理，改善大气环境，满足人民对美好生活的向往。加快供暖清洁化转型，促进生态文明建设，推动人与自然和谐共生。

第三，清洁高效、多元供给。发展城镇集中供热，推动散煤治理。构建清洁高效供热系统，降低能耗和污染物排放水平。因地制宜采用可再生能源、天然气、电、工业余热、清洁化燃煤、核能等清洁能源。

第四，稳步推进、保障民生。保障和改善民生，不断增进能源民生福祉，改善民生用能品质。"宜电则电、宜气则气、宜煤则煤、宜热则热"。

（二）2035 年供热规模预测

1. 情景设计

未来供热规模主要由热力需求总量和供热技术发展的结构决定，前者受人口数量、建筑规模、需求强度、城乡结构等因素影响，后者则受政策的影响较大。

本章按照相关能源规划和清洁供热规划制定基准政策情景（BAU 情景）进行分析预测，各类供热技术的发展速率按照规划数据和近年来清洁供热技术发展的实际速度进行选取。作为预测的起点，本章预计 2035 年全国总人口达 14.5 亿，其中北方供暖地区人口约 6.76 亿，黄河中下游至长江中下游地区人口约 2.76 亿。

2. 供热技术规模

2020 年各类供热技术的应用规模采取实际统计值，部分数据参照《北方地区冬季清洁取暖规划（2017—2021 年）》进行选取，供暖技术规模利用总采暖建筑面积和清洁取暖规划总面积按比例折算。

各项清洁供暖技术的增长速率取近年几何平均增长速率。南方非传统供热地区（黄河中下游至长江中下游流域）各项供热技术规模在北方地区的基础上按照人口数量折算。根据国家的政策导向，热泵将成为南方地区采暖的重要形式。按照资源禀赋和使用习惯，适当提升电力采暖的比例，同时降低太阳能和地热能采暖的比例。

我国建筑节能采取"五步走"的战略，逐步提升建筑热工性能和能效水平。根据建筑热工设计分区，我国北方地区在 2019 年已经普遍开始执行《严寒和寒冷地区居住建筑节能设计标准》（JGJ26—2018），实现了建筑节能 75% 的设计标准。同时，已于 2015 年开始逐步执行《公共建筑节能设计标准》（GB50189—2015），实现了节能 65% 的设计标准。考虑到建筑的使用寿命较长，耗热量指标取 2020 年的统计平均值，南方非传统供热地区（黄河中下游至长江中下游流域）依据平均度日数按比例降低。

考虑供热能源转型的重点是民用供暖领域，因此对工业生产供热总量及转型不做具体设定。

3. 预测结果

（1）北方地区。按 2035 年北方地区常住人口考虑，公共建筑面积 105 亿平方米，需供热量 36 亿吉焦；居民居住建筑面积 360 亿平方米，需供热量 90 亿吉焦（见图 4-32 和图 4-33）。

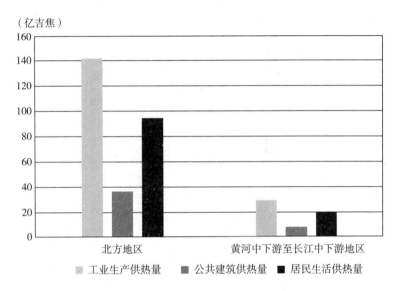

**图 4-32 2035 年全国主要供热地区供热量**

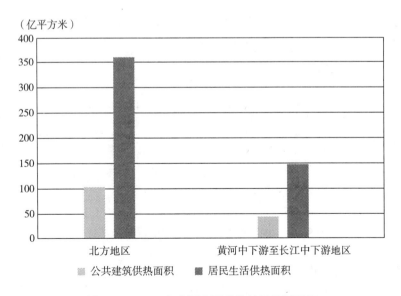

**图 4-33 2035 年全国主要供热地区供暖面积**

（2）黄河中下游至长江中下游流域。按2035年黄河中下游至长江中下游地区常住人口考虑，公共建筑面积45亿平方米，需供热量7亿吉焦；居民居住建筑面积150亿平方米，需供热量19亿吉焦（见图4-32和图4-33）。

（三）2035年供热结构预测

2035年，北方地区（含居民和公共建筑）燃煤供暖规模将达到220亿平方米（其中热电联产占比75%，其余为区域锅炉房和分散式锅炉），天然气供暖50亿平方米，电供暖85亿平方米，地热供暖20亿平方米，生物质供暖40亿平方米，太阳能供暖48亿平方米，工业余热供暖10亿平方米，核供热2亿平方米（见图4-34和图4-35）。

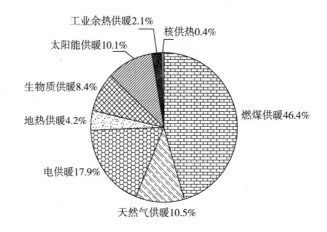

图4-34　2035年北方地区清洁供暖能源结构

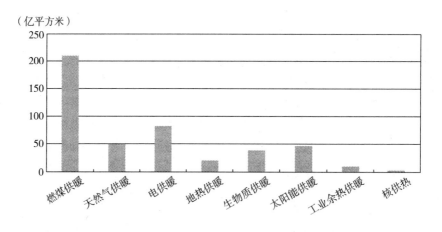

图4-35　2035年北方地区不同清洁采暖技术规模

2035年，黄河中下游至长江中下游流域燃煤供暖规模将达到25亿平方米，天然气供暖20亿平方米，电供暖70亿平方米，地热供暖4亿平方米，生物质供暖16亿平方米，太阳能供暖10亿平方米，工业余热供暖45亿平方米（见图4-36和图4-37）。

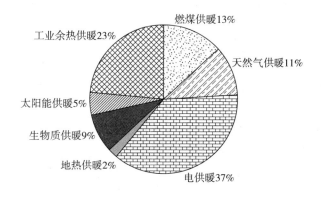

图 4-36　2035 年黄河中下游至长江中下游地区清洁供暖能源结构

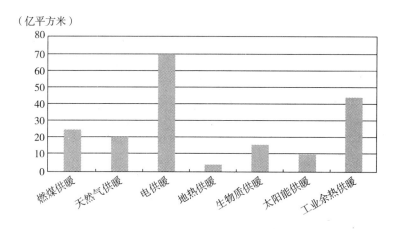

图 4-37　2035 年黄河中下游至长江中下游地区不同清洁采暖技术规模

（四）供热能源转型效益分析

到 2035 年，全国将初步建立起低碳清洁供热能源结构，城镇地区全面实现清洁能源供热；农村地区深入推进清洁能源改造，基本实现清洁供热。供热能流图如图 4-38 所示。

2020~2035 年，中国北方城镇将增加供热面积约 110 亿平方米，农村增加供热面积约 40 亿平方米；南方地区将累计实现约 150 亿平方米的城镇和农村建筑采暖，采暖需求和服务水平将显著提升。到 2035 年，中国供热事业的发展将惠及 9 亿人口；北方城镇供热二氧化碳排放量从 5.5 亿吨增加至约 6 亿吨，实现供热服务水平和服务面积显著提升，而碳排放仅小幅增长，为实现碳达峰和逐步实现碳中和打下坚实基础。

未来 15 年是我国供热能源转型、实现碳中和目标的至关重要的时期。在以煤炭为主要供热热源的背景下，我国居民取暖所产生的年碳排放量高达 10 亿吨，供暖是我国实现碳达峰和碳中和的关键领域。通过大力推动供热能源转型，促进清洁能源和可再生能源规模化利用，将为建筑部门和全社会实现"双碳"目标提供强有力的支撑。

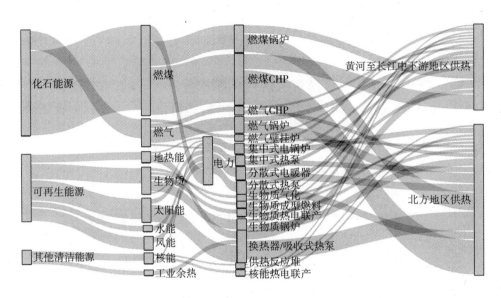

**图 4-38  2035 年清洁供热能流图**

## 五、我国供热事业能源转型影响分析

### (一)供热能源转型促进生态文明

1. 应对气候变化挑战

应对气候变化是人类面临的共同挑战。供热能源转型是我国构建低碳能源体系、积极应对气候变化的重要举措。

2015 年,中国提出了应对气候变化的自主行动目标:二氧化碳排放 2030 年左右达到峰值并争取尽早达峰;单位国内生产总值二氧化碳排放比 2005 年下降 60%~65%,非化石能源占一次能源消费比重达到 20% 左右;森林碳汇达到 45 亿立方米。

为了实现自主行动目标,中国面临着巨大的挑战。实现能源转型、推动建筑节能是实现碳排放目标最主要的领域。在有关实施路径研究中,低碳能源体系对 2030 年国家自主贡献目标的贡献率达到 27%,而建筑和交通领域的碳减排对目标的贡献率达 18%。

2015 年 12 月达成的《巴黎协定》提出,要把全球平均气温较工业化前水平升高控制在 2℃ 之内,并为把升温控制在 1.5℃ 内而努力。2018 年联合国政府间气候变化专门委员会(IPCC)发布了《IPCC 全球升温 1.5℃ 特别报告》,报告估计目前人类活动已经造成的全球升温约为 1.0℃,各国的减排承诺仍不足以将全球升温限制在 1.5℃ 以内。而要实现 1.5℃ 温升的目标,需要史无前例的大规模低碳转型。

在应对气候变化领域,全球已经成为命运共同体。中国通过供热领域的能源转型降低碳排放强度,既是为了实现自主贡献目标的承诺,体现大国担当;也是为了自身的可持续发展,保护生态环境,建设更美好的生存空间。

2. 防治大气污染

能源转型与节能环保是一体两面,两者是推动我国生态文明建设的重要抓手。环境库兹涅茨曲线理论表明，环境恶化的程度随人均收入的增加呈现倒"U"形曲线，这表明环境质量随着经济的增长先恶化而后趋于改善，这个拐点一般发生在人均 GDP 达到 6000~8000 美元的区间，2014 年我国人均 GDP 达到 7500 美元，我国主要的污染指标也开始下降，这意味着我国的环境库兹涅茨曲线已经到来。

虽然环境质量整体上出现改善，但局部仍然存在不足。近年来冬季采暖时期频发的雾霾天气引发了人们广泛的关注，煤炭的大量使用被认为是重要的原因，而供热是煤炭的主要终端用途之一。

党的十八大将生态文明建设纳入中国特色社会主义事业总体布局，可持续发展逐渐植入执政理念。通过推动供热能源转型，防治环境污染，实现人民对美好生活的向往和要求，是建设生态文明的必由之路。2019 年的采暖季，随着清洁能源替代和散煤整治的不断深入，河北、天津、西安、乌鲁木齐等多地大气环境质量出现明显好转。河北和天津 2019 年的空气质量和水环境均为近年来最好水平，天津市环境空气质量优良天数为 219 天，同比增加 12 天；河北省设区市平均优良天数 226 天，同比增加 18 天，提前完成蓝天保卫战三年行动计划。供热能源的转型让冬季的蓝天重新回归人们的视野，是建设美丽中国的有力支撑。

3. 推动能源革命

2014 年 6 月 13 日，习近平总书记在中央财经领导小组第六次会议上明确提出了"四个革命、一个合作"的重大能源战略思想，即推动能源消费革命，抑制不合理能源消费；推动能源供给革命，建立多元供给体系；推动能源技术革命，带动产业升级；推动能源体制革命，打通能源发展快车道。自 2020 年习近平总书记提出 2030 年实现碳达峰、2060 年实现碳中和的战略目标以来，其已成为中国社会的广泛共识。当前，中国正处于如火如荼的新一轮能源革命进程中。供热事业的转型发展既是能源革命的重要组成部分，也是能源革命的典型案例。中国的供热转型，首先需要提升消费侧能源效率，大力发展建筑节能，增强围护结构保温，实现消费侧能源革命；其次通过能源供给侧的结构性改革，实现供热热源的多元化，采用可再生能源和清洁能源，推动供给侧能源革命。供热体制的改革与电力、油气改革一样也面临着相似的市场化问题，改革之路并非坦途，面临多重困难。可见，供热的转型之路既是能源革命的重要体现，也能够推动相关领域的协同发展，为中国能源的现代化、可持续发展之路赋能。

(二) 供热能源转型推动产业发展

未来，供热行业将朝着清洁化、多元化、智慧化、市场化方向不断迈进，这不仅助推供热产业的转型发展，并将带动新能源装备、智能仪表、信息通信等相关产业的融合发展。

1. 供热清洁化促进节能环保产业发展

供热转型的首要目标是清洁化、低碳化，改善民众的生存环境。在我国供热能源结构占据绝对比例的燃煤供热，即燃煤锅炉和燃煤热电联产行业都需要加大环保投入，革新技术装备，满足日益严格的环保标准。

小型燃煤锅炉和散煤供热将逐步被淘汰，煤炭将因地制宜被天然气和电能等更清

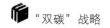

洁的能源替代。大型燃煤锅炉也将不断提升技术水平，提升热效率、降低污染物排放以满足越来越严苛的能效和排放要求。当燃煤锅炉不能满足环保要求时，则需要配套相关的辅助设施和环保设施。

燃煤热电联产是我国区域集中供热的主力军，一般装机容量较大，即便采用燃煤也有利于集中处理污染，无论是采用洁净燃料还是燃烧后的处理都已比较成熟，因此热电联产属于清洁供热技术。由于热电联产中的热量是"余热或废热"，这种供热方式实现了高品位能源的梯级利用，从能源利用的角度来看是合理的，从国外清洁供热的发展经验中也能看出其是值得推广的技术。未来，燃煤热电联产还将在我国的清洁供热版图中继续充当主力军。从技术层面看，中国目前煤炭行业的高效开采和清洁燃烧技术已走在了世界前列。热力发电行业的超低排放技术，其污染物排放水平已经不亚于天然气发电。

天然气是比燃煤更清洁的能源，但天然气燃烧也存在氮氧化物偏高的问题。除此以外，天然气燃烧还会产生水蒸气，水蒸气进入大气环境为氮氧化物转化为硝酸盐提供了良好条件，可能会加重空气污染，解决办法是采用热泵技术降低排烟温度。

可见，传统以化石燃料为基础的供热设备，要完全实现清洁供热仍然需要配套设施和相关技术的支持。随着环保标准的日益严格，将不断促进环保技术的迭代和升级，推动除尘、脱硫、脱硝等环保装备制造和技术服务产业的发展。

清洁供暖政策也将带动燃气轮机和内燃机产业的发展。2035年，我国北方地区天然气供暖的面积将翻一番，同时，天然气发电每年以7%~8%的速度增长，需求量占全球的30%。燃气轮机号称"工业王冠上的明珠"，其技术复杂度在所有工业品种中位居前列。世界上用于发电的重型燃气轮机已基本形成以GE、西门子、三菱、阿尔斯通等公司为主导的格局，国产燃机在技术上有较大差距。近年来，国家和地方、企业对燃气轮机的研发投入显著增加。东方电气和联合重燃自主设计和制造的重型燃机也在加速试验中。在内燃机领域，国产机组在单机功率、发电效率、年运行时间、单千瓦造价、维护费用等方面与进口机组还存在不少差距。现在几个主要内燃机国产厂家胜动、济柴、河柴、广柴、潍柴等，都陆续推出了内燃气机产品，主要功率段集中在一两百千瓦到1000千瓦，部分厂家甚至已推出单机2000千瓦级别机型。2020年底，天然气发电装机规模达到1.1亿千瓦以上，其中分布式4000万千瓦。随着我国能源转型、清洁供暖政策的逐步施行，燃气轮机和内燃机行业将会得到进一步的发展。

2. 供热清洁及多元化推动新能源及综合能源发展

供热的多元化意味着，除了传统的化石能源清洁化应用，还要不断开发新能源，包括可再生能源和未利用能源（余热废热）。同时，为了解决可再生能源不稳定、与能源需求的时空分布不匹配的问题，还要积极发展多能互补的综合能源系统，真正做到因地制宜，物尽其用。

近年来，新能源产业发展迅速，已经成为经济发展的重要推动力量，但其主要集中在发电领域。我国的供热转型将进一步提振新能源行业的发展。

（1）可再生能源供暖。以太阳能、生物质和深层地热为代表的可再生能源是供暖的主力军。太阳能多用于提供生活热水，随着建筑节能工作的深入开展，太阳能已经得到了非常广泛的应用，在供暖领域多用于多能耦合的场合或结合蓄热来使用。生物质采暖和深层地热采暖可以作为稳定的热源，可用于区域集中供热。

1）生物质热电联产和成型燃料供暖。截至 2019 年底，生物质能的总利用量已经超过 5000 万吨标准煤，超过能源消费总量的 1%。生物质发电装机容量已接近 2000 万千瓦，其中热电联产达到 900 万千瓦，意味着新增的生物质热电联产项目的供暖面积接近 5 亿平方米①。生物质热电联产在生物质清洁供暖领域占有重要地位，在"十四五"期间的县域清洁供暖中仍将发挥至关重要的作用。

2017 年，国家发展改革委和国家能源局印发《关于促进生物质能供热发展的指导意见》，规划到 2035 年，生物质热电联产装机容量超过 2500 万千瓦，生物质成型燃料年利用量约 5000 万吨，生物质燃气年利用量约 250 亿立方米，生物质能供热合计折合供暖面积约 20 亿平方米，年直接替代燃煤约 6000 万吨。发挥生物质能供热环保和经济优势，在具备竞争优势的中小工业园区热力市场，以及缺乏大型化石能源热电联产项目的县城及农村，加快普及应用，在终端供热消费领域替代化石能源，在局部地区形成生物质能供热主导地位。

利用生物质能发展清洁供热，近期主要发展生物质热电联产技术，推动生物质成型燃料替代散烧煤，拓展生物质与燃煤的耦合供热方式，未来将朝向热、电、气、碳、油、肥等多联产高附加值的深度利用方式发展。

2）深层地热与干热岩梯级利用。我国地热资源丰富，资源量约占全球地热资源的1/6，开发潜力巨大。截至 2019 年底，全国新增 6.49 亿平方米地热能供暖（制冷）面积。预计"十三五"期间全国可实现新增地热能供暖（制冷）面积 8.98 亿平方米。

地热资源探测与地热能利用项目是我国"深地计划"科技战略的八大任务之一，意在缓解国家持续发展对能源的巨大需求，向地球深部要能源。京津冀地区是地热能开发的重点区域，具有代表性的案例是河北雄县，经过多年建设，该县共开发地热井62 口，地热供暖能力 450 万平方米，城区基本实现了地热集中供热全覆盖，成为中国第一个"无烟城"。被视为"千年大计"的雄安新区地热能丰富，特别是有大型岩溶热储，在世界上都属罕见。国家规划在雄安新区实现高比例的地热利用，地热供热成为打造"生态雄安""宜居雄安"的主力军。

目前，我国已形成资源勘查与评价、钻井成井工艺、尾水回灌、梯级利用、高效运营、保温与换热、防腐防垢等较为完善的勘察利用技术体系，有力地指导了我国地热资源勘查开发利用实践。但是，砂岩经济回灌、干热岩商业化开发利用等关键技术还有待突破，热泵核心部件、高效换热、防腐防垢等技术装备也还与世界先进水平存在差距。随着深层地热供热在雄安新区的大规模开发利用，有助于打造深层地热应用的示范高地，地热产业将迎来新一轮发展机遇。

---

① 清洁供热产业委员会．中国清洁供热产业发展报告（2021）［M］．北京：中国经济出版社，2021.

（2）热泵供暖。热泵是一种高效的电热转换装置。根据其采用的热源又可细分为空气源、土壤源、江水源、污水源等多种类型，其驱动能源是电力，其能效比可超过100%，系统能效一般可达 2.0~4.0。

相比于电直接制热，热泵是电采暖更合理的技术方式。随着可再生能源发电比例的提升，用户逐渐成为电力产消者，电力的清洁度越来越高，终端的再电气化成为趋势。

对于北方地区，热泵应该是服务于北方冬季供暖的主要热源之一，热泵的供暖规模应在 25% 左右。在具有污水、浅层地能等资源条件的地区技术经济性合理时应采用，在不具备条件时可考虑采用空气源热泵。空气源热泵应主要基于分散式采暖而非集中供暖的模式，这基于两点考量：一是由于冷空气短路的问题引起蒸发温度降低；二是集中供热需要采用高温热水，冷凝温度提高，两者都降低了制热效率。热泵用于北方地区采暖还应进一步解决低温条件下供热量不足，并进一步提升热泵能效。

对于长江流域，空气源热泵也是最为常见的分散式采暖设备。长江流域全年气温变化大，属于夏热冬冷地区，全年湿度较高，使用传统空气源热泵易出现压比调节不适应、结霜等问题。2016 年，国家启动"十三五"国家重点研发计划项目，开展长江流域建筑供暖空调解决方案和相应系统的深入研究，解决长江流域人民群众高效、舒适采暖的问题。产业界如美的、海尔、天加等空调厂家共同加入，未来将共同开展高效空气源热泵及其压缩机压比适应及容量调节、低温高湿环境下空气源热泵的抑霜与除霜、辐射型末端性能提升等关键技术研究。在强烈的需求引导下，长江流域高效供暖空调技术体系和工艺设备有望逐步完善，支撑空气源热泵等产业的快速发展。

（3）多能互补的综合能源产业。多能互补和综合能源是能源变革和发展的重要趋势。综合能源是打破不同能源品种的单独设计运行的一体化解决方案模式，实现了多种能源之间在"源网荷储"多环节的协同。对于供热系统而言，综合能源不仅意味着终端的热电耦合，最重要的还是供给侧的多能互补。

可再生能源或余热废热资源往往与热需求在时间、空间上存在不匹配，造成单一热源无法满足供热需求，多能互补的综合能源模式成为有效的解决方案。典型的方式如小型热电联产与燃气锅炉、热电联产与热泵蓄热、地源热泵与燃气锅炉、地源热泵与太阳能、风光发电与热电联产及蓄热等多种技术耦合供热的方式。通过多能互补的方式，不仅解决了有效利用可再生能源的问题，而且可以实现供热系统经济效益、节能减排和社会效益的最优化。综合能源服务整合了不同的能源服务业务，具有更多的利润增长点，易于形成规模效应，可以有效降低成本，市场潜力巨大。

多元化供热也推动了传统热电厂的变革。随着"三北"地区弃光、弃风问题逐渐突出，利用电力辅助服务机制，利用富余的风、光资源发电制热的供暖方式在一些电厂逐步推广，越来越多的热电厂开展灵活性改造，适应新能源大量接入电网的调峰需求，通过电能蓄热为电网调峰以获取调峰收益，同时为新能源发电让路。

3. 供热智慧化加速供热与智慧产业融合

在新基建的背景下，以大数据、云计算、物联网、移动互联网和人工智能技术为代表的新型信息技术将会加速对各个行业产生变革。智慧化是时代的要求，热力公司将围绕智能采集、智慧运维和智慧服务逐步变革。

智慧感知是智慧化的基础。未来，在热用户、热网、热力中转站和热源处将会安装大量的智能计量表和传感器，准确计量消耗的能源，实时感知运行状态并传输至智慧管理平台，通过大数据的分析和智能算法辅助决策，智能调节整个热力系统的运行状态。

在热源侧，可再生能源的波动特性迫切需要智能化系统的支持，通过对天气、资源端的预测，并与热力需求实时匹配从而调度多个热源为用户服务，实现最优的综合效益。在用户侧，依据用户状态信息、室内外温度等因素自动调节室温，在促进节能减排的同时，提升用户舒适度和满意度水平。对热力公司而言，安全性是集中供热作为准公共物品的基本要求，信息化和智慧化不仅为运维带来便利，解决抄表难题，而且更容易保证供热系统的安全稳定运行，响应更及时、可靠性更高。智慧供热对设计和制造行业也产生影响，设计阶段将由追求静态设计目标转而关注动态运行特性和运行结果；设备也更加关注动态运行特性，追求在变动工况下最佳的综合运行特性。

4. 供热市场化建设助力供热体制变革和商业创新

能源的市场化改革是我国市场经济改革的重点领域，目前已经进入深水区，电力、油气改革等重点领域有望取得突破。供热行业的市场化改革也是大势所趋，需要政府和企业共同努力，不断释放行业发展新活力。

在供热转型过程中，政府将逐渐把供热从福利转变为市场化的公用事业，为行业发展创造良好的政策环境。在逐步实现市场化的过程中，相关的制度和政策将相应地发生改变：①供热收费制度、价格体制、投资体制将会改革，促进供热向市场化、规范化、集约化经营转变。②政府将加大供热基础设施扶持力度，通过解决历史欠账，提升供热系统的保障能力和节能减排水平；标准体系进一步完善，规范供热市场，逐步建立供热市场新秩序。③供热计量改革进一步推进，形成定价机制，实现计量收费的可持续，使计量收费制度为节能降耗和精细化管理服务。④在供热的市场化转型和建设的同时，需要兼顾低收入人群的民生保障，这部分人将会受到政策补贴，通过民生保障机制来维系社会公平。

科技创新和装备升级是供热转型和可持续发展的关键，也是提升供热企业竞争力和盈利水平的核心。随着供热市场化，社会资源将逐渐向供热领域流动与聚集，围绕供热系统的技术路线，整合国内外先进技术与设备，不断迭代和打磨技术水平，既满足国家清洁供暖的要求，又不断提升能源效率和运营效率、降低运营成本，以谋求利润增长和企业发展。

与此同时，供热企业将转变发展思路，不断创新商业模式以寻求新的发展方式。供热企业通过拓展供热规模、转变生产方式，积极拥抱新能源和可再生能源，探索综合能源服务模式。供热企业需要创新服务理念，将全寿命周期服务和提升用户满意度水平作为运营目标，适应并引导消费需求。顺应市场发展规律，重视项目投资环境与投入产出效益；要以环保与效率为中心，延伸企业服务，盘活现有资产与市场，整合

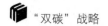

资源发展，创新发展模式。

随着劳动力需求加剧和人工成本上涨，使供热行业人工成本急剧增长，企业负担进一步加大，逼迫供热企业寻求新的管理方式。可以通过引进信息化手段，依靠技术进步和先进技术手段，降低人员需求。同时，全面提升人员素质和企业管理水平，大力培育人才，加强一线员工技能培训，为行业技术进步和发展聚集力量；依靠各级管理人员的智慧，提升供热运行的效率与管理水平，为行业的可持续发展赋能。

## 六、结语

中国是世界上消耗热能最多的国家，供热在中国终端能源消费中的比重也非常高，推广清洁供热不仅对中国的生态文明事业、改善人民生活质量具有重要意义，也是有效应对世界气候变化、体现大国担当的有效举措。与此同时，提升供热能源系统也是应对能源革命、努力构建现代能源体系、提升能源安全和稳定保障的时代需求。

根据本章研究，到 2035 年，中国将有 30% 的供热来自可再生能源，90% 的供热来自集中供热，这对于我国整体能源转型具有里程碑的意义。为实现这一中长期目标，建议在以下方面开展工作：

（1）在政策方面，大力推广清洁能源和可再生能源供热，促进化石能源进行清洁化改造，北方城镇优先发展集中式供暖；推动供热领域能耗总量和强度双控政策，并逐步向碳排放总量和强度双控转变，倒逼节能改造和节能意识；继续坚持建筑和工业领域节能优先的政策导向，严格执行建筑节能标准，推广超低能耗、近零能耗建筑，推动工业能效达标制度；创造有利于清洁供热发展的良好市场环境。

（2）在技术方面，推动化石能源的清洁化应用技术，不断提升传统能源的清洁化水平；提升可再生能源供热的转化效率，因地制宜推广富余可再生电力采暖和分散式电力采暖，加快中深层地热综合梯级利用及太阳能、生物质供热技术普及应用，推动核能热电联产供热、小型低温反应堆供热商业化示范应用；开发适于南方地区采暖的热泵技术；促进供热系统升级改造，借助大数据、物联网、人工智能等新一代信息技术实现智慧供热，实现精准按需供热，通过精细化管理提升供热效率。

（3）在资金方面，设立清洁供热专项资金，支持发展城市集中供热和可再生能源供热以及化石能源清洁化供热改造。

中国的城镇化速度虽然放缓，但建设总量依然庞大，供热需求非常旺盛。2035 年，中国有近 500 亿平方米的建筑需要供热，清洁供热工作任重道远。通过创造良好的市场环境和制度环境，积极引导开源、节流、增效的技术措施，中国的清洁供热事业必将走向世界先进水平。

# 第五章 中国可再生能源主导的
# 能源革命战略控制性目标

## 第一节 中国能源革命宏观战略目标

党的十九大报告提出"两步走"新战略目标，即到2035年基本实现社会主义现代化，到2050年建成富强民主文明和谐美丽的社会主义现代化强国。为实现这一战略，我国能源系统发展既要能够支撑我国经济社会发展，也要满足"美丽中国"建设要求，同时还要保障我国的能源安全。党的十九大报告指出，我国需要推进能源生产和消费革命，构建清洁低碳、安全高效的能源体系。本章通过设定我国生态环境建设、能源安全保障等宏观发展目标约束，对我国能源系统到2035年、2050年为满足宏观发展目标应达到的战略目标进行测算，确定我国能源革命中长期关键时间节点的控制性战略目标，同时对"十四五"时期需要作出的能源转型发展及2025年的能源发展目标提出建议。

### 一、生态文明建设目标

党的十八届三中全会提出将生态文明建设纳入社会主义现代化建设五位一体的总体布局，提出努力建设美丽中国，实现中华民族永续发展。党的十九大报告进一步提出到2035年确保生态环境根本好转，美丽中国目标基本实现。为此，要着力推进绿色低碳发展，为人民创造良好生产生活环境，为全球生态安全做出贡献。能源发展也需要满足实现生态文明建设目标，本章主要从应对气候变化和提升空气质量两个方面对能源革命的生态环境战略目标展开分析。

（一）应对气候变化

2020年中国二氧化碳排放约为99亿吨，约占全球二氧化碳排放的30%，2020年中国碳强度为6.8吨/万美元（2015年美元不变价），是世界平均水平的约1.7倍，是美国的2.9倍，是日本的2.9倍，是欧盟的4.7倍[①]。为实现2℃温升目标，全球二氧

---

[①] 资料来源：《BP世界能源统计年鉴2021》。

化碳需要在近期达峰并快速下降，需要在当前各国减排承诺的基础上进一步加强减排力度。若全球在 2020~2050 年的年碳强度下降率达到 8%，可以保证以大于 66% 的概率实现 2℃温升目标。为实现 2℃目标，我国在实现 2030 年二氧化碳排放达峰的国际承诺之上，仍需要进一步加强减排力度，使二氧化碳排放在 2020~2025 年提前达峰，峰值预计约为 97 亿吨二氧化碳，并在达峰后快速下降，到 2035 年化石能源二氧化碳排放降至 80 亿吨，比 2020 年下降约 19%，到 2050 年降至 23 亿吨，比 2020 年下降约 77%。碳强度下降速率逐步提高，2030 年前实现 5.5% 的碳强度年均下降率，2030~2040 年实现 7% 的碳强度年均下降率，2040~2050 年实现 12% 的碳强度年均下降率，碳强度到 2035 年下降为 2020 年的约 31%，到 2050 年下降为 2020 年的约 7%。

（二）提升空气质量

近年来我国 PM2.5 浓度已有显著下降，从 2013 年的 72 微克/立方米下降到 2020 年的约 33 微克/立方米[①]。国家统计局数据显示，2020 年全国废气中排放二氧化硫、氮氧化物、颗粒物等污染物分别为 318.22 万吨、1181.65 万吨和 613.35 万吨，二氧化硫的主要排放源是工业部门、居民部门和电力，氮氧化物排放源主要是工业部门、交通和电力，细颗粒物排放源主要是工业部门和居民部门。但要实现"美丽中国"要求的生态环境根本好转，我国空气质量需要进一步提升，到 2035 年要实现 PM2.5 年均浓度小于 35 微克/立方米，到 2050 年空气质量进一步有明显提升。为实现我国空气质量目标，需要严格控制并降低我国二氧化硫、氮氧化物、一次细颗粒物等常规大气污染物排放量。根据清华大学环境学院大气模型测算，为了实现大气质量标准，与能源相关的主要污染物排放量应达到以下限额：全国二氧化硫排放量到 2035 年需降至约 500 万吨，到 2050 年进一步降至约 150 万吨；全国氮氧化物排放量到 2035 年需降至约 600 万吨，到 2050 年进一步降至约 100 万吨；一次细颗粒物排放量到 2035 年需降至约 250 万吨，到 2050 年进一步降至约 100 万吨。按我国目前煤电的超低排放标准，到 2035 年我国煤电排放二氧化硫和氮氧化物分别约为 43 亿吨和 62 亿吨，约占全国排放总量的 9% 和 10%，到 2035 年我国煤电排放二氧化硫和氮氧化物分别约为 5 亿吨和 7 亿吨，约占全国排放总量的 3% 和 7%。

## 二、能源安全保障目标

保障能源供应安全是能源发展立足的底线，是满足人民生活的基本需求和经济社会可持续发展的基础。本章主要从油气对外依存度和电力供应可靠性角度分析未来我国能源革命需要满足的能源安全保障目标。

（一）油气对外依存度

2020 年我国石油对外依存度达到 71%，天然气对外依存度达到 30%[②]。我国目前油气对外依存度已经较高，但考虑到我国人民生活水平提升带来的交通用能的增长以

① 参见：《2020 中国生态环境状况公报》。
② 国家统计局能源统计司. 中国能源统计年鉴 2021 [M]. 北京：中国统计出版社，2022.

及环保需求推动的"煤改气"项目的推进，我国石油和天然气需求量在近中期还将继续增长。但是从能源安全角度出发，尽管面临较大压力，控制油气对外依存度并努力使依存度有所下降十分必要。本章认为，到 2035 年石油对外依存度应控制在 70% 以内，天然气对外依存度不超过 60%，到 2050 年石油和天然气对外依存度要有明显下降。预计到 2035 年我国石油国内产量约为 2.2 亿吨，比目前增加约 0.3 亿吨，天然气国内产量约为 2100 亿立方米，比目前增加 300 亿立方米，按照设定的对外依存度限制，我国石油年消费量不超过 7.4 亿吨，年进口量不超过 5.2 亿吨，天然气年消费量不超过 5200 亿立方米，进口量不超过 3100 亿立方米。

（二）电力供应可靠性

2019 年我国用户平均停电时间为 12 小时/户，平均停电频次为 3 次/户，供电可靠率超过 99.8%[1]。当前我国电力供应可靠性已经达到较高水平，但是未来随着电气化水平的提升，用电负荷会继续增长，会使得用电峰谷差进一步拉大，满足尖峰负荷的难度加大，同时低谷期可再生能源也将面临消纳困难。此外，随着风电、光伏等可再生能源的大规模应用，电力系统惯性将降低，对维持电力系统频率稳定等提出更高要求，风光资源的间歇性、随机性和波动性也给安全可靠供电增加了风险。同时，未来特高压输电以及分布式电源规模将进一步扩大，将提升电网运行难度。这些都给保障电力供应可靠性带来很大压力，但考虑到电力将在我国能源系统中占据越来越重要的地位，未来我国电力系统仍要保持高可靠性。因此，未来电力系统需要进一步优化调度模式、配置快速响应资源，以继续保障电力系统稳定运行。同时，升级电网设施并配备足够的备用电源和黑启动电源，保障事故后的快速恢复能力。

## 第二节　终端能源需求增长研判

为满足我国经济增长和人民生活水平提升，在考虑我国终端能源效率提升的情况下，我国终端能耗在近中期仍将增长，长期终端能耗略有下降。同时，考虑到居民生活水平的提升和终端部门电气化水平的提高，电力占终端能源需求的比例将不断提高。

### 一、终端能源需求

经济增长以及人民生活水平的提升将推动终端能源消费增长，但同时，各终端部门能源效率的提升将有效控制终端能源需求。节能技术的使用使得中国单位产品能耗大幅降低，相比 2010 年，2020 年我国水泥、粗钢、乙烯、电解铝、合成氨、纸和纸板单位产品能耗分别下降了 5%~21%，但同时，我国很多高耗能行业的能耗水平相比世

---

① 国家能源局，中国电力企业联合会. 2020 年全国电力可靠性年度报告［R］. 2021.

界先进水平还有 1%~40% 的差距（见表 5-1），未来仍有下降的空间①。此外，欧盟的能效还在不断进步，进一步反映出我国能效仍有很大提升空间。交通方面，新出厂乘用车平均油耗由 2004 年的约 9 升/百公里下降到 2020 年的 6 升/百公里②，控制了我国交通部门燃油消耗量的增长；北方城镇地区供暖方面，从 2001 年到 2020 年，供暖面积增长了 310%，但单位面积供暖能耗下降了 40%，有效控制了北方城镇地区供暖能耗的增长③。

表 5-1　国际先进单位产品能耗相对水平

| 工业产品 | 国际先进单位产品能耗相对水平（中国=100%） |
| --- | --- |
| 火电 | 100% |
| 电解铝 | 97% |
| 合成氨 | 70% |
| 乙烯 | 75% |
| 水泥 | 79% |
| 钢 | 99% |
| 纸和纸板 | 61% |

资料来源：国家统计局能源统计司. 中国能源统计年鉴 2021 [M]. 北京：中国统计出版社，2022.

我国工业增长模式由重工业转向以"低能耗、高附加值"为特征的生产型服务业以及先进制造业，预计到 2030 年，我国工业能效将达到经合组织国家水平，到 2050 年，重点行业单位工业增加值能耗均显著下降。到 2050 年，通过构建先进产业装备制造体系、技术的整合设计以及推进智慧制造来提高系统效率，工业各行业单位增加值能耗相比 2010 年可以下降 40%~90%，主要高耗能产品如电视、烧碱、钢铁、造纸等的单位产品能耗相比 2010 年下降 30%~60%。建筑供暖方面，随着经济发展，未来我国建筑面积还将进一步增长，但通过普及一体化和被动式设计，推动建筑节能改造，减少单位面积能源需求，可以使建筑供暖需求维持在 2010 年的水平。随着工业化和城镇化进程加速，交通运输需求还将不断增长，但通过优化产业布局减少不必要的出行需求，优化运输结构，推动交通工具电气化以及提高交通工具效率水平，可以有效控制交通部门能源需求增长。未来汽车的燃油经济性仍有很大提升空间，到 2050 年，私家车百公里油耗可以在目前水平上下降约 66%，出租车百公里油耗可以下降约 72%（戴彦德等，2017）。

本章主要参考国际能源署的《世界能源展望 2019》、国家发展和改革委能源研究所的《中国可再生能源展望 2018》和国网能源研究院的《中国能源电力发展展望 2019》

① 国家统计局能源统计司. 中国能源统计年鉴 2021 [M]. 北京：中国统计出版社，2022.
② 参见《2020 年度中国乘用车企业平均燃料消耗量与新能源汽车积分情况公告》。
③ 清华大学建筑节能研究中心. 中国建筑节能年度发展研究报告 2022（公共建筑专题）[M]. 北京：中国建筑工业出版社，2022.

的预测范围，综合考虑以上因素，根据本书课题组开发的能源经济模型估计结果，预计到 2035 年我国终端能源需求将增长至 34 亿~36 亿吨标准煤，取中值 35 亿吨标准煤，到 2050 年我国终端能源需求将下降至 25 亿~28 亿吨标准煤，取中值 26 亿吨标准煤。同时，我国终端电气化水平将不断提升，到 2035 年电力占终端能耗的比例将增长至 42%，到 2050 年将增长至 66%。

## 二、交通用能需求

随着人们生活水平的提升，人们出行需求及其他交通需求在未来还将继续增加。本章参考清华大学车用能源研究中心、中国汽车工程学会、交通运输部科学研究院及其他有关机构的研究，随着铁路方面的电气化推进、车辆轻量化、节油节电等技术的应用，公路方面的自动驾驶技术的普及、生态驾驶和运输车队的推广、发动机技术和车辆制造技术的升级，航空方面的精细化飞行管理技术和航空生物燃料的应用，我国未来交通运输技术进步显著，能源利用效率显著提高，到 2050 年，铁路单位能耗将下降 35%~50%，公路单位能耗将下降 55%~70%，水路运输的能源效率将提升 20%~50%，航空运输的能源效率将提升 20%~70%。但考虑到我国经济社会发展带来的货运和客运量增加，预计我国交通部门用能总量将呈现先升后降趋势，到 2035 年能源需求约为 5.1 亿吨标准煤，而后到 2050 年能源需求降至 3.5 亿吨标准煤。为满足道路交通需求，预计未来我国汽车保有量将持续增长，到 2035 年将达到约 5.2 亿辆，到 2050 年将达到 5.4 亿辆。其中乘用车（不含出租车）在 2035 年和 2050 年保有量将分别达到 4.6 亿辆和 5.1 亿辆，成为中国汽车保有量增长的主要驱动力。

## 三、供暖用能需求

2020 年，我国北方地区城镇供暖面积为 156 亿平方米[①]，虽然未来民用建筑规模还会保持增长趋势，但随着经济发展进入新常态，城镇化进程达到逐渐饱和阶段，北方地区城镇建筑规模增速将不断放缓；同时随着城镇化进程的推进，我国农村人口将保持下降趋势，农村建筑规模基本稳定。随着我国居民生活水平的提升，近年来，长江流域地区的冬季采暖问题也逐渐受到关注。本章根据清华大学建筑节能研究中心和其他有关机构研究，预计我国到 2050 年全国建筑规模在 720 亿~760 亿平方米，其中北方城镇地区建筑在 200 亿~240 亿平方米，北方农村地区建筑在 65 亿~76 亿平方米，长江流域城镇地区建筑约 230 亿平方米，长江流域农村地区建筑面积约 90 亿平方米。未来随着我国建筑节能的继续稳步推进，综合考虑我国城镇建筑新建建筑标准的进一步提升，既有建筑改造工作的推进，农村地区新建、既有建筑围护结构的节能潜力，以及室内供暖温度可能会有所提升，本章预测到 2050 年，北方城镇地区建筑整体热耗水

---

① 清华大学建筑节能研究中心．中国建筑节能年度发展研究报告 2022（公共建筑专题）［M］．北京：中国建筑工业出版社，2022．

平在6.8~8.5千克标准煤/平方米，北方农村地区建筑整体热耗水平在8.5~10.2千克标准煤/平方米。同时考虑到农村居民会较大程度地维持目前生活习惯，北方农村地区采暖比例在70%~85%。与北方地区采暖相比，长江流域地区采暖具有间歇性、局部性与多样性的特征，即该地区采暖负荷波动较大，绝大部分居民采用"部分时间、部分空间"的使用模式，考虑长江流域地区居民将在保持自身间歇采暖特性的同时提升室内冬季环境，到2050年长江流域城镇地区采暖强度增长至4.8千克标准煤/平方米，农村地区采暖强度约3.9千克标准煤/平方米。

综合以上分析，本章预计北方地区到2035年供热需求约为2.4亿吨标准煤，到2050年降至2.3亿吨标准煤，长江流域地区到2035年供暖需求约为1.3亿吨标准煤，到2050年约为1.5亿吨标准煤。

# 第三节 终端用能方式转变

为了建设"美丽中国"，打赢蓝天保卫战，我国需要进一步加强对大气污染物排放的控制。交通部门和北方地区供暖是大气污染物排放的重要来源，本节选取这两个方面对终端用能方式调整后的能源品种及结构展开分析。

## 一、交通部门

交通部门未来将进一步发展集约交通，优化交通结构，促进长途旅客和货物运输需求向铁路和水运运输方式转移。在中长距离大宗货运方面，继续发挥铁路、水运的骨干作用，提高铁路集疏港比例，逐步减少重载柴油货车在大宗散货长距离运输中的比重。在长距离客运方面，逐渐将道路运输的运输需求转移到航空或铁路，减少对道路运输的不合理需求。

在道路运输方面，未来将逐步转向新能源汽车。我国新能源汽车已经形成了相对完善的产业链，包含上游矿产资源和关键原材料、中游电池电机电控核心零部件与下游整车和充电桩等各环节，产业规模逾千亿元，并培育出了一些具有国际竞争力的企业。我国新能源汽车产业已经进入高速成长期，2011~2020年，新能源汽车年销量从不到1万辆增长到136.7万辆[1]，未来新能源汽车渗透率还将进一步提高。世界很多国家纷纷提出了停止销售燃油车的计划，公布了禁售燃油车时间表，考虑到我国的交通发展、车企发展情况以及我国大气环境治理约束，预计我国将推动传统燃油乘用车2030年退出销售市场，同时加快客车和货车电动化进程。在非道路运输方面，未来将在铁路、航空和水运交通中加快低碳技术应用，提高电力、生物燃

---

[1] 中汽协：2020年新能源汽车销量136.7万辆［EB/OL］．［2021-01-13］．http：//auto.gasgoo.com/a/70238097.html.

料和氢能使用水平。

为满足我国经济社会环境宏观目标，交通部门需要调整用能方式，大力推进交通电气化水平，到 2035 年新能源汽车保有量占比达到 28%，货运车中新能源汽车占比达到 8%，交通电气化水平达到 13%；到 2050 年新能源汽车保有量占比达到 85%，货运车中新能源汽车占比达到 45%，交通电气化水平达到 57%。我国交通部门终端用能方式调整后的能源品种结构如图 5-1 所示。到 2035 年，电力、氢能和生物质占交通部门能源需求的 16%，到 2050 年增长至 75%。

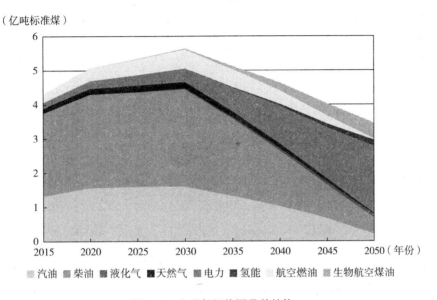

（亿吨标准煤）

■汽油　■柴油　■液化气　■天然气　■电力　■氢能　　航空燃油　■生物航空煤油

**图 5-1　交通部门能源品种结构**

## 二、建筑供暖

为了满足我国人民美好生活的需求，实现清洁取暖，改善北方冬季雾霾现象，未来北方地区民用建筑采暖的发展需要在全面满足居民冬季采暖需求的基础上，降低冬季供暖导致的化石能源消耗和碳排放，大幅降低冬季供暖导致的污染物排放。此外供暖方式转变也要考虑经济成本，农村供暖初始投资与运行费用应在农村居民可接受范围内。

我国未来城镇地区和农村地区将发展的热源种类有所差异。对于我国北方城镇地区，供暖用能方式可采取各类热电联产、工业余热利用、地水源/空气源热泵、各类锅炉、电直热等。燃煤、燃气锅炉是目前我国城镇供热主要的热源类型，但为了改善北方冬季空气质量，未来燃煤锅炉的使用需要大幅下降，可以保留一部分燃气锅炉。未来北方城镇地区供暖将转向余热供暖和电供暖。考虑供热效率、经济性以及环境排放，利用各类热电联产以及工业生产过程中的余热将是城镇首选的供热方式，但预计这类余热的资源潜力将无法完全满足北方地区建筑的供热需求。需要大力发展各类热泵供暖，这类电力进行采暖的方式较为高效，且室外温度过低时制热效率低的问题已经得到改善。在严寒地区，电直热将成为发展的采暖方式之一，虽然这类技术效率较低，但使用不受外温影响，且安装成本较低。对于北方农村地区，为了达到清洁供暖要求，在综合考虑初始投资和运行费用的情况下，低温空气源热泵热风机以及高效的生物质锅炉可以较好地利用可再生资源且其成本可以被接受，需要大力发展。到2035年，北方城镇地区燃煤锅炉供热比例低于1%，燃煤热电联产比例为12%，热泵供热占比超过45%；北方农村地区燃煤供热比例低于10%，低温空气源热泵及新型生物质供热比例超过80%。到2050年北方城镇地区淘汰燃煤锅炉，燃煤热电联产比例低于4%，热泵供热占比超过60%；北方农村地区基本淘汰燃煤供热，低温空气源热泵及新型生物质供热比例超过95%。

北方地区供暖能源种类结构如图5-2所示，北方城镇地区到2035年非化石能源供暖比例将达到35%，到2050年将增长至81%；北方农村地区到2035年非化石能源供暖比例将达到65%，到2050年基本完全实现非化石能源供暖。

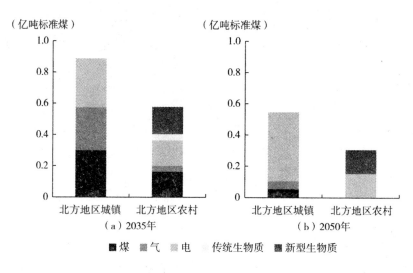

图5-2 北方地区供暖部门能源品种结构

由于长江流域地区间歇性采暖的特征，长江流域地区需要因地制宜，结合自身热需求特征确定采暖解决方案，在热源选择上和北方地区存在一定差异。长江流域城镇供暖鼓励采用各类热泵，部分用户采用天然气燃气壁挂炉，到2050年，燃气锅炉占比小于3%。长江流域农村地区鼓励采用高效生物质锅炉与低温空气源热泵热风机，部分住户采用燃气壁挂炉，到2050年，采用两类设备的住户超过95%。

长江流域地区供暖能源种类结构如图5-3所示，长江流域城镇地区到2035年非化石能源供暖比例将达到70%，到2050年将增长至88%；长江流域农村地区到2035年非化石能源供暖比例将达到85%，到2050年将增长至96%。

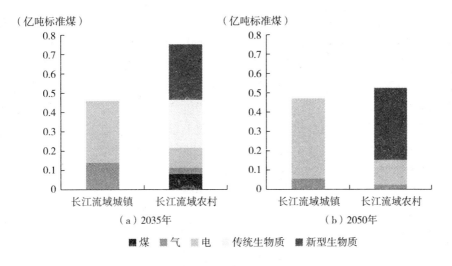

图 5-3　长江流域地区供暖部门能源品种结构

## 第四节　能源消费总量及结构

为满足我国终端能源消费需求，我国一次能源消费需求在近中期仍将继续增长，长期我国一次能源消费量将略有下降。为了实现 2℃ 目标要求的碳排放减排目标和空气质量提升的目标，我国需要进一步改变能源结构，提高清洁低碳能源比重。

本节采用能源经济模型，设定满足实现 2℃ 目标的二氧化碳排放上限约束以及满足进口依存度要求的石油和天然气消费上限约束，模拟出满足我国经济社会发展目标下的能源消费总量及结构。

### 一、能源消费总量

近中期为满足我国终端消费需求的增长，我国一次能源消费量仍呈上升趋势，到 2035 年一次能源消费总量为 57 亿~62 亿吨标准煤，中值取 59 亿吨标准煤；长期随着我国终端能源需求的下降，一次能源消费总量呈现缓慢下降趋势，到 2050 年一次能源消费总量降至 50 亿~54 亿吨标准煤，中值取 52 亿吨标准煤。

### 二、能源消费结构

为实现应对气候变化目标，满足实现 2℃ 目标的温室气体排放约束，一次能源消费中化石能源消费量近中期需要控制增长，长期需要实现快速下降，非化石能源消费量需要快速提高。化石能源消费总量到 2035 年控制在 36 亿吨标准煤，到 2050 年化石能源消费总量下降至 12 亿吨标准煤；非化石能源消费量到 2035 年提升至 23 亿吨标准煤，

到2050年进一步提升至40亿吨标准煤。一次电力供应量（核电、水电、风电和太阳能发电）到2035年提高至8万亿千瓦时，到2050年提高至13万亿千瓦时。

我国能源消费结构将进一步调整，一次能源消费中煤炭消费占比显著下降，石油消费占比相对稳定，长期略有下降，天然气消费占比先增加后降低，可再生能源消费占比大幅提升。到2035年，煤炭消费占比在一次能源消费中占比降至33%，石油消费占比为17%，天然气消费占比提高至11%，非化石能源消费占比提升至39%；到2050年，煤炭消费占比进一步降至6%，石油消费占比降至11%，天然气消费占比降至6%，非化石能源消费占比提升至77%（见图5-4）。

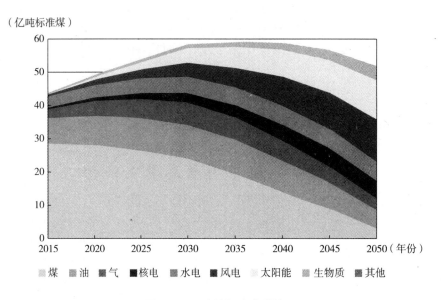

图5-4　一次能源消费结构

在上述能源结构下，我国煤炭消费在2035年应控制在28亿吨，到2050年控制在5亿吨。石油消费约束在2035年为7亿吨，到2050年降至4亿吨。天然气消费约束在2035年为4800亿立方米。由于未来天然气价格的上升，且天然气的应用领域易于被电力替代，在我国长期二氧化碳快速减排的约束下，综合考虑能源使用成本，长期我国天然气消费量将下降，到2050年降至2500亿立方米。

## 第五节　煤炭控制目标

### 一、燃煤发电控制目标

煤炭燃烧是我国常规污染物和二氧化碳排放的重要来源之一，燃煤发电是煤炭的重要利用方式，因此为改善我国生态环境，使我国生态可持续发展，控制燃煤发电量将十分重要。

我国近年来一直控制煤电发展，煤电在电力结构中的占比不断下降，但2020年电力结构中煤电占比仍超过60%。未来由于终端用能部门电气化水平的不断提升，我国电力总需求将不断增长，到2035年达到12万亿千瓦时，到2050年达到14万亿千瓦时。为控制大气污染物和温室气体排放，需要大力发展非化石能源发电，煤电发电占比需要进一步快速下降，煤电发电绝对量也需要在近期达峰并快速下降。另外，风、光等可再生能源发电成本近年来下降显著，目前成本已经接近煤电成本，未来可再生能源发电成本的进一步下降以及储能等支撑技术的进一步突破，将给电力系统去煤提供经济可行的技术解决方案。到2035年，可再生能源发电占比需提升至55%，非化石能源发电比例需超过65%，煤电发电占比需要下降至30%，煤电发电量控制在3700亿千瓦时以内，约为2019年煤电发电量的80%。到2050年，可再生能源发电和非化石能源发电需要保持快速增长，可再生能源发电占比需进一步提升至80%，非化石能源发电占比需提升至95%，煤电发电量需要进一步大幅下降，将下降到400亿千瓦时以内，仅贡献当年不足5%的发电量，煤电发电量下降至不足2019年的10%，煤电由主力电源转变为主要承担电网支撑和调峰作用的电源（见图5-5）。

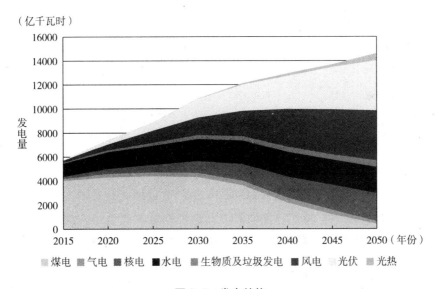

图5-5　发电结构

## 二、煤炭开采控制目标

煤炭在开采过程中，需要消耗水资源并排放废水，将造成地面塌陷、煤矸石堆积产生环境污染问题、水土流失和植被破坏等生态破坏，将给生态环境带来影响，为实现"美丽中国"，我国煤炭开采量需要满足水资源、土地资源等生态环境约束。

根据《中国煤炭消费总量控制规划研究报告》《中国"十三五"煤炭消费总量控制规划研究报告（2016—2020）》等研究，我国煤炭开采利用各部门水资源利用红线为747亿立方米，由此约束煤炭开采利用量不超过38亿吨；为实现2025年全国PM2.5浓度在35微克/立方米左右，我国煤炭开采消费量应控制在34亿吨以内；为实现空气质量的进一步提升，煤炭开采利用量需要进一步下降；为实现2025年前碳排放达峰，我国煤炭消费量应控制在35亿吨以内。根据《中国能源中长期（2030、2050）发展战略研究》，我国处于不安全高效、破坏生态环境的煤炭产量约占当前产量的2/3，煤炭开采应综合考虑资源情况、环境容量、水资源等约束，合理的开采量应控制在25亿~30亿吨。根据王宏英等（2011）的研究，煤炭产能增长地区受土地塌陷制约的煤炭开采规模为26亿~39亿吨，受水生态环境制约的煤炭开采规模为23亿吨，考虑产能维持地区和分散产煤地的煤炭产能，综合生态约束下我国煤炭产能约束为38亿吨。综合以上研究，我国煤炭开采受生态环境制约的控制目标为不超过34亿吨，且应尽量控制在25亿~30亿吨。

## 第六节 "十四五"时期能源发展目标

基于以上研究分析成果，由满足我国社会经济环境宏观发展目标的能源发展目标进行倒推，得出对我国"十四五"时期能源发展的要求。本书对我国"十四五"能源发展转型相关目标建议如下：

（1）能源消费总量方面需继续控制能源消费总量增长，到2025年，一次能源消费总量宜控制在54亿吨标准煤以内。能源强度在"十四五"期间需要持续下降，到2025年，能源强度降至0.27吨标准煤/万元，相比2020年下降15%。一次能源消费结构方面，在"十四五"期间，需要继续降低煤炭消费占比，到"十四五"末，一次能源中煤炭消费占比下降至50%，石油占比稳定在18%，天然气占比略增加到10%，非化石能源占比增加至22%。"十四五"期间需要严格控制煤炭消费量，到"十四五"末煤炭消费量降至37亿吨左右，相比2018年下降约1亿吨。电力占终端能源消费比重需要进一步提升，到"十四五"末，电力占终端能源消费比重需要提升至36%，电力消费量达到约8.9万亿千瓦时，相比2019年增加约1.7万亿千瓦时，年增长率约为3.6%。

（2）电力供应方面，"十四五"时期需要加速发展风电、光伏等可再生能源发电，降低煤电发电占比。"十四五"期间，煤电发电量基本持平，新增用电主要依靠水电、风电和太阳能发电满足；到"十四五"末，煤电发电量占比需下降至50%，水电、风电和太阳能发电占比分别达到18%、11%和8%，可再生能源发电占比提升至40%。

（3）交通部门继续推进交通电气化，到"十四五"末，新能源汽车保有量占比提升至9%，货运车型中新能源车（含EV和FCV）占比提升至2%，交通能源中电力占比提高至6%。到2025年新能源汽车保有量约为3400万辆，按1.2~1.5吨油/车计算，

2025年新能源汽车替代年燃油量在4100万~5100万吨，降低石油对外依存度6~7个百分点。

（4）北方地区供暖方面，"十四五"期间，城镇地区需要推进热电联产、工业余热利用和热泵电供热，农村地区需要推进低温空气源热泵、热风机与高效生物质锅炉利用。到"十四五"末，北方城镇地区热电联产及工业余热供热、热泵供热占比需分别提升至55%、17%，城镇地区清洁供暖占比提升至88%，北方农村地区低温空气源热泵热风机与高效生物质锅炉供热占比需提高到45%以上，农村地区清洁供暖占比提升至70%以上。地热供暖的主要利用形式为地水源热泵，到"十四五"末，北方城镇地区地水源热泵供暖占比提升至10%，农村地区基本不考虑地水源热泵供暖。

# 第六章 国际能源革命战略与实践对中国的启示

## 第一节 全球可再生能源的发展驱动力

### 一、发展可再生能源已成为全球应对气候变化的重要手段

2015 年 12 月，联合国气候变化大会在巴黎举行，达成了具有里程碑意义的《巴黎协定》，明确了控制气候变化的核心目标——实现与前工业化时期相比将全球温度升幅控制在 2℃以内，并争取把温度升幅限制在 1.5℃。可再生能源是清洁无碳能源，以可再生能源为主的能源体系是目前唯一可以看清的长期能源可持续发展道路。联合国政府间气候变化专门委员会（IPCC）、国际能源署（IEA）和国际可再生能源署（IRENA）等机构的报告指出，没有可再生能源就无法实现应对气候变化目标，全球能源转型的基本趋势是实现化石能源体系向低碳和可再生能源体系的转变，最终进入以可再生能源为主的可持续能源时代。前联合国气候变化框架公约执行秘书长菲格雷斯（Christiana Figueres）女士指出，随着技术进步和推广进度加快，可再生能源已经成为应对气候变化的成熟解决方案。它的发展一方面有力推动了《巴黎协定》的达成，另一方面也成为落实《巴黎协定》的重要途径，从而避免《巴黎协定》成为空文。虽然在具体减排目标上仍存有分歧，但是发达国家和发展中国家都把发展可再生能源作为自身应对气候变化问题的重要抓手。

### 二、可再生能源成为未来新兴技术产业竞争的核心领域

可再生能源开发利用产业链长，配套和支撑产业多，对经济发展的拉动作用显著，许多国家都投入大量资金支持可再生能源技术研发，抢占技术制高点。早在 2008 年全球金融危机中，美、欧、日等发达国家和印度、巴西等发展中国家均把发展可再生能源作为刺激经济发展、走出经济危机的战略性新兴产业加以扶持，如美国的《2009 复苏和再投资法案》提出了一揽子支持可再生能源市场投资和产业创新的政策措施；欧盟推行的可再生能源计划，将新增投资 300 亿欧元，计划创造 35 万个就业机会；德国

计划在 2020 年前，使可再生能源领域就业规模超过汽车产业；日本福岛核事故后加大了对可再生能源的发展力度，欧盟也形成了量化的可再生能源远期发展目标。围绕可再生能源技术、产品的国际贸易纠纷加剧，市场竞争日益激烈。2020 年以来，新冠病毒疫情的蔓延给全球带来巨大的健康甚至经济危机，世界各国也纷纷制定经济复苏计划来应对这一全球危机。2020 年，德国推出涵盖 57 项不同措施的 1300 亿欧元经济复苏计划，旨在将两个目标结合起来，即在提振经济的同时，推动德国向可持续、数字化和绿色零碳经济的过渡。德国大联合政府于 2020 年 6 月 3 日通过的经济复苏计划中的"未来计划"将提供 400 亿欧元资金用于可再生能源、公共交通、电动汽车、充电基础设施及数字化等领域。经济复苏计划下的其他措施还将包括未来创新技术的研发、建筑能效提升、氢能经济等领域的支持。德国联邦政府将额外再提供 22 亿欧元的电动汽车购买补贴。公共交通和德国铁路系统也将得到经济复苏计划的支持。总的来看，可再生能源市场竞争日益激烈，可再生能源市场和装备制造业已成为各国的重大利益，逐步成为各国竞争的一个战略性的新领域。

### 三、高比例可再生能源是各国"能源转型"的主要举措

面对全球日益严峻的能源和环境问题，许多国家提出了能源转型发展战略。2010 年丹麦发布了《能源战略 2050》，提出到 2050 年完全摆脱对化石能源依赖的宏伟战略目标。2011 年德国公布能源转型战略，提出到 2050 年，可再生能源利用量在终端能源消费比重达到 60%、可再生能源电力占总电力消费比重达到 80% 的宏大目标。2012 年欧盟委员会发布"2050 能源路线图"，提出可再生能源在能源消费中的比重最低达到 55%，最高可达到 75%，其中可再生能源发电在电力消费中比重最高达 97%。2012 年美国能源部开展"未来能源电力研究"，结论是到 2050 年可再生能源可满足美国 80% 的电力需求。不仅发达国家高度重视可再生能源的发展，化石能源丰富的中东国家也纷纷提出要着手发展新能源：2006 年阿联酋开始在沙漠中建设"马斯达尔零碳城市"；2010 年沙特启动"阿卜杜拉国王原子能与可再生能源城"项目；中东、北非的所有 21 个国家，都已提出了各自的可再生能源发展目标，将重点发展太阳能等新能源，减少对化石能源的依赖。近 20 年来，以风电和光伏为代表的新能源成为增长最快、最具发展潜力的绿色能源。以上均表明，可再生能源已成为各国能源转型的主要方向。

### 四、发达国家力争通过可再生能源形成绿色增长的主导优势

在能源供应上，发达国家更多的是用可再生能源来满足新增能源需求及优化存量能源体系。发达国家的大规模电力和能源建设基本结束，能源需求也趋于稳定，许多火电、核电机组将陆续步入退役换代阶段，可再生能源将发挥替代能源的作用。在应对气候变化问题上，欧洲长期引领国际谈判、碳交易、碳关税等问题，在可再生能源开发利用上具领先地位，在未来全球碳市场体系和国际贸易中占据竞争优势。在工业领域，欧、美、日在可再生能源基础研究、原创技术、基础制造装备和先进系统集成应用方面具有优势。当前的发展形势表明，对可再生能源技术的争夺，已经是新一轮

国际能源领域竞争的焦点，谁掌握了可再生能源的装备技术，谁就拥有了未来开发利用可再生能源的主动权。因而，从各方面反馈的信息看，欧洲发达国家积极高调发展新能源，既是为了增加国内清洁能源的开发利用，减少温室气体排放，在能源和气候化等问题上把握主导权，也是为了在未来全球性减排目标下的绿色经济增长模式中形成主导优势。

### 五、发展中国家将开发利用可再生能源作为满足能源需求的根本路径

无论是我国，还是印度、巴西、南非等其他"金砖国家"，都处于能源需求快速增长的阶段，也都把增加本地能源供应作为保障能源安全的重要战略。在这些本地化的能源供应中，可再生能源是一个重要的技术选择，如印度大力发展风能发电、巴西发展生物质能发电、南非发展太阳能热发电等。此外，这些国家还利用自身的资源及市场规模优势，加快发展自身的技术和产业实力。比如印度建立了具有全球竞争力的风电装备产业，巴西引领了全球生物质液体燃料利用技术的发展，我国在风电、光伏及太阳能热利用等方面处于全球领先。可再生能源成为这些国家高度重视发展的战略性新兴产业。

## 第二节　领先国家的能源转型战略

20世纪70年代以来，特别是进入21世纪以来，随着国际社会对应对气候变化、保障能源安全、保护生态环境等可持续发展问题的日益重视，加快推动能源转型、削减化石能源、加快开发利用可再生能源已成为世界各国的普遍共识和共同行动。领跑者主要集中在目前发达国家（见表6-1）。

表6-1　主要国家（地区）可再生能源发展目标和重点领域

| 国家（地区） | 可再生能源发展目标 | 重点领域和措施 |
| --- | --- | --- |
| 欧盟 | 2020年可再生能源占能源消费总量的20%，2030年为32%，2050年为50% | 推进风能、太阳能、生物质能、智能电网，实施碳排放交易 |
| 英国 | 到2020年，可再生能源占能源消费量的15%，其中40%的电力来自绿色能源领域 | 积极发展陆上风电、海上风电、生物质发电等，推广智能电表及需求侧输电技术；可再生能源发电差价合约 |
| 德国 | 到2020年、2030年、2040年、2050年，可再生能源占终端能源消费比重将分别达到18%、30%、45%、60%，可再生能源电力占电力总消费比重分别达到35%、50%、65%、80% | 扶持风电、光伏发电、储能、扩建输电管网设施、扩大能源储存能力；可再生能源固定上网电价和溢价补贴 |

续表

| 国家（地区） | 可再生能源发展目标 | 重点领域和措施 |
|---|---|---|
| 丹麦 | 2020 年风电占电力消费总量的 50%；2050 年完全摆脱对化石能源的依赖 | 支持绿色供暖体系的发展，推动可再生能源在建筑、工业、交通领域中的应用，推动智能电网发展，完善能源融资体系等 |
| 美国 | 2030 年电力部门二氧化碳排放量在 2005 年的基础上削减 30% | 推动风电、太阳能发电、生物燃料、智能电网建设；生产税抵扣和投资税抵扣，30 个州实行可再生能源配额制政策 |

## 一、欧盟

欧盟是全球绿色低碳能源转型起步最早、力度最大、成就最明显的经济体。20 世纪 70 年代末，两次石油危机激发欧盟诸国全面启动可再生能源开发利用、节能和提高能效的工作，以此作为解决能源供给、保障能源安全的长期战略。21 世纪以来，欧盟形成了以应对气候变化的协议为大框架，于 2008 年开始实施首个"能源气候一揽子计划"——以"20-20-20"指令为基础的能源法律体系，确立了一系列近中长期目标：到 2020 年，可再生能源占终端能源消费总量比重达 20%；相对于 1990 年水平，温室气体减排 20%，能源效率提高 20%。在能源多元化和积极应对气候变化的大原则下，欧盟于 2011 年发布《2050 年能源路线图》，确定的总目标是在充分满足经济社会可持续发展、大众生活能源需求的同时，积极利用各种低碳技术，到 2050 年在 1990 年碳排放的基础上降低温室气体排放 80%～95%。

为落实《2050 年能源路线图》，欧洲理事会通过了《2030 年气候与能源政策框架》。按照框架设定的目标，在欧盟范围内，到 2030 年温室气体排放要比 1990 年减少至少 40%，可再生能源将占欧盟能源使用总量的至少 27%，能源效率将至少提高 27%。2018 月 6 月，欧洲议会、欧洲理事会和欧盟委员会签署《可再生能源指令协议》，同意将欧盟 2030 年可再生能源目标从 27% 上调为 32%。该协议包括到 2030 年将 32% 的可再生能源占比定为具有法律约束力的目标，并允许在 2023 年审查上调水平。

为此欧盟将成立一个可靠透明的管理体系，以助欧盟实现其能源政策目标，并保证成员国有足够的灵活度来选择其能源结构，成员国还可视情况设立更高目标。为了建立功能完善和沟通紧密的内部能源市场，欧盟还将在成员国的支持下推动现有电网全面实现互联，提升电力和天然气领域的能源安全，降低欧盟对化石能源的依赖程度。这个框架为欧洲设定了一个"野心勃勃但经济有效的"气候和能源路线，帮助欧盟通过发展低碳经济、实现绿色增长来增强自身的竞争力。表 6-2 为欧盟温室气体减排和可再生能源发展各阶段目标。

表 6-2 欧盟温室气体减排和可再生能源发展各阶段目标

| 年份 | 2010 | 2020 | 2030 | 2050 |
|---|---|---|---|---|
| 可再生能源占终端能源消费总量比重 | 12%[①] | 20% | 27%（后提升到32%） | 75%[②] |
| 可再生能源电力占电力消费总量比重 | 20% | —— | —— | 97% |
| 相较于1990年水平，温室气体减排比重 | 15% | 20% | 40% | 80%~95% |

资料来源：欧盟《2050年能源路线图》；2012年欧盟能源统计年鉴；欧盟《2030年气候和能源政策框架》。

结合欧盟的应对气候变化协议，欧盟将目标分解到各成员国，并建立了统一跟踪和监测体系，由成员国定期上报数据和进展情况，以2009年发布的《可再生能源指令》、2011年发布的《2050能源路线图》为基础，推动成员国积极发展可再生能源，并提供统一指导。近年来，欧盟可再生能源扶持政策逐步转向市场驱动，特别是欧盟2014年出台"关于成员国对环境保护和能源资助指南办法2014—2020年"（以下简称"国家资助指南"）明确指出，从2016年1月起，为鼓励可再生能源发电市场的统一，所有接受可再生能源发电补贴的受益方都应将所发电力直接售卖到市场，参与市场竞争。欧盟提出今后建立能源市场的一个重要目标是增加可再生能源的市场竞争力，将其转型为市场驱动型技术，2020~2030年应取消对成熟技术的补贴，如风电和光伏发电；同时认为可再生能源技术具有继续拉低整个能源市场价格下降的潜力，是"欧盟构建有竞争性、安全而可持续能源体系的根本因素"[③]。

## 二、丹麦

丹麦化石能源匮乏，20世纪70年代石油危机前高度依赖石油进口，保证能源安全、实现有效供给、构建可持续的能源体系是丹麦不懈努力的目标。丹麦风能和生物质能等可再生能源资源丰富，可再生能源与提高能源效率和节约能源成为丹麦摆脱对化石能源的依赖、实现能源转型的根本解决方案。

2011年2月，丹麦政府出台了《能源战略2050》，提出到2050年完全摆脱对化石能源依赖的宏伟战略，这是世界上第一个提出完全不需要化石能源发展的国家战略。2020年的阶段性目标是化石能源消耗量在2009年的基础上减少33%，可再生能源消费比重提高到35%，温室气体排放在1990年的基础上降低30%。表6-3为丹麦温室气体减排和能源发展各阶段发展目标。

丹麦在能源转型道路上很好地融合了节能、提升能效和发展可再生能源的贡献。目前，丹麦的节能和能效已经位于世界前列，丰富的可再生资源成为丹麦大胆提出到2050年完全摆脱化石燃料依赖的根据，因此，在不断提高能效的同时，高效开发利用可再生能源成为丹麦能源转型的关键。《能源战略2050》和《丹麦能源政策协议》明

---

① 为欧盟27国。

② 为可再生能源高比例情景下的目标。

③ EU. A policy framework for climate and energy in the period from 2020-2030 [R]. Brussels: EU, 2014.

表 6-3　丹麦温室气体减排和能源发展各阶段目标

| 年份 | 2020 | 2050 |
|---|---|---|
| 可再生能源占终端能源消费总量比重 | 35% | 完全摆脱对化石能源的依赖，实现可再生能源 100% 满足能源需求 |
| 风电占电力消费总量比重 | 50% | |
| 生物燃料占燃料消费比重 | 10% | |
| 相较于 2010 年水平，能源消费总量减少比重 | 7.6% | |
| 相较于 1990 年水平，温室气体减排下降 | 30% | 80% 以上 |

资料来源：丹麦出台的《能源战略 2050》《丹麦能源政策协议》。

确将全面在各个领域开展节能、提高能效，特别是家庭用户和建筑部门；重点在可再生能源领域扩大风电大规模开发，增加生物质能多元化利用；推动交通用能的绿色转型等，最终构建一个智能、可持续发展的未来能源体系。表 6-4 是丹麦能源转型重点领域。

表 6-4　丹麦能源转型重点领域

| 重点领域 | 内容 |
|---|---|
| 节能和能效提高 | 重点提高家庭用户和建筑部门的能源效率 |
| 发展可再生能源 | 重点在可再生能源领域扩大风电大规模开发，增加生物质能多元利用 |
| 交通 | 推动交通用能的绿色转型等 |

## 三、德国

德国包括欧洲主要发达国家在机构设置、政策制定和行动措施方面很善于把发展可再生能源和提高能源效率有机地结合起来形成合力，主管部委是结合两方面管理职能的大部委概念，曾经分布在德国经济部和德国联邦环保、自然资源和核能安全部的职能被集中整合在德国经济事务和能源部下，在出台可再生能源发展目标和有关政策举措时同时考虑应对气候变化目标的实现，尽可能节约能源并提升能源效率的潜力，统筹考虑工业、商业、交通、建筑等多部门的节能协同效应，跨越电力和热力、交通用能等多个领域整合资源的互补性，以真正构建智能供能和用能的未来能源体系为目标。

2010 年 9 月，德国联邦政府发布《能源方案》，强调建立环保、可靠、经济上可承受的能源供应体系，积极发展可再生能源，把提高能源效率作为降低能源消费总量的主要措施，并于 2011 年 6 月宣布逐步淘汰核电，到 2022 年关闭所有核电站。《能源方案》提出了能源长期发展战略及可再生能源发展目标，即到 2020 年、2030 年、2040 年、2050 年，可再生能源占终端能源消费比重将分别达到 18%、30%、45%、60%，可再生能源电力占电力总消费比重将分别达到 35%、50%、65%、80%（见表 6-5）。

表6-5 德国温室气体减排和可再生能源发展各阶段目标

| 年份 | 2020 | 2030 | 2040 | 2050 |
|---|---|---|---|---|
| 一次能源消耗减少 | 20% | — | — | 50% |
| 电力消费总量减少 | 10% | | | 25% |
| 交通用能消费量减少 | 10% | — | | 40% |
| 可再生能源占终端能源消费总量比重 | 18% | 30% | 45% | 60% |
| 可再生能源电力占电力消费总量比重 | 35% | 50% | 60% | 80% |
| 相较于1990年水平，温室气体减排比重 | 40% | 55% | 70% | 80%以上 |

资料来源：德国《能源方案》。

德国统筹考虑工业、商业、交通、建筑等多部门的节能协同效应，并跨越电力和热力、交通用能等多个领域整合资源的互补性，以真正构建智能供能和用能的未来能源体系。表6-6为德国能源转型重点任务。

表6-6 德国能源转型重点任务

| 年份 | 2011 | 2020 | 2030 | 2040 | 2050 |
|---|---|---|---|---|---|
| 能源效率 | | | | | |
| 一次能源消费（相较于2008年） | -0.6% | -20% | — | — | -50% |
| 能源生产力 | 2.0% | 每年2.1%（2008~2050年） | | | |
| 用电总量（相较于2008年） | -2.1% | -10% | — | — | -25% |
| 热电联产发电的比例 | 15.4% | 25% | — | — | — |
| 建筑房屋领域 | | | | | |
| 热能需求 | — | -20% | | | |
| 一次能源需求 | — | — | | | -80% |
| 改造率 | 约1% | 每年2% | | | |
| 交通领域 | | | | | |
| 终端能源消费（相较于2005年） | 约-0.5% | -10% | | | -40% |
| 电动汽车 | 约6600辆 | 100万辆 | 600万辆 | — | — |
| 可再生能源 | | | | | |
| 在用电总量中所占比例 | 20.3% | 35% | 50% | 65% | 80% |
| 在终端能耗中所占比例 | 12.1% | 18% | 30% | 45% | 60% |

德国电力转型的重点是发展风电和太阳能风电。2011年6月德国做出到2022年关停全部核电的决议后，接下来40年内将其电力行业从依赖核能和煤炭全面转向可再生

能源[1]，提出全面发展可再生能源是能源转型的主要内容，并将电力部门作为重点领域，提出"风能和太阳能决定一切"[2]，提出风能和太阳能将成为德国甚至许多国家未来低碳能源系统的基础。德国政府部门和官方研究机构（如 Agora）认为"所有其他可再生能源技术或是成本高昂，或是未来发展潜力局限较大（水电、生物质能、地热能），或是仍处于研究阶段（海洋能）"，而风能和太阳能在辅以备用发电装机的支持下将使德国能源体系具备更大的灵活性和稳定性。

在激励机制改革方面，德国早在 1990 年即制定了《电力上网法》，要求公用电网公司购买可再生能源电力，2000 年颁布了《可再生能源法》要求强制入网和优先购买，即可再生能源电量必须无条件优先入网；可再生能源的上网电价为 20 年不变的固定电价。自德国《可再生能源法》实施以来，德国逐步建立基于成熟电力市场的可再生能源固定电价机制。作为初期的主要激励政策，固定电价政策有力推动了德国可再生能源的大规模发展，但是由于不能及时反映市场和发电成本情况，并且政策调整时效性和灵活性较差，使得德国拟更大地发挥市场对可再生能源补贴的调节作用。

随着欧盟对于成员国将可再生能源逐步推向市场的统一要求，在充分考虑可再生能源技术成本下降及补贴总额对于用户负担等因素的前提下，通过 4 次改革，提出了由固定电价补贴向市场溢价补贴，再向可再生能源项目规模拍卖试点的转变。2017 年开始，每年对陆上风电和光伏项目进行 3~4 轮招标，拍卖遵循"按报价收费"原则，竞标成功项目将持续享有 20 年竞标补贴费率。

德国致力于推动电力市场改革，深度参与欧洲市场。目前欧盟提出构建统一的能源市场，德国作为欧盟中最强大的经济体，也是能源特别是电力市场改革的推动者。现有市场无法保障德国构建未来能源体系的需求——既保障电力市场的稳定性可靠性，又能实现其经济灵活运行，这需要在基础设施——电网扩建和互联以及市场交易机制上做出变革和创新。随着边际成本接近于零的可再生能源电力市场份额增加，电价将下降。化石燃料发电厂、可再生能源电厂、需求侧资源及储能资源在作为平衡能源市场时将出现竞争，解决不好将增加系统可靠性风险。因此新的市场想吸引投资还需要设计好激励机制和补偿机制，确保责权平衡，将总体系统成本降至最低，最终提高系统运行效率，实现无可再生能源电价补贴而运行良好的能源市场。

德国还利用能源税和碳排放交易传递能源价格信号。德国一方面以税收手段为主，对能源资源使用、环境保护、碳排放管理进行调控，另一方面对外部性显著存在的领域进行政府干预，采用可交易的排放权手段控制碳排放。总的来说，以上措施都是通过传递价格信号引导能源的利用、污染物和温室气体的排放控制。

德国经济复苏计划如图 6-1 所示。

---

① ② 参见：《关于德国能源转型的十二个见解》。

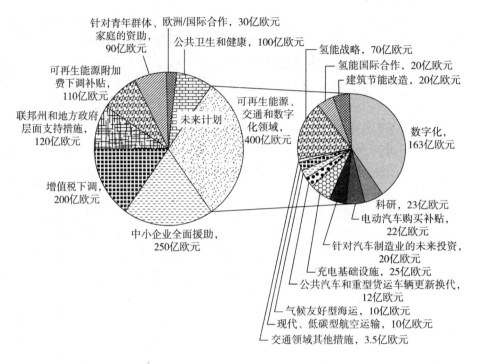

图 6-1 德国经济复苏计划

┌─────────────────────────────────────────┐

## 专栏 6-1 德国经济复苏计划中聚焦绿色行动的 "未来计划"一揽子措施要点

### 一、对可再生能源发展的支持

德国在做出 2022 年退核和 2038 年退煤计划的同时,还必须确保未来工业制造业中的能源密集型行业仍将以具有竞争力的价格获得能源。经济复苏计划下,企业电力用户和私人电力用户需承担的可再生能源附加费将有所降低(为推动可再生能源发展而规定的每千瓦时可再生电力上网补贴附加费)。这一措施将通过碳税和 110 亿欧元的补贴资金来支撑。此外,炼油厂和钢铁生产等高排放行业需往绿色低碳的道路发展,未来更加气候友好。

德国政府还大幅提高了北海和波罗的海地区的海上风电发展目标,到 2030 年达到 20 吉瓦,到 2040 年达到 40 吉瓦。在经济复苏计划出台前,德国联邦政府和各联邦州已经通过取消 52 吉瓦的光伏限额以及新增陆上风机建设间距标准可由各联邦州自行决定这一选项,向进一步推动能源转型传递了积极信号。

└─────────────────────────────────────────┘

## 二、氢能战略

2020年6月德国正式发布国家氢能战略，旨在扩大气候中性的氢能，尤其是"绿氢"的生产规模，并挖掘其商业应用潜力。具体地，确立氢能作为替代能源，将氢能作为工业可持续能源来源，加强氢能运输网络和分配基础设施建设。为此，将通过主要基于可再生能源的气候友好型方式制氢并结合后续氢能衍生产品推动德国能源转型，实现相关部门的全面脱碳；为氢能技术的市场增长创造政策框架和监管条件，开拓国内氢能生产和利用市场，尤其在已经挖掘氢能经济价值的部门以及通过现有技术难以实现脱碳的领域，如一些特定工业领域以及交通运输行业；降低氢能技术成本，开拓和建立国际市场；通过促进创新氢能技术有关的研发和技术出口增强德国工业竞争力；通过可再生能源制氢以及后续衍生氢能产品，保障德国未来能源供应安全。德国经济部长指出，氢能技术将成为德国能源转型成功的关键，这一具有前瞻性的能源将为实现德国乃至全球的气候目标做出重要贡献。正如20年前开始推广使用可再生能源一样，德国将在这方面发挥先锋作用。

## 三、电动汽车购买补贴翻倍，停止燃油车辆补贴

德国将通过经济复苏计划大力提振电动交通的发展，将对电动汽车的购买补贴进行翻倍（从现在的每辆车补贴3000欧元提升至6000欧元），对插电式和混合动力车的补贴总计达22亿欧元，有效期到2021年12月。同时，投资25亿欧元用于充电设施和电动交通、电动电池的研发。车辆税将更关注乘用车的二氧化碳排放，以扶持低排放和零排放车辆。此外还将投资20亿欧元用于汽车生产商和供应商的技术创新。

资料来源：德国联邦财政部。

## 四、美国

美国是联邦制国家，联邦政府负责联邦级的能源政策制定、协调州能源管理。各州政府独立性很强，可再生能源政策、战略和规划都以各州政策为主，时至今日美国仍没有制定联邦级的可再生能源战略目标。但联邦政府针对某些战略性领域出台了一些发展目标，例如建立了可再生燃料配额标准（RFS），规定2022年美国交通部门可再生能源燃料消费量需达到360亿吨加仑（1.07亿吨）。美国能源部能效与可再生能源办公室组织国家可再生能源实验室（NREL）等机构开展了可再生能源发电情景研究，提出即便从如今现有技术的角度来看，到2050年美国可再生能源可以达到80%的比例目标。

目前，美国所有50个州、华盛顿特区及部分美属海外领土都制定了不同类别的

可再生能源相关立法、政策和激励措施。在州的立法和措施中，可再生能源配额政策是最重要的政策。自 20 世纪 90 年代开始，美国许多州陆续开始实施可再生能源配额制度（Renewable Portfolio Standard，RPS），要求电力公司一定比例的供电量（如 10%）来自可再生能源，以推动可再生能源发电的市场发展。可再生能源配额制度通常采用登记单位合格可再生能源电量的可再生能源"证书"进行监管和市场交易，电力公司可以通过购买"证书"来满足配额要求。目前，美国有 29 个州和华盛顿特区及 2 个附属地区实施强制的 RPS 政策，另外 8 个州和 2 个附属地区设定了可再生能源配额目标。

加利福尼亚州能源和环境政策目标是：到 2020 年，温室气体要减少到 1990 年的水平，可再生能源电力（不含分布式可再生能源）占电力总需求的 33%，分布式可再生能源要发展到 1200 万千瓦，并且已经禁止在沿海建设非循环冷却电站。2015 年，加利福尼亚州议会通过了 SB 350 法案，即 RPS 的可再生能源比例目标在 2024 年、2027 年、2030 年分别提高到 40%、45%、50%，届时石油消费削减 50%（电动汽车在 2025 年超过 150 万辆），建筑能效翻番；2030 年 GHG 排放比 1990 年降低 40%，2050 年降低 80%。

## 第三节　欧盟《欧洲绿色政纲》及其对能源转型的影响[①]

2019 年 12 月，欧盟委员会新一任主席乌尔苏拉·冯·德莱恩发布了新一届领导层的六大施政纲领之一《欧洲绿色政纲》（European Green Deal，以下简称《绿政》）。《绿政》提出的"2050 年实现气候中性"（即温室气体净零排放）目标，得到了 26 个欧盟成员国和欧洲议会的大力支持。随后，欧盟迅速推出了绿色增长投资计划、公平转型基金、《气候法（草案）》等具体措施。《绿政》涉及国际贸易、气候变化等多项全球议题，引起了国际社会的广泛关注。新冠病毒疫情在全球暴发后，欧盟委员会于 2020 年 4 月初表示将继续实施《绿政》并将其中的数字基础设施、清洁能源、循环经济等绿色投资作为恢复经济的重要抓手。实施《绿政》有助于促进欧盟绿色创新和经济绿色增长，有助于其继续成为全球应对气候变化的引领者，通过绿色转型重塑全球治理格局。《绿政》内容很丰富，主要包括以下四个方面：

### 一、《绿政》的目标和任务

《绿政》是欧盟中长期可持续增长的综合性经济战略，提出了以下明确目标和任务（如图 6-2 所示）：

---

① 本节内容参见俞敏等（2020）。

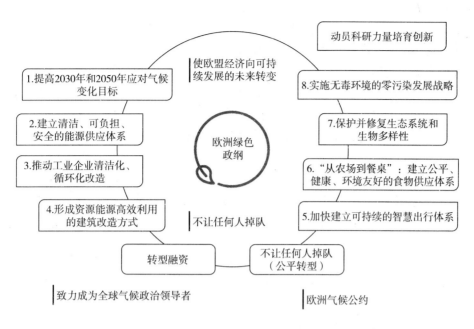

图 6-2　《欧洲绿色政钢》的主要内容

（1）提高欧盟 2030 年和 2050 年应对气候变化目标。欧盟确立了 2050 年实现气候中性目标，并拟将"2050 年净零碳目标"写入第一部欧洲《气候法》。为此，欧盟还提高了阶段性目标：2030 年，欧盟温室气体排放量将在 1990 年的基础上减少 50%～55%，比原计划目标提高了 10 个百分点。

（2）明确能源、工业、交通、建筑、生物多样性等七项重点任务。一是构建清洁、经济、安全的能源供应体系，包括发展可再生能源、淘汰煤电、建设智慧能源设施等。二是推动工业企业清洁化、循环化改造，包括加快能源密集型行业脱碳、大力支持氢能等突破性技术研发商用、推动电池行业战略价值链投资、发展可持续数字产业等。三是形成资源能源高效利用的建筑改造方式，包括提高建筑改造率、探索建筑碳排放交易体系、开展建筑能源绩效合同管理等。四是加快建立可持续的智慧出行体系，包括发展多式联运、建设智能交通系统、提高船舶和飞机等的空气污染物排放和二氧化碳排放标准、探索海事部门碳交易体系等。五是建立公平、健康、环境友好的食物供应体系。六是保护并修复生态系统和生物多样性。七是实施无毒环境的零污染发展战略。可以看出，《绿政》的主要领域基本都涉及各方面的能源转型。

## 二、绿色投融资、财税和技术政策

（1）实施绿色投融资政策。一是加大公共资金绿色投资力度，提高欧盟投资预算、"投资欧洲"基金和欧洲投资银行融资中气候项目比重至 25%、30% 和 50%。二是畅通私营部门绿色融资渠道，对环境可持续发展活动进行分类和披露，健全绿色债券等可持续性投资产品标准，将气候与环境风险纳入欧盟审慎监管框架，以此引导私人资金流向应对气候变化领域。三是倡导公平转型。针对受绿色转型影响较大的群体，欧盟通过建立公正转型基金等公正转型机制，加大对高碳排放地区和行业的帮扶，为受转型影响最大的人群提供再就业培训，不让任何人掉队。

（2）实施绿色财税政策。一是运用绿色预算工具，提升绿色项目在公共投资中的优先序。二是加快能源税等税收改革，取消空运、海运部门税收豁免，取消化石燃料补贴，增加环境保护和应对气候变化增值税等的优惠力度。三是评估欧盟环境和能源援助指南，逐步淘汰化石能源援助，消除清洁产品的市场准入障碍。

（3）实施绿色技术、人才等政策。一是加大"欧洲地平线"科研资助项目对气候变化、可持续能源等领域的支持力度，重点支持氢能、燃料电池等突破性技术的研发商用。二是加强基础教育，提高获取气候变化和可持续发展知识的能力。三是加快超级计算机等数字基础设施建设，研发全球数字模型，增强欧盟预测和应对环境灾害的能力。

### 三、绿色外交、贸易政策与治理

（1）实施强有力的绿色外交。欧盟期望通过绿色外交树立榜样形象，成为全球应对气候变化的有力倡导者。一是抓住 2021 年格拉斯哥气候变化大会这一重要机遇，确保《巴黎协定》继续作为应对气候变化的多边框架。二是加强与 G20 国家、邻国和非洲国家的双边联系，使其采取更多行动应对气候变化。

（2）提高应对气候变化在贸易政策中的地位。欧盟期望通过贸易政策使绿色联盟融入其他伙伴关系。首先，将"批准并有效落实《巴黎协定》"作为今后所有全面贸易协定的约束性承诺。其次，制定特定行业的碳边界调整机制，对来自气候政策宽松（如没有碳交易市场或没有碳税）国家的进口产品征收碳边境调节税。最后，提高食品、化学品、材料等进口产品准入标准，增加环境足迹等信息披露要求，加强对化学品内分泌干扰性的评估与审查，推动供应链审查以确保进口产品生产链和价值链不涉及滥伐森林和森林退化。

（3）推动全球完善应对气候变化的政策工具。一是积极推动建立全球碳市场。二是推广欧盟绿色标准，在全球价值链中设定符合欧盟环境和气候目标的全球标准。三是健全全球可持续融资平台，构建全球统一的气候变化分类、披露、标准和标识体系。

### 四、对中国能源转型的影响及启示

一方面，将加强中欧气候领域合作作为中国发展中欧关系的重要抓手。全球气候问题日益突出，应对气候变化已成为能源转型、经济转型、全球治理与国际合作最重要、最深远的驱动力之一。欧盟意在成为应对气候变化领域的领导者，《绿政》就是其最新抓手。中国可积极推进中欧气候变化领域合作，加快建立中欧绿色伙伴关系，共同推进全球气候治理。另一方面，正视《绿政》影响，完善中国气候谈判策略。深入研究《绿政》提出的减排新目标、国际碳排放交易、全球气候金融体系、气候变化标准标识体系等对气候谈判的影响，评估中国 2030 年气候目标的可达性及提高阶段目标的可能性，采取前瞻、务实的应对气候变化策略，发挥中国优势，在可再生能源等领域积极作为，提升中国的国际形象。

## 第四节  欧盟国家能源和气候行动计划及启示

### 一、欧盟能源转型与应对气候变化的进展

2020 年，国际能源署（IEA）发布《欧盟能源政策评估 2020》，显示欧盟能源转型是实现气候目标的重要基础，但与 2030 年、2050 年目标仍有差距。

2018 年，可再生能源占欧盟最终消费总量的 18%。但除了在电力部门进展迅速，其他部门的能源转型才刚刚开始。能源效率使欧盟的温室气体排放与能源使用脱钩，但是能源效率的提高速度已经放慢，整个欧盟都无法实现其 2020 年的能源效率目标。欧盟 16 个成员国计划在未来几十年内逐步淘汰煤炭使用（煤炭在 2018 年仍占欧盟电力结构的 20%）。

欧洲的能源转型在电力方面进展迅速。电力行业减少温室气体排放的重要推动力是能源效率、可再生能源和燃料转换。2018 年，欧盟可再生能源占电力的比重达到 32%，风能正成为最大的可再生电力来源。这主要得益于强有力的可再生能源政策，例如可再生能源指令（RED Ⅰ 和 RED Ⅱ）、雄心勃勃的目标以及相关的国家政策和激励措施，包括最近的拍卖和长期电力购买合同。到 2018 年，欧盟的温室气体排放总量自 2005 年以来下降了 17%，自 1990 年以来下降了 23%。通过国际比较，欧盟的发电碳排放强度明显低于其他大型经济体。2018 年的碳强度为 270 克二氧化碳/千瓦时，相比之下，美国的碳强度超过 400 克二氧化碳/千瓦时，日本的碳强度超过 500 克二氧化碳/千瓦时，中国约为 600 克二氧化碳/千瓦时，印度和澳大利亚超过 700 克二氧化碳/千瓦时。

建筑和交通方面的可再生能源应用进展较慢，可再生能源部署低于预期。建筑部门占欧盟终端能源消费总量的比重高达 40%。2018 年，可再生能源在建筑供暖和制冷中所占的比例为 20%。尽管供热部门的生物能源使用量翻了一番，但天然气是区域供热中最大的燃料，占总热量的 37%，其次是煤炭，占总热量的 25%。

可再生能源在欧盟交通部门的最终能源消费中所占的比例很小（8%）。欧盟 RED Ⅱ 指令提出了到 2030 年交通运输中可再生能源比重目标为 14%（高级生物燃料目标为 3.5%）。欧盟关于交通部门替代燃料基础设施部署的指令要求成员国为电力、氢气和天然气等替代燃料提供最低限度的基础设施。欧盟计划在 2021 年对该指令进行修订，以实现更大程度的协调和发展，并在各种燃料之间建立公平的竞争环境。预计实现目标将日益依靠推广电动汽车（EV），先进的生物燃料和生物甲烷有望在航空和海上运输中发挥重要作用。

当前的 2030 年目标将需要进行重大的系统改造，同时考虑是否需要新的欧盟政

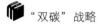

策，特别是在能源系统集成方面的新政策，以使供热和交通运输行业脱碳。

在2019年12月的欧盟理事会会议上，欧盟成员国同意到2050年实现气候中和目标。这使整个欧洲理事会都认可了2050年气候中和目标。2020年3月，欧盟根据2050年远景规划的几种方案，正式向《联合国气候变化国家框架公约》（UNFCCC）提交了其长期战略。

欧盟委员会于2020年3月提出了第一部《欧盟气候法》的提案，该提案旨在基于对进展和NECP的五年回顾，为2030~2050年的减排创建新的治理框架。在2030~2050年，有许多不同的国家关于能源过渡的政策方法。一些欧盟成员国已经采用了2050年的气候中和（或更早）目标，以及非ETS部门（运输、建筑）非常雄心勃勃的目标以及相关政策。这为欧盟能源转型提出了更高的要求。

## 二、国家能源和气候计划

国家能源和气候计划（NECP）是当今欧盟能源部门治理的核心：每个成员国都必须向欧洲委员会提交其计划；几乎所有国家都在2020年5月底之前提交了最终的NECP。欧盟委员会将在2020年期间评估所有最终的NECP，并讨论在2020~2021年对能源部门法规进行的中期审查。欧洲环境署的分析认为，到2019年实施的国家措施不足以实现欧盟2030年的减排目标（比1990年减少40%）。欧盟是否会增加其2030年的减排目标，将取决于2020年进行的重大影响评估和政治辩论。因此，欧盟委员会认为最终NECP的实施对于实现40%的目标至关重要。

## 三、NECP的制定与实施：以德国为例

以德国为例，NECP统筹能源和气候领域宏观目标，针对能源结构、能源效率、能源安全、能源创新等各方面，提出了各领域的部门目标和重大举措。

德国NECP提出，2030年温室气体排放比1990年下降55%，可再生能源占终端能源消费比重提高到30%，一次能源消费相对于2008年下降30%，同时确保能源供应充足、具有韧性，通过市场机制推动电力、热力和交通部门的协同耦合发展，电力、热力和交通部门协同耦合；最晚2038年退出煤电；能源基础设施联合审查，形成电力市场2.0版本，确保电力系统灵活性。为此，德国还将加速能源研究；2022年前每年投入13亿欧元，增强能源研究、创新和竞争力（见表6-7）。

表6-7  德国NECP核心目标和保障措施

| 类别 | 2030年目标 |
| --- | --- |
| 温室气体减排 | 相比1990年下降55% |
| 能源结构 | 可再生能源占全部终端能源消费比重达30% |
| 能源效率 | 一次能源消费相对于2008年下降30% |
| 能源安全 | 确保持续充足、具有韧性的能源供应 |

续表

| 类别 | 2030 年目标 |
|---|---|
| 能源市场 | 电力、热力和交通部门协同耦合；最晚 2038 年退出煤电；能源基础设施联合审查，形成电力市场 2.0 版本，确保电力系统灵活性 |
| 能源研究创新和竞争力 | 加速能源研究；2022 年前每年投入 13 亿欧元 |

关于可再生能源，德国针对可再生能源在全部终端能源消费、电力、供热制冷、交通用能中都提出了各阶段目标，并分析了 2030 年前各类技术对实现上述目标的贡献，具体见表 6-8 和表 6-9。

表 6-8　德国 NECP 的可再生能源比重目标

| 年份 | 2020 | 2025 | 2030 |
|---|---|---|---|
| 终端能源消费 | 18% | 24% | 30% |
| 电力消费 | 35% | 40%~45% | 65% |
| 供热制冷 | 14% | 20.50% | 27% |
| 交通 | 9% | 13% | 27% |

表 6-9　德国各类可再生能源在电力、交通、供热制冷中的预期比重

| 年份 | 2021 | 2022 | 2023 | 2024 | 2025 | 2026 | 2027 | 2028 | 2029 | 2030 |
|---|---|---|---|---|---|---|---|---|---|---|
| 电力 | 42.7 | 43.7 | 44.4 | 45.4 | 46.6 | 48.0 | 49.3 | 50.8 | 52.3 | 53.3 |
| 陆上风电 | 16.8 | 17.0 | 17.0 | 17.1 | 17.4 | 17.9 | 18.2 | 18.7 | 19.3 | 19.7 |
| 海上风电 | 5.5 | 5.8 | 6.3 | 6.8 | 7.3 | 7.8 | 8.5 | 9.1 | 9.7 | 10.3 |
| 光伏发电 | 8.3 | 8.7 | 9.2 | 9.6 | 10.0 | 10.4 | 10.8 | 11.2 | 11.6 | 11.9 |
| 水电 | 3.5 | 3.5 | 3.5 | 3.5 | 3.5 | 3.6 | 3.6 | 3.6 | 3.6 | 3.6 |
| 生物发电 | 7.6 | 7.5 | 7.4 | 7.4 | 7.4 | 7.3 | 7.2 | 7.1 | 7.0 | 6.7 |
| 垃圾发电 | 1.0 | 1.1 | 1.1 | 1.1 | 1.1 | 1.1 | 1.1 | 1.1 | 1.1 | 1.1 |
| 交通 | 5.7 | 5.8 | 5.9 | 6.1 | 6.3 | 6.5 | 6.7 | 7.0 | 7.3 | 7.5 |
| 生物柴油 | 3.2 | 3.1 | 3.1 | 3.1 | 3.1 | 3.1 | 3.0 | 3.0 | 3.0 | 3.0 |
| 燃料乙醇 | 1.4 | 1.4 | 1.4 | 1.5 | 1.5 | 1.5 | 1.5 | 1.5 | 1.6 | 1.6 |
| 生物甲烷 | 0.1 | 0.1 | 0.1 | 0.2 | 0.2 | 0.2 | 0.2 | 0.3 | 0.3 | 0.3 |
| 可再生电力 | 1.0 | 1.1 | 1.2 | 1.4 | 1.6 | 1.8 | 1.9 | 2.2 | 2.4 | 2.6 |
| 供热制冷 | 15.5 | 15.9 | 16.3 | 16.7 | 17.2 | 17.6 | 18.0 | 18.4 | 18.8 | 19.2 |
| 生物质和垃圾 | 12.9 | 13.1 | 13.3 | 13.5 | 13.7 | 13.9 | 14.1 | 14.3 | 14.4 | 14.5 |
| 其他（太阳能、地热能） | 2.6 | 2.8 | 3.0 | 3.2 | 3.4 | 3.7 | 3.9 | 4.1 | 4.4 | 4.6 |

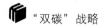

## 第五节　能源技术创新发展方向和进展

目前在新能源、新能源汽车、固有安全性的核电等领域都出现了技术变轨的机会窗口，而智能电网、分布式能源、智能交通、智慧城市也已经初见端倪。随着5G等新一代通信、移动互联网、智能传感、大数据、云计算等技术的推广，能源转型与产业升级、社会转型前所未有地融合互动。

### 一、能源技术创新成为国家战略

全球能源技术创新进入高度活跃期，绿色低碳是能源技术创新的主要方向，集中在化石能源清洁高效利用、新能源大规模开发利用、核能安全利用、大规模储能、关键材料等重点领域。世界主要国家均把能源技术视为新一轮科技革命和产业革命的突破口，制定各种政策措施抢占发展制高点，并投入大量的资金予以支撑。国际能源署（IEA）发布的《IEA成员国能源技术研发示范公共经费投入简析2020》显示，在过去40年里，IEA成员国能源技术研究、开发和示范（RD&D）公共投入领域日益多样化。2019年核电（21%）、能源效率（21%）、可再生能源技术（15%）和交叉技术（23%）的RD&D（研发投入强度）基本相当。化石燃料投入占比在20世纪90年代达到顶峰，2013年之后逐步下滑至当前的9%。2019年，IEA成员国能源技术RD&D公共投入总额达到209亿美元，除化石燃料下降4%外，所有技术RD&D投入均有所增加。

世界主要国家和地区对能源技术的认识各有侧重，基于各自能源资源禀赋特点，从能源战略的高度制定各种能源技术规划、采取行动加快能源科技创新，以增强国际竞争力，尤其重视具有潜在颠覆影响的战略性能源技术开发，从而降低能源创新全价值链成本。例如美国的《全面能源战略》、欧盟的《2050能源技术路线图》、日本的《面向2030年能源环境创新战略》、俄罗斯的《2035年前能源战略草案》等。本节分析当前各国能源科技战略布局方向和国际前沿能源技术发展成果，以期洞察能源技术创新方向和能源技术发展趋势。2019年，美国和日本是IEA所有成员国中对RD&D公共投入最多的两个国家，两国的RD&D公共投入合计占成员国总投入的近一半（47%）。紧随其后的是德国、法国、英国、加拿大、韩国、意大利和挪威。除了日本外（投入下滑2%），其他成员国RD&D公共投入均显著增加。得益于"地平线2020"研发创新框架计划，2019年欧盟能源技术RD&D公共投入总额位列全球第三，仅次于美国和日本。

当下，全球能源转型提速，能源系统逐步向低碳化、清洁化、分散化和智能化方向发展。未来，低成本可再生技术将成为能源科技发展的主流，能源数字技术将成为引领能源产业变革、实现创新发展的驱动力。储能、氢能、先进核能等前瞻性、颠覆性技术将从根本上改变能源世界的图景。

（一）可再生能源技术成本仍呈下降趋势

在"技术为王"的时代，获取能源资源的成本或效率是决定成败的关键所在，因此发展低成本技术是未来重要趋势。近年来，随着太阳能、风能等非传统可再生能源技术水平提高、成本下降，世界多国和地区都加快了可再生能源发展的步伐。据彭博新能源财经（BNEF）发布的 2019 年《新能源市场长期展望》，可再生能源目前是全球 2/3 地区最便宜的新建电源。到 2030 年，其成本将在全球大部分地区低于已建火电，由于风电、太阳能和储能技术成本的大幅下降，到 2050 年全球近一半的电力将由这两种快速发展的可再生能源供给。太阳能和风能是未来可再生能源的主体，低成本可再生能源技术是能源科技发展的重点领域。

（二）数字技术将加速能源转型

随着各种信息化技术在能源领域中的应用，数字技术逐步打破了不同能源品种间的壁垒，成为未来的一大发展趋势。数字技术（如传感器、超级计算、人工智能、大数据分析等）具有强大的变革推动力，能够提升整个能源系统效率，使能源供应和消费变得更安全、更可靠和更具成本效益。例如，在石油勘探领域智能机器人的应用，将解禁全球之前大量无法开采或者高成本开采的油气田，全球能源可开采量将发生巨大变化。智能化电网系统的应用发展将实现对电力系统实时监测、分析、分配和决策等，实现电力分配、使用的效率最大化。区块链技术已经被愈加广泛地应用，在以原油为代表的能源交易平台、可再生电力的点对点交易、电动汽车充电、电网资产管理、绿证追踪管理甚至虚拟能源货币等领域都已崭露头角，这将会给能源领域带来更深刻的变化。IEA 在《数字化和能源》中预测，数字技术的大规模应用将使油气生产成本减少 10%~20%，使全球油气技术可采储量提高 5%，页岩气有望获得最大收益。仅在欧盟，增加存储和数字化需求响应就可以在 2040 年将太阳能光伏发电和风力发电的削减率从目前的 7% 降至 1.6%，从而到 2040 年减少 3000 万吨二氧化碳排放。与此同时，数字化还可以使碳捕获和储存等特定的清洁能源技术受益。

（三）新兴技术将重塑能源未来

当前，以新兴能源技术为代表的新一轮科技革命和产业变革正在兴起，在油气、储能、氢能、先进核能等领域，新的颠覆性技术不断涌现。其中，油服公司的技术创新尤为活跃，新技术、新工具、新装备以及一体化的解决方案不断推出。大规模储能系统的应用，使得能源转换与利用更加高效，实现能源的时空平移，以解决能源在生产、传输以及使用环节的不同步性等问题。随着氢能和燃料电池关键技术的逐步突破，各国争相将发展氢能产业提升到国家能源战略高度，大力推进氢能产业链布局与技术创新。目前，包括物理储能、电化学储能、储热、储氢等在内的多种储能技术类型，在新能源并网、电动汽车、智能电网、微电网、分布式能源系统、家庭储能系统、无电地区供电工程等不同应用场景下，展露出巨大的发展潜力，市场前景非常广阔。在核能领域，确保可持续性、安全性、经济性和防核扩散能力的先进技术是研发的重点，主要研究方向包括开发固有安全特性的第四代反应堆系统、燃料循环利用及废料嬗变堆技术，以及核聚变示范堆的设计与实现。此外，各类新兴技术将给现有的能源市场

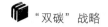 

带来深远影响，例如先进材料的开发可以显著提高电池性能等。

## 二、风电、光伏成本快速下降[①]

过去 20 年，电力系统最大的变化是风电和光伏发电（本书将两者统称为波动性可再生能源）成本的大幅下降。成本下降的原因是技术的持续进步，以及设计完善的上网电价和竞价体系。光伏发电成本的下降速度超过了风电，在全球日照充足的地区，光伏发电已经成为成本最低的发电资源。风电最明显的变化则是海上风电价格及成本的大幅度下降。

受技术进步、规模化经济、供应链竞争日益激烈和开发商经验日益增长的推动，在过去 10 年间，可再生能源发电成本急剧下降。国际可再生能源署（IRENA）在 2021 年从 IRENA 项目库中收集的成本数据显示，自 2010 年以来，太阳能光伏发电、聚光太阳能热发电、陆上风电和海上风电的平准化发电成本（LCOE）分别下降了 88%、68%、68% 和 60%。2021 年新增可再生能源装机中有 2/3（163 吉瓦）的成本低于 G20 国家中最廉价的燃煤电力。2021 年，大规模并网太阳能光伏发电成本降至 0.048 美元/千瓦时，同比下降 13%。在 2021 年投产的项目中，陆上和海上风电的成本分别同比下降 15% 和 13%，分别降至 0.033 美元/千瓦时和 0.075 美元/千瓦时。太阳能和风能发电技术中最不成熟的光热发电成本降至 0.114 美元/千瓦时，降幅为 7%（见图 6-3）。

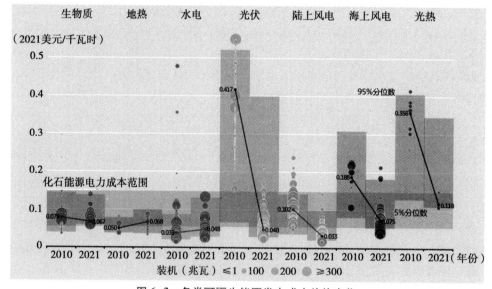

图 6-3 各类可再生能源发电成本价格变化

资料来源：IRENA《2022 年可再生能源发电成本》。

## 三、分布式能源

分布式能源包括多种技术，如分布式发电、储能和能效等。除了能效等已成熟的分

---

① 资料来源：IRENA《2022 年可再生能源发电成本》。

布式能源技术以外，近年来国际上出现了三个新分布式技术趋势，分别是屋顶光伏、电动汽车和电采暖技术。其中，电动汽车和电采暖技术成为推动终端电气化的主要驱动力。

屋顶光伏近年来发展迅速。根据能源研究机构 Rystad Energy 公司发布的一项研究报告，在经历了 2010~2016 年相对缓慢的增长后，全球安装的屋顶光伏系统年度装机容量从 2017 年的 36 吉瓦增长到 2021 年底的 59 吉瓦，安装量增长了 64%，占全球各种光伏的总装机容量的 30%。其中，中国是增长主力，屋顶光伏安装量从 2017 年的 19.4 吉瓦增加到 2021 年的 27.3 吉瓦。澳大利亚在人均屋顶光伏系统装机容量方面处于世界领先地位，达到每人 746 瓦，紧随其后的是德国（668 瓦），之后是日本（353 瓦）。Rystad Energy 预测，全球屋顶光伏安装量将快速增长，到 2025 年安装的光伏系统装机容量将翻一番。

IEA 发布的《2022 年全球电动汽车展望》显示，2021 年全球电动汽车的销售比上一年翻了一番，达到 660 万辆；电动汽车占汽车总销量的近 10%，是 2019 年市场份额的 4 倍。持续的政策支持、汽车制造商的电气化目标是电动汽车销量持续快速增长的主要推动因素。当前，市场上可用的电动汽车型号数量达到 450 种，可选车型的增加也激发了消费者的购买热情。2021 年，中国电动汽车销售量达到 330 万辆，占全球销量的一半。

热泵将在供热电气化方面发挥关键作用。热泵使用低碳能源增加空间供热量的成本效益最高，而可再生能源发电的增长将进一步提高热泵的环境效益。在芬兰等国家，热泵作为需求侧响应资源被用于提高电力系统灵活性。此外，热泵也越来越多地被用于区域供热和工业中的大规模应用。根据 IEA 发布的研究报告《能效 2021》，过去五年，全球热泵的安装数量以每年 10% 的速度增长，2020 年达到了 1.8 亿台。在欧洲，热泵的销量在 2020 年增长了 7% 左右，达到 170 万台，实现了 6% 的建筑的供热。2020 年，热泵取代天然气成为德国新建住宅中最常见的供暖技术，这使得欧洲热泵的预计库存量接近 1486 万台。在美国，住宅热泵的支出从 2019 年开始增加了 7%，达到 165 亿美元，热泵约占 2014~2020 年建成的新单户住宅供暖系统的 40%。在新的多户家庭中，热泵是最常用的技术。在亚太地区，热泵投资在 2020 年增长了 8%。IEA 预测，在 2050 年实现净零排放的情景中，到 2030 年热泵安装数量将达到 6 亿台。

## 四、数字化

能源系统转型最重要驱动力之一是数字化。在能源领域，电力系统将最先受到数字化变革的影响。传统意义上，电力系统运行模式是大型集中式发电厂发电，通过输配电网络向住宅、商业、工业和交通行业的终端用户输送电力。与之对应，数字化技术将可以更好地将电力需求和整个系统实时状态相匹配，使终端用户和分布式能源也可以出售电力，或为电网提供有价值服务并从中获益。数字化的关键因素是互联互通。保证连通性可以监控、整合、控制大量小规模能源生产单位和用电设备，这些资产包括屋顶分布式光伏、小区采暖锅炉、电动汽车等。

智能电表与通信技术将使得施行实时电价和快速需求侧响应成为可能。需求侧响应将显著改变电力系统未来的格局。在现代化电力系统中，需求侧将逐渐从被动接受电力向主动提供系统服务方向转变，包括消纳可再生能源、满足电力系统日益多样化的需求等。从系统规划的角度，需求侧响应有助于管理负荷曲线，从而经济有效地满足日益变化的系统需求。

数字化技术对于能源电力系统的不断渗透将催生出高度互联的系统，并模糊掉传统意义上的电力供应方和电力消费者之间的界限。此外，数字化带来的最显而易见的结果之一是分布式能源的发展。随着分布式能源的快速增长，配电网范围内或局部地区需要更密切的系统稳定性监控措施。在不同的市场结构中，数字化会引发电力系统中传统角色定位的变化，并产生新的监管方式和监管对象。

# 第六节　未来全球能源转型情景研究[①]

## 一、全球能源转型进展

20世纪末以来，随着应对气候变化成为国际共识、可再生能源和非常规天然气技术进步，全球能源清洁低碳化转型进程加快。数据令人鼓舞，显示世界正在走上一条更可持续的道路，例如可再生能源保持强劲增长的态势。可再生能源增长创下历史新高，占全球一次能源增长的40%以上，高于其他各类燃料。风电、光伏等非水可再生能源在发电领域的占比（10.4%）首次超过核电。天然气消费在一次能源中的占比（24.2%）又创新高。煤炭消费量在一次能源中占比降至27%，然而，煤炭仍然是发电最主要的能源，在全球总发电量中占比超过36%（见图6-4和图6-5)[②]。

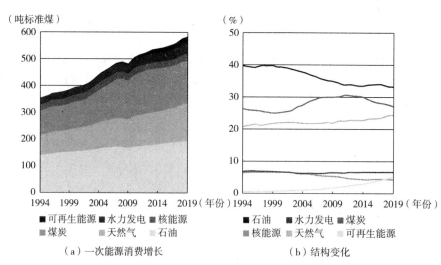

（a）一次能源消费增长　　　　（b）结构变化

**图6-4　全世界一次能源消费增长和结构变化**

资料来源：《BP世界能源统计年鉴2020》。

---

① 资料来源：《全球主要能源展望报告对比与启示（2020）》。
② 数据来源于《BP世界能源统计年鉴2020》。

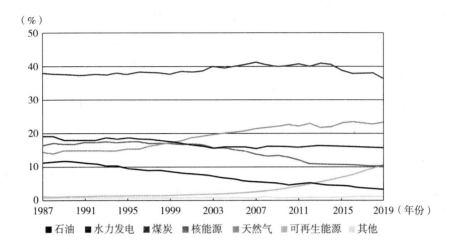

**图 6-5　1987~2019 年全世界各类技术的发电量比重**

资料来源：《BP 世界能源统计年鉴 2020》。

## 二、展望研究概述

近年来，许多机构开展了世界和国家能源转型的情景展望研究。情景可以归为三类：一是中规中矩、保持现行趋势的一切照旧型预测，包括 IEA 当前政策情景、WEC 硬摇滚情景、OPEC 参考情景、EIA 参考情景、IEEJ 参考情景、ERIRAS 保守情景、BP 渐进转型情景、ExxonMobil 参考情景、Equinor 竞争情景等；二是技术进步和政策调整情况下的政策改进型预测，包括 IEA 既定政策情景、WEC 现代爵士乐情景、ERIRAS 创新情景、Equinor 改革情景等；三是为应对气候变化而制定严格气候政策，进而导致能源行业迅速转型的激进型预测，包括 IRENA 的能源转型情景（或 ReMap 情景）、IEA 可持续发展情景、WEC 未完成交响乐情景、ERIRAS 能源转型情景、BP 快速转型情景、Shell 天空远景、Equinor 更新情景等。

## 三、未来能源结构预测

综合各机构众多情景下的预测，展望期越长，世界能源向可再生能源转型的趋势就愈发明显。到 2040 年，一切照旧型预测的预测数据较为相近，化石能源在一次能源需求中占比为 70%~80%。在激进型预测中，各机构相应情景下对化石能源占比的预测位于 56%~68%，预测数据之间的差距拉大。到 2050 年，在激进型预测中，Shell 作为传统能源企业的化石能源占比预测也降到了 44%，即到 2050 年化石能源在能源结构中的主体地位将被颠覆。国际可再生能源署的能源转型情景研究显示，到 2050 年全球能源相关碳排放需以每年 3.8% 的速度下降才能使全球平均温升控制在 2℃ 以内，可再生能源在终端能源消费中的占比应增至 66%，而能源强度改善速度需提高到每年 3.2%。

根据各机构的分析，化石能源中，预计煤炭的需求峰值最先到来，随后石油需求也将达峰，一些机构的激进型预测认为天然气也将在展望期内达到需求峰值。所有情

景都认为，煤炭在能源需求中的占比将大幅降低。如果未来沿着一切照旧的轨迹发展，在各机构展望期内，石油虽占比下降，但仍将是全球第一大能源。如果未来沿着政策改进的轨迹发展，天然气占比有可能超过石油，或成为全球第一大能源。

电力将成为核心的能源载体。以风能和太阳能为主导的可再生能源，毫无疑问是增速最大的能源类型，在所有情景中的占比都呈现上升趋势，在激进型预测中其占比占据领先地位，并有可能成为全球一次能源的最大来源。Irena预测，到2050年，在终端能源消费占比从20%增长到接近50%，全球总用电量将增加一倍以上。每年需新建超过520吉瓦的可再生能源发电容量。到2030年，可再生能源发电占比需从目前的26%上升到57%，到2050年则将上升至86%。可再生能源成本下降将加速这一增长，2020年投产的太阳能光伏和风能项目中4/5的机组发电成本将低于所有化石燃料发电。

## 四、小结

目前看来，尽管全球能源向可持续方向转型的特点逐渐明晰，各国已经行动起来，积极追赶净零目标，但是大多数情景显示，未来可预见的碳排放与实现气候变化目标所需的发展轨迹相去甚远，《巴黎协定》的气候目标依旧很难实现。为了实现《巴黎协定》的气候目标，需要创新的技术解决方案和支持性政策在减排中发挥重要作用。

对于各国能源研究机构而言，能源展望多以保障本国能源供给安全、促进自身能源产业发展为出发点，探索在全球变革背景下本国能源发展的最佳现实路径。中国能源革命情景应立足中国现实、围绕中国整理目标，分析中国能源常规转型和加速转型的前景和路径。技术和政策是影响情景设置和展望结果的主要因素，其中技术是推进能源发展、能源转型的根本，实现能源系统整体转型需要在更广泛的能源技术领域取得进展。

# 第七节　高比例可再生能源对能源电力系统的影响和转型要求

## 一、高比例波动性可再生能源并网必须采取系统性解决方案

相关研究和国际经验表明，在技术层面上，电力系统对波动性可再生能源的比例没有硬性约束；对于有些国家公布的风电、光伏系统占比限制，进一步研究已然表明这些限制是可以克服的。对于系统因风、光发电不断增加，或风、光有别于传统电源的特性而产生的变化和不确定性，技术上存在相应解决方案。

许多国家在风电、光伏发展初期，对于波动性可再生能源接入系统这一问题并未采用系统性解决方案，而是采用传统方法进行处理。传统的解决方法是将波动性可再生能源与电力系统中其他发电资源加以区分，并采用相应技术方案使波动性可再生能

源与传统可调度电源出力特性更为相似（例如将光伏发电配以储能），然后按照处理传统可调度电源的方式对其进行管理。这种方法在风、光占比较小时是可行的，但当风、光占比越来越高时将会变得低效，并且导致不必要的额外成本和弃电现象发生。

更为先进的解决方案是基于系统视角推动电力系统的转型。这种解决方案的核心在于全方位增加系统的灵活运行能力。需要特别指出的是，随着波动性可再生能源渗透率的不断提高，系统面临的挑战和灵活性需求也会相应变化。因此，有必要首先对波动性可再生能源的发展进行阶段划分。

## 二、波动性可再生能源的不同发展阶段划分及相关特征

波动性可再生能源并网会对电力系统产生多种影响。这些影响并不是突然出现的，而是随着波动性可再生能源渗透率的提高而逐步显现。根据波动性可再生能源不同渗透对电力系统的影响以及相关并网问题，可以将波动性可再生能源的发展划分为以下六个阶段：

第一阶段：系统开始出现少量波动性可再生能源，对系统基本没有影响或造成极小的、局部的影响，如在发电厂的并网点。

第二阶段：随着波动性可再生能源发电容量的增加，负荷与净负荷之间的差异较为明显。对于本阶段，改进系统运行方式以更充分地利用现有系统资源，通常足以满足系统并网要求（如对中国大部分地区进行火电灵活性改造以消纳可再生能源）。

第三阶段：现有系统资源难以在全部时段维持电力供需平衡，此时需要系统性地提高灵活性，而运用已有系统资源、改进系统运行方式难以满足要求。

第四阶段：在电力需求低、波动性可再生能源发电量高的时段，波动性可再生能源发电量足以满足系统大部分供电需求。这个阶段需要对系统运行和监管方式做出改变——从运行的角度，这一阶段涉及电力系统出现扰动后迅速进行响应并恢复稳定运行，因此这个阶段与电力系统稳定性密切相关；从监管的角度，这个阶段涉及市场规则的调整，促使波动性可再生能源进行角色转换，即从向系统寻求其他资源以解决自身并网问题到向系统提供频率响应服务（如一次调频和二次调频）。

第五阶段：此阶段波动性可再生能源发电量经常会超过总体电力需求，如果没有额外处理方式，将导致出现净负荷的结构性过剩，增加弃电风险。此阶段需要将用电需求引导、转移向波动性可再生能源发电量较高的时段，还需要通过终端用能电气化创造新需求。在这个阶段，某些时段的电力需求可能完全由波动性可再生能源供应，不需要火电运行。

第六阶段：这个阶段的主要挑战在于当风电、光伏出力持续较低时（比如数周时间）如何满足电力需求。因此，这个阶段需要采用季节性储能，如氢能。

上述阶段划分是综合考虑波动性可再生能源渗透率、电力系统基础设施、市场运行状况等多种因素，因此并不完全与可再生能源渗透率直接对应。

全球多数国家目前都处在第一和第二阶段。但未来五年，随着波动性可再生能源部署加快，越来越多的国家会进入第三和第四阶段。中国整体而言处于第二阶段，但

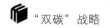 

是西北一些省份已进入第三阶段。

## 三、释放提升系统灵活资源是能源电力转型的核心

在中国，电力系统的灵活性与燃煤电厂的灵活运行有关。但实际上，电力系统灵活运行的概念绝不局限于电源侧，而是包含了电力系统的所有资源。这些资源确保了系统在波动性和不确定性不断增加的情况下高效稳定地运行。除发电侧灵活性资源外，还可以通过电网基础设施、需求侧响应和电力存储来提供系统运行调节能力。在具有较高波动性可再生能源占比的电力系统中，发电侧以外的其他系统组成提供的系统灵活性极为关键。这也同时需要电力行业和其他行业的协同发展，典型例子是电动汽车，以及其与电力系统的协同交互。

（一）系统中集中式资源的灵活性

1. 波动性可再生能源提供系统灵活性

波动性可再生能源的发电能力受制于风能或太阳能等资源的瞬时可用性。因此，将波动性可再生能源视为一种灵活性资源似乎不符合逻辑。但在风、光资源充足的情况下，波动性可再生能源具有显著的灵活性。波动性可再生能源发电不需要像煤电一样进行机组预热，因此几乎可以实现瞬时启停。波动性可再生能源的发电量也可在较大范围内变化，且可在极短时间内完成负荷升/降。此外，在个别情况下，持续、少量弃电可视为一种额外的灵活性选择，使波动性可再生能源发电保持一定的发电量裕度。在这种情况下，波动性可再生能源发电可以提供运行备用，最终增加波动性可再生能源并网发电量。

但现阶段，系统运营商并没有充分利用波动性可再生能源提升系统灵活性，主要有三个原因：一是上文提到的运行模式需要系统能够直接、自动对波动性可再生能源进行控制，这在现阶段实现难度较大；二是为得到足够精度的发电出力信息，必须建立高精度的波动性可再生能源发电功率预测系统；三是监管与市场设计必须有利于波动性可再生能源发电参与，这就需要调整现有市场设计。例如，尽管提前数天预测风力发电功率往往不够准确，但提前几小时甚至更短时间的预测却非常可靠。这意味着系统运营商需要更频繁、更接近实时地获取功率预测信息，从而充分利用波动性可再生能源。未来数字化技术的进步能够进一步提高预测精度。

越来越多的示范项目和现场测试都证明了大规模波动性可再生能源发电项目提供灵活性是可行的。实际上，国际经验证明了优化波动性可再生能源的使用有助于节约电力系统成本（比如减少需要调度煤电机组的次数，从而降低燃料消耗），减少波动性可再生能源弃电。

波动性可再生能源的先进控制技术和运行策略有助于改变电力公司的固有观念，从而将波动性可再生能源视为并网解决方案的一部分。例如，美国坦帕电气公司（Tampa Electric Company）进行的一项研究表明，完全释放光伏发电的灵活性能够大幅节约系统运行成本，即使光伏年渗透率达到28%。

该研究设置了不同的情景，结果显示，通过主动控制光伏实际弃电水平，保证峰值储备，可增加光伏发电在总发电量中的占比，有助于节约系统成本。另一项研究结果表明，采用灵活性运行模式的光伏场站，可降低储能的运行价值（若两者均提供频率控制服务）。但在有更多的平衡需求、更高的弃光率和光伏渗透率较高的情况下，储能依旧有价值。

要实现波动性可再生能源提供系统灵活性，政策制定者需要考虑两个重要因素：一是确立明确的基准化指引；二是对波动性可再生能源运营商从施行优先调度的固定电价向最大灵活性模式转换的激励措施。

与常规的波动性可再生能源发电技术相比，系统友好型波动性可再生能源可用于减少对更昂贵的灵活性资产的需求。为此，调整现有支持机制以提供适当的激励可能很有必要。此外，需要通过修改辅助服务市场准入要求和调度规则，为波动性可再生能源的灵活性调用提供公平补偿。

2. 先进电网技术

电网是唯一能够带来双重效益的灵活资源：一是调和较大地理区域的波动性可再生能源发电出力互补，减少灵活性要求。实际上，在较大范围内优化配置风电和太阳能光伏发电规模能够有效消除发电出力的短期波动性。二是电网能够更高效地整合不同的灵活资源。因此在电网基础设施投资成本最小的前提下，电网基础设施数量会随着系统中波动性可再生能源占比的提高而增加。

对于输电线路，每条线路都有自然容量。与电流有关的温度升高导致的线路弧垂，往往会限制输电线路的容量。确定输电线路容量的传统方法是基于最坏假设（低风速、高环境温度、高太阳辐射）。

输电线路动态增容可用于提高可用输电容量，不需要建设新线路。输电线路动态增容（Dynamic Line Rating，DLR）将实际运行和环境条件考虑在内，接近实时计算出输电线路的容量，而不是假设一个固定容量。利用动态增容，系统运营商可以随时利用可用的额外容量，从而减少对输电投资的需求。

澳大利亚雪域地区就是一个很好的案例。为提高输电容量、减少阻塞风险，新南威尔士州的输电网络服务提供商 TransGrid 采用了输电线路动态增容。系统采用了气象站实时监控和记录的天气数据。这些实时数据使 TransGrid 能够了解线路的状况，从而更有效地管理和运行线路。当 TransGrid 预计风电发电量较大会导致雪域至悉尼的 330 千伏输电线路严重阻塞时，TransGrid 就通过输电线路动态增容，允许在高风速时提高输电线路容量，减少阻塞从而减少弃风。根据澳大利亚能源市场运营商的统计，输电线路动态增容可将雪域至悉尼的 330 千伏线路输送电量增加约 400 兆瓦。

3. 储能电池的多功能性

电池储能是一种基于逆变器的技术，其优势之一是能够迅速精确地调节功率输出。电化学储能在技术方面的通用性决定了其可用于满足各种系统灵活性需求，如快速爬坡、峰值需求，超短期灵活性需求等。

各国对电化学储能的部署在规模和应用方面存在差异。欧洲的电化学储能装机容量中，超过 5000 千瓦的大型储能占比较大。原因有很多，如德国北部的大型电化学储

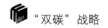

能试点项目被视为在高风电渗透率的区域缓解电网压力的替代选择。WEMAG Schwerin 电化学储能项目在 2014 年的装机容量为 5000 千瓦，2017 年增加了 1 万千瓦，用于为该地区约 80 万千瓦风电装机容量提供频率调节，平衡发电出力。

英国同样采用了大型储能，最近英国鼓励大型储能发电厂参与国内容量市场。由 Statera Energy 公司所有和运营的 Pelham 电化学储能发电厂于 2017 年投入运营。该发电厂的发电量为 4.9 万千瓦，可以通过频率市场和容量市场获得收益。

在欧洲以外的其他地区也有大量超大型电化学储能项目，用于满足特定需求。澳大利亚的 10 万千瓦 Hornsdale 电池项目是全球最大的电网侧独立电化学储能电站，通过批发市场和频率市场获得收益。

4. 合成燃料和其他长期储能技术

在波动性可再生能源发电和电力系统转型方面，目前合成燃料在全球发挥的作用并不显著。但有两个因素可能导致这种情况发生变化。合成燃料应用于储能时，首先用电生成燃料，之后将燃料重新转换为电力，即从电力到燃料再到电力的过程。这个过程的可用燃料包括水电解制氢，还可以进一步转化为合成甲烷或氨，用于解决氢的储存与运输问题。研究发现，只有波动性可再生能源在能源结构中占比非常高且波动性可再生能源供电与电力需求出现季节性不匹配时，才需要这类储能技术。使用氢及其衍生物还有另外一个驱动因素。氢是许多种应用的重要原料，如合成氨以及通过直接铁还原过程炼钢等工艺中，氢都是主要原料。

（二）分布式资源的灵活性

信息技术和电力电子系统的持续进步，是新型分布式能源崛起的主要驱动因素。分布式能源是日益分散化的电力系统的重要特征。分布式能源包括多种技术解决方案，如分布式发电、分布式电池储能和需求响应等，以及能效等非常高的梯次利用系统。分布式应用的一个关键特点是协调这些分布式资源的能力，如在表后（Behind-the-Meter）应用中优化消费，或通过电网互动应用实现需求侧集成（Demand Side Integration）。此外，高精度监控能力使开发综合解决方案成为可能。综合解决方案通常是将分布式发电、需求响应和分布式储能整合成分布式能源系统。

1. 电动汽车和电力系统的协同

电动汽车的迅速发展为电力系统提供了一种新的储能选项，但同时也为系统运行管理带来了新的挑战。电动汽车在同一时段集中充电，可能会使配电网受到影响。英国国家电网目前就正在研究大伦敦地区采用电动车所带来的充电挑战。英国国家电网预计，大量电动汽车充电设施将连接到低压配电网络。大伦敦地区人口密集，停电会带来较高的经济成本。这种情况使得为配电网络开发智能充电方案和进行一体化充电基础设施规划变得尤为重要。

除了上述挑战外，电动汽车更多地被电力系统运营商视为一种潜在的系统灵活性资源。这种提法包括两层含义：智能充电（Smart Charging）和车网交互（Vehicle-to-Grid，V2G）。

电动汽车智能充电是指调整充电的时间和速度，是一个单向过程。相比之下，车网交互允许电动汽车和电网之间的双向交互。到目前为止，智能充电是电动汽车充电管理的最常用方法。德国著名的虚拟发电厂运营商 Next Kraftwerke 与荷兰智能充电供应商 Jedlix 合作提供私人电动汽车充电灵活性服务，用于频率调节。对于灵活性所有者，通过直接金钱奖励鼓励其参与需求调节。

智能充电和车网交互都取决于系统聚合商（Aggregator）参与辅助服务的能力，以及是否有明确的互联要求。这对车网交互来说更具挑战性，因为它需要匹配不同制造商的运行参数和系统运营商规定的特定性能参数。在德国，日产汽车成为第一家取得向电网返送电资格的汽车厂商。汽车电池是否有权利参与提供辅助服务，取决于互联要求与具体充电标准是否兼容。日产汽车取得该资格的原因是其使用了 CHAdeMO 标准，该标准支持车网交互功能。

另一个案例是丹麦的车网互动用于电力系统的调频。丹麦 Parker 项目从 2016 年开始投入运行，目的是测试车网交互服务的技术能力，以及探索如何对电动汽车进行监管。此项目是全球第一个完全商业化的车网互动平台。丹麦系统运营商 Energinet 负责与瑞典系统运营商 Svenska Kraftnät 合作，为欧洲输电运营商联盟 RG Nordic 电网采购运行备用。2017 年，Energinet 负责提供了 2.3 万千瓦备用，Svenska Kraftnät 提供了 23 万千瓦备用。

Parker 项目支持 V2G 参与该市场，提供 FCR-N。这种正常运行备用可自动触发，将频率维持在 50 赫兹标称频率+/-0.1 赫兹范围。在技术方面，该项目部署了 50 座 Enel 10 千瓦充电站，支持不同汽车品牌充电，从而提高了可扩展性和可及性。电动汽车的电池使用率在 30%~95%，电动车总体调度通过 Nuvve 平台管理。该平台收集了用户通过智能手机应用输入的充电喜好。对不想使用手机应用的用户，平台也会制定时间表。对客户而言，Parker 项目提供的是出行即服务，提供按月收费的充电和维护服务。通过频率调节收入可进一步降低充电成本。

该项目已经得到了一些有意义的结果：在电池寿命方面，参与频率调节的充电过程通常持续时间更长，这意味着需要减少可用时间，以避免调度容量超出可用容量。此外，还存在双向能量损失的问题，因为电池放电水平低于额定容量时效率会降低。从监管的角度，资格预审规则对于 V2G 的部署至关重要。这与不同电动汽车品牌的不同技术特点密切相关，并且导致资格预审要求中出现了不同的充电标准。此外，还需要评估各种电动车的总体性能、智能电表的成本，以及电费和税费中重复计算的可能。

2. 分布式储能

与分布式发电类似，分布式储能系统与配电网连接通常位于当地，通过搭配小型分布式发电或远程风力发电等方式以满足特定需求。该项技术是电池储能中与提供各种电网服务有关的一个领域，规模正在不断扩大。得益于电池的响应速度和精确度，它们可以有多种用途，如频率调节。另外，不同地区对电池储能的应用可能并不相同，如在批发市场中作为套利手段或用于平衡市场等。根据可用的监管框架，还可以部署现有的备用电池。

在这些情景中，监管框架和互联要求是盈利的关键。以德国为例，负责为极短期灵活性采购、用于一次调频备用的输电系统运营商，制定了一系列最低要求，其中根据调度时的充电状态初步规定了安全运行范围。

国际上也有政策措施制约分布式储能的案例。在英国，电池储能参与容量市场的积极性因为新推出的减额法而大打折扣，导致电池运营商被迫寻找新的收入来源，如平衡机制。除此之外，在由输电系统运营商/独立系统运营商经营的市场中，电池可以在用户端部署，用于减少电费支出，直接平衡输电或配电网络。在这些应用情景中，所有权和运营主要取决于拆分规定和从不同来源获得收入的能力。

部署电池储能用于特定小范围区域的灵活性服务是一个新兴领域，但其重要性却与日俱增。例如，西班牙最大的配电系统运营商 Endesa 正在测试部署电信基站的备用电池储能，用于地方平衡服务。通过使用巴塞罗那配电网中 20 个电信电池站点的灵活性，Endesa Distribución 测试了运营本地市场以解决配电网阻塞的可行性，同时在输电网边缘维持承诺的用电计划。这种商业模式应当被用来平衡整个系统，尽管还需要考虑很多监管和体制问题。在体制层面，平衡目前是输电系统运营商的责任，因此 Endesa 实际上需要与 Red Eléctricade Espanña （REE） 达成特定协议，以确认和量化其对保持系统平衡的贡献。

在监管方面，作为欧洲框架下的配电网运营商，不允许 Endesa 拥有或运营被监管方视为发电设施的电池储能。出于这个原因，Endesa 建立了许多合作伙伴关系。例如，最初安装电池是为了在 Vodafone 的电信站点提供备用电源。虽然 Endesa 可以看到该站的智能电表，但它会根据聚合商（Our New Energy，ONE）的出价，在检测到即将与商定的负荷曲线出现偏差时，通过本地灵活性市场调度电池。

与其他基于逆变技术的分布式能源项目一样，由于响应速度和精度，该项目支持电池储能的部署以实现实时平衡。尽管如此，任何商业规模的应用程序都将依赖于 REE 和 Endesa 之间的合作。此外，适用性还将取决于收入是否足以激励 Endesa、相关的聚合商（ONE）和资产所有者（Vodafone）；并且与典型的平衡资源相比，证明其具有成本效益。

3. 分布式发电用于系统服务

分布式发电包括可再生能源发电企业和连接到配电网络的小型热电联产机组，或连接到靠近负荷中心的输电网络的小型机组。分布式发电资产中的不同技术将能够以不同的方式满足灵活性需求。这取决于现有的运行和资格预审的要求。

分布式发电提供系统灵活性的一种常见情况是备用发电，确保医院、银行和数据中心等关键应用的持续能源供应。备用发电机通常为柴油机组，其特点是可将启动时间缩短为 10~30 分钟，并缩短最低运行时间。近年来，美国和欧洲部分市场采用了备用发电（主要来自柴油发电机），用于满足长期灵活性需求和峰值需求，以及通过恢复备用实现短期平衡。从消费者的角度，因为备用发电机的使用更有规律，因此通过部署备用发电提供灵活性，既可以作为一种额外收入来源，也可以提供额外的供应安全保障。从政策制定者的角度，部署备用发电可以作为启动需求响应市场的替代方案。但备用发电的长期发展，应该根据其他方面的考虑进行平衡，如城市内增加的排放量。

其他分布式发电技术包括屋顶光伏发电和生物质能热电联产。如前所述，分布式光伏发电为系统做出贡献的能力，取决于可用的逆变器技术，而热电联产则取决于相关的供热需求。虽然这些发电厂的规模较小，通常在系统运营商要求的所有层面无法参与提供灵活性，但可以通过虚拟发电厂整合和协调这些发电厂的发电量。德国和瑞士有多个相关试点项目和商业计划。例如德国虚拟电厂运营商 Next Kraftwerke 通过其专有整合平台，可以运行和提供小型分布式资源容量，用于调频和批发市场交易。

太阳能光伏发电使用智能逆变器技术，提供电压管理和电力系统支持服务，改善电网通信和互动。增加电池储能可完善这些服务，并且能够转移全部或部分发电量，在系统需求更高时使用。这些服务对地方电网意义重大；在分布式太阳能光伏发电占比较高的情况下，这些服务还可以保证供电安全。

4. 整合分布式能源的综合服务商

数字化的兴起允许大规模地协调部署许多较小类型的系统资源。所谓的综合服务商就是利用数字平台，以对电力系统和消费者都有利的方式主动管理分布式能源。

越来越多的小型工业用户和大型商业用户开始参与需求响应计划。这些计划通常通过综合服务商经营，允许为系统提供灵活性的用户获得额外的收入来源，或减少能源支出。这些终端用户的参与通常得益于智能电表基础设施和分时电价（动态负荷调整与削减）。通过吸引更多的利益相关者，综合服务商可以降低平衡系统的成本，但可能需要实施有针对性的政策或监管，以允许他们参与批发或辅助服务市场。

目前国际上也有虚拟电厂的相关应用。REstore 是比利时一家企业，它利用本地发电（热电联产、光伏和风能）、储能和灵活负荷（工业、商业和住宅），为企业提供本地分布式能源综合方案。作为欧洲最大的综合服务商之一，REstore 已经开发出多种解决方案，为比利时平衡市场提供服务。

2018 年 4 月，REstore 推出了 3.2 万千瓦的 Terhills 虚拟发电厂。该虚拟电厂位于比利时国家公园旁边的一座旧煤矿。该项目安装了由 140 个电池组成的 1.82 万千瓦 Tesla Powerpack 存储系统。这个电池项目的独特之处在于它包含了更广泛的灵活性组合，如微型发电、工业负载和家用锅炉等家用电器。虚拟发电厂为比利时系统运营商提供主要备用和频率调节，在频率过高时立即充电，在频率过低时放电。电池可以非常准确、快速地响应，比化石燃料发电厂快 100 倍。

欧盟委员会将 Terhills 项目描述为欧洲能源系统脱碳的关键推动因素。该虚拟电厂项目在支持电网的同时，减少了增加化石燃料、高碳排放发电的需求。利用其专利的云解决方案，REstore 优化 VPP 并协调所有站点的响应。

## 四、完善适应高比例可再生能源的电力市场设计

很多国家在可再生能源开始迅速部署前就已经有相对成熟的批发市场。而在中国，由于市场化改革和增加部署可再生能源同时发生，相应增加了市场设计的复杂度。因此，下文将详细介绍如何设计批发市场，从而为能源电力系统转型提供支撑。中国现阶段市场化改革最重要的三个因素是：经济调度、跨省跨区电力交易、电力系统辅助

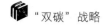

服务和中短期灵活性。

（一）经济调度与快速交易

经济调度是促进波动性可再生能源消纳最为关键的一步。由于波动性可再生能源的波动性和低短期成本，接近实时的快速电力交易非常重要。

由于技术限制，系统运营中需要在某种程度上提前安排调度计划。实际运行过程中，许多电力系统（包括中国）倾向于在远远提前于技术限制的时间点上即锁定调度安排，有时甚至会提前数周乃至数月，这会限制发电侧灵活性。上述情况不利于实现系统最低成本运行，特别是在系统中波动性可再生能源占比高的情况下。在波动性可再生能源装机呈上升趋势的系统内，提高电力调度交易实时性的相关方法已经开始实施。

欧洲正在采取一些措施来改善日内市场的运营，如德国近年来已系统性地对日内市场运行进行了改进。作为第一步，欧洲电力交易所（EPEX SPOT）首先实现了日内市场提前15分钟的电力交易，比日前市场提前60分钟交易的时间尺度更小。这也使得日内交易能够更准确地反映清晨和傍晚时段太阳能光伏发电负荷的增加和降低。欧洲电力交易所在日内市场连续交易（供需匹配以最快速度完成）基础上，于2015年引入了拍卖机制以改善市场运行（供需双方分别报价，系统随后对其进行匹配）。此项变化使得2012~2016年，日内市场的交易量大幅增加。

由于对波动性可再生能源发电功率预测的时间尺度越短越准确，发电机组的调度也应据此相应进行更新。反之，如果发电机组的调度基于非实时信息，机组则会受限于预先制定的调度计划，无法在系统需要的时候提供灵活性（尽管不存在技术限制）。在发电计划由市场交易决定的机制下，术语"出清"（Gate Closure）即是指发电计划可以变更的距离实时最近的时间点（市场参与者无须改变报价）。

在美国，联邦能源管理委员会（Federal Energy Regulatory Commission，FERC）于2016年6月通过了一项新规则，旨在提高电力交易的实时性。联邦能源管理委员会要求美国的独立系统运营商和区域输电组织以与系统调度相同的时间间隔来实时结算。从历史上看，市场参与者有时只能提交以小时为间隔的报价，而电厂运行实际上每五分钟就可能进行一次调整。这就意味着发电商无法根据更接近实时的最新信息对报价进行更新。新规定消除了这种不匹配，要求报价结算周期与调度间隔相同。该原则同样应用于运行备用。

（二）跨国跨区电力交易

中国电力系统中的大容量机组通常在建成投产前就已基本明确了其未来电力流向（例如特高压配套煤电电源），并且能够参与市场交易的发电量比例通常较为有限。随着可再生能源在电力系统中占比的增加，如能更加灵活地使用输电网络，可以降低总发电成本，并为系统带来更大效益。这当然牵涉到很多复杂的经济因素，但国际上也有一些大范围电力交易成功实施的案例。

相比于世界上其他地区，欧盟在协调区域电力市场、鼓励成员国电力系统一体化方面做得比较成功。欧盟经验表明，跨区域市场分散式管理、区域内各管理机构互相协调的方式效果较好。

欧盟电网规范的制定很好地证明了实际操作中如何实现这种平衡。欧盟的能源一揽子文件（也被称为"第三次一揽子文件"）中强制要求发展通用的欧洲电网规范和导则（以下称"电网规程"）。电网规程旨在协调电网接入有关的技术和商业规则，其总体目标是确保所有参与者的公平接入，并消除成员国之间的电力交易壁垒。电网规范涵盖多个领域，包括与跨境电力系统一体化直接相关的一些领域。

容量分配和阻塞管理（Capacity Allocation and Congestion Management，CACM），包括日内和日前跨区输电线路容量以及远期容量分配（Forward Capacity Allocation，FCA）；包括远期跨区域输电线路容量平衡，设计规则以鼓励尽可能使用区域平衡资源统一电价结构；包括位置信号和输电系统运营商之间的相互补偿高压直流（HVDC）网络规则，针对将 HVDC 电网联络线纳入地方电网制定要求。

电网规程由多个不同实体负责制定。欧盟委员会负责电网规范的推进和实施。但是，欧盟委员会不具备制定规范具体条款的技术能力，因此欧盟委员会将这一责任分配给两个实体：欧盟能源监管合作机构（ACER）和欧洲输电系统运营商网络（EN-TSO-E）。

规程草案的编写规程是循环迭代的，欧盟委员会、ACER 和 ENTSO-E 均参与其中。欧盟委员会确定总体优先事项，ACER 据此制定一套框架导则，框架导则确立了每个网络规程的总体范围和方向。ENTSO-E 随后按照框架指南以及欧洲各国技术限制制定详细的电网规范。

CACM 网络规程值得特别关注。在实施 CACM 之前，跨境输电容量由相互连接的 TSOs 各自单独计算，或在某些情况下由双边或多边协调计算。单独计算可能导致对跨境可用容量的错误估计。多边协调计算改进了这一点，但仅限于双边或较小的区域范围内。CACM 电网规程则正式提出，应协调并统一整个欧洲的输电容量计算方式。

统一计算电网联络线容量对于保证系统运行和长期资源充裕度都至关重要。欧洲电网拓扑结构呈网状，也就是说电流可流经多条不同的线路。在许多情况下，一个国家会充当两个或多个其他国家之间的电力潮流中间方。若无通用计算方法，TSOs 可能基于与其他 TSOs 冲突的假设，在实时层面做出不恰当的决策。低估或高估电网联络线的可用容量也会致使对地方和区域资源充裕度产生不同判断。

尽管 CACM 统一了计算电网联络线容量的方法，但相关责任并不分解。相反，计算由各个区域安全协调员（Regional Security Coordinators，RSCs）负责。一些 RSCs（如CORESO 和 TSC）起初是各 TSOs 之间自愿成立的。但根据现行的欧盟法律，此类组织的参与具有强制性。

RSCs 由 TSOs 成员拥有，主要有五个职能：①计算参与区域之间的电网联络线容量；②进行电网安全分析；③开发通用电网模型；④预测资源充裕度；⑤制订停电计划。需要指出的是，这些职能主要是为了统一并向参与的 TSOs 传递信息。RSCs 并无正式的实际系统运营权限，系统运营仍由相应的 TSOs 全权负责。

（三）系统服务和中短期灵活性市场

电力系统的可靠运营主要取决于维持系统频率和电压稳定的多种辅助服务。在大规模停电后重启系统时，可能还需特殊服务（即黑启动）。不同系统以不同方式获取相同辅助服务，如一些系统会根据电网规程强制获得，而其他系统则使用采购或市场机制获得。

随着波动性可再生能源渗透率的提高，对这些辅助服务的需求以及其经济价值必然会发生变化。其中一个原因是传统发电机提供的许多服务只是简单的发电副产品。例如，传统发电机通过其调压器、调速器，以及在其汽轮机和发电机自重在高速旋转中存储的惯性来维持电压和频率稳定性。

较高水平的波动性可再生能源也会增加供需平衡的波动性和不确定性，因此就需要优先调动更高水平的灵活资源，如储能和需求响应。辅助服务市场的转型与其他措施一起发挥关键作用。

爱尔兰和北爱尔兰承诺到 2020 年将可再生能源的发电占比提高到 40%。在此背景下，为了找出未来几年电力系统可能存在的运营问题，它们制定了 DS3 工作计划。该计划启动了一系列新系统辅助服务的咨询程序，以解决和减缓系统潜在问题。新增加的系统服务主要用于解决与发电强烈波动且非同步的电力系统中的频率控制和电压控制相关的问题。根据 DS3 计划确定的新辅助服务包括同步惯性响应、快速频率响应、快速故障后有功功率恢复和爬坡裕度。这些服务对现有的辅助服务产品进行了补充，反映了爱尔兰特定背景下的新的系统要求。

同样，澳大利亚能源市场运营商（AEMO）于 2015 年 12 月推出了未来电力系统安全计划。其目标是调整能源市场运营商的功能和工作流程，以提供持续的电力系统安全性和可靠性。该计划主要针对四个高优先级领域：频率控制、系统强度、极端电力系统条件管理和电力系统可视性。关于频率控制，目前正在考虑采用快速频率响应机制，以提高现有频率控制辅助服务水平。大型发电商 AGL 于 2016 年 9 月提交了一份规则变更，以建立提供系统转动惯量的辅助服务市场。目前，这些改革都正在进行中。

另一个创新系统服务市场例子是美国加州电力市场（CAISO）灵活的爬坡市场。该市场旨在从传统发电机组中获得足够的爬坡灵活性，以满足较大供需平衡变化所带来的爬坡需求。包括频率响应和运行备用在内的其他辅助服务已经融入 CAISO 的日前和实时电能量市场，发电商在辅助服务市场竞标，辅助服务市场与电能量市场协同优化。

在辅助服务市场历来受到较少关注的地区，正在制定标准机制或开始为过去属于无偿服务的服务提供补偿。例如，在印度，电力系统运营有限公司已经发布了新的储备监管辅助服务的实施规程。这一举措标志着引入了经济补偿运行备用体系。在意大利，意大利电力、天然气和水务监管局于 2014 年推出自愿参与一次调频服务的方案。此前，该服务完全是一种强制性的无偿服务。

（四）稀缺电价和容量机制

世界范围内，如何保证电力系统有足够的投资，以满足尖峰时段用电需求是所有市场设计都面临的重大考验。特别是在高比例波动性可再生能源发电的电力系统，若在短期内按照经济调度原则执行市场定价，可能会对电力系统造成过大压力，进而导致远期装机容量短缺。近年来，一些其他国家努力避免电力产能过剩的同时，也在采取措施鼓励适度水平的投资。

一般来讲，拥有批发市场的电力系统将规划与投资解耦，并基于两个目标组织市场，即实现短期效率（最低成本调度）和提供合理的价格信号，为电力系统带来足够的投资（充裕度）。为实现这个效果，市场组织机构必须保证市场能够提供足够收入以覆盖需求和发电侧资源的运行费用和固定成本。这些资源即使只是偶尔使用，但对于维持系统在尖峰时段满足需求的能力至关重要。多数电力系统都采用以下充裕性机制中的一种：

### 1. 电量市场中的稀缺定价

在电量市场中，所有收入均来自于电量交易价格。市场规则允许发电企业的报价高于可变成本，以此收回固定成本。这种市场收入主要来自于电力稀缺时段，也就是售电收入和发电成本相差较大的时段。大多数欧洲市场，以及美国德州和新西兰采用的就是这种组织形式。但关于电量市场是否能带来足够的投资回报仍存在很大争议。多数分析认为，较为完善的电量市场设计至少能降低系统对其他补偿机制的需求，因此是一种"无悔"的选择。然而，在电力装机盈余且可再生能源装机快速发展的市场（如中国），通常更为有效的做法是引入行之有效的容量机制，用于应对未来某时段发电机组大规模退役可能造成的影响。

### 2. 容量市场机制

容量机制可以通过向市场提供精确、前瞻性的容量需求，增加容量市场收入。当预计市场有新增装机需求时，预测新增容量将被提前若干年拍卖，并保证新增装机在投产后一年或数年的保障性收入。在这些情况下，资源充裕性目标（或是容量需求）由行政手段确定。

此种机制的目的是提供足够的激励以保证适度投资和系统资源充裕性。美国的批发市场大多采用这种机制，且在欧洲的竞争性市场上应用也越来越多。不同形式的容量市场机制近几年开始在英国和法国实施。某些欧盟国家如西班牙、爱尔兰和意大利，以及日本目前也正在实施或考虑这种机制。

容量市场机制通常都是按照传统电力系统的需求设计的，因此就有了这些机制是否适应转型后的电力系统的问题。例如，传统资源充裕性的衡量标准是电力系统的备用率（或超出预期峰值负荷的容量）。然而，对于波动性可再生能源渗透率较高的系统，由于特定时刻需要的可用容量随机性更强，因此精确计算出备用率难度很大。

容量机制的设计也越来越能够涵括需求侧响应。同时，容量市场机制也是促进综合能源服务发展的一个高效的解决方案。人们发现现有电力系统的关键问题更多在于系统灵活性，而非资源充裕度。因此有专家学者呼吁对容量市场机制进行调整，以鼓励对灵活性电源项目的投资。也有人担心容量市场机制可能会使得传统化石燃料发电厂持续运行，并导致环境欠友好型电力投资的增加（如柴油发电机组），造成电力行业脱碳更加困难。鉴于此，有些国家在容量市场机制中引入了排放标准，但这种做法有可能会削弱容量市场机制在避免出现容量短缺方面发挥的作用。

解决这些问题最好的方式是确保容量市场机制的技术中立性（不偏向任何一种发电技术），同时将其对批发市场运行可能产生的不良效果降到最低。在美国 PJM 电网体系中，容量因素仅占每兆瓦时批发电价的 21.9%。法国制定的首个容量电价为 10 欧元/千瓦，监管部门估计这个数字折算到 2017 年，体现在电价上是 1.44 欧元/兆瓦时。另外可以预见的是，未来设计良好的电量市场也可激励投资，但取决于需求侧响应的发展和政策制定者是否能容忍较低的系统可靠性裕度。

虽然市场往往被划分为电量市场或容量市场，许多电力系统兼具上述两种机制。例如，法国、英国、墨西哥等电力市场都同时具有电量和容量机制，以保证适度水平的投资。

# 第八节　以电力规划为核心创新升级规划体系

国际上能源电力行业发展规划一般面向未来 20~30 年进行，即根据未来经济增长预期，投资新的电力基础设施（发电设备、输配电网络等），以满足预计的电力需求。然而，随着电力行业格局的不断变化，加上波动性可再生能源和其他新技术开发规模的日益增加，以及用户侧参与度的提升，规划方法需要进行调整，以便将这些因素的作用和影响加以统筹考虑。

对于中国，长期、系统性规划有助于实现能源电力系统转型。规划过程应考虑系统灵活性、系统运行的安全可靠性，以及各种资源如何协助系统实现高比例波动性可再生能源并网。

## 一、长期、综合性系统规划

长期规划并不直接决定发电行业的投资，而是提供了一种预期，为市场参与者提供投资决策依据。在制定规划的过程中，各方就电力系统的发展方向逐渐形成共识，进而为制定具体政策以形成完善的市场框架条件提供了基础。

如前文所述，能源电力系统转型的根本驱动力是低成本可再生能源和低碳技术的崛起、分布式能源、电气化，以及数字化的发展。澳大利亚的电力系统正在从由煤炭主导向更加依赖可再生能源迅速转变。澳大利亚能源市场运营商（Australian Energy Market Operator，AEMO）在 2018 年发布了其首个综合系统计划（Integrated System Plan，ISP）。这一计划是澳大利亚能源转型总体计划的一部分，其时间跨度为 2018~2040 年。

澳大利亚发布综合系统规划的主要原因在于：其电力系统正经历快速的结构性变革，其中关键驱动力是风电和太阳能光伏发电的迅猛增长。风电和光伏的容量分别从 2010 年的仅 186.4 万千瓦和 39.9 万千瓦增加到了 2017 年的 432.7 万千瓦和 471.8 万千瓦。澳大利亚是联邦制政府，能源和电力政策主要是由各州和领地制定。由于缺乏联邦层面的政策导向，且各州和领地之间缺少协调，风电和光伏装机在某些地域非常集中。由于风光资源丰富，南澳大利亚州风电和光伏装机发展最为迅速，然而由于人口密度很低，南澳大利亚州尖峰需求仅为310万千瓦。2016年9月28日，南澳大利亚州发生大范围停电，虽然停电主要是强暴风雨所致，但电力系统结构由承担基荷的煤电向波动性可再生能源的转变引起了广泛关注。

基于此，澳大利亚能源市场运营商拟定了首个系统整体规划，并于2018年7月17日公布。这是澳大利亚电力系统一项里程碑式的进展。过去，政府集中规划在澳大利亚电力系统起到的作用非常有限，电力系统有关投资主要由市场决定。然而，相关研究指出，仅依靠市场并不能实现电力系统优化及有序转变，需要形成一种机制，为政策制定提供指导，为市场参与者提供确定性。ISP在其中扮演了重要角色，虽然ISP并不直接与项目是否获批准相关，但其优化了电网投资，也为电力系统的长期发展和建设趋势提供了指引。

ISP分析了澳洲电力系统未来的多种可能。规划基于各种假设，包括风电和光伏发电厂的建造速度、未来天然气可能在发电领域的应用情况，以及煤电厂退役的速度等。规划会对政府相关目标的实现进行模拟。基于不同假设情境，复杂的计算机模型将电网优化和不同装机结构组合方案，以及其他类似于储能电池等先进技术纳入考量，然后计算出成本最低的投资组合。

ISP的成果是提出应优先进行建设的电力基础设施如输电线路，因其在所有情境模拟下均可带来社会效益以及降低电力成本。ISP发现，一旦煤电厂达到使用寿命（多数煤电厂都会在21世纪30年代或40年代达到运行寿命），届时最低成本的替代装机方案将是：光伏（2800万千瓦）、风能（1050万千瓦）和储能（1700万千瓦和9000万千瓦时），以及50万千瓦灵活的天然气发电。

## 二、包含需求侧资源的电力系统规划

在传统电力行业规划中，需求侧没有引起足够重视。需求响应可通过接入地方网络的分布式能源（Distributed Energy Resource，DER）提供，DER通常规模较小，但能够提供电量或系统服务。DER包括分布式发电、灵活负荷、储能和其他资源。

适当的需求响应可实现多种效益，包括通过提供快速响应来消除可再生能源波动性并维持系统可靠性。发展需求响应还可以相应减少对发电和电网的投资。需求侧管理方案包括许多潜在的干预措施，涉及从用能削减到有功负荷管理等多个方面。

美国的PacificCorp是将需求侧响应纳入能源规划的典型案例。PacificCorp是一家在美国西北部六个州运营的公用事业公司。其综合能源规划（Integrated Resource Planning，IRP）将能源效率和需求侧响应资源纳入电力规划，以优化系统投资。在最终公布的IRP方案中，需求侧响应占据较大比重。

## 三、电源和电网的协同规划

源—网的一体化规划方法可优化电力系统资源，并在可靠性、经济性和环境层面

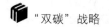 

带来了诸多效益。国际经验表明，由受管制的垂直一体化公用事业公司（Regulated Vertically Integrated Utilities）实施的电力系统规划通常能够实现源—网协调。

在某些国家和地区，电力系统已实现厂网分离。这使得发电、输配电规划由不同的电力公司管理，因而规划方案难以统一。随着波动性可再生能源部署水平的提高，这一问题必须引起足够重视，因为风电、光伏项目的开发速度一般超过电力系统其他资产的开发建设速度。在资源富集的区域，风、光的地理集中度可能给区域输电网带来负担并导致输电阻塞，最终导致输电成本增加。

此外，源—网协调规划对于输电和配电网也都非常重要。新增风、光项目可能改变传统电力流向和电网运行；并且风光项目通常接入低压电网，在高比例接入时可能会给配电网运行带来一定挑战。

### 四、电力行业和其他行业间的协同规划

电力行业与其他行业之间的协同规划是一个不断发展的能源系统一体化方式。前些年，国际上常见的跨行业规划通常涉及电力行业和天然气行业，因为天然气是许多国家发电的主要燃料之一。

世界上许多地区努力将电力和天然气规划联系起来。在欧盟，欧盟委员会鼓励输电系统运营商（ENTSO-E）与天然气运输系统运营商（ENTSO-G）合作建立通用基础设施规划。因此，ENTSO-E 和 ENTSO-G 的十年网络发展规划被要求使用相同的分析方法并共享数据（关于欧盟十年网络规划详见下文"跨区域一体化综合规划"）。然后，ENTSO-E 和 ENTSO-G 将依据这些规划对各电力和天然气网络扩建或强化项目进行成本效益分析。

最近，需求侧技术的不断进步正在对电力系统产生显著影响。需求侧技术，特别是电动汽车（EV），有助于提升波动性可再生能源在电力系统中的份额。电动汽车的大量部署可以增加电力系统的灵活性。例如，具有智能充电功能（Smart Charging）的 EV 可在风、光发电量大的时段充电并在风、光发电量下降的时段给电网供电。

此外，将电力行业与交通行业联合规划还有利于开发和规划充电基础设施，提升电动汽车的市场份额。而随着电动汽车市场份额的提升，电力与交通行业之间的互动也随之增加。许多地区已对电力和交通行业进行了跨行业规划，包括苏格兰、日本和美国某些州。在苏格兰，电动汽车利用富余的风电充电，为风电并网、缓解弃风做出贡献。

### 五、跨区域一体化综合规划

电力系统规划通常限于单一公用事业平衡区。但随着波动性可再生能源部署的增加，扩大平衡区域可以提供更大的系统灵活性。此外，发电资源的地理多样化程度越高，电力供应的波动性相对就越小。从系统运行的角度来看，大型一体化电力系统尽管较复杂，但也更安全。

随着某些地区逐步向电力市场一体化过渡，平衡区也随之变化，区域间规划也随

之增加。跨越平衡区或地域的规划可以更有效地利用现有的发、输电资源，并最大限度地降低扩建成本。

在区域协调输电规划方面，欧盟为中国提供了很好的范例。为了协调各个管辖区的输电网络规划和运营，欧盟成立了 ENTSO-E。ENTSO-E 的职能包括起草网络规则、协调和监测网络规则实施以及制定长期区域网络计划。

ENTSO-E 每两年发布一次电网十年发展规划（TYNDP）。该规划给出未来 10~15 年的输电线路发展规划。此规划已被确定为促进欧盟能源政策目标所必需的。TYNDP 是一项不同欧盟国家间的协调规划，旨在在 ENTSO-E 区域内提供泛欧输电线路建设规划。此规划制定过程中预测了 2040 年欧洲电力系统发展趋势。

在 2018 年 TYNDP 起草过程中，ENTSO-E 和 ENTSO-G 首次联合建立了同时反映各个国家和欧洲能源政策的模型情景。此情景技术上保持准确度，并且与电力和天然气行业相关规划保持一致。这些方案是根据利益相关方的建议制定的，比以前更加多样化，并基于不同气候情景假设。每种情景的能源结构是在考虑"旱""涝"或"正常"年的情况下建立的。ENTSO-E 和 ENTSO-G 也致力于改善 2018 年 TYNDP 的能耗预测，并相应研发了新的方法。

该报告的目标是确定未来的输电线路需求。2018 年 TYNDP 的情景分别是：2020 年最佳估算、2025 年最佳估算、2030~2040 年可持续转型、2030~2040 年分布式发电、2030 年 EUCO 和 2040 年全球气候行动——该情景考虑可再生能源发电量占电力需求份额在 65%~81%。在 2016 年的 TYNDP 报告基础上，2018 年 TYNDP 还确定了欧洲电网的其他地区如果没有实施有效的解决方案，那么可能存在的瓶颈或可能的发展，回顾了当前形势，并分析了电力交换和互联的主要障碍。

# 第九节  结论和启示

## 一、绿色低碳能源转型的方向是建立以可再生能源为主的能源体系

各国（地区）研究和实践显示，21 世纪能源革命的最终目标是根本解决能源开发利用与自然环境保护的矛盾，根本的出路是摆脱化石能源，建立以可再生能源为主的能源体系。德国、丹麦坚持以 2050 年长期环境气候目标引领可再生能源发展，切实采取了顶层设计、目标引领的能源变革方式；美国作为联邦制国家，虽然联邦政府没有形成目标引领下的目标，但以加州为代表的州政府作用更加突出，制定了面向 2030 年、2050 年的能源环境气候目标和可再生能源发展具体目标。总的来看，欧盟、德国、英国等制定能源转型和应对气候变化一体化政策，确定了清晰的能源低碳化转型目标与路径，指引并加速了大比例可再生能源发展，并倒逼能源结构转型、化石能源退出和利用方式变革、终端能源消费革命。在实施中，德国、丹麦、

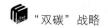

加州等还针对部门行业进行目标分解落实，推动共同行动，开展跟踪评估，建立政策保障和动态调整机制。

## 二、以电力转型为核心构建灵活、智能、开放、共享的能源系统

未来大比例可再生能源的能源电力系统需要在终端需求、能源供应、基础设施建设、运行管理等方面进行全面、深刻的创新和融合。各国都高度重视以电力为核心的能源转型战略，高比例可再生能源电力成为清洁低碳能源的主要载体和智能能源系统核心，更是可再生能源实现大规模替代化石燃料的关键途径。交通、建筑、工业等终端的电力消费量增长都超过其他终端能源载体，长期将从根本上转变能源供应和终端用能结构。此外，居民和商业建筑、工业、交通等终端能源部门的化石能源替代也具有多样性，可再生能源直接供热、热泵、分布式发电、氢能等各种储能设施具有广泛应用和大规模替代化石能源的潜力。因此，构建未来能源电力系统是一项跨领域、多方参与的复杂工程，需要创新和融合，甚至挑战和颠覆传统的理念和意识，需要在技术和融资等方面多角度考虑设计出未来能源电力系统的总体思路和蓝图。应建立良好的协调机制和沟通机制，从下到上收集各利益相关方的智慧，也需要从上到下发布政策且坚定落实。

# 第七章　可再生能源主导的能源革命对中国经济增长的影响研究

本章以可再生能源主导的能源革命的宏观经济效益评价成果为依据，分析评估能源革命对能源安全、能源成本、能源环境所产生的影响，从而从战略层次阐述能源革命对中国经济发展的重大意义。在传统的重点评价可再生能源产生的环境效益和社会效益基础上，突出可再生能源推动的能源革命对能源综合成本的影响，论证能源革命与培育和提升经济发展新动能的关系。

## 第一节　研究模型与情景

本章构建了经济社会综合效益评价模型，其中包括电力优化运行模型、宏观能源经济模型和健康效益综合评估模型三个子部分。其中，电力优化运行模型（REPO 模型）需要能够详细刻画可再生能源的波动性，优化排放约束下的电源发展目标，并给出电力系统总成本，估算可再生能源发展规模目标的成本投入；宏观能源经济模型（C-GEM 模型与 C-REM 模型）需要能够表达经济社会环境约束下的能源发展目标，并评价不同能源发展目标对能源行业、整体经济、能源成本和劳动力就业的影响；健康效益综合评估模型（REACH 模型）需要能够评价不同能源发展目标的环境健康效益。

图 7-1 展示了电力优化运行模型、宏观能源经济模型和健康效益综合评估模型三个模型间的耦合关系。根据在满足经济社会环境约束下的能源发展目标，由 C-GEM 模型生成得到电力部门碳排放轨迹与全国总用电量需求，并反馈给 REPO 模型作为电力部门碳排放的约束与电力需求；由 REPO 模型以最小化电力系统贴现成本为优化目标，得出各类发电技术各模型模拟年份的装机和发电量，并将全国最优电力结构反馈给 C-GEM 模型，校核 C-GEM 模型的电力结构。同时 C-GEM 模型将全国碳排放轨迹反馈给 REACH 模型，由其模拟得到大气污染物排放情况，利用暴露—响应关系计算得到包括发病案例和死亡案例在内的健康影响，并通过健康影响估值表进一步得出对应的经济影响，最终反馈给 C-GEM 模型；再由 REACH 模型的子模型 C-REM 模型模拟生成各省份满足相应经济环境能源目标下的电力需求，并输入至 REPO 模型，由后者生成各省份最优电力结构和区域间电力进出口情况，并反馈回 C-REM 模型以校核模型各省份电力结构。

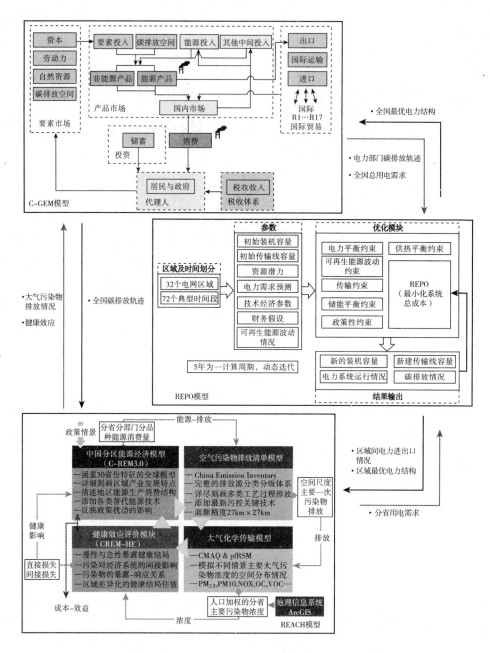

**图 7-1 REPO 模型、C-GEM 模型、REACH 模型的耦合关系**

本章根据当前我国政策强度和能源系统转型力度，假设未来氢能、电动汽车、高效热泵等先进能源技术得到一定程度的运用，终端能源电气化水平稳步提升，能源供应中清洁煤、天然气、核电及可再生能源等多种能源并重发展，设计了常规转型情景。该情景预计能实现近中期能源革命的基本目标和当前我国做出的应对气候变化近中期承诺，但预计不能完全实现我国中长期生态环境发展目标，包括空气质量提升和中长期应对气候变化的两度目标。该情景下能源安全保障情况相比当前并未有明显改善。

在常规转型情景基础上，根据我国经济社会和生态环境发展约束，加强政策强度和能源系统转型力度，假设在交通部门推进氢能、电动汽车应用，在建筑部门推进高效热泵等技术应用，大幅提高先进能源技术渗透率，加速提升终端能源电气化水平，在能源供应中着重发展可再生能源，设计加速转型情景。该情景预计在实现我国近中期能源转型目标和应对气候变化国际承诺的基础上，能够进一步控制污染物和二氧化碳排放，完全实现我国生态环境发展目标。该情景下能源安全保障情况相比当前有明显改善。

## 第二节　能源安全影响评估

发展高比例可再生能源有助于降低我国油气对外依存度，提高我国电力供应可靠性。

目前，我国油气对外依存度已经较高。2019 年我国石油对外依存度达到 72%，天然气对外依存度达到 45%。随着我国交通用能的增长和以气代煤的环保需求，近中期我国石油和天然气需求还将继续增长，给油气对外依存度控制带来较大压力。从能源安全角度出发，控制油气对外依存度并努力使其下降十分必要。常规转型情景将在一定程度上控制并降低我国能源对外依存度。假定我国国内石油和天然气产量未来还将小幅提升，到 2035 年我国石油对外依存度控制在 70%，天然气对外依存度控制在 60%；到 2050 年，我国石油对外依存度下降至 65%，天然气对外依存度下降至 50%。若大力发展可再生能源，我国能源对外依存度将进一步降低，在加速转型情景下，到 2035 年我国石油对外依存度将控制在 70%，天然气对外依存度控制在 55%；到 2050 年，我国石油对外依存度下降至 45%，天然气可以实现自给自足。

目前，我国电力供应可靠性已经达到较高水平，未来电力系统在可再生能源比例不断提升的情况下仍要保持电力供应的高可靠性。2019 年我国用户平均停电时间为 14 小时/户，平均停电频次为 3 次/户，供电可靠率超过 99.8%。未来风电、光伏等可再生能源的大规模应用将降低电力系统惯性，对维持电力系统频率稳定等提出更高要求。未来电力系统需通过进一步配备相应储能设备、优化调度模式、配置快速响应资源、升级电网设施并配备足够的备用电源和"黑启动"电源，保障电网稳定和事故后的快速恢复能力；其中，所配备的储能设备包括抽水蓄能机组、电池储能机组和压缩空气储能机组。

在常规转型情景下，2035 年需配备抽水蓄能机组 100.0 吉瓦，电池储能 12.6 吉瓦，通过此措施，风力发电机组可达 711 吉瓦，光伏发电机组可达 1082 吉瓦；2050 年需配备抽水蓄能机组 108 吉瓦，电池储能 651.6 吉瓦，压缩空气储能 0.1 吉瓦，以此保障 1421 吉瓦的风力发电机组和 1885 吉瓦的光伏发电机组正常稳定运行。

在加速转型情景下，2035 年需配备抽水蓄能机组 100.2 吉瓦，电池储能 139.8 吉瓦，由此可服务风力发电机组 867 吉瓦和光伏发电机组 1595 吉瓦的稳定运行；2050 年需配备抽水蓄能机组 102.7 吉瓦，电池储能 1168 吉瓦，压缩空气储能 57.6 吉瓦，以此保障 2104 吉瓦风力发电机组和 2394 吉瓦的光伏发电机组正常稳定运行。通过配备相应储能设备、优化调度模式、配置快速响应资源、升级电网设施等措施，可在保障供电可靠性的前提下，可再生能源和非化石能源发电量占比在 2035 年分别达到 55% 和 65%，2050 年分别提高至 80% 和 90%。风电和光伏发电成为最主要的供电电源，到 2035 年合计贡献约 35% 的发电量，到 2050 年贡献超过一半的发电量。煤电到 2050 年发电利用小时数进一步降低，仅贡献不足 10% 的发电量，主要承担电网支撑和调峰作用。

# 第三节　能源成本影响评估

全社会用能成本主要指终端部门所使用的煤油气电的平均价格；在全国实施碳交易市场后，全社会用能成本需考虑碳排放成本。图 7-2 展示了中国、欧盟、美国、韩国、东南亚、南非、俄罗斯在常规转型情景与加速转型情景下的全社会用能成本，其中欧盟、美国、韩国、东南亚、南非、俄罗斯的可再生能源政策、碳排放政策等皆沿用当前承诺政策（即主要为各国履行所提交的国家自主贡献方案）。由图 7-2 可知，2014 年，南非全社会用能成本最低，为 346 美元/吨标准煤（发电煤耗法、2011 年美元不变价）；俄罗斯次之，为 359 美元/吨标准煤；中国全社会用能成本与俄罗斯接近，为 381 美元/吨标准煤；美国由于页岩气和页岩油的发展，天然气价格约为欧盟的一半，且可再生能源发展较快，全社会用能成本为 410 美元/吨标准煤；东南亚全社会用能成本较高，为 482 美元/吨标准煤；欧盟为 566 美元/吨标准煤；韩国全社会用能成本最高，为 625 美元/吨标准煤。

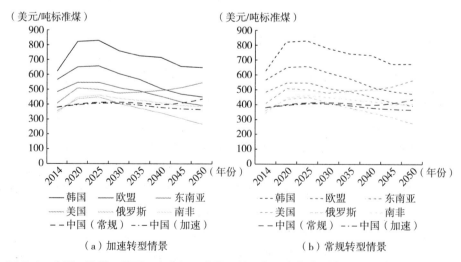

（a）加速转型情景　　　　　　（b）常规转型情景

图 7-2　中国、欧盟、韩国、东南亚、美国、俄罗斯、南非全社会用能成本（含碳成本）

在常规转型情景下,中国全社会用能成本从 2014 年的 381 美元/吨标准煤缓慢增长至 2030 年的 416 美元/吨标准煤,随着可再生能源发电成本不断下降,以及智能化数字化技术的发展,系统成本降低,2040 年全社会用能成本降至 395 美元/吨标准煤。然而,随着碳排放约束的趋严,全国碳市场交易下的碳均衡价格从 2040 年的 20 美元/吨快速增长至 2050 年的 68 美元/吨。由于碳价的增长大于能源技术成本下降带来的影响,故而中国全社会用能成本小幅增长至 2050 年的 427 美元/吨标准煤。在加速转型情景下,在政策的支持下,可再生能源大规模发展,规模效应带动电力技术成本尤其是光伏成本的较大幅度下降,中国全社会用能成本自 2025 年起不断下降。相比于常规转型情景,2035 年中国全社会用能成本下降 2%,降幅为 9 美元/吨标准煤,2050 年下降 16%,降幅达 71 美元/吨标准煤。中国在两种转型情景下的全社会平均用能成本与其他国家相比皆较低,远低于欧盟、美国、韩国。常规转型情景下,2030 年中国全社会用能成本与俄罗斯相当,而后超过俄罗斯,于 2045 年超过南非,于 2050 年超过东南亚。在加速转型情景下,中国全社会用能成本于 2030 年超过俄罗斯后,一直介于南非与俄罗斯之间。

在两种转型情景下,除中国和美国外,欧盟、韩国等其他国家和地区自 2025 年后全社会平均用能成本不断降低。原因是这些国家和地区化石能源价格普遍较高,当能源系统向以较低成本电力为主的系统转型时,可以有效降低该国家和地区全社会用能成本。由于美国页岩气和页岩油等化石能源价格普遍低于其他国家,短期(2030 年以前)补充发展可再生能源有助于降低用能成本,但是随着长期的能源结构转型,页岩气和页岩油等化石能源使用受限,其用能成本逐渐增加。

除中国外,各国家(地区)在两种转型情景下的碳排放约束相同,因而碳价基本相同;两种转型情景下全社会用能成本的区别主要来自电力成本的变化。在加速转型情景下,受益于中国的光伏和风力设备的成本下降,各国家(地区)从中国进口的设备成本下降,各国家(地区)光伏发电和风力发电成本降低,故而全社会用能成本相较于常规转型情景有所下降。其中,东南亚全社会用能成本下降幅度最大,2035 年和 2050 年相较于常规转型情景分别下降了 3% 和 6%,2035 年降幅达 14 美元/吨标准煤,2050 年达 26 美元/吨标准煤;韩国次之,2035 年降幅达 15 美元/吨标准煤,2050 年达 24 美元/吨标准煤,相较于常规转型情景分别下降了 2% 和 4%;欧盟 2035 年全社会用能成本下降了 12 美元/吨标准煤,2050 年下降了 24 美元/吨标准煤,相较于常规转型情景分别下降了 2% 和 4%;南非 2035 年全社会用能成本下降了 8 美元/吨标准煤,2050 年下降了 15 美元/吨标准煤,相较于常规转型情景分别下降了 2% 和 4%;美国全社会用能成本下降幅度最小,2035 年和 2050 年相较于常规转型情景分别下降了 1% 和 3%,降幅分别为 5 美元/吨标准煤和 10 美元/吨标准煤。

若各国不考虑碳价(即单位二氧化碳边际减排成本),中国常规转型情景下的全社会用能成本 2014~2035 年基本不变,2035 年以后,随着度电成本的下降,全社会用能成本将会小幅度下降,2050 年相比 2020 年下降了 33 美元/吨标准煤。在加速转型情景下,中国全社会用能成本相较于常规转型情景进一步下降,2035 年降低了 11 美元/吨标准煤，2050年降低了41美元/吨标准煤，相较于欧盟、美国、韩国、东南亚等国家（地区）皆处于较低水平。加速转型情景下2035年中国全社会用能成本约是韩国的56%，2050年约是韩国的55%（见图7-3）。

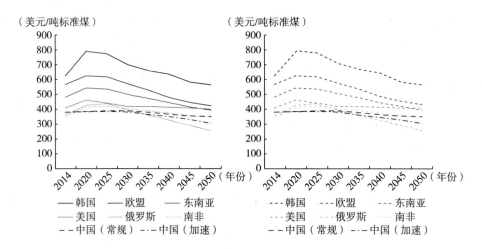

**图7-3 中国、欧盟、韩国、东南亚、美国、俄罗斯、南非全社会用能成本（不含碳成本）**

加速转型情景下中国度电成本相较于常规转型情景不断下降（见图7-4）。其中，度电成本反映电力系统中单位电力的平均成本，包含发电、电力传输、调峰等成本（不含碳价）。

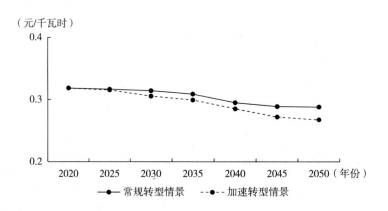

**图7-4 中国两种转型情景下度电成本对比（不含碳价）**

在常规转型情景下，自2020年起，风电、光伏发电成本进入低于煤电的下降通道，风光发电量占全国发电量的比例超过10%。虽然电力系统消纳风光电力的系统成本因风光发电量占比的提高而有所增加，但通过优化源网荷匹配、运行等技术和管理手段可使得电力系统的度电成本基本不变。2025年后，风电、光伏发电成本进一步降低，但对电池储能需求增加，总体上2020~2035年，终端用户的度电成本略有下降。

2035 年以后，电力系统重构的作用开始发挥，随着数字技术、智能技术的更大规模普及，电池储能成本将大幅下降；同时风电、光伏等发电成本将进一步下降，故而 2050 年总体的度电成本相比 2015 年将下降 15%。

在加速转型情景下，风光发电量占比相较于常规转型情景有明显提升，将增加系统的消纳成本；但由于对可再生能源发展的大力支持，以风光为主的可再生能源发电技术以及储能等电网支撑技术将进一步突破，相较于常规转型情景成本下降得更为迅速，使得加速转型情景下的度电成本与常规转型情景相比有小幅降低，2035 年降至常规转型情景的 97%，2050 年降至 93%。2050 年总体的度电成本相较于 2015 年将下降 21%。

## 第四节　生态环境等社会效益评估

随着新时期中国经济的不断发展，能源生产与消费带来的大量温室气体排放与常规污染物排放成为影响我国应对国际气候变化、监管空气质量和改善居民健康的重要因素。温室气体排放和常规大气污染物排放在产生机理上具有同根、同源、同步的特性，减排政策及措施对减少温室气体和常规大气污染物排放具有明显的协同性。《中华人民共和国大气污染防治法》以及《中国空气质量管理评估报告》等明确提出，对大气污染物和温室气体采取协同控制，是实现气候变化目标和大气污染防治的有效途径。在实现温室气体和大气污染物协同控制的协同路径下，有效的产业结构调整政策、严格的低碳与节能政策以及经济有效的污染物末端治理技术将是重要的政策工具和技术措施。在严格有效的协同控制路径下，全国及区域的产业结构和能源结构将进一步清洁化，工业和交通等部门的末端排放将得到有效处理和削减，进而温室气体排放和常规大气污染物排放会相应减少，促进空气质量的改善和公众健康水平的提升。

根据健康效益综合评估模型（REACH 模型），有效的产业结构调整政策、碳定价机制和污染物末端治理措施的实施能够显著地减少二氧化碳排放、提升空气质量，实现二氧化碳和 PM2.5 的协同控制，且在实现 2℃ 温升控制的同时实现 PM2.5 浓度达到国家二级标准（35 微克/立方米）。加速转型情景下，2035 年全国 PM2.5 排放量下降至 261.9 万吨，相较于 2020 年下降了 59%。在二氧化硫方面，2035 年下降为 537.1 万吨，相较于 2020 年下降 41%。在氮氧化物方面，2035 年下降为 615.1 万吨，相较于 2020 年下降 55%。

对于急性暴露死亡和慢性暴露早亡的估值，Markandya 和 Chiabai（2009）采用统计生命价值（Value of Statistical Life，VSL）的估值方法对其进行了货币化衡量，并讨论了估值水平的范围，即 223 万~670 万美元。本章取其低值 223 万美元作为 VSL 的下限，取中间值 447 万美元作为一个相对较高的估值水平进行讨论。总体来看，由于空气质量改善（PM2.5 浓度降低）带来的总效益提升达到 919 亿美元，其中间接健康效

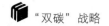

益达 590 亿美元,避免急性暴露死亡的效益达 200 亿美元,避免慢性暴露早亡的效益达 129 亿美元。若以较高估值水平来计算,由于空气质量改善(PM2.5 浓度降低)带来的总效益提升达到 1513 亿美元。

在 PM2.5 浓度控制目标方面,在加速转型情景下,中国能源消费结构持续优化,未来将大幅削减煤炭的使用,更多以风电、核电和光伏等清洁能源技术来替代,因而中国 2035 年将全面实现 PM2.5 浓度控制目标,相较于 2015 年平均浓度平均下降 53%。相比于 2015 年的 PM2.5 浓度,2035 年北京(28 微克/平方米)、河北(32 微克/平方米)、山东(33 微克/平方米)、天津(34 微克/平方米)、河南(38 微克/平方米)依次是浓度绝对值减排量前五的地区。协同路径下的产业结构调整政策、碳定价政策和污染物末端治理措施对实现浓度控制目标均有显著的贡献。

## 第五节　增加经济增长新动能评估

自 2010 年以来,中国经济逐步由高速增长转入中速增长,进入高质量发展阶段。中国过去经济高增长的三大动力来源于房地产投资、基建投资、出口,其发展有利于稳定经济存量。未来,中国经济新增长动能将重点来源于以下几个方面:

### 一、低效率部门的改进

未来,大规模可再生能源的发展将有效降低城乡用电成本,且以电力为主的能源消费方式将有助于推动各部门能效使用的进步,与常规转型情景相比,加速转型情景下,2035 年单位 GDP 能源强度下降 7%,2050 年下降 14%。其中,加速转型情景下食品加工行业相比常规转型情景 2050 年用能下降 11%,化工行业用能下降 9%,非金属行业能耗下降 14%,钢铁部门能耗下降 9%。由于我国农村市场分散、地区偏远,如果完全依靠集中统一的供给方式进行能源生产和运输,不仅投资费用较大,而且难以满足农村用能的多样化需求,因而风电、光电等分布式能源将是满足农村日益增长的能源需求的重要方式。

### 二、前沿技术发展

中国互联网、大数据、人工智能等数字技术不断成熟,其国际地位已由过去的跟跑转为部分并跑和少数领跑。中国的市场优势有助于形成商业模式优势,并且通过商业模式创新带动技术创新。得益于数字技术的发展,能源系统正在进行数字化转型,供需两侧信息传递及时性增强,能源系统可实现实时有效调控,因而在加速转型情景下,终端部门的电力消费占比由 2020 年的 33% 不断提升至 2035 年的 44%,2050 年达 67%;相较于常规转型情景,2035 年提升了 6%,2050 年提升了 17%。在可再生能源技术和先进数字技术成熟应用的基础上,能源"产消者"逐渐从虚拟走向现实。能源

"产消者"是指能源消费者也可以同时是能源生产者。分布式能源可以快速灵活转化，根据系统中的能源价格和自身用能需求，自主选择参与的形式和角色；市场中将有越来越多没有发电厂的发电商，将用户侧分散的资源聚合起来，有策略地参与系统调控和交易，并将产生的收益反馈给用户。能源系统将愈加"扁平"，能源系统运行将更加高效透明。

### 三、绿色发展

绿色发展不仅是环境保护和污染治理，更多的是指绿色消费到绿色制造、绿色流通、绿色融资再到绿色创新，是一个完整的绿色产业体系。绿色发展也不是对传统工业化模式的简单修补，而是与之竞争，并更具优越性的一种新发展方式。在加速转型情景下，2035 年可再生能源占一次能源消费比重由 2018 年的 14% 提升至 38%，2050年其占比进一步提升至 73%；相比常规转型情景，2035 年提升了 6%，2050 年提升了19%。为履行《巴黎协定》，实现减排承诺，在高比例可再生能源的支撑下，中国经济仍能实现中高速发展，2035 年 GDP 比 2020 年翻两番，2050 年 GDP 比 2020 年翻三番。可见，以可再生能源为基础的绿色发展将会带来消费新动能、创新新动能、增长新动能。

### 四、带动风光设备出口

中国是世界第一大风机和光伏设备生产国，国际竞争力大幅度提升。未来通过"一带一路"以及"南南合作"等机制，中国将带动广大发展中国家提高风光等可再生能源发电部署，改善大气环境质量和控制温室气体排放。

## 第六节　对 GDP 增长总体影响评估

加速转型情景相较于常规转型情景更提倡节能低碳，通过可再生能源发展目标与碳排放约束目标的倒逼，进一步深化供给侧结构性改革，推动各产业经济质量变革、效率变革、动力变革，实现经济绿色可持续发展。为履行《巴黎协定》实现 2℃温升控制的国际承诺，必须在常规转型情景的基础上进一步减少二氧化碳排放，为此可实现 2℃温升控制的加速转型情景下的碳排放总量和总能耗大幅下降：碳排放总量 2035年下降 17%，2050 年下降 61%；总能耗 2035 年下降 7%，2050 年下降 14%。与此同时，大规模发展可再生能源可以提高我国 GDP，2035 年上升 0.7%，2050 年上升1.5%，GDP 增速仍保持较高水平（见图 7-5）。可见大力发展可再生能源，加快化石能源替代，可在实现 2℃温升控制减缓气候变化的同时，实现经济的可持续高质量发展。

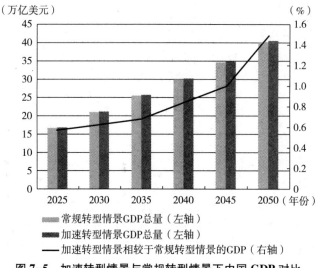

（万亿美元）　　　　　　　　　　　　　　　　（%）

图7-5　加速转型情景与常规转型情景下中国 GDP 对比

常规转型情景GDP总量（左轴）
加速转型情景GDP总量（左轴）
—— 加速转型情景相较于常规转型情景的GDP（右轴）

# 第七节　总体经济和社会效益评估

温室气体排放所带来的全球变暖将给世界带来巨大的社会成本，美国白宫部门联席工作组及 Kevin 和 Cora 等通过对特定年份的边际碳排放（即额外的一吨二氧化碳排放当量）所造成的（社会）损失进行货币化测算，利用碳排放的社会成本（Social Cost of Carbon，SCC）定量地反映了碳排放的负外部性。SCC 包含了边际碳排放通过碳循环和气候系统所造成的各种影响，包括但不限于对生产力和人类健康的影响、对生态系统的影响，以及频繁的极端气候现象所导致财产损失等。

由上述分析可知，加速转型情景相较于常规转型情景大幅减少了碳排放，进而节约了大量碳排放的社会成本，其中 2035 年节约了约 1500 亿美元，2050 年节约了约 4000 亿美元（贴现率为 2.5%）。由表 7-1 可见，2025~2050 年所节约的碳社会成本使得全社会综合效益进一步提升，最终全社会综合效益在 2035 年比常规转型情景 GDP 高 1.2%；2050 年，综合社会收益提升了 2.4%。综上所述，可再生能源主导的能源革命将有效提升我国的经济和社会效益。

表7-1　加速转型情景下所节约的碳排放的社会成本

| 年份 | 2025 | 2030 | 2035 | 2040 | 2045 | 2050 |
|---|---|---|---|---|---|---|
| 碳排放的社会成本（2015 年美元不变价，吨二氧化碳） | 75 | 81 | 87 | 93 | 99 | 105 |
| 与常规转型情景相比综合社会收益变化（%） | 0.8 | 1.0 | 1.2 | 1.6 | 1.8 | 2.4 |

# 第八章 可再生能源主导的能源革命对可再生能源产业的影响研究

本章将重点关注可再生能源产业，从可再生能源产业发展现状、未来产业发展可能情景和趋势、可能的经济增长新动能等方面，分析可再生能源主导的能源革命对相关产业的影响。

## 第一节 可再生能源产业发展背景与基础

### 一、可再生能源发展趋势预测

#### （一）可再生能源成为中长期能源转型的主导方向

欧盟是全球鼓励和开发利用可再生能源发展的标杆。2001 年起，欧盟开始在可再生能源指令中明确未来十年的发展目标：2001/77/EC 指令明确 2010 年可再生能源占用电量的 22%、占能源消费总量 12% 的发展目标；2009/28/EC 指令提出 2020 年可再生能源占能源消费总量的 20%。2018 年 11 月，欧洲议会和欧洲理事会正式通过《可再生能源指令》（修订）（RED Ⅱ），提出 2030 年可再生能源在能源消费的比重至少应达到 32%。作为指导各成员国立法的法律约束性文件，可再生能源指令要求的目标不可调低，各成员国必须将指令转化为国内法实施，并制定相应的十年行动计划，欧盟每两年对各国及欧盟总体目标实施情况进行评估。为中长期可再生能源目标立法，在明确的发展目标和路径引导下，欧盟主要国家可再生能源蓬勃发展。

丹麦早在 1981 年就通过了《可再生能源利用法案》，在法律形式上明确可再生能源发展的重要地位。2005 年丹麦政府发布《2025 能源战略》，将发展可再生能源作为长期的能源战略规划。2010 年，根据 2009/28/EC 指令，丹麦颁布了《国家可再生能源行动计划》，进一步明确了 2020 年发展目标：到 2020 年，39.8% 供热和制冷用能、51.9% 的电力需求、10.1% 的交通用能要来自可再生能源。2011 年，丹麦政府出台了《能源战略 2050》，提出到 2050 年完全摆脱对化石能源依赖的宏伟战略，成为世界上第一个提出完全不需要化石能源发展的国家战略。2012 年，丹麦政府公布了《丹麦能源政策协议》，根据《能源战略 2050》提出了近期的发展目标：到 2020 年实现能源消费

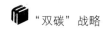

总量在 2010 年的基础上减少 7.6%，温室气体排放与 1990 年相比减少 34%，可再生能源比重达到 35%，其中风电占电力消费的比重要达到 50%。

德国在 20 世纪 90 年代就明确提出，利用 30 年左右的时间发展可再生能源技术，特别是发展风力发电技术以取代核电技术。2000 年颁布的《可再生能源法》是德国可再生能源法律体系的核心，它确立了可再生能源电力优先全额收购、分类递减电价、电力电价平衡分摊等可再生能源发展促进制度。2010 年，德国联邦政府发布了德国面向 2050 年的能源总体发展战略——《能源规划纲要：致力于实现环境友好、安全可靠与经济可行的能源供应》（以下简称《能源规划纲要》），提出了发展目标是以可再生能源为主的复合型能源结构，设定了 2020 年、2030 年、2040 年、2050 年可再生能源占德国能源消费和德国电力消费的比重分别达到 18%、30%、45%、60% 和 35%、50%、65%、80%。德国联邦政府每三年组织利益相关方对规划纲要实施效果进行研讨，根据研讨情况完善进一步推动《能源规划纲要》实施的新措施。明确的政府规划和中长期发展目标，适时的法律法规和配套政策调整是德国可再生能源发展的主要特点，目前《可再生能源法》已历经 6 次修改，在可再生能源立法方面成为全球典范。

法国在 2015 年颁布了《绿色增长能源转型法案》，就法国未来能源消费和消费的中长期调整提出多重目标，提出可再生能源占终端能源的比重目标，2020 年达到 23%、2030 年达到 32%。在法治保障的基础上，法国推出了一系列政策和措施，制定了《多年度能源规划》，涵盖可再生资源、供需平衡、能源效率以及供应安全等能源转型发展的具体路径。每个《多年度能源规划》必须要涵盖十年，每五年修订一次，在每个五年末，政府必须提交一份评估能源转型的进展的评估报告。

可再生能源虽然不在美国联邦能源战略的优先位置，但纽约、加州、华盛顿特区等均通过州立法案的形式确立了中长期可再生能源发展目标，29 个州（特区）都制定了可再生能源投资组合标准（RPS），要求参与竞争的供电商按各自售电量的比例承担相应的配额，推动各州或地区逐步将其能源生产从化石燃料转变为可再生能源。例如，加州要求 2045 年实现 100% 可再生能源发电（2018 年 S. B. 100 法案），纽约州立法要求 2030 年该州公用事业公司 70% 的电力来自可再生能源，并到 2040 年实现 100% 的零碳电力（2019 年 S6599 法案）。目前上网的可再生能源电价高于市场平均价格的部分，由联邦政府提供的生产税抵扣和供电商购买的绿色证书来解决。

在亚洲，韩国国务会议 2019 年确定了"第三个能源基本规划（2019—2040）"，计划到 2040 年将可再生能源在能源消费中的占比扩大到 30%~35%。

从世界范围内看，明确可再生能源在能源战略中的地位，制定清晰的中长期发展规划和目标，实施强有力的法律保障措施，并通过政策激励和市场机制推动，是促进可再生能源长期、可持续、高质量发展的关键。

（二）可再生能源在能源电力供应中发挥主导作用

随着国际社会对保障能源安全、保护生态环境、应对气候变化等问题日益重视，绿色低碳能源转型已是全世界普遍共识与一致行动。发展可再生能源已成为世界能源转型的核心内容，是实现未来世界能源低碳化的最重要途径。

随着《巴黎协定》的签订，世界能源发展向"实现能源利用的低碳、高效、绿色、可持续"转变，这极大地促进了世界以可再生能源为主的能源转型。2022 年，国际可再生能源署（IRENA）在《世界能源转型展望：1.5℃路径》中提出，为实现《巴黎协定》设定的目标，可再生能源在一次能源供应总量中占比从 2019 年的 14%上升至 2030 年的 40%，在电力领域的份额从 2019 年的 26%增加至 2050 年的 90%。工业、交通和建筑领域也将通过深度电气化、可再生能源供热、发展交通替代燃料等途径大幅增加更多可再生能源消费比重。此外，能源效率、氢气和可持续生物质能等也将成为加速能源转型的重要驱动力量。

世界可再生能源仍将长期保持快速发展，能源消费增量替代和化石能源存量替代的速度仍将加快。电力作为现代经济的核心，电力需求的增长将超过能源需求的增长，并需要在 2050 年前实现电力部门的几乎完全脱碳。据国际可再生能源署测算，全球发电量将从 2019 年的 26.9 万亿千瓦时增加到 2050 年的 78.7 万亿千瓦时，其中 90%的电力供应来自可再生能源。未来十年，煤炭发电量将急剧下降，到 2040 年煤炭发电量将是目前水平的 1/4，并最终在 2050 年被逐步淘汰。2050 年，除可再生能源以外的 10%的发电量将由天然气（约 6%）和核能（约 4%）提供。为了满足电量供给，可再生能源发电装机容量需要从 2019 年的约 2500 吉瓦增长到 2050 年的 27700 吉瓦，增幅超过10 倍。到 2025 年左右，可再生能源在发电结构中占比将超过煤炭，成为世界电力供应的主要能源。随着技术进步和应用规模的扩大，可再生能源发电经济性将显著提升，这为进一步推动能源转型带来巨大的机遇。

（三）光伏发电和风电是未来能源转型的主力

在可再生能源中，随着水电开发程度的提高、开发难度及生态环保关注度的提升等，大中型水电开发的数目与规模受到一定限制。随着新能源发电量快速增长，预计水电发电量在可再生能源发电中的占比将从 2019 年的接近 2/3 降至 2050 年的约 1/3；在此期间，非水可再生能源发电量预计保持 5.7%的年均增长率。

目前，风电、光伏发电已成为可再生能源装机和发电量增长的主体，未来随着技术进步和发电成本下降，两者将逐步从依靠政策和财政支持进入大规模商业开发的新阶段，并保持快速发展。光伏发电和风电将成为可再生能源新增装机的主要来源，其中光伏将成为世界电力装机中占比最大的发电类型。IEA 在《2022 年世界能源展望》报告中预计，到 2050 年，太阳能光伏发电装机容量将超过 14000 吉瓦，风电（陆上和海上）将超过 8100 吉瓦；风光发电量占比将从 2021 年的约 10%增加到 2030 年的42%，增长至 2050 年的 63%。

（四）生物质和地热能等非电利用规模快速扩大

生物质能是可再生能源领域最环保、最能促进农业发展的产业。结合环保以及乡村振兴的要求，生物质能有更大的发展空间。充分发挥生物质能分布式特征，原料就近收集、就近加工、就近转化、就近消纳。通过支持生活垃圾焚烧发电、生物天然气、生物质供热，可促进城镇环境改善，助力美丽乡村建设。地热能是当前最经济的可再

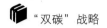

生能源供暖方式，地热资源丰富，开发方式多样，尤其是浅层地热能供暖具有普遍应用价值，具备较大的开发空间。随着技术进步和成本进一步下降，全球可再生能源非电利用规模有望持续扩大。

（五）储能技术在能源转型中将发挥重要作用

由于风和阳光具有随机性、间歇性等特点，风电和太阳能发电的快速发展对电力系统提出了可靠的调峰、储能电源需求。目前，抽水蓄能电站仍是技术成熟、成本最低的大型储能设施。在电池领域，几十年来，铅酸电池一直处于主导地位，但近年来高能量密度锂电池发展迅速，成本自 2010 年以来已大幅下降，在储能、电动汽车等方面表现出了巨大的潜力。其他新技术还包括金属空气电池、液流电池和固态电池，这些技术具有更高的能量密度。预计到 2030 年，锂电池和液流电池的成本可能下降 2/3 以上，进而刺激储能设备容量爆炸式增长。此外，作为另一种清洁储能方式，氢能在世界也进入快速发展阶段，日本、美国、德国、韩国等国家高度重视氢能产业发展，相继制定了氢能发展路线图，将发展氢能提升为国家战略；中国也将氢能写入 2019 年《政府工作报告》，推进氢能发展。

## 二、可再生能源产业体系发展回顾

21 世纪以来，为应对气候变化、能源和环境问题，在各国政府的支持下，全球可再生能源产业迅速发展。全球风电装机容量从 2000 年的 17.4 吉瓦增长到 2021 年底的 825 吉瓦，光伏装机发电容量从 2000 年的 1.4 吉瓦增长到 2021 年底的 843 吉瓦[①]。中国风电和光伏发电装机容量分别从 2000 年的 30 多万千瓦和不足 2 万千瓦增长到 2021 年底的 3.28 亿千瓦和 3.06 亿千瓦[②]。与可再生能源应用市场快速扩大相辅相成，可再生能源产业体系快速完善，中国可再生能源产业发展尤其迅猛。

（一）我国风电产业体系发展情况

1986 年 5 月，我国引进 3 台丹麦 Vestas 公司 55 千瓦风电机组在山东荣成建成马兰示范风电场，拉开了并网风电场开发建设的序幕。20 世纪 80 年代，国家科技项目陆续支持离网型和并网型风电机组研制，单机容量从 15 千瓦到 200 千瓦，但绝大部分未实现批量生产。1994 年底，中国第一个商业化风电场——广东省南澳竹笠山风电场建成投入发电运行，同步联合引进国外风电机组，中国风电产业由此迈入了引进、消化、吸收和再创新发展阶段。

1996～2005 年，国家陆续通过"乘风计划"、国家科技攻关计划、"863"计划、国债项目和风电特许权项目等，在国家引导下以市场换技术方式推进中国风电制造业的发展。这一时期，我国首批风电整机制造企业组成的"国家队"快速进行风电技术的引进和消化吸收，初步掌握了定桨距风电机组的总装技术和关键部件设计制造技术，实现了 600 千瓦、750 千瓦机组的规模化生产，国产兆瓦级风电机组研制成功，迈出了

① 资料来源：IRENA《2022 世界能源转型展望》。
② 黄晓勇，陈卫东，王永中等. 世界能源发展报告（2022）［M］. 北京：社会科学文献出版社，2022.

产业化发展的第一步。

2006 年，随着《中华人民共和国可再生能源法》的实施，我国风电正式进入大规模开发应用的阶段。"十一五"期间，科技部针对我国风电整机技术水平低、自主研制能力差、产业不完整、可持续发展能力弱等亟待解决的重大问题，国家科技支撑计划立项，支持了"大功率风电机组研制与示范"等重大项目，规划了风电整机成套设备、关键零部件、海上风电、标准规范体系 4 个主要研究方向，由全国 23 家单位共同承担，基本囊括了当时行业内的骨干企业和科研单位，直接推动了中国风电配套产业链及其产品创新机制的建立、发展和完善。随着国家陆续制定出台了促进风电等可再生能源发展的相关法规和扶持政策，众多国内外企业大举投入中国风电制造业，大多瞄准了风电整机制造，通过引进生产许可证、建立合资企业、开展自主研发或联合研发等手段，研制兆瓦级以上风电机组产品。2009 年，我国开始实施风电分资源区标杆上网电价机制，风电项目的投资收益更加明确，装机容量迅猛增长，2010 年中国风电年新增并网装机容量正式步入千万千瓦时代（见图 8-1）。

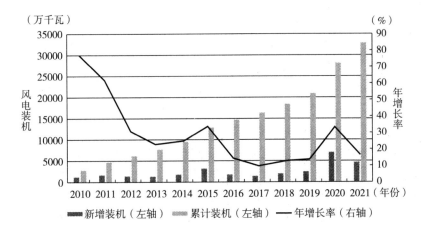

**图 8-1　2010~2021 年我国风电并网容量变化情况**

资料来源：水电水利规划设计总院。

风电产业链的发展与风电市场装机规模的不断扩大相辅相成。2009 年前后中国风电整机制造企业一度达到 80 多家，其中包含大量国有或国有控股的制造企业，涉及电力设备、航空航天和重工机械设备制造企业。当时，国内风电整机制造企业的设计产能为 4000 万~5000 万千瓦，而同期国内市场年新增装机规模不超过 2000 万千瓦，产能过剩导致的制造商恶性低价竞争，风电机组投标平均价从 2008 年的 5800 元/千瓦快速下降至 2011 年的 3600 元/千瓦。产能过剩倒逼产业链重整与提升，"十二五"时期我国涵盖原材料加工、零部件制造、整机制造、开发建设、技术研发、标准和检测认证体系等各个环节的风电产业链基本形成（见图 8-2）。

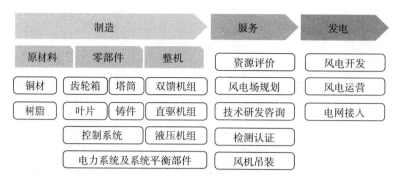

**图 8-2 我国风电产业链主要构成情况**

资料来源：中国风能协会（CWEA）。

"十二五"和"十三五"期间，我国风电产业产值和风电市场投资快速增加。2011~2019 年，我国风电累计总投资达到 14448 亿元（见图 8-3），连续 10 年居全球新增投资首位；风电原材料、零部件及整机产值累计达到 17732 亿元（见图 8-4）。风电投资通过产业间的相互关联拉动其他行业增长，中国风能协会、清华大学、国家发展和改革委员会能源研究所等机构的研究显示，风电每发一度电可带来约 2.25 元的总产值，约 1.01 元的 GDP 增加值，仅 2011~2019 年我国风电产业累计带来了约 2 万亿元的 GDP 增加值。

当前，我国风电产业基本掌握了风电关键核心技术，低风速、低温、高原、海上等不同应用场景的具有自主知识产权的风电机组得到大规模应用，大容量机组开发上与世界同步，智慧风电等行业数字化水平、新兴技术应用等创新和研发方面不断进步，风电已经成为我国少数具有国际影响力的高新技术产业之一。我国新增陆上风电机组平均单机容量由 2011 年的 1.5 兆瓦增加到 2021 年的 3.1 兆瓦。2021 年新吊装的风电机组中，5.0 兆瓦及以上风电机组占比达到 23.3%，较 2020 年增长了约 19 个百分点；7.0 兆瓦及以上风电机组占比达到 3.1%，而 2020 年占比仅为 0.4%。已投运的风电机组最大单机容量已经达到 10.0 兆瓦[①]。

2021 年，金风科技、远景能源、运达股份、明阳集团、上海电气和东方电气六家内资风电机组制造商进入全球新增风电装机容量排名前十，最高的金风科技位列全球第二。但中国风电产业主要依赖国内市场，截至 2021 年底，中国风电整机制造企业已出口的风电机组累计容量仅 964.2 万千瓦，仅占海外风电装机容量的 0.2%，风电产业全球竞争力不强[②]。

（二）我国光伏产业体系发展情况

光伏产业是半导体技术与新能源需求相结合而衍生的产业。光伏产业包括多晶体硅料生产、硅锭/棒生产、硅片生产、太阳电池制造、组件封装和光伏发电系统应用等（见图 8-5）。

---

①② 资料来源：中国风能协会（CWEA）。

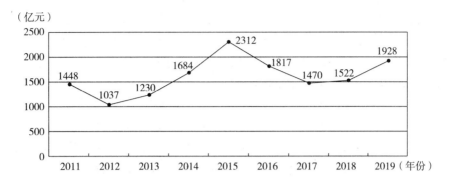

**图 8-3  2011~2019 年中国风电年新增投资情况**

资料来源：中国风能协会（CWEA）。

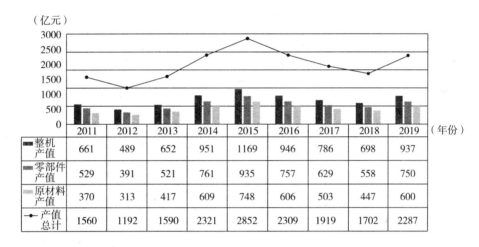

| （亿元） | 2011 | 2012 | 2013 | 2014 | 2015 | 2016 | 2017 | 2018 | 2019 |
| --- | --- | --- | --- | --- | --- | --- | --- | --- | --- |
| 整机产值 | 661 | 489 | 652 | 951 | 1169 | 946 | 786 | 698 | 937 |
| 零部件产值 | 529 | 391 | 521 | 761 | 935 | 757 | 629 | 558 | 750 |
| 原材料产值 | 370 | 313 | 417 | 609 | 748 | 606 | 503 | 447 | 600 |
| 产值总计 | 1560 | 1192 | 1590 | 2321 | 2852 | 2309 | 1919 | 1702 | 2287 |

**图 8-4  2011~2019 年我国风电产业整机、零部件、原材料产值变化**

资料来源：中国风能协会（CWEA）。

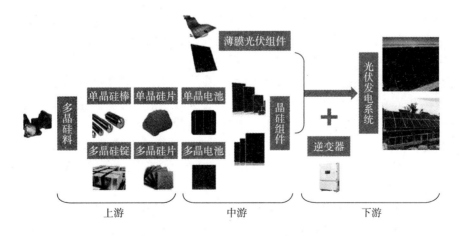

**图 8-5  光伏产业链的构成**

中国光伏产业在 20 世纪 80 年代以前处于雏形阶段，太阳电池的年产量一直徘徊在 10 千瓦以下，价格也很昂贵。受价格和产量的限制，光伏应用市场发展缓慢，2000 年我国太阳能发电累计装机容量仅有 19 兆瓦，主要用于边远地区农村电气化、通信和工业应用以及太阳能光伏产品，包括太阳能路灯、草坪灯、太阳能交通信号灯以及太阳能景观照明等。2000 年，全球光伏电池总产量也只有 287.7 兆瓦。随着德国 2000 个光伏屋顶计划、美国百万太阳能屋顶计划、日本阳光计划、荷兰百万个太阳光伏屋顶计划、中国无电乡通电计划等的实施，2000 年后全球光伏发电产业快速发展，中国光伏产业更是一枝独秀，光伏发电装机容量从 2000 年的不足 20 兆瓦增长到 2021 年底的 305.99 吉瓦（见图 8-6）。

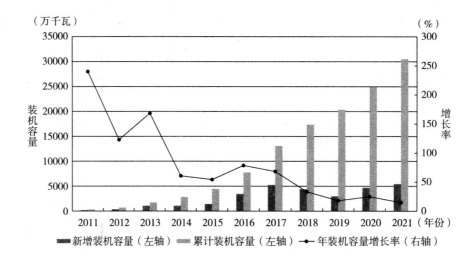

**图 8-6　2011~2021 年中国光伏发电装机容量变化情况**
资料来源：水电水利规划设计总院。

国际国内双市场驱动，中国光伏产业链迅猛发展。2000 年，师从"世界太阳能之父"、2002 年诺贝尔环境奖得主马丁·格林教授的施正荣博士回到中国。2001 年无锡尚德太阳能电力有限公司（以下简称"无锡尚德"）筹资到位。2004 年欧盟多国开始补贴光伏发电，光伏电池市场井喷，布局早、技术领先、规模够大的无锡尚德成为直接受益者，开始了不可思议的高增长。2003 年，我国太阳能电池产量是 12 兆瓦，2004 年为 50 兆瓦，2005 年猛增到 139 兆瓦，2006 年达到 400 兆瓦，2007 年中国太阳能电池产量超过 1000 兆瓦，达到 1088 兆瓦，一跃成为世界太阳能电池的第一大生产国。2007 年，我国光伏组件产量也达到世界第一。2003~2007 年，中国打造了一个世界级的产业。

从 2005 年起不到两年时间里，相继有 10 家中国光伏企业在海外上市，除了无锡尚德之外，还有浙江昱辉、江苏林洋、常州天合光能、保定英利、江苏浚鑫等。2008~2018 年，中国光伏企业生产的光伏电池组件超过 380 吉瓦，占 2018 年全球累计装机量的 75%。2011 年（当年底美国启动"双反"调查），我国光伏产品出口额达到 358.21

亿美元，仅硅片、电池片、组件的出口额达到 226.7 亿美元。2021 年，我国硅料、硅片、电池片和组件的全球市场占有率分别达到 80%、98%、85% 和 77%，仅这四个环节中产量全球排名前十的企业中，中国企业共有 33 家。

2021 年，我国多晶硅产量达 50.5 万吨，国内多晶硅年产量排名前五的企业产量占比 86.7%，产量达万吨以上的企业有 8 家；全国硅片产量约为 227 吉瓦，排名前五的企业产量约占总产量的 84.0%，产量达 5 吉瓦以上的企业有 7 家，全球前十大生产企业均位于我国；全国电池片产量约 198 吉瓦，排名前五的企业产量约占总产量的 53.9%，电池片产量达 5 吉瓦以上的企业有 11 家；组件产量达到 182 吉瓦（以晶硅为主），排名前五的企业产量约占总产量的 63.4%，组件产量达 5 吉瓦以上的企业有 8 家；光伏产业链集中度不断提高。产品效率方面，2021 年，量产的 P 型单晶电池转换效率达到 23.1%，商业化生产的 N 型 TOPCon 电池与异质结电池平均转换效率分别达到 24% 和 24.2%，处于中试阶段的 IBC 电池平均转换效率为 24.1%（见图 8-7）。

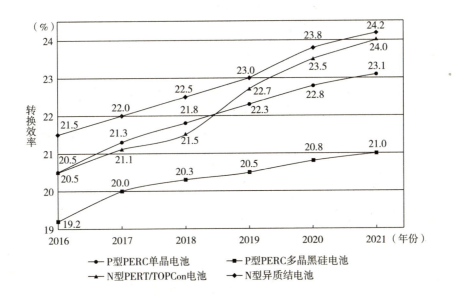

**图 8-7 2016~2021 年我国电池片量产转换效率发展趋势**

资料来源：中国光伏行业协会。

与风电产业始终以国内市场为主不同，中国光伏制造业从国际市场起步，国际国内双驱动，十多年来牢据光伏产业链顶端。2021 年我国光伏产品出口创历史新高，光伏产品出口总额（硅片、电池片、组件）约 284.3 亿美元，同比增长 43.9%。其中硅片、电池片和组件出口额分别为 24.5 亿美元、13.7 亿美元和 246.1 亿美元，分别同比上涨 38.3%、38.2% 和 44.9%。凭借资金、技术、成本等优势我国光伏龙头企业不断扩大规模，海外企业则不断加速退出，产业链各环节进一步向我国集中，海外下游产线更多选择从我国进口硅片、电池片等产品以满足其生产的需求。另外，2021 年我国逆变器出口金额达到 51.3 亿美元，创历史新高。目前全球逆变器排名前十的企业中，

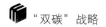

中国企业占据六席，中国逆变器企业份额占全球份额80%以上，中国企业中排名前六的占据全球光伏逆变器出货量60%的市场份额，其中阳光电源和华为分别占据31.3%和23.1%的市场份额，呈现双头龙格局，锦浪科技、古瑞瓦特、固德威等企业也加速出海。

### 三、中国加速实现能源转型的发展基础

进入21世纪，中国及时跟随世界发展可再生能源的潮流，结合自身发展需求，大力促进风电、光伏发电、生物质能、地热能等可再生能源发展。2006年1月，《中华人民共和国可再生能源法》正式施行，确立了国家制定中长期可再生能源总量目标，对非水电可再生能源发电实行固定电价且全额收购；建立国家可再生能源基金。这些核心法律制度的确立以及一系列政策措施的实施，推动中国可再生能源快速发展。近五年，中国占全球年新增风电装机的50%左右，全球年新增光伏装机的42%左右。截至2021年底，中国风电、光伏发电装机均占全球的1/3以上。中国风电、光伏制造产业快速崛起，形成了全球最大的风电、光伏制造产业体系，特别是光伏制造在全球占有绝对竞争优势。在电动汽车领域的发展也十分迅速，2021年中国电动汽车销量占全球的一半。

经过近20年的发展，中国逐步扩大可再生能源开发利用规模，以市场化带动产业化，以产业规模优势带动技术资源聚集，通过市场规模优势与产业制造优势联合发力，推动可再生能源技术快速进步和成本的快速降低。可以说，中国在2005~2020年，完成了可再生能源产业的培育。进入下一个15年，中国可再生能源产业具备加速国内推广应用的技术、经济、市场条件；在国际上具备较强的竞争优势，有条件占据较大的全球市场份额，在众多国家特别是"一带一路"国家，可以做到以可再生能源为主要方式广泛开展国际能源合作。

## 第二节　中国可再生能源主导的未来产业体系分析

中国加速实现能源转型过程中，可再生能源主导下将带动以光伏、风电为主的电力设备制造业、消费测需求产业，以及相关联的中间产业的发展，并形成未来新兴产业发展的产业体系（见表8-1）。

表8-1　可再生能源主导的能源革命催生的新兴产业

| 战略性新兴产业 | 可再生能源主导的能源革命催生的相关新兴产业 |
| --- | --- |
| 新一代信息技术产业 | 能源互联网产业 |
| | 智能电网产业 |
| 高端装备制造产业 | 新能源装备制造产业 |

续表

| 战略性新兴产业 | 可再生能源主导的能源革命催生的相关新兴产业 |
| --- | --- |
| 新材料产业 | 新能源材料产业（如光伏材料、风电叶片材料等） |
|  | 电池材料产业 |
|  | 节能建筑材料产业 |
| 生物产业 | 生物质能产业 |
| 新能源汽车产业 | 新能源汽车整车、装置制造产业 |
|  | 新能源汽车相关设施制造产业（如加氢站、充电站） |
|  | 储能产业 |
| 新能源产业 | 风能产业 |
|  | 太阳能产业 |
|  | 生物质能产业 |
|  | 氢能产业 |
|  | 智能电网产业 |
|  | 储能产业 |
|  | 新兴输电产业 |
| 节能环保产业 | 高效节能产业（包括工业、建筑、交通节能等） |

资料来源：笔者根据国家统计局发布的《战略性新兴产业分类（2018）》（国家统计局令第 23 号）整理。

特别是在风电、光伏等电力设备制造业方面，中国硅料、硅片、电池、组件等各制造链环节主要设备已基本实现国产化，并向定制化和自动化方向发展。

目前，风电、光伏发电已成为可再生能源装机和发电量增长的主体，未来随着技术进步和发电成本下降，两者将逐步从依靠政策和财政支持进入大规模商业开发的新阶段，并继续保持快速发展。光伏发电和风电将成为可再生能源新增装机的主要来源，其中光伏将成为世界电力装机中占比最大的发电类型；预计到 2050 年发电量将分别达到 14.2 万亿千瓦时和 14.4 万亿千瓦时，分别是 2020 年的 17 倍和 9 倍。

## 一、可再生能源技术发展情景研究

### （一）风电技术

1. 发展现状

风电机组设计制造技术不断进步。目前，我国风电机组制造技术水平明显提升，已经形成了大容量风电机组整机设计体系和较完整的风电装备制造技术体系。风电机组呈现大容量发展趋势，关键零部件基本国产化，5～6 兆瓦大型风电设备已经投入商业化量产，特别是低风速风电技术取得突破性进展，并广泛应用于中东部和南方地区。风电机组高海拔、低温、冰冻等特殊环境的适应性和并网友好性显著提升。海上风电 4～6 兆瓦级已成为"十三五"时期的主流机型，未来 7～8 兆瓦逐步进入商业化运行阶段。2019 年 8 月，具有完全自主知识产权、国内首台 10 兆瓦海上永磁直驱风力发电机研制成功。海上风电整机和关键零部件设计制造技术水平逐渐成熟，海上风电装备基本实现国产化。

海上风电勘测设计、施工能力不断提升。"十三五"期间，全国已安装了 20 座海上升压站，超过 1800 座各类风机基础，超过 1000 千米的高压海底电缆。建成的海上交流输电工程，最高电压等级 220 千伏，最大容量已达 40 万千瓦，最远距离 55 千米，220 千伏电压等级的海上交流输电技术已初步趋于成熟；形成了适用于近海风电场的成套勘探装备，研发了系统的岩土体评价理论和体系；以数字化运维平台为代表的智慧风场系统已现雏形；已开展以如东海上风电项目柔性直流换流站设计为代表的远海电能输送。

2. 未来趋势

风电向大型化、智能化和高可靠性方向发展，深远海风能开发不断推进。10 兆瓦级大型增速永磁同步风电机组技术、10 兆瓦级双馈增速型风电机组技术不断成熟，获得大规模应用。针对低风速地区风电开发，3 兆瓦级以上低速型风电机组广泛应用。海上风电场开发成套关键技术研究及示范、风电数字化与智能制造、风电场运维智能物联平台等在风电行业规模化应用。具体而言：

（1）整机关键技术方面。陆上 5~7 兆瓦机组大规模应用，海上 10~20 兆瓦机组普遍应用。主轴承、主控 PLC（可编程逻辑控制器）等关键零部件实现国产化，不再成为制约性因素。

（2）设计、施工、运维方面。规模化应用雷达等资源测风技术，机组及风电场设计软件成熟。近海风电已规模化开发，远海风电（漂浮式）开始运行；海上漂浮式支撑结构技术开始大范围应用。

（3）接网友好型技术方面。风电场普遍具备超低电压、零电压穿越能力，且能在低穿过程中提供无功电流。风电场具备高电压穿越能力，有功调节和一次调频能力。

（4）数字化技术方面。实现风电场间的互通信和控制，自适应控制、风电场场群尾流控制、数字化运维管理等，智能控制、运维数字化和信息化技术快速提升并推广应用。

（二）光伏发电技术

1. 发展现状

（1）光伏电池、组件产业化技术水平不断增强。经过十余年的发展，目前，我国光伏电池产业化量产技术水平已处于世界领先地位，天合光能股份有限公司、晶科能源有限公司、隆基绿能科技股份有限公司等企业多次刷新产业化电池、组件转换效率世界纪录；自主研发前沿光伏电池创造了多个实验室转换效率世界纪录，被美国国家可再生能源实验室收录进其世界最高效率图谱中。根据中国光伏行业协会统计，2021 年，量产的 P 型单晶电池平均转换效率达到 23.1%，商业化生产的 N 型 TOPCon 电池与异质结电池平均转换效率分别达到 24% 和 24.2%，处于中试阶段的 IBC 电池平均转换效率 24.1%。高效电池技术（PERC、异质结、IBC 交指式背接触、TOPCon 隧穿氧化层钝化接触等）与高效组件技术（叠瓦、半片、MWT 金属穿孔卷绕、双面组件等）

均得到快速发展，产业化水平不断提高，部分技术已具备一定规模化生产能力及较强的国际竞争力。

（2）系统技术不断完善。大量新技术被应用于光伏电站整体设计以及系统级优化之中。光伏支架跟踪系统、1500伏高电压的采用有效提高了光伏系统的实际发电能力；智能机器人、无人机、大数据技术、远程监控软件、先进通信系统也已在电站运行中使用；同时设备生产的自动化、数字化、网络化程度不断提升。

（3）装备制造水平不断提高，基本实现国产化。我国光伏设备产业持续健康发展，技术水平明显提升，产品从低端向高端发展，产品定制化程度逐步提高，高产能与高效自动化能力不断提升，推动光伏制造向光伏智造转变。多晶硅硅片、电池片、组件各环节主要设备已基本实现国产化。

2. 未来趋势

光伏发电技术继续沿着高效率、低成本方向持续进步。光伏电池方面，晶体硅电池仍将在一段时间内保持主导地位，钙钛矿电池等基于新材料体系的高效光伏电池逐步向产业化发展。半片技术、叠瓦技术、多主栅等组件技术将进一步广泛应用，双面组件将逐步成为市场主流。逆变器等光伏系统技术向大功率单体机、高系统接入电压、智能化的方向发展。光伏系统应用向多元化、高质量发展。光伏建筑一体化应用技术不断完善，"光伏+制氢"等应用形式进一步拓展应用场景，"光伏+储能"协同发展提供光伏发电可靠性与电网友好性。具体而言：

（1）光伏电池产业化技术保持全球领先。国际领先国家起步较早，现有技术路线多由澳大利亚、德国、日本等国家首先提出，但近年来受产业规模制约，其产业化技术优势不再明显。我国目前的产业规模与产业化技术水平均处于世界领先地位，未来随着市场规模平稳持续和技术进步，全球竞争力将持续增强。

（2）新型高效电池技术多元化应用。钙钛矿等新型电池技术已成为世界研究热点，目前韩国保持着实验室单结钙钛矿电池25.2%的转换效率世界纪录，德国保持着钙钛矿—晶体硅叠层电池29.1%的转换效率世界纪录，未来具备商业化应用潜力。我国也已具备世界先进水平，与欧盟国家、美国、韩国、日本等世界领先水平国家齐头并进，多次创造转换效率世界纪录，未来有望在该领域实现全球领先。

（3）制造装备水平不断提升。德国、瑞士、美国等先进国家在化学气相沉积等部分高品质关键设备的制造方面具有优势。我国硅料、硅片、电池、组件等各制造链环节主要设备已基本实现国产化，并向定制化和自动化方向发展。

（4）系统应用技术快速进步。普遍采用跟踪系统、1500伏系统、智能运维等系统优化技术，在系统应用技术方面达到全球领先水平。

（三）新能源电力输送及运行控制技术

我国积极推动新能源大规模、大比例市场消纳，在新能源优化配置与规划技术、新能源发电基础平台研究、风电机组状态监测与故障分析、新能源场/站故障穿越与保护配置等方向取得研究突破。从长期来看，随着新能源技术进步和电力系统安全稳定新标准的实施，我国在新能源并网和大规模外送、柔性直流输电、新能源发电集群控制、风光储输等新能源并网调控等领域有望于近中期内实现突破，突破新能源并网智能控制和调度运行技术，开发应用高精度新能源功率预测、监控系统、风电场 AGC（自动增益控制）系统，并在主要省区实现全面覆盖。在新能源微电网规划与控制技术、新能源虚拟同步机技术、风电联网高效规划与脱网防御技术等方面实现快速应用。同时，多能源互补综合利用、分布式并网及微网控制、大容量储能、智能配电网与微电网等系列新技术实现商业化应用，使风电、光伏发电效率不断提升，应用领域不断扩大。

### （四）生物质能技术

发电以垃圾焚烧发电为主，多元化利用发展趋势显著。生物质发电机组参数逐步提高，发电效率进一步提升。垃圾焚烧发电机组参数由中温中压向中温次高压发展，农林生物质发电机组参数由高温高压逐步迈向高温超高压。生物天然气产气效率逐步提升，干式厌氧发酵将成为主要技术发展方向。

生物质能将坚持多元化和因地制宜发展原则，依托生物质能工程的分布式能源特性：一是统筹考虑能源、农业、环保等协同发展，将生物质能产业发展与乡村振兴战略相结合，与农业农村绿色发展相结合；二是加快生物天然气产业化发展进程，建立健全产业发展体系，支持天然气产供销体系建设；三是结合北方地区清洁取暖、燃煤锅炉替代需求，稳步推进生物质固体燃料供热产业发展，利用成型燃料或者散料为居民、工业用户提供清洁热力；四是推进垃圾焚烧发电高质量发展，提质增效，重点推进中西部地区垃圾焚烧发电发展。

### （五）地热能技术

地热能总体呈现多元化的技术发展方向。在地热发电方面，新型的联合循环发电技术是地热发电技术的发展方向。在中深层地热供暖方面，大型中深层地热集中供暖成为今后地热供暖发展趋势。在浅层地热供暖制冷方面，商用客户是浅层地源热泵行业最具吸引力的终端用户。2014～2020 年，全球地源热泵市场发展将达到 13.1% 的年复合增长率，呈现健康发展态势。

## 二、可再生能源产业发展情景研究

### （一）全球可再生能源产业发展情景

近年来，全球面临的能源安全和环境生态保护问题日趋严峻，发展可再生能源成为许多国家推进能源转型的核心内容和应对气候变化的重要途径，是世界各国普遍共识和一致行动，全球能源系统正在发生结构性转变。

1. 各国可再生能源发展目标

欧盟在进入 21 世纪以来，通过制定 2020 年、2030 年、2050 年能源发展战略，明确了可再生能源发展的方向和路径，相继制定了《2030 年能源和气候框架》《能源安全战略》，逐步明确量化欧盟能源战略发展目标。2018 年修订并签署了《可再生能源指令》，2020 年可再生能源发展目标为 20%，2030 年可再生能源占终端能源消费总量比例提升到 32%，设定为具有法律约束力的目标，并允许 2023 年审查阶段再次上调。

2022 年，欧盟委员会公布了名为"RepowerEU"的能源计划，将欧盟"减碳55%"政策组合中2030年可再生能源的总体目标提高到45%。

德国在2010年制定了《能源转型方案》，将可再生能源发展与应对气候变化结合，促进多领域应用；在2016年提出2050年全面退煤。经过几年调整，目前规划在2020年、2030年、2040年、2050年分别完成可再生能源占终端能源消费总量比例达到18%、30%、45%、60%的目标，在2030年、2050年可再生能源发电比例可分别提高到65%、80%。2022年，德国政府通过了几十年来最大规模的能源政策法案修订，重申了此前作出的2045年实现气候中和的承诺，计划到2035年德国的电力供应将接近气候中和，到2030年80%的电力必须来自可再生能源。

为了缓解短期能源供应短缺、促进能源独立，英国在2022年发布的《能源安全战略》中提出，到2030年英国95%的电力将来自低碳能源，将重点发展核能、海上风电、太阳能、氢能，其中核能和海上风电将是重中之重。到2030年，英国海上风电装机容量的目标从之前的40吉瓦提高到50吉瓦。

丹麦是最早制定可再生能源发展目标的国家之一，也是全球第一个提出在2050年实现100%可再生能源电力的国家。目前丹麦以68%的可再生能源电力供应占比领跑全球各国。

2. 相关研究机构可再生能源发展预测

国际能源署（IEA）在《世界能源展望2021》中净零排放情景下预测2050年全球可再生能源在电力供应中的比重达到88%，其中光伏和风电将成为可再生能源装机增长的主力。传统煤电将逐步退出，化石能源将进一步缩小占比并且以结合CCUS的方式继续发挥作用。氢能和氨能等新兴能源将逐步增长，在2050年装机规模将达到1867吉瓦（见图8-8）。

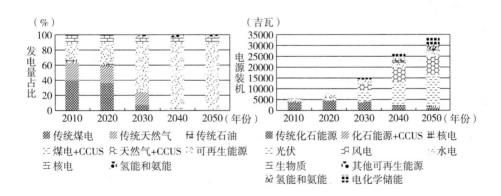

**图 8-8 IEA 全球能源转型预测**

国际可再生能源署（IRENA）在发布的《世界能源转型展望：1.5℃路径》《可再生能源引领未来的创新前景》研究中提出，2050年全球发电总量中可再生电量占比达90%（见图8-9），在终端非电消费中可再生能源占比达79%。

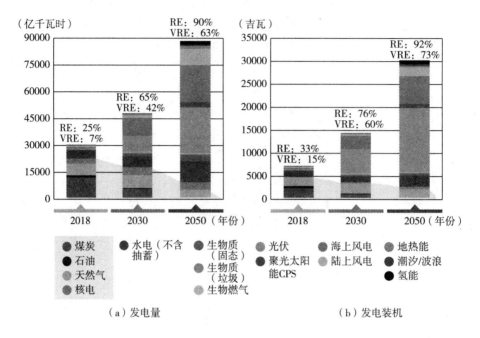

（a）发电量　　　　　　　　　　　　（b）发电装机

**图 8-9　IRENA 全球能源转型预测**

注：RE 是指可再生能源，VRE 是指波动性较大的可变可再生能源。

资料来源：IRENA《世界能源转型展望：1.5℃路径》和《可再生能源引领未来的创新前景》。

联合国政府间气候变化专门委员会（IPCC）预测，2050 年全球可再生能源占一次能源消费比重达到 60% 左右。

**（二）我国可再生能源产业发展情景**

统筹考虑各类可再生能源开发利用潜力和发展前景，2020~2050 年各阶段可再生能源发展目标如下：

（1）2020~2025 年，可再生能源逐步形成市场竞争力，在大部分地区成为能源增量主体。到 2025 年，全部可再生能源占一次能源消费比重达到 19% 以上，可再生能源发电量占全社会用电量比重达到 32% 以上。可再生能源技术创新能力取得重大进展，基本建立适应可再生能源多元化、市场化发展的政策和市场体系。

（2）2026~2035 年，可再生能源全面规模化替代化石能源。到 2035 年，全部可再生能源占一次能源消费比重达到 30% 左右，可再生能源发电量占全社会用电量比重力争达到 45%。基本建成可再生能源发挥主导作用的清洁低碳、安全高效的能源体系。可再生能源发挥降低用能成本、促进我国经济竞争力提升的作用。

（3）2050 年，可再生能源成为我国主体能源，全部可再生能源占一次能源消费比重达到 50% 左右，占全社会用电量比重力争达到 70%，形成可再生能源发挥主体作用的清洁低碳、安全高效的能源体系。

我国可再生能源发展目标如表 8-2 所示。

表 8-2　2020~2050 年我国可再生能源发展目标

| 年份 | 2020 | 2025 | 2035 | 2050 |
|---|---|---|---|---|
| 发电装机规模（亿千瓦） | 8.4 | 13.8 | 25.9 | 43.8 |
| 水电 | 3.35 | 3.8 | 4.25 | 4.8 |
| 风电 | 2.3 | 4.0 | 7.5 | 15.0 |
| 太阳能光伏 | 2.5 | 5.5 | 13.0 | 22.0 |
| 太阳能热发电 | 0.01 | 0.1 | 0.6 | 1.5 |
| 生物质发电 | 0.22 | 0.4 | 0.5 | 0.5 |
| 可再生能源供热和燃料 | | | | |
| 太阳能热利用（亿平方米） | 6 | 8 | 10 | 12 |
| 地热能利用（亿吨标准煤） | 0.5 | 0.96 | 1.6 | 2.8 |
| 生物质成型燃料（万吨） | 2000 | 3200 | 5000 | 7000 |
| 生物天然气（亿立方米） | 20 | 150 | 500 | 600 |
| 生物液体燃料（万吨） | 600 | 1000 | 2000 | 2500 |

资料来源：国家发展和改革委员会能源研究所。

## 三、可再生能源关联产业发展情景

**（一）跨省区输电网互联规模进一步扩大**

随着可再生能源发电的增加，需要增加配置传输基础设施，并将符合成本效益的可再生能源生产的电力，从西部及北部地区输送到负荷中心，同时实现更远距离的电力备用共享，并实现在更大的地理空间范围内平滑可再生能源出力波动性及消纳可再生能源。增加传输基础设施从而实现更大范围的电力输送和备用共享，能够增加系统灵活性，满足风力和太阳能发电与电力负荷的变化。随着波动性发电的大规模开发利用，一些特定地区的净负荷（负荷减去波动性发电）将呈现剧烈变化趋势。通过区域互联，扩大调度区域范围有利于降低净负荷变化。因为更广阔的调度平衡区允许系统调度使用更大规模的可再生能源资源和更多元化的发电技术，并使更广阔地区的输出和负荷状况更加平滑。

在高比例可再生能源情景下，预计有三大跨区域输电通道集群输电容量超过 1 亿千瓦，分别为西北、西南、华北北部三大能源基地，全国跨区外送输电容量超过 5 亿千瓦。

**（二）电力系统输送能力和资源配置能力大幅提升**

现有电力系统主要依靠发电侧可控电源的灵活调节特性实现电力平衡，灵活性从发电侧向用电侧逐渐减弱。而未来高比例可再生能源电力系统发用电将产生深刻变化，传统用电侧配置分布式发电装置后也将具备发电侧的特性，必须从发电、输电、用电全环节提升灵活性（见图 8-10）。

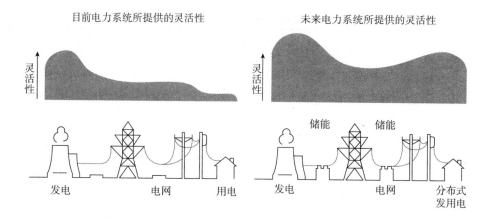

**图8-10　现在和未来电力系统灵活性趋势**

未来电力系统最重要的价值将不再是提供电量服务，而是能提供灵活性，以确保风电、光伏发电等低碳、零碳可再生能源大量接入（见图8-11）。

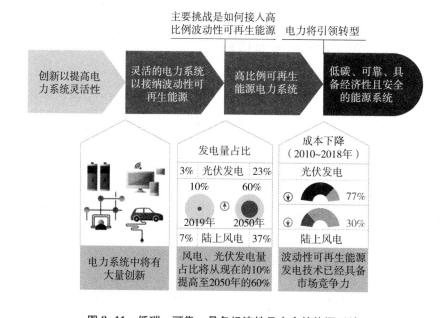

**图8-11　低碳、可靠、具备经济性且安全的能源系统**

（1）发电侧提高灵活性：大型、不灵活的燃煤电厂将被小型可再生能源所取代，而这些可再生能源大多都不灵活可控，并且发电功率取决于天气而不是用户用电量的大小。传统发电必须进行改造以提高灵活性，如燃煤电厂灵活性改造、水电扩机、增加燃气装机规模、建设抽水蓄能电站和储能电站等。

（2）电网侧提高灵活性：电网将进行更多的扩容改造，以便适应功率的大范围灵活转移；同时需要扩大市场范围，使电力可以在更大的平衡区内、多个调度控制区甚至整个大陆范围内更轻松地传输。充分利用天气和资源的多样性，利用风电、光伏发电的平滑效应来平衡电力供需。此外，由于分布式能源的快速发展，需要对配电网进行扩容改造和技术管理。

（3）需求侧提高灵活性：在用电需求侧，屋顶光伏、小型风机、电池储能系统、微电网、电动汽车、储热、储氢等将逐渐增加，并通过积极参与电网来提高系统灵活性。可以通过智能感知、虚拟电厂等新技术，利用价格机制将这些设备整合起来参与电力系统调节，以便提高系统灵活性。

（4）全系统范围内储能提高灵活性：储能可以在各个环节提高整个能源系统的灵活性，是高比例可再生能源系统中最具潜力的发展方向。在供电侧，可以连接到波动性可再生能源电厂，并存储其多余的发电量，或转化为其他能源形式存储（例如热能、氢能），以实现提高灵活性。在电网侧，可以即时分配供电需求，减少电网阻塞，提高峰值供给。在用电侧，可以通过响应电价波动转移用电需求，实现对波动性可再生能源的消纳。

（三）数字化和信息化技术推动需求侧灵活性大幅提升

传统能源领域正在经历三项主要趋势，即数字化、去中心化和电气化。这些趋势正在深刻改变电力系统的构架和运营，只有通过这些改变，才能更大限度地提高系统灵活性，更多地接纳高比例可再生能源（见图8-12）。

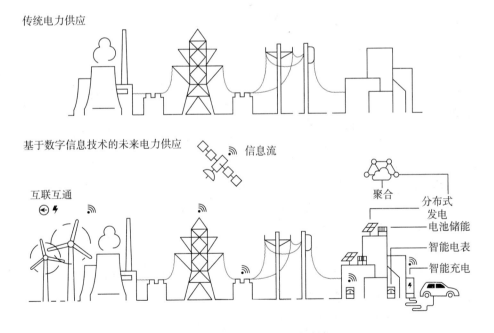

**图8-12　电力系统的信息化创新**

数字化和信息化技术可以更好地帮助可再生能源发展。一方面，信息采集和模式识别可以使电网更加主动地运行，从而避免故障或减少停机时间。另一方面，大量实时、有效的数据可以提高风电、光伏发电的预测精度，减小系统运行的不确定性，可以在不增加运行备用和成本的情况下更多地消纳可再生能源。此外，分布式可再生能源系统本质上需要能量与信息结合，以实现最佳运行和更高的灵活性。只有通过大量实时、准确、高可靠性的信息和通信技术，才能对大量分布式发电和智能用电设备进行操作和控制（见图 8-13 和图 8-14）。

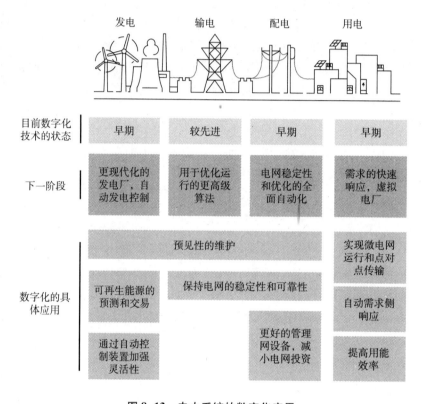

**图 8-13　电力系统的数字化应用**

**（四）推动电动汽车与新能源融合发展**

未来电网具备可靠网架结构，各类电源接入、送出的适应能力，大范围资源优化配置能力和用户多样化服务能力，以实现安全、可靠、优质、清洁、高效、互动的电力供应，推动电力行业及相关产业的技术升级。随着电动汽车的推广应用和充电站的建设，人们对电动汽车和充电站的认识已经不仅仅局限在代步工具和"加油站"上，而是希望开拓更广泛的应用。随着电动汽车技术进步、新能源大规模发展对系统灵活性需求的增加，电动汽车（充电站）不仅能从电网获得能量，而且实现在必要时电动汽车（充电站）向电网供电，从而提高供电的可靠性（见图 8-15）。

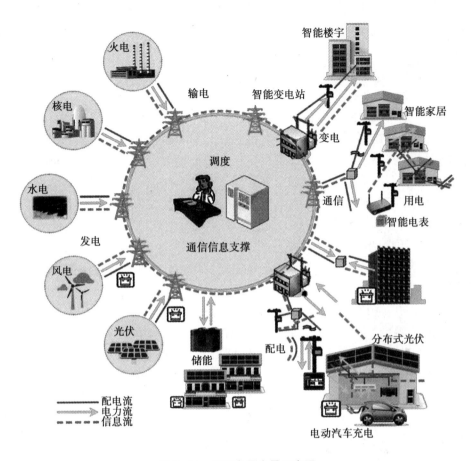

图 8-14　智能电网全景示意图

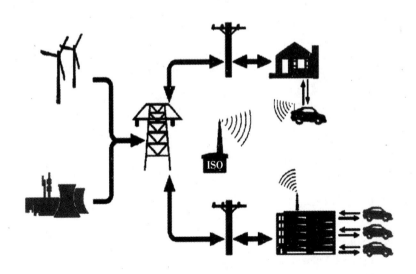

图 8-15　电动汽车与新能源融合发展示意图

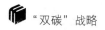

新能源与电动汽车的融合发展将成为重要趋势，通过电网的资源配置平台功能，能够有效满足电动汽车等新型电力用户的电力服务要求，形成完善的电动汽车配套充放电基础设施网络，形成科学合理的电动汽车充放电站布局，充放电站基础设施满足电动汽车行业发展和消费者的需要，电动汽车与新能源的高效互动得到全面应用。

（五）储能在电力系统中大规模应用

储能本质上是解决能源供需在时间、空间上不匹配问题的应用技术。现代电力系统，尤其是未来高比例新能源电力系统的安全、稳定运行需要大规模储能支撑。抽水蓄能为电力系统提供调峰、调频、备用容量等服务已有百年历史，目前仍是电力系统最重要的灵活性调节资源，而压缩空气储能、电化学储能、氢储以及储热等新型储能技术因响应速度快、布局灵活、能源再转化用途广等，成为储能应用的新增长点。根据中关村储能产业技术联盟统计，截至 2021 年底，全球已投运的新型储能项目达到 2540 万千瓦，更广阔的市场徐徐展开。

光储应用成主流，可再生能源场配储能成趋势。近年来全球光伏发电比例不断提高，而锂离子电池等电化学储能系统成本大幅下降，为保障电能质量、提升电网的灵活性、提高分布式光伏自发自用比例、降低用户的用电成本等奠定了基础，光伏整合储能技术的系统建设成为全球应用的主流。以美国为例，2019 年 12 月内华达州公共事业委员会（PUCN）批准了 NV Energy 新增 1190 兆瓦光伏和 590 兆瓦储能的综合资源计划，三个项目分别为 200 兆瓦光伏+75 兆瓦/375 兆瓦小时电池、300 兆瓦光伏+135 兆瓦/540 兆瓦小时电池和 690 兆瓦光伏+380 兆瓦电池。2020 年 2 月，田纳西流域管理局（TVA）批准了 200 兆瓦光伏发电站和配套部署的 50 兆瓦/200 兆瓦小时电池储能系统。这些项目通过将光伏技术与储能结合，充分利用当地丰富的太阳能资源，为客户提供低成本的电力，在太阳下山后长时间保持照明，并可为电力需求激增的傍晚高峰期提供灵活资源。美国咨询机构伍德·麦肯兹（Wood Mackenzie）基于统计数据，预测 2020 年美国新增 1/5 的住宅光伏系统用户将同时配套安装储能系统。韩国、美国、中国、日本、澳大利亚、英国、法国、苏格兰、新西兰、智利等国在可再生能源场站增加储能单元，有助于形成储能与可再生能源发电标配的大趋势。例如，特斯拉（Tesla）在南澳大利亚 Hornsdale 风电场的 129 兆瓦小时的电池储能系统最为知名，可以提供电网安全性保障、调整风电场出力、参与辅助服务，在给开发商增加收入的同时也降低了市场调频辅助服务价格，给可再生能源配置储能模式的推广以信心，澳大利亚正在积极部署更多的风光储项目。英国已有 4 个风电项目配置了储能系统并已投入使用。

储能在参与传统能源替代中崭露头角。国际可再生能源署（IRENA）分析认为，目前在美国光储的平准化度电成本已经低于核电和煤电，接近燃气联合循环机组。美国咨询机构伍德·麦肯兹（Wood Mackenzie）的研究结果表明，2022 年起同等生命周期 4 小时储能系统的建设成本，与燃气电站相比具有很强的竞争力。近两年来，美国越来越多的州开始积极部署储能系统，纽约公共服务委员会要求到 2030 年为纽约州部署 3 吉瓦的储能系统，马萨诸塞州设定到 2025 年实现装机容量达到 1 吉瓦的储能目标，加利福尼亚将其现有储能部署目标增加了 500 兆瓦（该目标最初要求到 2020 年部署装机容量为 1325 兆瓦的储能系统），亚利桑那州提出了到 2030 年实现部署装机容量为 3 吉瓦储能系统目标，新泽西州制定了到 2021 年达到 600 兆瓦以及到 2030 年达到 2 吉瓦的储能部署目标。目前，美国 35 个州的电网采用了电网规模储能系统，共有 47 个州处于储能部署和实施的各个阶段。澳大利亚科学与工业研究组织（CSIRO）和澳大利亚能源市场运营商（AEMO）的持续研究表明，到 2020 年风电或光伏配置 2 小时电池储能的平准化成本（LCOE）在某些场景下能够与燃气调峰机组相竞争，风能、太阳能和储能技术是目前为止澳大利亚最经济的低碳技术选择，并有可能在未来几十年主导全球能源结构。储能系统成本的下降、传统能源价格的上升以及国家对清洁能源应用的要求使得独立储能系统、传统发电厂与储能结合或可再生能源场站配置储能替代老旧传统能源成为可能。

IEA 研究表明，与现状政策情景相比，新政策情景和净零排放情景下电化学储能、氢能和氨能等新型储能形式将在提供电力系统灵活性方面发挥更加重要的作用。在净零排放情景下，到 2050 年电化学储能规模将达到 3097 吉瓦，相当于 2021 年全球储能总规模的 12 倍（见图 8-16）。

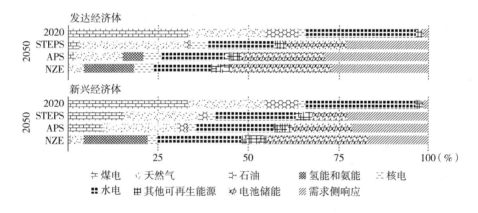

**图 8-16　IEA 全球电力系统灵活性构成比例预测**

注：STEPS 为现状政策情景，APS 为新政策情景，NZE 为净零排放情景。

资料来源：IEA。

## 四、可再生能源发展产业提升效益

### （一）电网侧产业带动

高比例可再生能源系统发展将推动电网互联互通和智能化水平的快速提升，进而对电力电子设备、状态监测设备、保护测控装置、安稳调度系统等制造业提出刚性需求，促进其产业规模扩大。目前我国电力电子设备制造业基础相对薄弱，而智能电网的建设为其创造了很大的发展空间，将促进定制电力设备产业化、灵活直流输电商业化。高比例可再生能源对电网可靠性及灾害和故障预警要求提高，使状态监测设备制造业发展空间发生实质性的转变，促进其产业规模扩大。可再生能源大规模接入对保护测控装置提出了更高的要求，同时也扩大了对智能型设备的需求。可再生能源发展将推动调度自动化产业随着新技术、新产品研发应用得到跨越式发展，预计近 10 年内电网四级调度中心需求（含备调）将达到 400 余套。

可再生能源发展将带动电网装备制造产业全面升级、集约化发展，在特高压交直流领域实现全面国产化，在智能化电网装备领域取得突破，节能环保型电网装备大量应用，形成智能化设备市场。变压器行业向全面国产化、智能化、节能环保化、产业集约方向发展，高端产品市场占有率提升；开关类行业向全面国产化、智能化、无硫低耗化发展，扩大高端市场占有率；电力电容器产业产品制造工艺、质量及性能提高，向低比特性、高储能密度发展；电线电缆制造业将向产业集中化、产品高端化、光电复合化方向发展；电力电子装备产业将向关键设备国产化、核心技术自主化、装备产品商业化方向发展；状态监测设备制造业将向产品实用化、监测全面化、分析智能化方向发展；其他相关产业将向提升自身产品性能、产品质量、环保性能，降低产品能耗、资源消耗方向发展，有望形成几家与 ABB、西门子、通用电气等比肩的大型装备制造企业，并拓展海外市场。

借助智能电网建设，继电保护、电网监控、安稳控制、电网调度等传统优势产业将在全球首先应对并解决智能电网面临的技术难题，全面提升技术水平和智能化程度，并凭借超大规模电网运行经验，引领国际相关行业发展。对于高压电器、线缆等趋于饱和的电力装备行业，将逐步淘汰技术实力弱、质量低的制造企业，行业集中度进一步提高，逐步缩小与跨国公司间的差距，提高国内企业高端产品市场占有率。

（二）需求侧产业带动

可再生能源大规模利用，尤其是需求侧分布式可再生能源的规模化开发利用，将推动在用电侧产业市场规模扩大。一是推动用电信息采集系统建设，预计投资总规模逾千亿元，智能终端、智能电表作为智能用电系统建设的重要组成部分，市场潜力巨大。二是综合能效管理市场将全面打开，产业规模逐渐扩大，以我国楼宇每年新建面积 20 亿平方米、10% 面积的楼宇实施综合能效管理、建设成本 60 万元/平方米计，预期 10 年内年产值至少可达 120 亿元，加上冶金、钢铁、化工等行业能效管理需求，年产值可达 200 亿元。

可再生能源规模化应用将有助于促进能源电力系统产业转型升级。用电信息采集设备制造业加大投入，有利于促进产品升级，为综合能效管理制造业发展奠定基础。可再生能源推动电动汽车充放电站缓解电网供电压力、协助电网调峰的内涵，将促进电动汽车充放电综合管理技术创新，以参与电网调峰，降低电力建设投资。为发挥分布式太阳能/风能发电设备协助电网调峰的最大效能，要求分布式发电设备需要有一定的智能化程度，促进太阳能/风能发电设备能量管理技术创新。

（三）信息通信产业带动

可再生能源发展应用，尤其是伴随着适应高比例可再生能源的智慧能源系统的建设，对配电、用电环节信息交互的要求逐渐提高，带动我国特种光纤制造业的产业规模扩大，减少信息传输网络重复建设成本，促进多网融合，带动智能家居、智能家电、智能楼宇、智能小区、智能城市产业发展，拉动就业。从技术层面来看，可再生能源智能化应用对光纤的通信容量、中继距离、保密性能、使用寿命、适应能力以及价格因素提出了新的要求，迫切期望研制出能够提供更高通信速率的传输媒介，将促进全波光纤的研制，推进电力专网更新升级，促进产业持续发展。

## 五、可再生能源发展的社会经济效益

### （一）清洁经济的能源供应体系

可再生技术的进步，如技术成本和性能改善，对高比例可再生能源发电情景的增量成本产生的影响最大。因此降低可再生技术成本，提高可再生技术的性能，是降低该增量成本最有效的途径。与电力系统大规模变革的其他清洁能源发电情景类似，高比例可再生能源系统，一是带来电网容量成本上升，主要包括现有发电厂更换可再生能源发电设备、燃气轮机、储能设备的成本；二是带来输配电成本的上升，主要来自可再生能源能量密度低、容量需求大的影响；三是带动燃料成本大幅下降。总体来看，上述因素相关的增量资本投资，绝大部分都通过节约化石燃料的成本而抵消。因此，通过可再生技术不断进化和完善，可以在实现无增量成本的前提下，实现可再生能源发电的大幅增加。此外，如果考虑到温室气体排放和大气污染物造成的环境污染和经济影响，高比例可再生能源系统的经济效益会更好。

### （二）推动经济高质量发展

高比例可再生能源发展中，风电、太阳能、储能、智能电网、电动汽车等新兴产业成为新的经济增长点，对经济增长产生显著的拉动作用。初步估算，预计可再生能源相关产业链增加值总额占当年 GDP 的贡献率将从目前的 1.5% 左右增加到 2050 年的6% 左右。此外，由可再生能源发展所需的装备制造、电子仪器、气象预测预报等技术和产业发展需求，对机械制造业、电子产品制造业、研发产业和服务业都有显著拉动作用。

## 六、培育需求侧新兴产业

可再生能源主导的能源革命在消费侧，可催生高效节能产业以及新能源汽车行业等新兴产业。其中，高效节能产业以应用场景分类又可细分为建筑节能、工业节能、交通节能等，如加速转型情景下大幅增长的高效热泵就属于建筑节能的范畴。新能源汽车是能源终端消费的重要新兴产业。目前中国电动汽车已形成了具有一定规模的新兴产业，与之配套的配件与配套设施（如充电站、加氢站等）的制造产业以及相关的服务产业也取得较好的发展。加速转型情景下，汽车装备制造业产值将比常规转型情景有所增加，氢能也可能在未来重塑能源终端消费方式并形成新兴产业。

### （一）带动中间环节产业的发展

可再生能源的发展同时可带动包括能源的输送、存储以及转化等中间环节的新兴产业发展。大量可再生能源接入能源系统，消纳这些能源需要中间环节的大力革新。其中，涉及的中间环节的新兴产业包括智能电网（包括微电网）、新型输电（如特高压

输电、柔性直流输电等）、储能（包括氢能、燃料电池等）等。储能产业通过将可再生能源转化为易于存储的化学能、重力势能等，能够解决可再生能源的间歇性和不稳定性的问题。通过目标分析预测，到 2035 年电池储能机组将开始规模化应用，其市场规模约达 300 亿元；到 2050 年，电池储能机组大规模发展，其市场规模将近 1000 亿元。

（二）催动储能产业快速发展

随着全球可再生能源开发利用的规模扩大，尤其是风电、光伏等波动性新能源发电的大规模并网，对电力系统的灵活性提出了更高的要求，储能在电力系统中的作用日渐凸显。同时，伴随着各类能源技术进步，储能的应用场景也在不断拓展，包括机械类储能、电化学储能、储热、储氢等在内的多种储能技术类型，在无电地区供电、通信基站、新能源并网、电动汽车、智能电网、微电网、分布式能源系统、家庭储能系统等不同应用场景下，展现出巨大的发展潜力。

科学合理的储能应用可以延缓输配电网升级、缓解输电阻塞，为电力系统提供调峰、调频、备用、电压支持等服务，新能源电源与电力系统其他的源、网、荷都是这些服务的间接受益者。储能可为新能源提供的直接服务主要体现在三种应用场景中。在新能源电源侧，通过能量时移功能实现新能源发电量转移（移峰填谷），一定程度上提升新能源电源的可调性，促进新能源消纳；通过快速、精准的充放电平滑新能源发电的功率波动，跟踪新能源发电所引起的电网电压、频率波动，维持新能源并网侧的频率稳定和电压稳定。在有新能源接入的负荷侧，根据负荷和新能源发电的双向不确定变化，快速释放或吸收无功功率，提供电压支持，预防电压跌落、暂降等，提高用户用电的可靠性，降低谐波污染；利用储能的移峰填谷效应，促进分布式新能源发电消纳。在微电网系统中，通过储能的快速充放电维持微电网系统发用电的功率平衡、频率稳定和电压稳定，改善三相不平衡，提高微电网用户的电能质量；利用储能的移峰填谷效应，促进微电网中高比例新能源消纳。

# 第三节　带动相关产业发展的评估

加速转型情景反映了未来能源系统的加速转型，包括在能源供应中着重发展可再生能源，加速提升终端能源电气化水平，大力推广氢能、电动汽车、高效热泵等技术，大幅提高先进能源技术渗透率等。这场能源革命不仅局限于发展可再生能源及相关技术，还将带来能源系统的全面改革[①]。这将倒逼传统能源行业转型升级，并催生一批新兴产业。这批新兴产业具有以下特点：以新兴技术为基础，产品或服务有稳定且有发展前景的市场需求，具有良好的技术经济效益，且符合"推进能源生产和消费革命，

---

① 曹莉萍，周冯琦. 能源革命背景下中国能源系统转型的挑战与对策研究［J］. 中国环境管理，2017，9（5）：84-99.

构建清洁低碳、安全高效的能源体系"这一理念。

这些新兴产业的覆盖面极广，上游如新能源组件制造加工，终端利用如新能源汽车，中间环节如储能、智能电网等产业都包含在内。现有研究中，对能源革命催生的新兴产业的范围界定并不明确。例如，仅强调可再生能源产业则易忽略氢能这类二次能源，而新能源产业这一概念也不够全面，不能反映节能环保、新能源汽车等产业在能源革命蓝图中的位置。考虑到能源革命是对整个能源系统的深度改革，本节将从能源供给、能源消费、能源中间环节和能源利用体系四个方面梳理相关的新兴产业。

## 一、能源供给

加速转型情景下，可再生能源将快速发展，逐渐成为能源供给的主力。与之相关的大类产业包括风能产业、太阳能产业、生物质能、地热能、新型水能利用产业等。按照能源利用方式，这些产业又可进一步划分为风电、太阳能光伏、太阳能热利用、生物质能发电、生物质燃料、地热发电、地热利用、潮汐能、波浪能等子产业。按照产品类型，还可具体细分为材料生产、装备制造、工程施工、运营服务等子产业。

非可再生能源产业，包括传统化石能源和核能产业，也将受到可再生能源主导的能源革命的一定影响。例如，未来可再生能源的引入和环境政策的收紧将促进传统化石能源的清洁高效开发利用。可再生能源的间歇性和不稳定性对于传统电源的运行方式也会产生较大的改变。

从模型分析结果可知，相较于常规转型情景 2035 年电力在终端用能中占比为 39% 及 2050 年为 50% 的情况，加速转型情景下电气化程度更高（2035 年为 44%，2050 年为 70%）且用电量增加，从而带动能源生产部门减少煤炭和天然气生产（2050 年产值分别比常规转型情景下降 66% 和 72%），转而提高风电与光电的电力生产（2035 年和 2050 年产值分别增加 100 亿美元和 4359 亿美元，2050 年产值比常规转型情景提高 33%），并由此带动电力设备制造业的发展。

## 二、能源消费

可再生能源主导的能源革命在消费侧催生的新兴产业主要是高效节能产业以及新能源汽车行业。其中高效节能产业以应用场景分类又可细分为建筑节能、工业节能、交通节能等。不同类型的节能设备可以应用在不同的场景中，如可再生能源主导情境下大幅推进的高效热泵就属于建筑节能的范畴。

新能源汽车，即采用非常规的车用燃料作为动力来源（或使用常规的车用燃料但采用新型车载动力装置）的汽车，也是能源终端消费的重要新兴产业。目前中国主流的新能源汽车包括纯电动汽车、混合动力电动汽车和燃料电池汽车，均已形成了具有一定规模的新兴产业。除此之外，太阳能汽车、超级电容器汽车等有待进一步研发的汽车类型也有可能在未来成为新兴产业。按照产品类型分类，新能源汽车产业不仅包括整车与装置制造产业，还包括配件与配套设施（如充电站、加氢站等）的制造产业

以及相关的服务产业。电动汽车的发展和电力的发展密不可分、互相依存,电动汽车规模化发展将促进新能源消纳,以新能源替代传统化石能源的能源转型又将进一步支撑电动汽车的发展。在加速转型情景下,2050年汽车装备制造业将相比常规转型情景产值增加3106亿美元。

除以上两种产业之外,氢能也可能在未来重塑能源终端消费方式并形成新兴产业。但目前,氢能技术仍处于萌芽阶段,其具体应用模式仍有待发掘。

### 三、能源中间环节

能源中间环节主要包括能源的输送、存储以及转化等。加速转型情景下,大量可再生能源接入能源系统,消纳这些能源需要中间环节的大力革新。由这场能源革命催生的涉及中间环节的新兴产业包括智能电网(包括微电网)、新型输电(如特高压输电、柔性直流输电等)、储能(包括氢能、燃料电池等)等。其中,智能电网产业则能够对可再生能源的利用进行监控、管理和优化。新型输电产业能够弥补可再生能源产地与消纳地距离过远的缺陷。

储能产业通过将可再生能源转化为易于存储的化学能、重力势能等,能够解决可再生能源的间歇性和不稳定性的问题。储能产业还是支撑新能源汽车产业的重要一环。未来中国储能设备主要包括电池储能机组、抽水蓄能机组和压缩空气机组。

在常规转型情景下,2035年电池储能机组开始规模化应用,其市场规模达49亿美元;2050年,电池储能机组大规模发展,其市场规模将达134亿美元。在加速转型情景下,风电和光伏发电迅猛发展,2035年风光发电占总发电量的比例达36%,2050年该比例提升至62%,为此需进一步发展储能设备以保障电力系统的稳定性和可靠性。2030年电池储能机组开始规模化应用,其市场规模达41亿美元;2035年中国电池储能机组市场规模达58亿美元,相比常规转型情景增加18.4%。2050年压缩空气储能机组快速发展,市场规模达44亿美元,电池储能机组市场规模达101亿美元,储能产业总市场规模为146亿美元,相较于常规转型情景增加11亿美元。

### 四、能源利用体系

可再生能源的大量接入是未来能源利用体系的一大挑战。如何保证可再生能源能够适时适量地转化为人类所需的能源形式,以及如何确保能源的高效最大化利用,避免生产、输送等各个阶段的损耗是两个重要的问题[1]。由此,可再生能源主导的能源革命将从根本上改革能源利用体系,利用信息技术和能源技术达成能源基础设施的互联,促进信息交换并实施合理调配优化策略,实现能源高效流动,建立以可再生能源为主的能源利用体系,即能源互联网[2]。需要注意的是,目前对"能源互联网"这一概念没

---

① 王继业,孟坤,曹军威等.能源互联网信息技术研究综述[J].计算机研究与发展,2015,52(5):1109-1126.

② 康重庆,王毅,张靖等.国家能源互联网发展指标体系与态势分析[J].电信科学,2019,35(6):2-14.

有统一的定义，且用词也各不相同，如"智慧能源""综合能源服务"等词也常被提及。本书统一采用"能源互联网"一词指代类似的概念。

作为一种能源利用体系，能源互联网的产业范围是十分广泛的，是一种集能源、信息、商业为一体的新业态，前文所提到的许多能源产业都被包括在内。例如，储能产业、新型输电产业等为能源互联网产业提供了物理基础，智能电网产业可以看作能源互联网产业的一种应用实践。

除能源利用体系外，未来能源革命还可能进一步发展能源金融体系，交易与能源相关的新型金融产品和衍生品。目前已经出现的相关实践包括碳交易、用能权交易、合同能源管理等。目前，这些交易类型在中国大多处于初级发展阶段，距离形成成熟的能源金融体系还有一定距离。但随着可再生能源的进一步发展以及与碳减排相关的政策推进，能源金融交易产业可能在未来蓬勃发展。

新兴产业将成为世界各国抢占新一轮经济和科技发展制高点的关键，对世界格局产生重大和深远的影响。历史上国家的崛起往往与新兴产业发展有关，通过抓住最具潜力的产业发展机遇，由创新科技驱动和政策调控与市场机制的相互作用，进而形成国家竞争优势[1][2]。因此，促进新兴产业的发展和配套基础设施、制度的完善已成为国家战略的一部分。根据《国务院关于加快培育和发展战略性新兴产业的决定》（国发〔2010〕32号），中国战略性新兴产业包括：新一代信息技术产业、高端装备制造产业、新材料产业、生物产业、新能源汽车产业、新能源产业、节能环保产业等。在此基础上，《"十三五"国家战略性新兴产业发展规划》加入了空天海洋、数字创意、核技术、人工智能等产业，并将战略性新兴产业划分为网络经济、高端制造、生物经济、绿色低碳和数字创意五大领域。该规划再度强调"要把战略性新兴产业摆在经济社会发展更加突出的位置"，促进一批新兴领域发展壮大并成为国家支柱产业。

前文梳理的能源革命催生的新兴产业，有许多都与这些战略新兴领域息息相关。综上所述，可再生能源主导的能源革命应以数字化赋能电力系统，加快构建适应大规模高比例新能源并网和多样化交互式用电需求的新一代电力系统。推动互联网、大数据、云计算、人工智能等现代信息技术与电力系统深度融合，增强源、网、荷之间的智能互动，实现更大规模的清洁能源消纳，同时满足更加多样化、交互式的用能需求。电源方面，加快推进智慧电厂建设，各类电源能够自动采集、智能分析与灵活控制，实现大规模新能源的智能发电与友好并网。电网方面，突破高电压等级柔性输电、直流电网、大容量海底电缆、超导输电等先进输电和智能电网技术，大幅提升电网资源配置能力、灵活调节能力和安全稳定控制能力。负荷方面，大力推广智能电表、智慧用电系统、合同能源管理、需求侧响应等技术和模式，提高终端电能利用效率。

————————

① 霍国庆，孙皓．战略性新兴产业与大国崛起［J］．智库理论与实践，2016，1（1）：90-93.

② 桂黄宝．战略性新兴产业成长动力机制分析：以中国新能源汽车为例［J］．科学管理研究，2012（3）：48-51.

## 第四节　设备出口成为经济增长新动能

产业技术的进步使得中国风光设备国际竞争力加强，带动设备出口快速增长。在国际竞争力方面，中国可再生能源技术装备水平显著提升，关键零部件基本实现国产化，相关新增专利数量位于国际前列，并构建了具有国际先进水平的完整产业链。目前，中国已成为世界第一大风机和光伏设备生产国，国际竞争力大幅度提升。通过"一带一路"以及"南南合作"等机制，中国帮助广大发展中国家提高电力普及率，改善大气环境质量和控制温室气体排放。

### 一、光伏设备出口

经过40多年的发展，中国光伏产品出口面对的传统国际光伏市场格局发生了重大变化，中国的光伏国际市场已从发达国家延伸到发展中国家，中国光伏组件出口市场的多元化发展态势明显增强，市场范围已经遍及亚洲、欧洲、美洲和非洲，其中中国、日本、印度、韩国、泰国、菲律宾、巴基斯坦、土耳其、东南亚、拉丁美洲、中东和北美均出现了较快增长；全球光伏应用市场的重心已从欧洲市场转移至中国、美国、日本等市场，中国、美国、日本、英国合计已占据了全球市场的70%左右；新兴市场如印度、拉丁美洲诸国及中东地区也亮点纷呈。欧洲市场已从2018年占中国出口市场的70%以上下降到2017年的15%以下，亚洲市场快速成长并已在2014年实现了占比超过50%。

从全球光伏产业链视角来看，中国已经牢牢占据光伏产业链龙头地位。2021年，中国硅料、硅片、电池片、组件占全球产量的比重分别为80%、98%、85%和77%，各环节产量继续稳步提升，多晶硅实现产量50.5万吨，同比增长28.8%；硅片产量227吉瓦，同比增长40.7%；电池片产量198吉瓦，同比增长46.9%；组件产量182吉瓦，同比增长46.1%[①]。

中国是光伏产业大国，拥有全球最完整的产业链。2021年，全球光伏组件产量超过190吉瓦，中国光伏各环节产业规模依旧保持了快速增长势头。2021年，中国光伏组件产量达到了182吉瓦，占全球产量比重不断上升。作为全球最大光伏产品制造国及出口国，中国光伏装机量、发电量已连续多年居全球首位。在2021年全球光伏组件出货量排名前10的公司中，7家来自中国。其中，排名前四的企业均来自中国[②]。

未来，在常规转型情景下，中国将凭借较低的生产成本与本地化的制造经验，2035年出口的光伏设备平均占有率为56%，后期由于其他地区的学习规模效应和各国对该技术掌握的程度的相对成熟，2050年平均占有率下降为49%。在加速转型情景下，

---

① 资料来源：中国光伏行业协会。

② 韦婷. 海外疫情扩散下的光伏组件产业长期仍持乐观态度（一）［EB/OL］.［2020-03-26］. http://www.qianzhan.com/analyst/detail/220/200325-6186eacd.html.

由于中国光伏发电大规模发展，学习效应带动设备成本下降，国际的竞争力加强，2035 年中国出口设备平均占有率增长 14%，2050 年增长 13%。

海关统计数据显示，2021 年中国光伏产品（包括硅片、电池片、组件）出口总额284.3 亿美元，同比增长接近 45%。硅片、电池片、组件出口额分别为 24.5 亿美元、13.7 亿美元和 246.1 亿美元，同比分别增长 38.3%、38.2% 和 44.9%。其中光伏组件出口量约 98.5 吉瓦，同比增长 25.1%，出口额和出口量均创历史新高。电池片出口量约 10.3 吉瓦，同比增长 14%。硅片出口量约 22.6 吉瓦，同比下降 10.4%。在常规转型情景下，2035 年中国光伏产品出口金额将达 881 亿美元，2050 年将达 1255 亿美元。在加速转型情景下，2035 年中国光伏设备出口金额将达 1163 亿美元，相比常规转型情景增加 32%；2050 年出口金额将达 1608 亿美元，相比常规转型情景增加 28%。

## 二、风电设备出口

在风力发电领域，中国作为世界第一大风机生产国，现阶段设备海外占有率仍然较低，但在海外赛道的"长跑"已经越来越稳健。2014 年，中国出口风电机组容量共计 0.37 吉瓦，全球风电装机容量为 51.1 吉瓦，中国新增装机 23.2 吉瓦，中国风机设备的海外市场占比为 1.3% 左右。2021 年，中国风机企业向海外出口风电机组容量为3.3 吉瓦，全球新增风电装机容量为 93.6 吉瓦，中国新增装机容量为 47.57 吉瓦，中国风机设备的海外市场占比约为 7.1%，较 2014 年的海外占比提升了 5.8 个百分点，其中，海上风电机组首次实现出口，容量为 324.8 吉瓦，均出口至越南。截至 2021 年底，中国风电整机制造企业已经出口风电机组 3614 台，累计容量达 9.64 吉瓦[1]。国内整机龙头企业海外业务不断取得突破，截至 2022 年 6 月 30 日，金风科技海外订单量达2711 兆瓦；其中，在阿根廷市场，金风科技已成为当地第三大风电整机企业。2021年，远景能源出口风机 326 台，容量超 1 吉瓦；2022 年，远景能源又接连在印度市场斩获订单，计划交付 596 台智能风机，容量总计接近 2 吉瓦，创造中国风机品牌赢得单一海外市场的最大订单纪录[2]。

未来随着中国风能技术的发展，在常规转型情景下，2035 年中国所出口的风机设备在其他国家的设备平均占有率上升为 9%，后期由于学习规模效应和各国的技术成熟，2050 年占有率下降为 6%。而在加速转型情景下，由于中国风力发电大规模发展，学习效应带动设备成本下降，国际竞争力加强，2035 年和 2050 年中国出口设备在其他国家的平均占有率增长 4%。

中国海关统计数据显示，2021 年中国风力发电机组出口金额为 92.8 亿元。在常规转型情景下，2035 年中国风机设备出口金额将达 68 亿美元，2050 年将达 69 亿美元。在加速转型情景下，2035 年中国风机设备出口金额将达 83 亿美元，相比常规转型情景增加 22%；2050 年出口金额将达 107 亿美元，相比常规转型情景增加 55%。

---

① 资料来源：全球风能理事会《全球风电报告》（2022 年版）。
② 宋琪，吴可仲. 中国风电"出海"：后来者能否居上［N/OL］. 中国经营报.［2022-09-24］. http：//baijiahao. baidu. com/s？id=1744795044628824798&wfr=spider&for=pc。

# 第九章　中国能源革命战略实施路线图设计

## 第一节　能源革命的战略步骤

在 2035 年前，以控制传统化石能源消费为重点，实现非化石能源成为能源消费增量的主体。一是要加快实施清洁能源替代终端化石能源应用，通过在近期大力推广北方地区清洁取暖、中远期持续推进终端用能部门的清洁能源替代，从根本上解决区域环境污染问题。二是要推动建筑、交通、工业部门电气化发展，加快制造业电气化步伐，推广电驱动的高效建筑采暖和热水供应新方案，交通运输实施"以电代油"战略。到 2035 年，力争终端用能部门的电气化率达到 35% 以上，基本建成以铁路和公共交通为骨架的交通运输体系，交通用油达到峰值，电动汽车全面铺开；每年新建城镇住宅和公共建筑中 60% 为超低能耗建筑。

2035 年后，推动可再生能源等非化石能源成为能源供应的主体，促进中国能源系统整体向低碳化、清洁化和智能化转变。这一阶段风电、光伏发电经济性优势明显，成为电力增长的主体。需求侧响应服务全面普及，智能家电在家庭中广泛普及，电动汽车储电成为电网储能服务的重要力量。全面建成集中式与分布式电网高度融合的新型电网构架，电网建成成熟的灵活性服务市场，电力调度市场更加精细化，电网智能化水平显著提高。到 2050 年，终端用能电气化率达到 45% 的较高水平，电动汽车全面普及，并作为储能的重要来源参与电网和用户侧响应；新建建筑 100% 为超低能耗建筑，可再生能源在建筑中全面普及，建筑用能电气化水平大幅提升，电力消费占比达到 66%，建筑终端用能基本实现去煤化。

## 第二节　能源革命的支柱体系

### 一、加快推进电力系统向高比例清洁能源电力系统转型

2025 年前，风电和太阳能发电逐步实现平价，可再生能源发电成为全国重要电源

和部分地区的主力电源。2025~2035年，每年新增非化石能源发电8500万千瓦，在全部新增发电装机中的比重超过80%，非化石能源发电成为新增发电的主导能源。2035~2050年，新增发电全部为非化石能源；到2050年，各类非化石能源年发电量达到9万亿千瓦时，满足80%左右电力需求。通过加强储能及虚拟电厂、电动车有序充电等需求侧响应，以及多能互补等多种手段提高电力系统灵活性，同时，要加快建设能源互联网，扩大资源配置范围，支撑建设高比例清洁能源系统。

（一）稳步推进太阳能发电技术多元化发展

积极拓展应用模式、扩大光伏多元化利用，鼓励在东中部地区大中型城市建设与建筑结合的分布式光伏发电，推动分布式光伏成为东中部地区优先发展的电源。在西北部的甘肃、青海、新疆等太阳能资源丰富、具有荒漠化等闲置土地资源的地区，有序推进太阳能发电基地建设，建设一批大型太阳能光伏发电基地。在太阳能直射条件好、可利用土地面积广、具备水资源条件的地区，稳步推进太阳能热发电规模化发展，促进发热发电技术成熟与经济性的进一步提高，形成各类太阳能发电技术互为补充、共同发展的格局。力争2035年前，每年新增太阳能发电规模5000万千瓦左右，2035~2050年，进一步扩大规模，每年新增太阳能发电装机8000万千瓦左右。

（二）加快推进风电开发利用

进一步优化风电开发布局，积极发展东中部地区分散式风电，稳步推进大型风电基地建设，积极扩大海上风电开发规模。力争2035年前，每年新增风电规模3000万千瓦左右，2035~2050年，每年新增风电装机5000万千瓦左右。

（三）继续推动水电基地开发

坚持生态保护优先，统筹协调水电开发进度与电网建设，加快龙头水电站建设，确保中长期中国常规水电装机规模稳步增长，争取每年保持500万~600万千瓦新增装机规模。力争2030年前除西藏水电外的水电资源基本开发完毕，2030年后中国水电开发重心转向西藏水电，力争2050年左右开发完毕。

（四）安全高效基础上积极推动核电发展

积极扩大核电开工规模，适时启动内陆地区核电项目开工建设；积极开展小型堆示范与应用，促进核电稳步增长，力争每年实现投产规模600万千瓦左右。

（五）加快储能设施和需求侧响应应用

加大锂离子、大容量液流、钠硫、铅碳电池等电化学储能电池和压缩空气储能等技术创新和推广，充分利用电源侧、电网侧及用户侧各类储能能力，用于提升电力系统灵活性，满足高比例波动性可再生能源接入的需求。2035年，各类新型储能资源规模达到4000万~9500万千瓦。

需求侧响应能力成为电力系统稳定运行的重要保障。随着电网智能化水平不断提高，电网可直接与用户进行信息交换，并通过市场机制引导工业和居民调整用电行为，努力使建筑、园区成为重要的"虚拟电厂"，不仅可以削峰填谷，还可以成为适应可再生能源波动性的调节资源。

电动汽车是具有潜力的分散式储能方式。通过有序充电、车网互联（V2G）等方

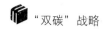

式，大量电动汽车可作为分布式储能，为电力系统提供可观的灵活性资源，提升电力系统消纳波动性可再生能源的消纳能力。预计到2035年，全国电动汽车保有量有望达到1.5亿~2亿辆，到2050年，电动汽车保有量可达到3.5亿~4亿辆，电动汽车V2G形成的调节能力达到数亿千瓦，可有效提升对大规模可再生能源发电的消纳能力。

（六）建立适应高比例清洁能源和高终端电气化水平需要的电力系统

适应电网与气网、供热系统、交通网、氢能等耦合关系不断加强的要求，满足多元化的终端用能需求和实现多能互补高效利用的需要，通过综合运用先进的通信、信息和控制技术，打造具有信息化、自动化、互动化特征的现代化电网，全面提升电网的能源互济能力，连接源、网、荷、储各类资源，发挥电网跨能源品种、跨地域、跨时段的优化配置作用，推动"源随荷动"向"源荷互动"模式转变，支撑构建高比例清洁能源电力系统。

## 二、交通领域转型

（一）推动交通用能全面电气化

加快电动汽车市场化推广，持续推进氢能、天然气、乙醇、生物柴油等清洁燃料商业化应用。加强充换电、加氢等新能源汽车基础设施建设，提升互联互通水平和使用效率，鼓励商业模式创新，营造新能源汽车良好使用环境。到2030年，全面建成以市场为导向的新能源汽车产业体系，纯电动汽车和插电式混合动力汽车年销量占比达到50%，保有量超过8000万辆，氢燃料电池汽车保有量达到100万辆。到2035年，燃油内燃机汽车基本退出乘用车销量市场，各类新能源汽车保有量达到2亿辆。到2050年，新能源汽车销量比重超过95%，保有量超过4亿辆，道路及轨道交通基本实现电动化，清洁燃料在水运、航空领域得到广泛应用，交通领域石油消费量相比目前水平下降2/3。

（二）促进交通与能源部门深度融合

加强高循环寿命动力电池技术攻关，推动柔性配电网升级改造。统筹新能源汽车充放电与电力调度需求，综合运用政策及经济性手段，实现新能源汽车与电网双向能量高效互动，降低新能源汽车用电成本，提高电网调峰调频和安全应急响应能力。鼓励清洁能源综合利用和"光储充放"（分布式光伏—储能系统—充放电）多功能综合一体站建设，促进新能源汽车与气象、可再生能源电力预测预报系统信息共享，加强新能源汽车充电、制氢与风电、光伏协同调度，逐步提升车用可再生能源比例。

（三）优化综合交通运输体系

加快公交、地铁、轻轨等城市公共交通基础设施建设，倡导车辆共享、分时租赁等出行新模式、新业态。鼓励中远距离（300千米及以上）城际交通采用铁路或航空等非道路交通方式。到2050年建成多种交通运载工具、多种运营服务模式有机融合的高效便捷、无缝链接的立体化综合交通运输体系。

（四）培育壮大电气化交通产业链

全面提升创新能力，实现新能源汽车整车、关键零部件、充换电核心装备等重点领域和关键环节的技术与产业突破。到 2025 年，新能源汽车科技创新能力和产品技术达到国际一流水平，形成一批全球领先的新能源汽车骨干企业。鼓励新能源汽车、能源、交通、信息通信等领域跨界协同，围绕多元化生产与应用需求，通过开放合作和价值共享，带动可再生能源、智能电网、智能交通、人工智能等相关产业取得突破，打造融合共赢的产业发展生态。

### 三、供热领域转型

加快推动太阳能、地热能、生物质能等技术全面普及，现代化可再生能源供热成为工商业和居民重要用热来源，通过城市（热力、燃气）管网和分散供热系统，与电供热和化石能源供热系统实现有效融合互补。

（一）大力促进可再生能源供热技术普及应用

1. 推动太阳能热利用普及

2020~2035 年，太阳能供暖和制冷技术成熟普及，在居民和工商业领域的热水供应、供暖和制冷方面发挥重要作用，特别是在长三角地区、珠三角地区的大型工业企业和工业园区，太阳能供热具有经济性。全国太阳能热利用运行保有量达到 12 亿平方米，实现年替代化石能源 1.2 亿吨标准煤。

2035~2050 年，太阳能中高温应用技术得到推广，太阳能实现在热水供应、供暖、制冷和中高温商业和工业应用方面均得到大规模发展。太阳能热利用运行保有量达到 14 亿平方米，实现年替代化石能源 1.5 亿吨标准煤。

2. 加快各类地热能利用。

按照因地制宜的原则，积极推广地源热泵等先进地热利用技术，建立国家地热能资源数据和信息服务体系，形成完善的地热能开发利用技术和产业支撑体系，加强地热资源的梯级利用，满足未来经济发展和居民生活对热能的需求。

2020~2035 年，显著加大地热能在城市供暖应用中的比例，持续提高城镇新建或改造建筑采用地源热泵系统的比重，中深层地热集中供暖在华北、东北南部、华东、西南等地区成为重要的供暖方式。地源热泵在长江中下游地区，以及长江以南地区等夏热冬冷地区和有供暖需求的夏热冬暖地区，开始得到大规模应用。到 2035 年，全国利用浅层地热能的供暖和制冷面积达到 6 亿平方米，中深层地热直接利用达到 2 亿平方米，地热能年利用量可替代 5000 万吨标准煤。

2035~2050 年，地热能热利用技术发展成熟，地热能应用在中国得到全面推广，全国利用地热能的供暖和制冷面积将达到 10 亿平方米，年利用量可替代 6000 万吨标准煤。

3. 促进生物质能热利用有效发展。

在农村和城镇适宜地区推广成型燃料，在终端能源消耗中主要提供锅炉热能需求。

2020~2035 年，发展集约化农林生物质致密成型燃料的生产模式、降低生产成本、开拓应用市场，在适宜地区有较大规模的发展，实现年产 3000 万吨成型燃料，替代 1500 万吨标准煤。

2030~2050 年，生物质成型燃料生产设备的稳定性和使用寿命大幅度提高，各类应用市场得到全面开发，在适宜地区大规模发展，实现年产 5000 万吨成型燃料，替代 2500 万吨标准煤。

（二）着力推进可再生能源供热应用布局

一是加大城镇可再生能源供热，重点是在中小城镇，推广生物质热电联产、成型燃料供热、地热直接供热、地源（空气源）热泵、太阳能供暖、风电供热等。

二是满足工业企业生产用热需求，主要是生物质成型燃料锅炉供热。在京津冀等区域推广可再生能源城镇供热，利用区域内的地热能资源优势，建成若干地热能为主的中小型城镇供热系统；利用河北北部的风能资源优势，推广风电在城镇供热中的应用。扩展生物质供热的多元化应用，因地制宜采取集中供热和独立供热，替代燃煤并减轻供热用气压力。

三是在长三角地区、珠三角地区的大型工业企业和工业园区，推广太阳能供热和生物质供热。

四是在东北地区、内蒙古扩大风电供热规模，辅之以生物质供热，结合新能源城市、绿色能源县建设，形成一批以可再生能源满足供热需求的清洁能源城镇。

（三）因地制宜发展电动热泵和直接电采暖

随着我国电源结构中可再生能源的比例越来越高，电力清洁化程度不断提高。供热部门的电气化改造成为供热的清洁化、低碳化转型的重要路径。对于南方地区和北方地区无法采用集中供暖的部分地区，推广空气源热泵等分散式采暖将成为未来重要的发展方向。

对不适合采用空气源热泵的极寒地区和可再生能源异常丰富的地区可采用直接电采暖，特别是具有储存调节作用的蓄热式电采暖，可作为一种新型储能方式为电网的安全稳定运行和新型电力系统的建设发挥关键作用。

到 2035 年，以空气源为主的各类热泵在北方地区供热面积达到 50 亿平方米，按燃煤锅炉计算相当于替代了 1.3 亿吨标准煤的煤炭消费；在黄河至长江中下游流域地区供热面积达到 60 亿平方米，按燃气锅炉计算相当于替代了 560 亿立方米天然气；全国电锅炉（含蓄热式）、电取暖器等直接电制热面积将达到 45 亿平方米。

到 2050 年，以空气源为主的各类热泵在北方地区供热面积达到 80 亿平方米，按燃煤锅炉计算相当于替代了 2.5 亿吨标准煤的煤炭消费；在长江流域地区供热面积达到 120 亿平方米，按燃气锅炉计算相当于替代了 670 亿立方米的天然气消费；全国电锅炉（含蓄热式）、电取暖器等直接电制热面积将达 60 亿平方米。

（四）促进供热行业数字化转型升级

加快供热部门数字化转型，通过新一代信息技术对供热系统进行赋能升级，有利于推动供需互动、合理引导用热需求，促进各种类型能流网络互联互通和多种能源形态协同转化，提升资源利用与配置效率。同时，发展智慧供热，对于促进化石能源清洁高效利用、支撑可再生能源消纳、提升能源应用综合效率、实现全面清洁供热具有重要意义，其将成为支撑能源革命战略的重要手段。

2020~2035年，逐步制定和完善新建民用建筑智能供热系统设计标准和智能化供热系统验收标准，制定供热系统数据采集和通信标准，完善智能供热信息管理体制和机制。逐步实现新建民用建筑智能供热系统与主体建筑同步设计、建设和验收，实现精准调控；逐步开展既有民用建筑智能供热改造工作，实施由热源到楼栋热力入口的智能供热改造。用户安装室温采集装置，既有公共建筑同步实施供热计量改造，建设城市级和大型供热企业智能供热信息管理和服务平台。

2035~2050年，全国初步建立智慧供热体系，建成具有自感知、自分析、自诊断、自优化、自调节、自适应特征的智慧型供热系统，显著提升供热企业及政府监管、规划设计、生产管理、供需互动、客户服务等各环节业务能力和技术水平的现代供热生产与服务新模式，为供热和能源部门实现近零和零碳排放提供支撑。

# 第三节 科技驱动型能源创新体系

## 一、科技进步是推动能源转型的主要动力

### （一）科技革命与能源转型

1. 世界能源转型历程

在人类文明漫长的发展历程中，能源一直扮演着非常重要的角色。能源技术的革新在一定程度上极大地推动了人类社会不断向前发展。在以薪柴为主要能源的农业文明时期之后，蒸汽机的发明和使用将人类社会从农业文明带入了工业文明时期，成为科技革命催生第一次工业革命的重要标志，人类对能源的需求由薪柴转变为煤炭资源，从而引发了人类第一次能源革命，煤炭的使用量急剧增长，从19世纪后半期至20世纪初，煤炭的消费量占一次能源消费总量的70%以上。

以发明内燃机为主要标志的第二次科技革命推动人类发展史上的第二次工业革命，第二次工业革命时期涌现出大量新兴产业，随着电力、化学、石油和汽车等产业的大量涌现，石油作为基础能源需求量大增，到20世纪60年代，世界石油消费量超过了煤炭消费量。20世纪70年代，石油、天然气占一次能源消费总量的70%以上，石油替代煤炭成为第三代一次能源。

进入21世纪以来，世界能源供需平衡产生变化，日益增长的能源需求和低碳可持续发展之间的矛盾更加突出，能源结构转型迫在眉睫。太阳能、风能等新能源技术的快速崛起，促使可再生能源相关产业迅速升级，在效益成本、产能规模方面与传统化石能源之间的差别越来越小，竞争优势越来越明显，推动了能源体系由传统化石能源消费占比较大向可再生能源主导的多元化结构转型，也促进了人类社会向第三次能源技术革命迈进。

纵观人类社会能源系统变迁，不仅是主导能源地位的变化，更是技术水平更新、

产业结构调整、经济社会体制的全新变革，可以看到科学技术的进步决定了能源体系的变迁方向和速率，颠覆性能源技术的出现，势必改变人类的生存环境与生活方式。每一次技术革命，都推动了人类社会的重大进步。

### 2. 中国能源转型历程

新中国成立70余年来，中国能源发展实现了历史巨变。从资源禀赋看，中国地域辽阔，能源资源总量丰富，特点是"富煤、贫油、少气"，但人均储量和储采比较低，决定了中国以煤为主的能源消费结构持续了较长的发展周期。煤炭工业、石油天然气工业、电力工业基本上经历了恢复与初步发展期、稳定增长期、加速发展期三个阶段，为中国经济社会发展做出了巨大贡献。新中国成立初期，能源生产水平很低，供求关系紧张，存在严重的结构性问题，能源技术进步保障了三大工业领域稳定向前发展，由最初的粗放型开发利用向技术集约型转变。随着中国经济的快速发展和社会生产力的显著增强，中国能源领域发生了翻天覆地的变化。1978年，在中国电源结构中，火电和水电分别占比69.7%和30.3%；而今天，中国能源结构发生了深刻变化，新能源发电占比显著提高，太阳能、风电、核电发电投资比重均排在世界前列。能源生产结构更多元、更合理，能源消费更清洁、更集约，国家能源政策的连续性和因地制宜的能源结构转型功不可没。新时期，中国已成为世界能源生产第一大国。

### （二）科学技术在能源革命中发挥重要作用

#### 1. 科学技术革命在能源革命中起决定性作用

能源转型不仅伴随着产业结构调整，同时也更需要能源技术创新的支撑，能源技术进步与能源转型相互促进，正在深刻改变能源发展的前景和世界能源格局。作为世界第一大能源生产和消费国，中国迫切需要出台全面部署面向未来的能源技术创新专项计划。能源技术创新在能源革命中起决定性作用，必须摆在能源发展全局的核心位置。中国进行能源技术革命，一方面需要为资源保障、结构调整、污染排放、利用效率、应急调峰能力等重大问题提供技术手段和解决方案，另一方面还需为实现经济社会发展、应对气候变化、环境质量等多重国家目标提供技术支撑和持续动力。

#### 2. 能源技术革命是建设现代能源体系的有效路径

目前中国面临的能源安全问题较为突出，能源科技水平总体与发达国家存在差距，国际竞争比较激烈，同时受国家能源资源禀赋的影响，能源体系结构存在缺陷。唯有科技创新，才能挖掘既有能源高效利用潜力，发挥未来能源替代更新的接替作用，保障国家能源安全，促进经济社会可持续发展。创新技术的研发应用是挖掘能源利用效率的重要手段，是改进能源消费结构、促进能源消费转型的技术基础，是形成节能型生产和消费新模式的重要途径。能源技术革命应立足于能源领域关键核心技术，着力于自主创新、原始创新，才能形成前瞻性、颠覆性技术，改变世界能源格局。

#### 3. 可再生能源技术革新是能源革命的重要驱动力

资源与环境的双重约束、能源科技的突飞猛进，促成可再生能源成本快速下降，能源清洁低碳加速转型已成为全球发展趋势。可再生能源在能源生产和消费结构中的地位稳步提升，在一定程度上讲，能源革命实质是可再生能源的革命，可再生能源领域的技术进步将是能源革命成功的重要驱动力。可再生能源发电、先进储能技术、氢能技术、能源互联网等具有重大产业变革前景的颠覆性技术随着新一轮能源技术革命的孕育兴起应运而生。随着云计算、大数据、物联网等新兴技术的发展，能源生产、运输、存储、消费等环节也将发生巨大的变革。能源革命不仅伴随着产业结构调整，而且与科技进步相互促进，共同改变能源发展前景。

## 二、可再生能源科技创新的国际比较

可再生能源技术创新均被世界主要国家视为新一轮产业革命的突破口，并纷纷制定各种政策措施、投入大量资金支撑颠覆性技术创新，也是争取优先权、主导权发展的制高点。国际能源署（IEA）发布的《IEA 成员国能源技术研发示范公共经费投入简析2020》显示，2019 年，IEA 成员国能源技术 RD&D（研究、开发和示范）公共投入总额达到 209 亿美元，较 2018 年上涨了 4%，其中氢能和燃料电池技术领域增幅最大，紧随其后的是可再生能源技术。2019 年，IEA 所有成员国中对 RD&D 公共投入最多的两个国家是美国和日本，紧随其后的是德国、法国、英国、加拿大、韩国、意大利和挪威。

美国积极开展先进核能系统研发，大部分 RD&D 资金用于清洁能源技术研究，包括核能（尤其是小型核反应堆）、碳捕集、利用和封存（CCUS），能效等。截至 2019 年底，美国拥有 10 个大型 CCUS 项目，每年捕集超过 2500 万吨二氧化碳。随着可再生能源发电量的增长和电动汽车的发展，以及极端天气和网络攻击发生的频率增加，电网现代化也成为其技术研发的重要内容。

欧盟聚焦低碳可再生能源、能效建筑、电动运输和储存 4 个清洁能源领域，在风能和氢能领域进行了前瞻性的谋划布局。德国一直推行以可再生能源为主导的"能源转型"战略，持续增加对能源技术研发的公共投入。英国制定低碳战略，加速部署低碳制氢技术，旨在研发高性能低成本的低碳制氢技术并开展相关示范，以降低制氢成本，加速英国低碳制氢技术的部署和应用。

日本持续推进氢能与燃料电池技术，将氢能作为应对气候变化和保障能源安全的一张王牌，提出要构建制备、储存、运输和利用的国际产业链，积极推进氢燃料发电，扩大燃料电池及其汽车市场。在企业层面，根据氢燃料电池技术状况、氢来源的便利性以及成本、市场需求等，不断完善氢燃料电池家庭应用产品，松下、东芝、日立等机电一体化企业在十年前已开始了应用端的实证研究，积极占领研发成果制高点。在降低制氢成本方面，2019 年，日本物质材料研究机构（NIMS）与东京大学和广岛大学合作，通过开发 2030 年前后完全可能研制出实用化的、放电较慢但成本低廉的蓄电池，日本有望实现每立方米为 17~27 日元（合 1.04~1.64 元人民币）的制氢成本。

中国在《能源技术革命创新行动计划（2016—2030 年）》中提出，为完善和提升中国能源技术体系未来发展，计划部署 15 个领域作为能源技术创新体系的重点，分别是：煤炭无害化开采技术，非常规油气和深层、深海油气开发技术，煤炭清洁高效利用技术，二氧化碳捕集、利用与封存技术，先进核能技术，乏燃料后处理与高放废物

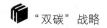

安全处理处置技术，高效太阳能利用技术，大型风电技术，氢能与燃料电池技术，生物质、海洋、地热能利用技术，高效燃气轮机技术，先进储能技术，现代电网关键技术，能源互联网技术，以及节能与能效提升技术。

### 三、建立国家可再生能源主导的能源革命的技术创新体系框架

以建设企业为主体、市场为导向、产学研结合的技术创新体系为突破口，重点实施"技术创新引导工程"，有效整合中央、地方科技资源，激励企业成为创新主体，全面推进国家创新体系建设，可再生能源科技创新在国家能源创新体系中将发挥重要的支撑作用。

（一）科技人才支撑能源创新体系

1. 学科建设方面

调整目前可再生能源相关学科设置，避免将单一的可再生能源品种设置为学科专业，加强可再生能源类专业与化学工程、电力电子工程、热能动力工程、机械工程、能源系统工程、动力工程及工程热物理等学科专业的交叉融合，本科教育阶段注重专业培养方向的广泛性、宽广度，研究生教育阶段体现人才培养的差异性、特色化，通过专业课程和实践类课程的差异化设置培养专业人才。通过完善产教融合支撑体系加强科教协同，提升高校原始创新能力。

2. 人才培养方面

完善可再生能源领域人才架构设置，形成高端人才领衔的战略级规划人才、管理人才、科技人才、生产制造人才、施工建设人才体系，在人才培养机制、人才保障机制、人才激励机制等方面不断完善，激活各级各类人才创新能力和挑战精神。鼓励行业拔尖人才组建学术创新团队，支持其承担国家及行业的重大项目和国际合作项目，发挥技术创新人才优势。

（二）平台基地保障能源创新体系

1. 技术研发平台基地建设

可再生能源领域国家级研发机构现阶段还比较缺乏，争取国家政策、经费对可再生能源领域技术研发平台基地建设的大力支持，联合企业、高校、科研院所共同投资建设国家级工程技术中心、重点实验室、产业技术创新联盟等平台，发挥企业资本、发展需求优势，高校和科研院所理论技术优势，提高大型科学仪器设备共享服务平台使用效率，建立互通互联的科学仪器设备共享平台，提倡交叉学科科学研究合作，共同打造可再生能源领域技术创新的温室和参谋部。

2. 技术试验平台基地建设

加强科学技术试验平台基地建设，鼓励企业、高校、科研院所建立可再生能源技术中试基地，为科技成果的市场化应用推广奠定基础。

3. 科技成果转化平台基地建设

组建可再生能源科技成果转化评价机构，为科技成果的质量、转化效益进行综合评价，提供科技成果转化信息化服务、专业化服务，促进科技成果转化成为生产力。

## 四、建设国家级实验室、公共技术研究和检测试验平台

（一）构建和发挥国家清洁能源实验室的功能

能源领域是多学科交叉、技术集成度高、系统性强的学科领域，能源领域科技创新具有前瞻性、颠覆性、长期性、风险高等特点。对此，应从国家层面加速推进洁净能源领域国家实验室的建设，这对推动中国能源科技进步，提升能源领域国际影响力，构建"清洁低碳、安全高效"的能源体系具有重要意义。

发挥国家现有实验室功能，并向清洁能源实验室的功能转化。形成项目大型化、产品差异化、技术高端化、工艺绿色化、生产安全化的实验室格局，在重大创新领域组建一批国家实验室。习近平总书记在党的十八届五中全会就曾提出在重大创新领域组建一批国家实验室的重大战略举措。2018 年的《政府工作报告》中再次指出要"高标准建设国家实验室"。

围绕水电、风电（包括陆上和海上风能开发）、潮汐能利用、光伏、光热发电、生物质和地热等，打造技术研发、成果转化、项目管理、信息交流、实验应用及人才培养等多维度和综合性技术平台。以技术开发应用为主线，按照开放性、集成性、自主创新及产学研相结合的原则，全面提升自主建设能力，通过集成创新和专项研发，形成包括全生命周期数字化技术研究、工程管理技术研究、模块化设计与建造技术研究、施工技术研究、调试技术研究、数字化仪控设计及验证技术研究、设备国产化技术研究和 EPC 总承包"走出去"关键技术研究在内的核心领域；形成开放式研究模式及组织功能，设立开放课题以及聘请尖端研究人员，吸收、集成本领域国内、国际关键技术、先进专利技术，实现标准制定和专利许可的联合创新和良性互动；建立数字研究开发开放平台，支持国内企业和科研机构开展研究开发工作，配合标准的出台与实施，研制编解码核心软件、芯片 IP 核和原型产品，引导和推动国内产业界的规模化投入；搭建试验、测试、验证和示范平台，建立客座研究员聘任和开放课题机制，成为视频行业的实验开发和测试验证公共支撑服务中心和专业人才的培育中心。

（二）国家公共技术研究和检测试验平台体系建设方案

构建电动车充电机（站）、风电场并网、光伏电站、光伏逆变器、微电网研究与仿真试验、储能变流器、电池管理系统（BMS）、动力电池、实验室建设与系统集成等综合解决方案。

"十四五"期间及至 2030 年重点形成如下国家公共技术研究和检测试验平台体系建设方案：配网、微网供电及实验研究平台解决方案，交直流电源设备检测维护解决方案，风电场并网检测技术解决方案，光伏电站测试全面解决方案，光伏逆变器检测全面解决方案，微电网研究与仿真试验解决方案，储能变流器测试解决方案，电池管理系统检测解决方案，配电网动态仿真测试方案，实验室建设与系统集成服务解决方案，动力电池测试全面解决方案，电动车充电机检测技术解决方案。

（三）组织方式和运作机制

一是功能性体系建设。针对研发中心、专业技术研究实验室、研发管理团队等，

构建形成专业化功能的组织构架，制定一系列管理程序，有效推动平台化研发中心的规范化管理。二是交流合作机制建设。主要包括：研讨会、技术交流与学术交流会和大型国际会议活动。三是标准化建设。通过政府重大研究课题的开发，大批量国家行业标准的编制，形成重点技术领域的有效突破和标准化，逐步实现对新能源建设领域行业发展的有效引领。

加强能源技术创新平台建设，组织评选一批首台（套）重大技术装备并推进示范。加强组织协调、资源配置、政策保障和评估调整，确保各项技术装备短板"攻关有主体、落地有项目、进度可追踪"。

## 五、国家重点支持的可再生能源技术创新领域

可再生能源核心技术是创新体系的重要驱动力，绿色低碳是能源技术创新的主要方向，集中在化石能源清洁高效利用、新能源大规模开发利用、核能安全利用、大规模储能、关键材料等重点领域。另外，低成本可再生能源技术是能源科技发展的重点领域。

中国《能源技术革命创新行动计划（2016—2030年）》提出，到2030年，建成与国情相适应的完善的能源技术创新体系，能源技术水平整体达到国际先进水平，以支撑中国能源产业与生态环境协调可持续发展，以及进入世界能源技术强国行列的奋斗目标。随着各种信息化技术在能源领域中的应用，特别是"数字化"技术逐步打破了不同能源品种间的壁垒，也成为未来的一大发展趋势。

中国工程院于2015年启动了"我国能源技术革命体系战略研究"重大咨询项目，从核能、风能、太阳能、储能、油气、煤炭、水能、生物质能、智能电网与能源网融合九大能源技术领域开展研究，制定了前瞻性技术（2020年）、创新性技术（2030年）和颠覆性技术（2050年）三阶段发展的能源技术路线。

（一）可再生能源技术创新趋势

可再生能源主导的能源革命，依赖可再生能源科学技术的进步和创新，未来可再生能源在能源结构中占比大幅提高，成本下降将是提升可再生能源竞争力的主要发展趋势，加之数字化、自动化、智能化、智慧化技术的快速发展，可再生能源技术与人工智能、大数据、区块链、物联网等技术的交叉融合将加速能源转型的步伐，新兴的可再生能源技术将重塑未来能源格局。

1. 发展清洁能源多能互补与规模应用技术

在未来的新型能源体系中，可再生能源与新能源将替代化石能源供电、供热，并通过富余电力生产氢能，为交通燃料生产、化工品合成提供氢源；高碳化石能源、低碳生物质能将通过物质转化，满足交通燃料、化工品、焦炭、电石、新型碳材料等产品生产需求。随着电动汽车的推广和普及，化石能源原料消费将更加集中于化工品、新型碳材料等产品生产领域。例如，以电动汽车作为分布式储能的终端，根据车辆使用情况进行电能反馈，提高电网的稳定性，推动风电、太阳能发电大规模接入电网，有利于实现电动汽车、智能电网与可再生能源的融合发展。

2. 构建"电氢"能源体系

可再生能源发电具有明显间歇性，特别是光伏和风电等，受气候季节影响明显，造成其波动性远超传统化石能源发电，对电网调峰填补的要求非常高，并网消纳问题长期存在。通过推行能源互联网、智能电网、电力储能、氢能等新技术的创新，未来将构建由一次清洁能源发电、制氢，形成二次绿色能源"电能、氢能"为终端形态的"电氢"能源体系，而储能技术的创新和突破是构建"电氢"能源体系和可再生能源发展的基础。通过集中式氢储能与分布式电池储能相结合，可以灵活调峰填补，弥补可再生能源间歇性、波动性、区域经济差异性等弊端，推动可再生能源发电大规模接入。

3. 以甲醇和氢为载体，构建新的能源体系

从能源系统融合发展角度，在保障满足能源总需求量的同时，多能互补融合可以比单纯增加可再生能源实现更大幅度的碳减排。创新发展各种能源的互补、耦合利用技术，围绕氢能经济，打造氢的生产、储运和消费的完整技术链，以产氢和用氢为纽带，实现能源总体上的低碳化和低碳排放。开发二氧化碳低能耗大规模捕集、资源化利用技术，将二氧化碳与低碳氢反应生成甲醇等化学品；开展先进燃料电池和燃料电池分布式发电技术，引领带动电动车等战略性新兴产业变革和发展，实现低碳化多能融合发展。

（二）可再生能源技术创新重点支持领域

与传统能源领域获得国家长期重点资助不同，可再生能源在资源和环境的双重约束下受到世界范围的关注与重视，目前可再生能源技术创新还需要以国家之力重点支持，从科技创新环境、科研经费资助、高端人才培养等方面得到政府、企业、科研院所的大力支持，在重点领域实现关键技术的突破和创新，才能掌握能源转型升级发展的主动权。

1. 能源生产领域

太阳能和风能是未来可再生能源的主体，而降低成本、提高技术成熟度和构建合适的商业模式是可再生能源未来的发展方向。在太阳能领域，需要重点发展太阳能光热发电、薄膜电池技术、太阳能制氢技术、可穿戴柔性轻便太阳电池技术等。在风能领域，未来技术发展方向主要有大功率风电机组整机设计、风机运维与故障诊断、大功率无线输电的高空风力发电技术等。

2. 储能技术领域

目前，包括物理储能、电化学储能、储热、储氢等在内的多种储能技术类型，在新能源并网、电动汽车、智能电网、微电网、分布式能源系统、家庭储能系统、无电地区供电工程等不同应用场景下，展露出巨大的发展潜力，市场前景非常广阔。大规模储能系统的应用，使得能源转换与利用更加高效，实现能源的时空平移，以解决能源在生产、传输以及使用环节的不同步性等问题。

3. 氢能领域

随着氢能和燃料电池关键技术的逐步突破，各国争相将发展氢能产业提升到国家

能源战略高度，大力推进氢能产业链布局与技术创新。氢能制备、存储、运输关键技术是安全高效利用氢能的基础，氢气规模化提纯与高压储存装备关键技术有待实现突破。在氢能燃料电池领域，高性能燃料电池关键材料的研发与产业化应用，燃料电池系统的核心功能部件——膜电极制备，燃料电池系统设计、集成与控制技术等是制约氢燃料电池规模化发展的主要问题。

当下，新一轮科技革命和产业变革推动世界经济格局和产业结构不断进行深度调整，全球能源系统逐步向清洁化、低碳化、智能化和分散化方向发展，低成本可再生技术成为了能源科技发展的主流，能源数字技术也将成为引领能源产业变革、实现创新发展的驱动力，新技术运用和新模式不断推陈出新，为可再生能源产业的发展提供了多领域交叉、多元化发展的机遇和技术支撑，加大创新力度、加快成果转化，以科技创新引领能源革命，以太阳能、风能、氢能为代表的可再生能源及储能等前瞻性、颠覆性技术将从根本上改变世界能源的图景。

### 六、支持能源革命技术创新的激励政策

（一）加强顶层设计，布局实施可再生能源领域重大科技攻关任务

在可再生能源大规模开发利用、多能互补融合关键技术等战略领域，与国家科技创新体系构建紧密结合，启动实施相关重大项目，发挥各创新主体优势，研究提出梯次接续方案，从能源供给侧、消费侧技术革命的高度，提出可再生能源的"863""973"专项，统筹部署实施可再生能源核心技术攻关与重大科技项目任务。

依托可再生能源领域大中型企业，联合高等院校、科研院所建立国家级研究平台基地、高端智库，组建如国家重点实验室、工程技术研究中心、产业技术创新联盟等，创新研究平台组织架构、管理模式，加大科研设备、基础条件的对外开放力度，发挥企业优势，加速科研成果转化落地，促进可再生能源领域关键核心技术实现突破。

（二）加强能源战略研究，打造高端智库

为国家构建清洁低碳、安全高效的现代能源体系提供智力支撑，组建具有全球影响力的能源战略研究专业团队，给予其必要的稳定资源配置，发展符合中国能源现状的能源发展战略创新研究方法，科学合理地提出支撑中国能源体系构建的关键技术和技术集成战略，从顶层进行全局性的能源发展战略研究，从建立健全配套政策法规、保障能源技术装备质量、强化能源技术创新成果转化等方面完善能源技术创新环境，为国家政策制定提供科学依据。

（三）设立专项发展基金，投入专项科研经费

针对可再生能源领域关键核心技术，国家科技攻关项目适当向可再生能源技术倾斜，增设国家自然科学基金可再生能源专项基金，在可再生能源分布和应用具有特色的地区设立地方联合基金或联合攻关重大专项等，加大对能源技术重点领域的资金支持力度，引导风险投资、私募股权投资等支持能源技术创新，面向全球进行发榜、揭榜，重点推进可再生能源领域技术创新，形成颠覆性关键技术，提升可再生能源竞争力。

（四）推动可再生能源领域校地合作、校企合作、校所合作

鼓励高等学校、地方政府、科研院所与行业企业开展可再生能源领域深层次合作，建立共商、共建、共享、共赢的平台，进一步争取国家政策、资金等对可再生能源的支持，创新政产学研用合作模式，建立健全合作体制机制，拓展合作领域，在可再生能源人才培养、项目研发、成果转化等方面开展全方位、系统化的合作。

## 第四节　能源革命的治理体系

加快推进以可再生能源主导的能源革命，需要进一步完善能源体制机制，推进中国能源治理体系和治理能力现代化。一是要创新能源管理体制；二是要完善能源法治和监管体系；三是要加快推进新一代电网体系建设和电网体制改革；四是要推进适应高比例可再生能源发展的电力市场建设；五是要创新可再生能源发展机制。

### 一、创新能源管理体制

2019年，风电全面通过竞争配置确定项目业主和上网电价，光伏发电则实施了除户用光伏、光伏扶贫项目外的全面竞价机制，按照补贴资金总量控制、地方组织竞争配置、全国统一排序确定光伏建设项目。根据业内对于技术进步和成本变化的预期，"十四五"初期，技术产业成熟、市场发展快和未来应用潜力大的风电和光伏发电均将进入"后补贴"时代。过去十多年来，国内实施的可再生能源固定上网电价、全额保障性收购和费用补偿机制是以经济性手段直接并且有效地支持可再生能源发展，吸引企业投资可再生能源。但是，随着可再生能源发展进入下一阶段，到2035年可再生能源发电占比预计超过50%，规模越来越大，比例越来越高，客观上已经不再具备全额保障性收购+固定电价的条件，无法提供相对优厚的回报持续吸引投资。因此，能源体制机制也应该随着客观条件的变化而及时进行转换，"后补贴"时代的政策机制将大不同，既需要创新的政策机制，也需要考虑与既往可再生能源以及届时能源电力发展环境和可再生能源发展需求相匹配，以引导可再生能源实现有序、持续、健康发展。

一是坚持能源战略顶层设计、统筹部署，加强能源管理协调一致、有序高效。中国当前能源管理体制机制存在"分散管理、分散决策"问题。一方面，在部门设置上过度分散，当前委管局的模式在公共品提供、政策权威性、协调能力等方面存在局限，现行的能源管理体制还没有完全理顺，政府能源管理职能错位、缺位或不到位的现象普遍存在，能源政策职能分散、重叠与缺位并存，缺乏统筹协调，十分不利于形成统一的能源战略与政策。另一方面，能源政策的制定相对独立，目前出台的能源政策，多数仅仅针对某种具体的能源品种，缺乏整体性的、各方协调的、资源互补的能源政策，不利于统筹推进能源革命。因此，在能源管理和决策机制上，要加强能源管理的统筹协调性，充分发挥国家能源委员会协调机构的战略规划和政策统筹作用，国家发

展改革委、国家能源局通过国家能源委员会办公室建立起高效协同的工作沟通机制，顶层设计并统筹部署能源政策和战略规划，使各个部门的能源政策能够统一规划、协同推进，并跨越多个领域整合资源的互补性，统一强化能源公共服务与政策引导激励。

二是理顺中央和地方权责划分，推动中央和地方协同发展。"放得下，接得住，管得好"是简政放权的理想状态。然而，尽管在国家层面和战略层次上，十分重视清洁低碳和高效能源转型，但是地方上还是把能源当作一种经济发展的投资手段，或者过度关注当地的能源供应，对能源的清洁化发展和限制煤炭比重等问题尚不够积极自觉。一方面，下放可再生能源项目审批权之后，中央层面主要发挥能源战略规划导向作用，但是规划的约束性和指导性还不够强。而核准权下放地方后，地方部门之间协调不到位，对项目审批缺乏分辨选择和匹配检验，包括很多电力外送基地，地方政府倾向于全容量煤电上网，没有考虑如何优先送出可再生能源。另一方面，权责下放不同步，在能源项目审批下放地方的过程中，中央没有把"权力和责任"同时打包下放，地方只有权利没有责任，乱象因此而生。在构建节能、提高能效、发展可再生能源"三位一体"的能源转型奋斗目标下，中央的政策制定与地方的行动执行尚未实现"两条腿走路"，中央和地方尚未形成合力协同推进能源转型。

因此，首先要充分利用可再生能源电力消纳保障机制为主导的可再生能源发展机制，各个省级地方政府都有发展可再生能源的责任和消纳利用的责任，使用消纳指标监测可再生能源占各省份能源消费的比重。其次，加快转变体制机制，中央要把权利和责任同时下放地方，在结合生态保护政策、环境保护政策以及国家非化石能源发展目标之后，把发展责任向地方分解，遵循中央领导、地方落实、权责明晰、协同推进的原则，形成中央和地方加快能源转型的合力。另外，在一些环境敏感、环境容量空间小的地区，如长三角地区、京津冀地区、粤港澳大湾区等，要严格实行限制煤炭消费、限制煤炭增量的政策，坚持优先利用清洁能源，提高利用清洁能源的能力。最后，能源消费总量控制上，要区别对待化石能源和可再生能源的控制指标，鼓励优先使用、多使用可再生能源的地方，对该地方的能源消费总量目标进行相应抵扣，给予地方用能空间。

## 二、健全并完善能源法治与监管体系

一是加快推进可再生能源监管法律法规和标准体系建设。能源监管要做到依法、依规、依标准。《中华人民共和国可再生能源法》为可再生能源全额保障性收购方面的监管职责提供了法律依据，但是对于可再生能源电力消纳保障机制落实方面的监管，尚缺乏法律依据，建议能源监管机构尽快推动《中华人民共和国可再生能源法》的修订，将可再生能源电力配额制纳入《中华人民共和国可再生能源法》。或者，尽快推动国务院颁发《能源监管条例》，明确可再生能源监管的职责范围和执法权限，保障能源监管机构在可再生能源领域开展工作的合法性和权威性。另外，能源监管机构要根据自身的监管职责，加快建设可再生能源监管的标准体系，出台系列配套监管办法，做到依法、依规、依标准监管，按照统一的标准和规则开展各项监管工作，改变行政性、运动式的监管方式。

二是健全可再生能源监管信息报送、公开制度。信息披露与公开是做好可再生能源监管的必然要求。能源监管机构应该根据可再生能源监管职责，建立完备的信息报送和公开制度：借鉴已有的电力监管统计报表制度，研究制定可再生能源监管统计报表制度，推进可再生能源监管信息报送工作制度化和标准化；手段上，借助互联网信息技术，实现信息采集技术智能化和监管信息的互联互通，提高监管效能。

三是完善可再生能源监管投诉举报制度。完善的投诉举报制度是实施可再生能源监管的重要支撑。在发达国家，大多数市场违规行为都是通过利益相关方的举报而发现的。建议能源监管机构依托已有的 12398 能源监管投诉举报热线，丰富投诉举报内容、扩展投诉举报受理范围、细化投诉举报受理程序，将电网企业投资建设可再生能源发电项目配套接网工程、电网企业收购可再生能源保障性电量、电网企业落实优先发电制度、电网企业组织实施可再生能源电力配额等涉及可再生能源监管的内容，明确纳入投诉举报受理范围。

四是推进可再生能源专项监督检查制度化。开展专项监督检查是加强问题导向监管、落实可再生能源法律法规的有效途径，同时也是发挥能源监管机构有限人力资源作用的要求。建议能源监管机构"以事带管"，逐步完善，使专项检查工作制度化。在开展专项检查的方法与手段上，建议全面实行"双随机"检查，实现大检查的公平、公正、公开。

五是加快可再生能源监管信用体系建设。加快构建以信用监管为基础的新型监管机制是大市场监管机制中的一项基础性制度安排，也是不断完善可再生能源监管机制的重中之重。建议要坚定不移地推进可再生能源监管机制创新，大力建设信用体系；强化企业信息公示、披露、自我声明和信用承诺；充分依托"互联网+"手段，全面推进涉企信息标准化建设和部门间共享、共用；完善企业经营异常名录、"黑名单"和信用修复制度，进一步优化失信联合惩戒机制。

六是加大可再生能源监管执法力度。行政执法力度不足，监管成效大打折扣是当前中国能源监管十分突出的问题，调查与处罚是有效实施能源监管的核心行政执法手段。根据《可再生能源法》的相关规定，责令限期改正或处以罚款。对于其他方面的违规行为，建议监管机构推动全国人大立法或者国务院授权，赋予监管机构与其监管职责相对称的行政执法力，做到权责相应，提高监管的权威性和有效性，以保障可再生能源发展的法律法规和产业政策得到有效落实。监管机构还可以充分"借力"，加强与相关执法部门的联合执法，将能源监管机构的监管专业优势与其他部门的执法手段有机结合起来。

## 三、加快推进新一代电网体系建设与电网体制改革

一是深化输配电体制改革、调整电网企业的功能定位。《关于进一步深化电力体制改革的若干意见》明确了用户侧竞争模式，只有真正做到拥有输配电网的企业独立于竞争性电能市场交易，才有可能真正实现公平公正的电力市场竞争。如果电网企业既

要调度，又要配电，还要售电，那么电力体制改革只能"空转"。因此，深化输配电体制改革，必须要进行增量配电改革，吸引更多的社会资本参与配电网建设，激励电网企业提高配电网建设和运营效率，同时有利于政府通过标尺竞争更好地实施有效监管，管好中间。另外，要重新界定配电企业的功能定位，明确配电企业提供的垄断性的电能配送服务，不是其经营区域范围内的供电主体，无论是增量配电还是存量配电都应该独立于竞争性的电能市场交易。最后，为了避免重复建设和保障各配电网之间的互联互通，增量配电改革要在统一规划、统一技术标准下开展，而不是放任各利益主体博弈角力，按照"中央管输电、地方管配电"的原则划分事权并独立核定合理的输电价格和配电价格。

二是源—网一体协同规划。源—网的一体化规划方法可优化电力系统资源，并在可靠性、经济性和环境层面带来了诸多效益。国际经验表明，由受管制的垂直一体化公用事业公司实施的电力系统规划通常能够实现源—网协调。中国电力系统已实现厂网分离，发电和输配电规划分属不同的电力公司管理，规划方案难以统一。能源转型以高比例可再生能源利用为发展目标，而风电、光伏项目的开发建设速度一般超过电力系统其他资产的开发建设速度。在具有最高质量资源的区域，风、光的地理集中度可能给地方输电网带来负担并导致输电阻塞，最终导致输电成本增加。此外，源—网协调规划对于输电和配电网络也都非常重要。新增风、光项目可能改变传统电力流向和电网使用方式；并且风光项目通常接入低压电网，在高比例接入时可能会给配电网运行带来一定挑战。因此，电源和电网建设之间要建立起统一、科学、合理的规划，保证风电、光伏装机规模不超出电网外送能力，避免弃风、弃光问题。

三是加快电网技术发展。能源革命，电网先行。电网基础设施是唯一一种能够带来双重效益的灵活资源：①调和较大地理区域的波动性可再生能源发电量，减少灵活性要求。实际上，在较大范围内部署若干风电和太阳能光伏发电厂能够有效消除总体短期波动性。②电网基础设施可以更高效地整合不同的灵活资源。在电网基础设施投资成本最优的前提下，基础设施数量会随着系统中波动性可再生能源占比的提高而增加。因此，要加快电网技术发展，采用输电线路动态增容，提高输电容量，减少阻塞，促进成本降低。

## 四、推进适应高比例可再生能源的电力市场建设

很多国家在可再生能源开始迅速部署前就已经有相对成熟的批发市场。对中国而言，市场化改革和增加部署可再生能源同时发生，相应增加了市场设计的复杂度。对于中国现阶段市场化改革最重要的三个因素是经济调度与快速交易、跨国跨区电力交易、电力系统服务和中短期灵活性市场，下面将从这三个方面阐述如何设计为能源电力系统转型提供支撑的批发市场。

一是经济调度与快速交易。由计划调度转为经济调度是促进波动性可再生能源消纳最为关键的一步。由于可再生能源的逐时波动性和低短期成本，接近实时的快速电力交易非常重要，即对可再生能源发电出力的预测越接近实时越准确，发电机组的发

电计划安排也应据此相应进行更新。因此，在设计批发市场机制时，应规定报价结算周期与调度间隔相同。该原则同样应用于运行备用。

二是跨国跨区电力交易。中国电力系统中的大容量机组通常在建成投产前就已基本明确了其未来电力流向（如特高压配套煤电电源），并且能够参与市场交易的发电量比例通常较为有限。随着可再生能源在电力系统中占比的增加，如能更加灵活地使用输电网络，可以降低总发电成本，并为系统带来更大效益。这当然牵涉到很多复杂的政治因素，但国际上也有一些大范围电力交易成功实施的案例，如欧盟。欧盟的经验表明，跨区域市场分散式管理、区域内各管理机构互相协调的方式效果较好。

三是电力系统服务和中短期灵活性市场。电力系统的可靠运营主要取决于维持系统频率和电压的多种系统服务。随着可再生能源渗透率的提高，对这些服务的需求以及其经济价值必然会发生变化。较高水平的波动性可再生能源也会增加供需平衡的波动性和不确定性，因此需要优先调动更高水平的灵活资源，例如储能和需求响应。辅助服务市场的转型与其他措施一起发挥关键作用。

## 五、创新可再生能源发展机制

一是建立以可再生能源电力消纳责任制为主导的可再生能源发展新机制。进一步完善可再生能源电力消纳保障机制，主要包括制定统一科学的消纳责任权重测算方法、采用客观准确的测算边界条件、制定公开透明的消纳责任权重衔接流程以及多措并举确保消纳保障机制的落实。

二是基于市场的机制，实现可再生能源在竞争中发展。通过科学严谨选择领跑基地和建立健全联动机制大力推动光伏"领跑者"计划落地；通过积极建设平价上网示范和平价上网基地确保示范项目内不弃风限电；通过避免不合理的收费、鼓励通过绿证获得收益等八项政策措施，促进风电、光伏发电无补贴平价上网；通过推进补贴项目竞争配置、推进补贴快速退坡、加快推进平价上网进程来分类推动开展竞争性配置资源。

三是完善可再生能源的市场交易机制。积极推进分布式发电直接交易机制，重点在新能源资源丰富，弃风、弃光严重的地区大力发展可再生能源就近消纳机制，在完成保障性利用小时数的基础上，鼓励新能源与就近用户直接交易消纳，激励电网企业收取相对便宜的"过网费"，同时国家相关监管机构对可再生能源就近消纳工作按月开展评估、定期考核。

四是完善可再生能源发电全额保障性收购制度。首先要全面细化可再生能源发电全额保障性收购制度并强化执行，做到统筹协调可再生能源发电全额保障性收购与当前部分地方实施的各类交易。同时，国家发展改革委、财政部、能源局等部门要进一步完善可再生能源价格补贴政策，保持相关政策的科学性和连续性，合理确定电价附加征收标准动态调整和补贴退坡有关政策的调整方向、节奏等，加强统筹协调，综合研究解决补贴资金拖欠问题。

五是完善可再生能源绿色电力证书核发和自愿交易机制。完善绿证追踪机制，为

配额考核和开放绿证二级市场做准备，绿色电力证书自愿市场的采购模式应更加灵活多样。

六是综合多元应用和协同发展机制。积极运用风电供热，如北方地区冬季热电联产机组和风电矛盾突出，应充分利用风力资源，替代燃煤小锅炉，促进消纳风电，减少煤炭消费。另外，还应大力发展光伏农业。

七是发展转型示范机制。积极建设清洁能源示范省，如青海省和浙江省；同时，加快建设综合性可再生能源示范区，打造更多个张家口可再生能源示范区。

# 第十章　可再生能源主导路线图政策选择

## 第一节　现行能源政策对可再生能源的适应性

长期以来，中国能源行业的"重增长、保供给、轻环保"的发展特征和分散管理架构严重制约了能源系统转型战略规划的制定实施，现代监管体系的缺失、权责不对等，甚至有责无权严重制约了维护市场开放公平竞争的能力，也制约了能源系统向可再生能源转型。

### 一、能源环境约束让位 GDP 增长的思维惯性依然存在

长期以来，中国能源战略的核心要务就是保障经济发展所需的能源供应，这在很大程度上造就了粗放型能源发展方式。同时，过去的能源环境约束性政策常常让位于经济增长，致使能源和经济发展方式转变作用不强。例如，在各地拥有更强动力做大分母（GDP）时，以单位 GDP 能耗下降为核心的节能制度约束力不强，而环境政策则面临法规标准不健全以及监管、处罚力度不足的境况。

当前，能源转型日益受到重视，但要扭转各级政府长期以来形成的"唯 GDP 论"的认识，绝非一朝一夕之事。例如，当前中国经济增速不断下行，政府继续采取刺激政策来提振经济，加大基础设施投资建设力度，将继续拉动高耗能产业发展。西北各省份为谋求经济快速发展，均着力打造能源化工基地，大幅扩张煤炭、煤电、煤化工产能，这些产能一旦建成，将继续助长传统能源发展方式的延续，也将加剧西部地区生态环境恶化。煤炭供应占据能源消费增量的较大份额，进一步强化其主导地位，也将助长能源经济的粗放式发展，使经济发展方式转变进展缓慢。因此，必须谋求以新兴能源发展来带动西部经济社会发展的新路径，走一条新型工业化道路，才有望实现经济与能源的转型升级发展。

### 二、传统能源发展模式制约可再生能源发展进程

中国能源转型将是新兴能源逐步替代传统能源的过程。新兴能源的发展固然会激励传统能源加快自身变革，但传统能源与新兴能源之间的利益冲突，既有体制机制很

可能反过来延缓新兴能源发展进程，打破固化的能源发展理念和既有利益格局仍面临诸多障碍。

长期以来存在的一种观点认为，中国能源禀赋的特点是"富煤、缺油、少气"，中国的资源禀赋特点决定了以煤为主的能源结构难以改变，煤炭的基础地位不能动摇。有的专家认为，煤炭是能源品种中最经济、最可靠的能源，随着中国石油和天然气的对外依存度持续上升，煤炭越来越成为中国能源安全的重要保障，今后中国经济持续发展，对煤炭的需求量甚至还将继续增长，峰值会达到45亿吨。因此认为我国离进入"后煤炭"时代尚早，"去煤化"不可取。在21世纪前20年，即经济快速增长拉动能源需求快速上升的时期，由于石油资源相对贫乏，大型水电建设周期很长，天然气、非化石能源开发利用成本高，使得煤炭成为短时间能够快速增加供给的唯一能源品种，中国建设了大量煤炭煤电项目。但是，中国以煤为主的选择，对于国家整体的经济社会系统而言，其实并非成本效益最优的选择。燃烧煤炭已经成为大面积雾霾和温室气体排放居高不下的根本原因之一，整个工业系统的能源效率低下与以煤为主关系巨大，中国庞大的铁路货运系统50%以上的运力用在煤上。因此，我们必须从整个国家的经济与社会的整体利益出发来分析和看待问题，真正走出一条"绿色、低碳、安全、高效"的道路。

目前，随着可再生能源技术不断进步、成本显著下降、可经济开发潜力大幅增加，可再生能源已逐步成为可持续、可负担、可靠的未来能源解决方案。丹麦、德国、英国和美国加州等都制定了大幅削减甚至退出煤炭消费、建立以可再生能源为主的能源发展战略。相较于欧洲领先国家的能源转型战略，以及中国生态文明建设对能源转型的根本要求，中国仍然没有形成面向未来可持续发展要求、优先发展可再生能源、逐步形成可再生能源主导的前瞻性能源革命战略，可再生能源在未来能源体系中的核心地位仍然不够明确。虽然中国可再生能源开发利用规模不断增加，已从补充化石能源供应的阶段进入大范围增量替代、区域性存量替代阶段，但是与整个能源体系、生态环境保护和经济社会发展的关系也不断深化复杂。以化石能源为基础的现有能源战略规划、能源体系、电力市场机制、管理体制对可再生能源的制约作用日益突出。中国在现行能源发展战略规划中，能源生产基地建设、输电等能源基础设施规划、终端能源供应结构中，对可再生能源考虑偏少，指导思想还是主要依靠煤炭、天然气满足能源需求。具体表现为：综合能源基地规划没有与风电等可再生能源开发有机结合，除水电外送，其他输电通道以考虑输送火电为主；治理大气污染的措施中发挥可再生能源的优势不够。

### 三、围绕保供的分业能源管理体制不适应能源转型和能源治理要求

改革开放以来，按照深化经济体制改革和发展社会主义市场经济的要求，中国政府职能转变取得了明显成效。但总体来看，政府职能转变尚未到位，政府职能"越位""错位""缺位"现象还在一定程度上存在。在能源领域，中国现有能源管理体制以保障能源供给为核心，是从原有计划经济体制演化而来的。长期以来，中国建立了基于

各类资源勘探管理、生产项目和管网投资建设管理、产运销价格制定（或指导）、生产运输运行调控等各环节的分部门管理体制，以及基于煤炭、油气、电力电网、核电、新能源等各类能源品种的分业建设管理体制。一方面，政府长期通过行政手段控制着各类行业的微观运行，近年来推进简政放权、项目审批下放后仍没有形成完善的市场体系和严格监管体系；另一方面，政府还没有形成促进能源系统转型和有效市场竞争的管理体制和监管体系，甚至依赖具有垄断经营特征的大型电网、油气企业开展公共基础设施规划、发电和燃气项目入网管理、标准规范制定等工作，一定程度上导致政府监管职能和能力弱化，抑制市场发挥资源配置的决定性作用。

## 四、全社会尚未形成优先消费清洁能源理念和激励约束制度体系

各地区和企业在终端能源消费环节还没有把清洁低碳作为基本准则，对煤炭依赖性较强，甚至对低效污染的散煤燃烧接受度仍然很高。各级政府及管理部门之间在发展清洁能源方面的政策和管理不协调，清洁能源消费理念还没有成为社会普遍共识。

中国近年制定了清洁能源消纳行动计划、可再生能源消纳保障责任机制，但是仍然没有制定与中长期能源发展战略、五年发展规划相匹配的具体量化目标和实施机制，使得当前可再生能源优先消纳利用机制仍然具有短期性特点，难以发挥引领作用。在城市交通、供热等领域，中国也没有制定中长期可再生利用的约束激励机制，各相关部门缺乏促进和服务分布式可再生能源开发利用的动力。城镇电网、热网、燃气管网设施对分布式可再生能源发电、供热、沼气的统筹规划、开放接入和一体化发展也处于初级阶段，缺乏精细化管理体系。

## 五、能源市场化进程滞后对新能源发展和电力转型的制约日益显现

中国开放竞争的能源市场体系尚不健全，市场化的竞争格局还没有形成。目前中国电网、天然气市场整体处于相对垄断的格局，一些领域还没有完全度过价格双轨制阶段，一次能源和二次能源价格体系的协调机制也没有完全建立。

特别是，相对于中国新能源电力的快速发展，传统电力系统转型和电力部门市场化进程相对缓慢，近年来逐步显示出对新能源发电的制约作用，突出表现为弃风限电和消纳空间受挤压等问题。长期以来，中国电力市场建设缓慢，电价和发用电计划由政府确定，虽然推动了电力供应持续增加，但也导致传统电力粗放式发展道路、规模扩张式经营模式、基本依靠电量市场的收入结构。目前，绝大部分地区执行政府定价基准价，在缺乏规范的电力现货市场及辅助服务市场机制情况下，无法达到像欧美电力现货市场那样引导灵活性资源合理投资和运行的效果，火电作为主力电源没有释放灵活性，也没有实现电力系统的资源优化配置，与发展高比例新能源电力系统的矛盾日益尖锐。需求侧响应是增加电力灵活性的行之有效的重要手段，但电力现货市场机制缺乏也导致中国需求侧响应还处于初级阶段。长期以来，中国以省为主建设电力市场，也导致市场相对封闭和跨省交易机制薄弱；电网环节尚未形成合理的省内和跨省输电价格机制，电网各个环节过度依赖跨区跨省交易电量层层加价，造成了较高的电

价水平,不利于促进清洁能源跨区跨省消纳和交易。在用户侧,长期以来的电网企业统购统销模式和售电侧管制直接制约了分布式发电市场空间,近年来面向本地用户的市县级分布式发电市场化交易试点仍然受到电网企业的掣肘。随着新能源逐步实现高比例发展和电力市场的建立,新能源发电的固定上网电价机制也暴露出缺乏灵活价格信号、难以引导新能源发展优化布局和运行的问题。

## 六、化石能源价格尚未完全覆盖外部资源环境成本

能源、电力和资源环境(碳市场)是产业链改革不完整的典型领域。从目前中国能源价格改革进展情况看,煤炭价格已经相对市场化,接下来要深化煤电全产业链市场化改革。随着电煤并轨,原本与计划煤对应的计划电量存在的基础已彻底消失,应当尽快全面取消。但值得指出的是,当前煤炭价格形成机制尚未充分反映其资源稀缺程度,其环境外部性成本更是远未体现。目前,中国采取的"从量定额"的煤炭资源税征收办法使得税负与价格水平脱钩,尽管2011年资源税税率有所上调,但资源税在整个资源收益中占比仍然较小,煤炭的资源税率为每吨0.3~5元。资源税没有起到调节级差的效果,更不能反映资源的稀缺性。近年来,各级政府陆续对煤炭开采征收煤矸石排放费、矿井水排放费、矿山环境恢复治理保证金等环境税费,但是这些环境税费加起来占比也非常小。

## 七、绿色金融体系对可再生能源发展和能源转型的支持仍然很弱

可再生能源等绿色产业本身就体现出环境治理、可持续发展等外部性作用,这些产业往往环境效益明显,但经济效益与传统行业相比存在一定的制度缺陷,特别是新兴行业处于发展初期,需要绿色金融政策支持。

目前中国绿色金融体系不够完善,可再生能源获得资金渠道仍然不充分。尽管存在政策资金、银行贷款、债券、定向增发等形式,但是实际中大部分可再生能源项目仍然通过银行贷款获得资金。其他的金融机构,如证券公司、担保公司、报销公司、金融租赁公司从资金收益要求上来看要高于银行,而可再生能源项目尚未建立起成熟且具有吸引力的商业模式,也就无法从上述渠道获得资金支持。近年来,中国推行的"绿色信贷"把可再生能源纳入支持领域,但在资金成本、贷款期限等方面并没有给予优惠。

目前,在中国绿色金融体系中,对可再生能源产业的地位和作用不够明确,也造成了可再生能源项目在融资过程中的困难。有些银行并未将可再生能源项目列入其绿色金融扶持的计划。有的金融企业仍然受到之前风电、光伏行业曾被列入过剩产能、高耗能、高污染行业的影响,对可再生能源项目的最新发展缺乏深入认识。很多金融机构并没有专业团队对可再生能源发展前景和项目风险进行系统评估。虽然整个可再生能源产业链的风险并不相同,但常常被金融机构以整个产业链的最高风险评估来对待。例如,弃风限电问题主要发生在三北地区,而广东省不存在弃风限电问题,但广东省的风电项目申请贷款时就受到了银行在弃风限电方面的质疑,无法获得相应的资

金支持。投资者对风险的把控不明，使得项目获得资金的条件较高，从而拉高了项目综合融资成本。

可再生能源项目的政策风险阻碍了绿色金融的发展。以风电和光伏发电项目为例，可再生能源附加费的发放一直滞后和拖欠，发电企业不能及时得到现金回流，使企业盈利能力大为下降。许多小型生物质发电项目就因为补贴发放不及时而无法正常运营。在没有稳定可预期的政策保障下，可再生能源的融资渠道无法打开。

### 八、原有国土空间管理制度制约新能源多样化开发和推广应用

光伏、风电等新能源具有量大面广、用地范围种类多、复合用地和点征用地等特点，相关用地管理和生态环境保护制度仍然不适应新能源的特点。主要集中在以下两个方面：用地审批各部门间信息不统一，土地预审、报批等环节复杂。风电和光伏企业在项目开发中经常会遇到"一地两证"问题，导致企业前期大量的项目开发和规划工作无法顺利进行，甚至使整个项目前功尽弃。虽然政府已经简政放权，但仅能源部门下放审批权限并不能解决审批难题，不同部门之间的权限下放并不同步，导致简政放权的综合成效未能完全体现。光伏企业在城镇土地使用税的征缴问题上遇到诸多困扰，如在招商引资阶段，地方政府承诺给予光伏企业土地使用税税收优惠政策，但在电站建成后，光伏企业却被要求每年按照征地或实际用地面积缴纳土地使用税。随着自然资源部的建立，该问题有望逐步得到缓解，但仍然不能适应更加多样、分散、与农林业和生态保护结合的新能源开发项目的特点。

## 第二节　现行能源体制机制对能源革命的适应性分析

能源革命对能源体制机制提出了更高的要求，中国现行能源体制机制在诸多方面还无法适应加快推进能源革命的要求。目前，能源管理体制有待完善，能源监管有待加强，《可再生能源法》亟待修订，电网企业功能定位有待调整。

### 一、能源管理体制有待完善

从管理手段的视角看，能源管理职能可以提炼为三大类，分别是公共品提供、政策激励和监管约束。公共品提供主要行使资源所有者职责，保障资源合理开发利用，目前主要由自然资源部专门负责；承担政策激励职能的主要机构包括国家能源委员会、国家发展和改革委员会、国家能源局、工业和信息化部、科技部等；监管约束的实质是政府对企业行为进行规范，体现为由政府制定标准、规则并监督企业执行，明确要求企业应该做什么、不应该做什么，现行能源管理体制下的主要监管机构包括国家发展和改革委员会、国家能源局、财政部、水利部等。

从国际经验看，能源政策和公共品提供通常都由强大的部门负责，主要有两种模

式：一是能源部（美国）；二是综合经济管理部门（英国的商业、能源和工业战略部，德国的联邦经济与能源部，日本的经济产业省）。在机构设置、政策制定和行动措施上，发达国家以节能、提高能效和发展可再生能源"三位一体"，主管部委是结合三方面管理职能的大部委概念，在出台可再生能源发展目标和有关政策举措的同时考虑气候变化目标的实现，尽可能挖掘节能、提效和开发利用的潜力，统筹考虑多部门的节能协同效应，整合资源的互补性，以构建智能供能和智能用能的未来能源体系为目标。

能源革命任重道远，中国当前委管局的模式在公共品提供、政策权威性、协调能力等方面存在局限，现行的能源管理体制还没有完全理顺，政府能源管理职能错位、缺位或不到位的现象依旧存在：一是政企分开没有真正实现，国有能源企业还没有成为真正的市场主体；二是仍然依靠行政手段进行资源配置，市场机制的作用没有完全发挥；三是监管职能割裂，监管不到位，行业发展存在无序现象；四是政策职能分散、重叠与缺位并存，不利于形成统一的能源战略与政策，不利于统筹推进能源革命，还需通过进一步的改革来促进能源经济高效、有序、健康的运行。

## 二、能源监管有待加强

监管的本质是政府对企业行为的约束和规范。能源在经济社会发展中享有基础性、全局性和命脉性地位，事关全局，能源的有效供应是国民经济生产和城乡居民生活的基本保障。理想的能源经济系统运行要求是：资源开发有序、供需总体平稳、价格合理、企业经营高效、技术进步、结构优化、资源节约、环境友好、健康安全、供应保障、社会公平、服务国家战略等。由于能源行业具有其特定经济技术属性，上述这些目标难以单纯依靠市场机制得到完全实现，政府应积极发挥作用，以解决市场失灵问题。

针对能源市场上不同的市场失灵问题，能源监管主要划分为四类：一是对能源垄断企业的监管，解决垄断问题；二是对能源市场的监管，解决不完全竞争问题；三是对能源行业的标准监管，解决外部性问题；四是对能源产业政策落实监管，同样是为了解决外部性问题。

能源革命推进过程中必然涉及一系列法律法规和产业政策的落实，需要实施有效的监管执法。从世界各国的具体实践来看，监管是政府落实产业政策的重要手段之一，即为了实现特定的产业目标，政府可以提出强制性要求和规定并监督企业执行。例如，英国能源监管机构天然气与电力市场办公室（Ofgem）下设可持续发展部门，负责保障普遍服务、保障供应安全可靠、节能低碳发展等方面的监管。

当前中国可再生能源发展正面临着机制转换，即从之前的固定电价+全额保障收购的机制转换为可再生能源电力消纳保障机制，这是配额制在中国现阶段的最终版本，明确规定对电力消费设定可再生能源电力消纳责任权重，即按省级行政区域对电力消费规定应达到的可再生能源电量比重，包括总量消纳责任权重和非水电消纳责任权重两级指标。消纳责任权重，本质上是政府通过售电公司对电力消费提出强制性要求，该机制的核心是确定各省级行政区域的可再生能源电量在电力消费中的占比目标，即

"可再生能源电力消纳责任权重"，这就要求有关部门对企业落实情况进行监督。例如，目前全额保障收购、电网企业投资建设可再生能源发电项目配套接网工程等都存在监管和落实不到位情况。今后实施可再生能源电力消纳责任机制，对监管提出更高要求，当前的监管体系难以满足要求。

### 三、《可再生能源法》亟待修订

国外可再生能源发展多是一种机制主导，中国可再生能源发展则是多种机制并存：一是可再生能源发电全额保障收购制度，包括《可再生能源法》、落实可再生能源发电全额保障性收购制度的一系列规范政策和价格机制（主要为风电上网电价机制和光伏发电上网电价机制）；二是竞争性招标机制，包括光伏发电"领跑者"计划和风电、光伏无补贴平价上网；三是分布式可再生能源发展机制，包括度电补贴机制和分布式发电市场化交易试点；四是可再生能源绿色电力证书制度；五是清洁能源示范省；六是转型示范机制，包括清洁能源示范省和综合性可再生能源示范区；七是多元应用和协同发展机制，包括风电供热、光伏农业；八是可再生能源电力消纳保障机制。

中国可再生能源发展面临挑战，《可再生能源法》亟待修改。一是没有充分发挥市场的作用。政府"有形之手"掌控指挥可再生能源发展，信息不完全导致政府在项目审批和价格制定时未能充分考虑市场消纳能力，难以做到与其他电源建设和电网建设通盘考虑、有效衔接。二是可再生能源未能得到有效利用。在经济发展步入新常态、电力需求增速放缓的形势下，三北局部地区出现了弃风、弃光现象，但近年来，在国家及相关单位"组合拳"出击下，新能源弃电现象得到了有效遏制。三是可再生能源电价补偿和补贴资金问题突出。自2012年起可再生能源电价附加补贴资金开始出现缺口，同时电价补偿政策落实不到位，补贴发放不及时，影响到了企业的正常经营和发展。此外，随着风电、光伏发电、生物质发电电量逐年增加，可再生能源电价附加补贴资金缺口进一步增大。四是全额保障性收购制度落实尚不到位。个别省份暂未达到国家规定的最低保障收购年利用小时数，且存在以低于国家有关政策明确的电价水平收购的情况。五是现有的电力运行机制不适应可再生能源规模化发展需要。以传统能源为主的电力系统尚不能完全满足风电、光伏发电等波动性可再生能源的并网运行要求，电力市场机制与价格机制不够完善，电力系统的灵活性未能充分发挥，电源与电网规划、建设不统一，可再生能源发电项目建设周期相对较短，而电网规划和建设周期较长，电源和电网之间缺乏统一、科学、合理的规划，可再生能源与其他电源协调发展的技术管理体系尚未建立，可再生能源发电大规模并网仍存在技术障碍，可再生能源电力的全额保障性收购政策难以有效落实，导致部分地区风电、光伏装机规模超出电网外送能力，带来弃风、弃光问题。

当前，在明确了建立以可再生能源电力消纳保障机制为主导的可再生能源发展新机制后，需要进一步通过法律明确可再生能源发展政策框架，修订《可再生能源法》，以法律来制度化并保障可再生能源发展新机制。

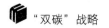

### 四、电网企业功能定位有待调整

可再生能源主导的能源革命不可避免地涉及基于市场的机制和分布式可再生能源的利用。一方面，未来随着可再生能源的大规模发展，会出现补贴退坡甚至无补贴平价上网的情况，可再生能源一定是基于市场来设计相应的发展机制。众多发达国家已经开始了相应行动，如欧盟的可再生能源扶持政策逐步转向市场驱动，其在 2014 年出台《关于成员国对环境保护和能源资助指南办法（2014—2020 年）》（简称《国家资助指南》），明确规定"从 2016 年 1 月起，为鼓励可再生能源发电市场的统一，所有接受可再生能源发电补贴的受益方都应将所发电力直接售卖到市场，参与市场竞争"，并且提出今后建立能源市场的一个重要目标是增加可再生能源的市场竞争力，将其转型为市场驱动型技术。另一方面，单纯依靠集中式可再生能源发展很难实现 2050 年风电光伏发电量占比 50% 的能源革命目标，必须大力加快分布式可再生能源发展。然而，当前的电网建设，无论是体制上还是技术上都难以满足发展要求。

为适应能源转型，不仅要回答建成什么样的新一代电网体系，还应该回答这个新体系由谁来建以及不同主体在新电网体系建设过程中的职能定位是什么。《关于进一步深化电力体制改革的若干意见》（中发〔2015〕9 号，以下简称"2015 年 9 号文"）确定的是用户侧竞争的模式，发电企业可以"穿网"直接或间接地与用户进行交易，地方配电企业不再是供电商，输电和配电都是交易的平台而不参与交易。2015 年 9 号文要求电网公平无歧视开放，但在调度不独立的情况下，独立的售电公司难以进入电网企业或者在拥有配电网运营权的企业所在供电区域与之开展有效竞争。在配售分开的体制框架下，增量配电改革是管住、管好中间行之有效的方法，同时重新界定电网企业的功能定位，从盈利性商业公司转变为公用事业服务平台，开放电网公平接入，建立分布式电源发展新机制；从市场竞争主体转变为网络建设运维、系统调度（电流管理）、交易组织、保障性供电主体；从单一投资主体转变为多元投资主体。

## 第三节　现行能源市场交易对可再生能源的适应性

### 一、中国电力市场化改革促进了可再生能源消纳

（一）电力体制改革有效促进了中国新能源电力电量消纳

2016 年，中国可再生能源弃电近 1100 亿千瓦时。2015 年 9 号文及其配套文件颁发后，各级政府、电力主管部门积极制定配套政策和措施，提升电网电力输送能力提升、扩大电力市场化交易、推行电力辅助服务开展等多种措施，有效地促进了新能源消纳。2019 年全国平均弃风率为 4%，平均弃光率为 2%，比 2016 年分别下降了 13.3 个、8.0 个百分点。

（二）特高压投运对可再生能源消纳作用明显，也为跨区跨省可再生能源电力现货交易提供了支撑

特高压有助于可再生能源电力实现远距离输送，在促进资源在更大范围利用和消纳方面有着积极促进作用，且效果明显。特高压还为跨区跨省可再生能源电力现货交易提供了支撑，有利于继续扩大可再生能源消纳并促进电力市场化交易规模的扩大。

2017年2月14日，国家能源局印发了《关于开展跨区域省间可再生能源增量现货交易试点工作的复函》（国能监管〔2017〕49号）。同年8月15日，北京电力交易中心发布《跨区域省间富裕可再生能源电力现货试点规则（试行）》，通过跨区域现货交易，充分利用通道资源和全网调节能力，提高电网整体可再生能源消纳水平。同月，经主管部门批准，国家电网率先启动了省间可再生能源电力现货交易试点。

2018年，国家能源局印发了《关于同意继续开展跨区域省间富余可再生能源电力现货交易试点工作的复函》（国能函监管〔2018〕106号）。次年8月，华北能监局根据国能函监管〔2018〕106号文发布了《京津唐电网参与跨区域省间可再生能源电力现货交易差额收益分配方案》。该方案明确，电网企业参与跨区域省间富余可再生能源现货交易，所购买可再生能源电量成交价低于本地火电上网价格或本电网联络线购电价格，促进可再生能源参与现货交易。

（三）电力辅助服务有效促进了新能源消纳

2017年11月，国家能源局印发《完善电力辅助服务补偿（市场）机制工作方案》（国能发监管〔2017〕67号），明确表示，2018～2019年探索建立电力中长期交易涉及的电力用户参与电力辅助服务分担共享机制，2019～2020年开展电力辅助服务市场建设。因为风电和光伏发电"靠天吃饭"的间歇性特质，调节能力差，在新的电力辅助服务市场化的利益分配体系下，风电和光伏将成为辅助服务的重要购买者。

根据国家能源局综合司2019年5月发布的《关于2018年度电力辅助服务有关情况的通报》，2018年，全国除西藏外31个省（区、市、地区）参与电力辅助服务补偿的发电企业共4176家，装机容量共13.25亿千瓦，补偿费用共147.62亿元，占上网电费总额的0.83%。从电力辅助服务补偿总费用来看，补偿费用最高的三个区域依次为西北、东北和华北区域，西北区域电力辅助服务补偿费用占上网电费总额比重最高，为3.17%，华中区域占比最低，为0.23%。

"三北"地区是中国风电、光伏主要分布区域，也是弃电最为严重的区域，从上面的统计数据可以看出，"三北"地区电力辅助服务补偿总费用最高，且逐年攀升，这也从一个侧面验证了"三北"地区电力辅助服务调节工作量在加大，促进了弃风、弃光率的下降。

## 二、当前电力市场对可再生能源的适应性存在问题

目前改革已经进入深水期，电力行业原有的利益格局面临前所未有的巨大冲击，一些深层次矛盾逐渐暴露，改革过程中也遇到了未曾预想到的困难和问题，这些问题成为制约电力体制改革继续推进的关键阻碍。

（一）交易规则不完善，市场监管力度、交易机构独立性需加强

随着交易品种逐渐丰富，交易规模逐步扩大，市场交易主体不断增多，迫切要求进一步完善市场规则体系，需要独立公正的交易平台为公平竞争的市场环境提供保障，强化监管能力建设，加强对各类市场主体交易秩序、市场力、违规行为等的监管，确保交易组织和调度公平、信息发布公开透明，保障市场建设有序推进。

一是市场交易监管机制不健全。中国市场监管涉及多个部门，尚未建立明确的市场监管机制，缺乏对市场规则的模拟认证、市场运行的监控分析，以及市场结果的绩效评估，缺少有效的监管手段和工具，不利于电力市场的有效管理和规范运作。二是市场规则不完善。市场准入规则、市场竞争规则和市场交易规则还不完善。特别是在高比例可再生能源情景下，对储能、负荷集成商等多元化市场主体，其市场准入规则需要进一步明确。三是各地区制定的交易规则、组建市场的模式等不尽相同，缺乏国家层面统一的市场规则。四是需要进一步完善各类交易之间的衔接。五是电力交易机构相对独立性有待提升，市场管理委员会作用尚未充分发挥。六是市场信息披露工作有待进一步规范和加强。

（二）跨省跨区交易存在省间壁垒

中国风电、光伏资源主要集中在三北地区，水电资源主要集中在西南地区，而在消纳空间方面中东部和南方地区比较富裕，跨省跨区大范围资源优化配置是发展与消纳可再生能源的重要手段。但是，中国长期形成以省份为实体的电力平衡机制，在当前电力供过于求的背景下，地方政府存在对省份间交易进行干预的现象，制约了市场功能的发挥，不利于资源大范围优化配置，必须通过合理机制设计打破省份间的壁垒。

送受端省份对跨省跨区交易的认识不统一，难以解决跨省区送电计划价格和受端市场价格矛盾，部分受端省份认为外来电需要参与市场，想尽量压低交易价格，而送端省份认为应合理利用输电通道，应该保障性收购，抬高交易价格。

省间壁垒制约了清洁能源消纳。中国清洁能源资源集中、规模大，远离负荷中心，难以就地消纳，在灵活调节电源占比低、近几年电力需求增速减慢等多种因素共同作用下，清洁能源消纳矛盾更加突出，而省间市场壁垒进一步制约了清洁能源消纳，对东部经济发达省份而言，电力需求增速放缓，省内火电亟待消纳，外购电意愿不强；而西部地区清洁能源装机增长过快，供大于求。一方清洁电多却送不出，另一方清洁电少但不愿意要，双方之间的矛盾使"三弃"问题更加突出，需加快研究建立促进清洁能源充分消纳的市场机制，以市场化手段促进清洁能源大范围消纳。

（三）中国电力市场交易规则尚不能全面支撑可再生能源发展

还原电力商品属性，实现市场优化配置资源，已成为当前电力行业发展的一项重要任务。电力市场建设是个复杂的系统工程，中国有独特的社会经济体制、电力系统，不能直接引入国外市场模式。

目前中国电力市场建设尚处于过渡阶段，市场模式不够完善，市场建设对服务国家能源绿色转型支撑还不够。下一步要加快形成有利于可再生能源开发利用的电力市场机制，完善辅助服务机制，推动电储能、需求侧响应等灵活性资源参与辅助服务市

场，完善辅助服务补偿机制，加大补偿力度，探索推动电力用户参与承担费用，激励各类灵活性资源主动提供辅助服务。完善电力中长期交易市场，研究构建全国统一电力交易组织体系，逐步打破省间壁垒。加快推进电力现货市场，做好电力现货市场与可再生能源全额保障性收购的过渡衔接。做好可再生能源电力消纳保障机制、绿证机制、电力现货市场机制的衔接。

## 第四节　可再生能源主导路线图的综合政策需求分析

### 一、要以法制化促进可再生能源发展

要形成适应能源革命要求的法律规范，把促进能源结构合理化、推动能源生产和消费革命的制度以法律形式作出规定，明确能源基本法律的地位、作用，并在基本法的指导、约束下构建完备的能源法律法规体系，改变目前仅靠单项法律约束而导致各个法律之间重复、交叉或不配套、互不协调以至冲突的现状。

要完善支持可再生能源的法律法规体系，规范执行，维护法律的权威。《可再生能源法》要更加具体化，增强可操作性和约束力，特别是要明确可再生能源发展基金和补贴资金的长效机制；出台可再生能源发电配额管理办法，落实《可再生能源法》提出的全额保障性收购制度，解决可再生能源发电上网和市场消纳障碍。

《电力法》要按照市场化方向进行修订，以建立市场配置资源、供需形成价格并促进节能减排的现代电力市场体系为目标，从法律层面确立基于市场竞争的电价形成机制和绿色节能调度机制。将《电网调度条例》《电力供应与使用条例》等配套法规尽可能地与《电力法》的修订同步进行、同步出台，为深化电力体制市场化改革提供法律依据和保障。

### 二、建立促进可再生能源电力发展的市场机制

加快推进以价格市场化为核心的电力体制改革。以建立市场配置资源、供需形成价格、促进节能减排的现代电力市场体系为目标，建立基于市场竞争的电价形成机制和电力调度机制，取消僵化的发电计划制度，保障具有低运行成本优势的可再生能源电力项目优先上网和消纳。

借鉴国际上采用针对容量、电量和辅助服务分别计价的趋势，针对中国现行的单一电量电价制度越来越明显的局限性，采用两部制上网电价机制，建立电量、容量和辅助服务市场，解决系统安全运行和调峰等矛盾，也鼓励新能源发电通过应用新技术提高发电控制能力。

促进可再生能源电力的跨省区消纳利用。建立相互开放的、跨省区的全国性电力市场，逐步实现各省区电力市场的开放与融合，推进跨省区可再生能源电力消纳。充

241

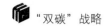

分发挥需求侧响应的潜力，通过技术和经济手段发展可转移、可中断负荷等。

### 三、建立健全综合能源行业管理体系

转变政府职能，推进投资管理制度改革，放松经济性管制，加强社会性管制，健全标准及规范约束，建立"市场为主、政府引导、法律约束"的可再生能源投资管理体制。

强化综合管理职能和约束力，加强规划的统筹科学制定和实施机制，积极推进（市县和城镇）能源生产消费多规合一，打破部门条块割据和封锁，从战略规划、项目审批、市场体系建设、政策法规制定等各层面突出和落实优先开发利用可再生能源和新能源，切实发挥引导、规范和协调作用。

### 四、建立有效的政府部门间协调机制

完善可再生能源与电力电网、油气管网等相关能源领域的行业间的规划、政策和管理协调机制，加强能源主管部门与价格、财税、融资、国土、海洋、城建、工业、交通、环保、应对气候变化等相关主管政府部门之间的协调机制。重点加强可再生能源开发及在电力、城市建筑、工业、交通等领域推广利用的投资管理、市场准入、价格与补贴、基础设施建设、标准规范制定、监管考核等方面的协调机制。调整和明确中央和地方权责关系。按照"强化引导、提升效率"的原则，科学划分、调整明确中央政府和地方政府在可再生能源管理、项目投资、价格形成机制、电力上网、统计报告和核查体系建设中的职责。

## 第五节　可再生能源主导的能源革命面临的宏观经济政策障碍及对策建议

### 一、推动以可再生能源主导的能源革命的迫切性

#### （一）是实现美丽中国愿景的客观要求

我国长期以来经济发展的现实是，高强度能源开发和过度的能源消费已经对生态环境造成了不可逆转的影响，具体体现在高强度的煤炭开发过程中导致矿区和流域环境恶化。据国家安全监察局统计，目前国内煤矿共有矸石山达1500余座，其中长期自燃矸石山近400座，每年因煤矸石自燃排放的有害气体超过20万吨，严重影响周边环境和居民健康；陆上石油天然气资源埋藏深、孔隙度低、渗透性差，尽管采取回注法开采方式，但仍不可避免地破坏宝贵的地下水资源，降低地下含水层水位。海上石油储层往往埋藏浅、上覆岩层胶结性差，正常工作状态下也不可避免地产生含油污水，稍有不慎就会对海洋环境造成灾难性影响。水电开发对生态环境的影响广泛而深远。

水电开发能提供大量清洁的电力，并通过梯级开发改善和发挥河流的引水、灌溉、航运等多种功能，显著促进地方经济发展。但水坝建设永久改变了河流的自然属性，也会显著改变水质、泥沙冲淤、陆生水生生物生存环境等河流生态，引发流域内局地气候、环境地质、生物多样性等特定生态环境的永久改变。随着全社会环境保护意识不断增强，水电开发受环保的制约越发明显。

面对能源发展面临的严峻形势，党的十八大报告提出了推进生态文明建设，建设美丽中国的发展蓝图，这是党中央对我国发展目标提出的新要求。面对能源供需格局新变化和国际能源发展新趋势，2014年6月13日，习近平总书记主持召开中央财经领导小组会议，明确提出中国能源安全发展的"四个革命、一个合作"战略思想。党的十九大报告进一步明确指出"要构建清洁低碳、安全高效的能源体系"，因此未来构建以可再生能源为主导，形成煤、油、气、核、新能源、可再生能源多轮驱动的能源系统已是大势所趋。

（二）是实现新型工业化、新型城镇化和乡村振兴战略的客观要求

我国正在着力推动科技含量高、经济效益好、资源消耗低、环境污染少、人力资源优势得到充分发挥的新型工业化，同时建设以人为本、让所有城市居住人员都能公平享受城市各项服务的新型城镇化。此外，还提出旨在加快推进农业农村现代化的乡村振兴战略。

新型工业化是以工业化带动信息化，以信息化促进工业化，走出一条科技含量高、经济效益好、资源消耗低、环境污染少、人力资源优势得到充分发挥的工业化道路，也就是要在新的时代条件下实现工业的跨越式发展。新型城镇化是以以人为本、城乡统筹、城乡一体、产城互动、节约集约、生态宜居、和谐发展为基本特征的城镇化，是大中小城市、小城镇、新型农村社区协调发展、互促共进的城镇化。乡村振兴战略是解决新时代我国社会主要矛盾、实现"两个一百年"奋斗目标和中华民族伟大复兴中国梦的必然要求。《乡村振兴战略规划（2018—2022年）》明确提出要构建农村现代能源体系。具体内容包括：优化农村能源供给结构，大力发展太阳能、浅层地热能、生物质能等，因地制宜开发利用水能和风能。完善农村能源基础设施网络，加快新一轮农村电网升级改造，推动供气设施向农村延伸。加快推进生物质热电联产、生物质供热、规模化生物质天然气和规模化大型沼气等燃料清洁化工程。推进农村能源消费升级，大幅提高电能在农村能源消费中的比重，加快实施北方农村地区冬季清洁取暖，积极稳妥推进散煤替代。推广农村绿色节能建筑和农用节能技术、产品。大力发展"互联网+"智慧能源，探索建设农村能源革命示范区。

然而，我国以传统化石能源为主的能源生产方式，由于资源禀赋条件和开采技术水平的制约，长期形成了依赖高投入和大量消耗资源储量的庞大能源供应体系。这种传统的能源生产模式，创新能力不足，不利于提高发展的质量和效益，不利于可持续发展，不利于中国特色新型工业化、新型城镇化以及乡村振兴战略目标的实现，迫切需要建立以新的可再生能源为主导的能源体系。

（三）是应对全球气候变化形势的客观要求

我国温室气体排放增长迅速，已成为世界上最大的二氧化碳排放国，其中超过

80%由能源消费所致。根据《BP 世界能源统计年鉴》，2018 年全球二氧化碳排放量336.85 亿吨，同比增长 2%，其中中国为 94.2 亿吨，占全球排放量的 28%，同比增长2.2%；美国为 50.18 亿吨，占 14.9%，同比增长 2.6%；印度为 24.81 亿吨，占 7.4%，同比增长 7.0%；俄罗斯为 15.51 亿吨，占 4.6%，同比增长 4.2%；日本为 11.5 亿吨，占 3.4%，同比增长 -2.0%；德国为 7.17 亿吨，占 2.1%，同比增长 -4.8%。我国人均二氧化碳排放接近 6.7 吨，远高于世界平均水平（约 4.5 吨）。在气候变化谈判过程中，部分发达国家在不断要求我国明确排放峰值量和时间点。在碳汇潜力有限、碳捕获技术近期内难以取得较大突破的背景下，减排二氧化碳归根结底是要限制高碳化石能源消费，化石能源将不被允许或者不能够低价地加以利用，这给我国长期以煤为主的高碳能源结构带来严峻挑战。我国不可能具有发达国家早期曾以敞口式、低价的化石能源消费来实现工业化、城镇化和现代化的机会，因此，推动以可再生能源为主导的能源革命，加快能源由高碳模式向低碳转型，成为我国能源发展的必然选择。

（四）是顺应世界能源变革大趋势的客观要求

21 世纪以来，非常规天然气以及风能、太阳能等可再生能源利用规模迅猛扩大，智能电网、分布式能源、大规模储能等新型能源技术快速发展，能源生产与利用方式正在发生重大变革，新型能源体系加速形成，一场以新能源与信息技术为代表的新工业革命正在孕育。在此过程中，各国（各地区）都根据各自的国情（区情）选择了不同的能源发展路径：北美推行的是以页岩气为代表的"能源独立"战略，并积极推动可再生能源的发展，已取得较明显的成效；欧盟制定"环保型经济"规划，全力打造具有全球竞争力的"绿色产业"，英国、法国、德国等国家正在实现能源绿色转型，可再生能源已经成为其新增能源的主体，化石能源消费量呈下降趋势；日本提出以能源多元化和提高能效为核心的能源发展目标，正在积极推广和落实。

我国曾错过了第二次、第三次能源革命和两次工业革命机遇，未能与西方发达国家同步迈入近现代社会。改革开放以来，我国经济发展一直处在以煤为主的时代，已明显滞后于世界能源发展进程。如不能加快顺应世界第四次能源变革趋势，将有可能长期锁定在以煤为主的能源时代，现代化进程势必将受到严重阻碍。我国必须紧紧把握新的历史机遇，顺应世界能源变革趋势，加快推动以可再生能源为主导的能源革命，早日迈进以绿色低碳、清洁高效、智能为主要特征的新的能源时代，为建设现代化强国奠定基础。

## 二、推动可再生能源主导能源革命面临的宏观政策障碍

（一）随着产业规模的增长，来自体制机制的制约日益明显

随着可再生能源产业的迅速规模化和应用范围的进一步扩大，来自体制机制的制约日益明显，其根源在于现有能源体制难以有效协调能源转型过程中相关方的利益冲突。在政策制定和实施部门难以有效解决各种利益冲突和矛盾时，能源体制机制对产业发展的制约还将凸显，对可再生能源发展的制约作用也会日益突出，需要通过深化能源体制改革的整体推进逐步化解。

（二）需要政策的进一步完善，逐步解决并网消纳问题

水电消纳市场因涉及各省份、电网公司之间的协调问题，难以及时落实，影响了外送电源输电工程的及时建设，导致西南水电基地弃水严重。风能、太阳能资源和土地资源均具备优势的三北地区弃风、弃光形势依然严峻，就地消纳和外送存在市场机制和电网运行管理方面的制约。需要进一步深化能源体制改革，同时完善推进现有政策，如可再生能源消纳责任权重机制、绿色能源证书交易机制等加以解决。

（三）需要出台提高技术经济竞争力的政策措施

与传统化石能源相比，当前可再生能源在技术经济性等方面竞争优势仍不显著。我国大江大河上游河段水电工程地处偏远地区，制约因素多，交通条件差，输电距离远，工程建设和输电成本高，加之移民安置和生态环境保护的投入不断加大，水电开发逐渐不具备经济性。风电、太阳能发电、生物质能发电等可再生能源技术快速进步，发电成本虽已大幅下降，但相较于传统火电成本仍然偏高。特别是我国风力和光伏发电项目建设中一直存在"非技术成本"过高问题，这类成本甚至占项目总建设成本的20%~30%，对行业的不利影响不容忽视。地热能、海洋能、生物天然气和生物质成型燃料等仍处于发展初期，技术水平有待提高。这方面问题需要出台相应的政策措施加以解决。

（四）相关产业发展对政策依赖性过高

我国可再生能源产业发展很大程度上依赖于政府行业规划和补贴政策，受产业政策扶持力度的影响较大，距离完全市场化开发利用仍存在一定距离。目前风电、太阳能发电、生物质能发电等可再生能源的度电补贴强度较高，但随着可再生能源应用规模的不断扩大，困扰可再生能源发展的资金补贴问题日益突出，补贴资金缺口较大，因此，推动可再生能源发电"平价上网"非常必要。

（五）需要有新的政策措施提高科技创新能力

当前能源科技创新加速推进，随着高效风电机组、高效太阳能电池、智能电网、分布式、大规模储能等技术突破和商业化应用，可再生能源利用新模式、新产品日益丰富，供需方式和系统形态正在发生深刻变化。但我国可再生能源领域缺乏世界领先的科技创新成果和技术，支撑引领作用还不够强，关键核心技术自主创新能力不足，将在一定程度上制约我国可再生能源的持续健康发展。因此，需要制定有利于提高我国科技创新能力的整体战略，并出台相应的政策保障措施。

## 三、对策建议

（一）完善落实能源革命战略

在已经公布的《能源生产和消费革命战略（2016—2030）》的基础上，需要进一步完善落实，应制定我国以可再生能源为主导的能源革命路线图，按照该国家能源战略确定的方向、重点、目标和主要任务，分析制定2030年前能源革命准备起步阶段的基本条件、主要障碍和工作重点，明确2030~2050年能源革命加速阶段的关键领域，提出各阶段切实可行、可量化考核的目标；分析厘清各关键领域和分技术种类的主要

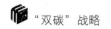

瓶颈、技术潜力、重大任务，提出在不同阶段科技研发、市场培育、体制机制创新等方面的推进路径和时间表。

（二）完善市场机制

针对当前油气、电力、供暖价格形成机制不完善，某些企业具有天然垄断地位，各级政府控制着能源项目审批、电价和电量分配权，跨省跨区电力交易仍由行政主导，非公资本在能源行业的准入还受到严格限制，清洁电力发展的瓶颈开始显现等问题，应进一步推进市场化改革进程，在已不具有自然垄断特性、具有市场商品属性的环节积极引入竞争机制，在具有自然垄断特性和公共物品属性的环节形成着眼于社会福利最大化和提高能源系统整体效率的运行机制。坚持市场化取向改革，破除行政性垄断，放开竞争环节，完善能源价格形成机制，切实发挥市场在能源资源配置中的决定性作用。

（三）出台加强科技创新体系建设的政策措施

一是应加强能源基础科学研究。瞄准世界能源科技前沿和我国能源革命需要，在地质、材料、环境、能源动力、信息与控制等领域开展深入研究，创新能源高效洁净利用的基础科学理论，加强高性能热功转换及高效节能储能、电网安全稳定和经济运行关键科技问题的应用基础研究。

二是应部署能源科技重大专项。针对具有革命性意义的第四代核能技术、氢燃料技术、高效电动汽车技术等，组织高水平的研发团队，开展重大专项研究，加强国际学术合作，促进交流和联合攻关，掌握自主知识产权，在核心关键技术领域占据领先地位。

三是应提升能源装备设计和制造水平。依托重点工程，加强技术攻关和综合配套，提高企业自主研发能力，努力提升重大能源装备设计、制造和系统集成能力，大幅提升重大能源装备国产化、产业化水平。

四是应大力培养和引进优秀能源科研人才。在高校、研究院所、大企业集团等设立一批高水平的能源科技研发平台，加大投入，大力培养能源科研、技术工程、管理专业人才，锻炼和集聚一批推进能源革命的领军人才，加强引进优秀国际人才。

（四）进一步完善税收制度

针对当前相关税收没有全面涵盖化石能源的资源耗竭、环境污染和气候变化影响，没有形成有效促进可再生能源发展与化石能源绿色低碳化发展的机制，能源财税体制建设仍滞后于经济、能源和环保形势的要求等问题，需要进一步完善税收制度，建立适应高比例可再生能源发展的绿色税收制度，保障能源财税机制有效发挥合理调节能源供给各环节和各类能源企业的收益，根据资源稀缺性及环境外部损害的影响调节能源生产和消费结构和充分体现低碳、清洁、高效可再生能源的社会环境价值等作用，以财政投资、补贴、政府采购等方式支持可再生能源科技创新和产业化发展。

（五）进一步完善绿色融资政策机制

针对当前民营可再生能源开发企业融资难、融资成本高等问题，应进一步完善我国的绿色融资机制，制定支持清洁能源产业融资的财政贴息政策，鼓励各类金融机构对清洁能源产业加大信贷投放规模、延长融资期限，为清洁能源企业开辟上市融资绿色通道，建设股权、债券融资体系，发展综合金融服务，增加更多的清洁融资工具，鼓励绿色债券、资产证券化产品应用，增加政府和社会资本合作投融资的灵活性，建立适应清洁能源产业发展的信用评级和风险管控体系和专业化担保、保险等金融服务体系。

（六）进一步完善监测评估政策机制

针对目前可再生能源监测评估中指标不够全面、方法不够精细、信息化水平薄弱、公开性和透明度不足，未能充分发挥监测评估结果对可再生能源建设发展的指导作用的问题，需要进一步完善可再生能源监测评估机制，建立省级可再生能源监测评估平台，完善监测评估指标体系，改进监测评估管理方法，加强监测评估信息化水平，增强监测评估结果的透明度，建立科学的监测评估激励及奖惩机制，切实发挥监测评估成果在可再生能源发展中的指导作用。

# 第十一章　调研报告

## 第一节　山西省能源革命推动经济社会发展调研报告

### 一、山西省能源生产和消费情况

山西传统能源以煤炭为主，已形成三大煤炭基地。除煤炭以外，煤层气、页岩气资源也具有极大的开发潜力，可再生资源种类丰富。由于煤炭资源较长时期的开发，煤炭资源枯竭现象严重，综合利用程度低，煤炭产能过剩，且带来一系列的环境污染问题，今后应重点推进煤层气产业和可再生能源产业。近年来，随着全国环保政策的实施，给山西以煤炭为主的能源生产和消费格局带来巨大的压力，同时给煤炭清洁高效利用、新能源的开发和利用带来了新的机遇和挑战。

（一）传统能源资源基本情况①

1. 煤炭资源

山西煤炭资源储量丰富、分布区域广泛、品种齐全，2000 米以浅煤炭预测资源储量 6552 亿吨，占全国煤炭资源总量的 11.8%。累计查明保有资源量 2674 亿吨，约占全国的 1/4，其中，生产在建煤矿保有可采储量 1302 亿吨。全省含煤面积 6.2 万平方千米，分布有六大煤田，分别是沁水煤田、大同煤田、宁武煤田、西山煤田、霍西煤田、河东煤田，占国土面积的 40.4%。全省 119 个行政县（市、区）中含有煤炭资源的有 94 个，其中 68 个县（市）的每年煤炭产量在百万吨以上②。煤炭品种齐全，共有肥煤、气煤、焦煤、无烟煤、瘦煤、贫煤、长焰煤、弱黏结煤、褐煤九大煤炭品种。此外，山西的煤田地质构造简单，即埋藏浅，煤层较厚且倾角平缓，断层较少，煤炭埋藏浅，煤田一部分是地下开采，很大一部分也可露天开采，因此，山西煤田具有投资较少、见效快的吸引力。截至 2018 年 6 月底，山西现有各类煤矿共有 605 座，合计年生产能力 94605 万吨。其中，1000 万吨及以上年生产能力的煤矿共有 7 座，600 万吨

---

① 资料来源：《山西省"十三五"综合能源发展规划》。
② 周三，景旭亮，张正旺，等. 山西省煤炭利用现状及发展建议［J］. 煤炭加工与综合利用，2016（11）：62-65.

（含）至 1000（不含）万吨年生产能力的煤矿共有 13 座，低于 60 万吨年生产能力的煤矿有 44 座，2020 年底前将予以关停或被整合。

2. 煤层气资源

山西煤层气、页岩气资源丰富，具有极大的开发潜力，2000 米以内的浅层煤层气资源量约为 83098 万亿立方米，约占全国煤层气资源总量的 1/4。从山西煤层气资源的分布、开采条件和资源品质分析，山西煤层气资源具有分布集中、埋藏浅、可采性好、甲烷含量高（大于 95%）的特点。在六大煤田中，沁水、河东、西山、霍西、宁武等煤田均有煤层气赋存[①]。其中，沁水煤田和河东煤田煤层气资源量最大，占全省煤层气资源总量的 93.26%。目前，沁水、河东等煤田已登记煤层气区块面积 28303 平方千米，通过钻井勘探，煤层气探明储量 750 亿立方米，可采储量 395 亿立方米，具备大规模开采的资源优势，开发利用潜力巨大。资源富集区相对集中于太行山—太岳山区、吕梁山区，省内 11 个设区市均有分布。同时山西也是国家陕京一线、二线、三线，中石油西气东输一线，中石化榆济线等天然气主干管线过境的地区。煤层气、天然气、煤制天然气和焦炉煤气制天然气等为山西奠定了良好的气源基础。

（二）传统能源资源开发利用情况

1. 煤炭资源

过去几十年，随着中国经济的快速发展，煤炭的需求量逐渐增大，煤炭的开采量急剧上升，从而导致煤炭储量急剧下降，可采年限缩短。2019 年，山西规模以上原煤炭产量达 9.71 亿吨。随着山西煤炭资源的长期高强度开采，资源瓶颈日渐显现，优质资源储量大幅下降，部分地方已出现资源枯竭现象，煤炭开采强度已经超过 23%，分别是陕西、内蒙古开采强度的 2.6 倍和 2.7 倍。

目前，山西已形成了晋北、晋中、晋东三大煤炭基地。晋北基地重点加快煤电一体化进程，坚持煤基清洁能源和煤基高端石化产业两大发展方向；晋中基地依托炼焦煤优势，利用洗中煤、煤泥、煤矸石等低热值燃料推进低热值煤电厂建设，形成煤电铝材产业链；晋东基地依托无烟煤、动力煤优势，重点推进以动力煤为主的煤电一体化。

2. 煤层气资源

近年来，山西省政府以"气化山西、净化山西、绿化山西、健康山西"为目标，重点推进煤层气的开采与利用工作。2019 年，山西煤层气产量达 755.51 万吨标准煤，产量呈逐年上升的趋势（见图 11-1）。目前，山西正在着力打造"11265"煤层气产业开发布局，即组建一个具有国际水平的煤层气综合研发机构，设立一个煤层气矿权改革试点区，建设太原、晋城两个煤层气装备制造业基地，形成六大煤层气勘探开发基地，构建五大瓦斯抽采利用园区。已在晋城建成中国最大的煤层气抽采利用基地，晋城市超过 9000 辆汽车使用煤层气。将建设沁水、河东两大煤层气基地，并在资源开发上开放合作，培育多元市场主体，促进煤层气高水平开发利用。

---

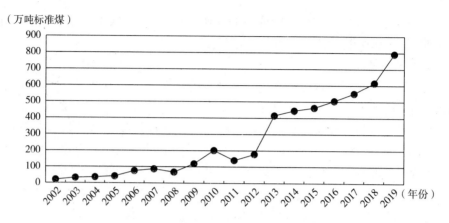

（万吨标准煤）

图 11-1　2002~2019 年山西煤层气产量

资料来源：历年《山西统计年鉴》。

　　此外，山西还通过中石油西气东输联络线向西气东输供气、通过通豫公司沁水至博爱管线向河南供气，以及煤层气压缩、液化后向省外输送。2016 年，山西实际外输量为 12 亿立方米，其中通过管道向省外输气 7.8 亿立方米，占煤层气销售总量的65%；通过煤层气压缩或液化后向省外输出约 4.2 亿立方米，占省外煤层气输出总量的 35%。①

　　山西初步形成了"三纵十一横"的国家主干管网和省内支线管网系统。"三纵"为贯穿河东煤田的乡宁—临县—保德输气管道（"西纵"），贯穿山西中部的运城—大同输气管道（"中纵"），贯穿沁水煤田的晋城—阳泉输气管道（"东纵"）；"十一横"是在国家陕京一线、陕京二线、陕京三线、西气东输、榆济线和待建的右玉—山阴—浑源中海油煤制天然气管道六横的基础上，建设沁水—侯马—河津长输管道、洪洞—安泽—长治长输管道、离石—太原—阳泉长输管道、保德—神池—原平长输管道和待建的长治—临汾长输管道②。

　　目前，全省煤层气装备制造从无到有，呈现良好的发展态势和明显的发展潜力。太原生产煤层气装备的企业主要有太重煤机、山西北方机械、太原煤气化、太原恒山机电等 6 家，晋城生产煤层气装备的企业主要有晋煤集团金鼎公司、清瑞能源科技山西公司、山西江淮重工、山西力宇新能源科技公司，主导产品为煤矿井下长孔定向钻机、全断面坑道钻机、煤层气井专业抽气机、煤层气井远程智能化排采设备、液压天然气（LNG）低温压力容器储罐、燃气发电设备及低浓度瓦斯提纯装备、煤层气管套等。从目前的情况看，全省煤层气装备制造开始起步，但规模还不大，技术瓶颈明显，企业竞争力不强，未来产业发展面临诸多制约因素。

----

　　①　资料来源：山西省发展和改革委员会。
　　②　资料来源：《山西省"十三五"综合能源发展规划》。

（三）可再生能源开发利用情况①

近年来，山西的可再生能源开发取得了一定的成绩，水电已成为山西电力工业的重要组成部分，农村户用沼气得到了大规模推广应用，风电、地热能开发、太阳能热利用也取得了明显进展。

1. 水电

山西水电资源的开发主要集中在黄河北干流，目前已建成了万家寨水利枢纽（总装机 1080 兆瓦）和天桥水电站（总装机 128 兆瓦），龙口水电站（总装机 400 兆瓦）已于 2005 年开工建设。小水电站主要分布在黄河流域的汾河、沁河及海河流域的滹沱河、漳河等较大河流上。近 10 多年来，由于小水电资源锐减，大批小水电站已报废。

2. 风能

风能资源开发起步较晚。近几年来，风力发电已引起各级政府和能源企业的高度重视，山西建设晋北风电基地 400 万千瓦，中南部地区风电（低风速）256 万千瓦，实现了风能的规模化开发，占到全部新能源装机的 46%。此外，2019 年山西风电项目的弃风率控制在 1.10%，风能利用率保持在全国前列。同时，山西风电装备产业已形成风电电机、发电机控制装置、增速器、主轴、叶片、法兰、塔筒及整机制造能力，特别在风力发电机、风电增速器、风电法兰、风机主轴方面具有较强的技术优势和研发优势，相关产品在国内具有较强的市场竞争力。

3. 生物质能

生物质资源的开发以沼气技术与秸秆气化技术的推广应用为主。截至 2017 年 5 月底，山西生物质发电（含垃圾发电）已投产装机 40.75 万千瓦，核准在建装机 16.56 万千瓦。

4. 地热能

地热能资源利用主要可用于洗浴疗养及休闲，为工业生产及居民生活提供热水和供热，育种育苗、种植蔬菜、栽培花卉、栽种药材，降温后的地热水用于灌溉农田，也可用于水产品养殖。山西积极推进利用中深层地热能向山西省转型综合改革示范区等区域冬季供热，实现了零的突破。同时，积极开发利用浅层地温能，在太原、大同、朔州、忻州、晋中、临汾、运城和长治等地的应用面积达到 360 万平方米。

5. 太阳能

太阳能的利用分为太阳能热利用和太阳能光伏两大产业。2017 年，大同光伏基地 100 万千瓦、阳泉光伏基地 100 万千瓦和运城市芮城县光伏基地 50 万千瓦建设实施。光伏装机迅速增长，截至 2017 年 5 月达到 317.36 万千瓦，占新能源装机的 8%。同年 11 月 30 日，国家能源局批复了山西大同二期、晋中寿阳光伏发电应用领跑基地和山西长治光伏发电技术领跑基地。至此，山西申报的 3 个光伏发电基地均获得国家批复，总规模达 150 万千瓦，居全国第一位。大同中石化新星双良 5 万千瓦塔式太阳能光热发电项目、晋能清洁能源 5 万千瓦槽式太阳能光热发电项目投入建设，有力推动了山西

---

① 张来福，翟晓慧. 山西省开发可再生能源的现状及前景［J］. 山西电力，2019（4）：6-8+16.

太阳能热发电技术产业化发展。与此同时，山西光伏产业研发能力不断提高，产业链条不断延伸，涌现出了潞安化工集团、中国电子科技集团第二研究所、山西天能科技股份有限公司、山西佳达新能源有限公司、山西纳克太阳能科技有限公司等一批骨干企业，吸引了中硅高科、保利协鑫、亚洲硅业等业内龙头企业投资，已初步形成多（单）晶硅、硅片、电池片、电池组件等太阳能光伏发电材料及应用产品链。

（四）能源生产消费状况

1. 能源生产情况

从能源生产总量来看，如表 11-1 和图 11-2 所示，2000~2017 年，山西省能源生产量总体呈现逐年增长的趋势。由 2000 年的 21457.60 万吨标准煤增长到 2017 年的 65901.20 万吨标准煤，增长率为 207.12%。其中，原煤由 2000 年的 9849.04 万吨标准煤增长到 2017 年的 26696.58 万吨标准煤，增长率为 171.06%；水电和风电迅速上涨，由 2000 年的 66.52 万吨标准煤增长到 2017 年的 810.58 万吨标准煤，增长率为 1118.55%；煤层气大幅上涨，由 2000 年的 12.87 万吨标准煤增长到 2017 年的 546.97 万吨标准煤，增长率为 4149.96%；火电由 2000 年的 2454.75 万吨标准煤增长到 2017 年的 5852.96 万吨标准煤，增长率为 138.43%；洗精煤产量由 2000 年的 4246.46 万吨标准煤增长到 2017 年的 25818.94 万吨标准煤，增长率为 508.01%；焦炭产量由 2000 年的 4827.96 万吨标准煤增长到 2017 年的 6172.57 万吨标准煤，增长率为 27.85%。

表 11-1　2000~2017 年山西能源生产情况　　　　　单位：万吨标准煤

| 年份 | 能源总产量 | 原煤 | 水电和风电 | 煤层气 | 火电 | 洗精煤 | 焦炭 |
|------|------------|------|------------|--------|------|--------|------|
| 2000 | 21457.60 | 9849.04 | 66.52 | 12.87 | 2454.75 | 4246.46 | 4827.96 |
| 2001 | 23597.77 | 11508.63 | 68.43 | 18.88 | 2862.41 | 4294.79 | 4844.62 |
| 2002 | 31348.58 | 16627.29 | 78.37 | 21.94 | 3319.81 | 5617.67 | 5683.50 |
| 2003 | 38555.48 | 21826.26 | 77.11 | 30.84 | 3820.85 | 6245.99 | 6554.43 |
| 2004 | 43888.61 | 24858.51 | 83.39 | 35.11 | 4274.75 | 8027.23 | 6609.62 |
| 2005 | 47233.52 | 24892.07 | 80.30 | 42.51 | 5219.30 | 9248.32 | 7751.02 |
| 2006 | 49590.18 | 23386.73 | 94.22 | 74.39 | 6069.84 | 11023.90 | 8941.11 |
| 2007 | 53755.77 | 23464.39 | 102.14 | 86.01 | 7009.75 | 13476.57 | 9616.91 |
| 2008 | 55902.23 | 27777.82 | 95.03 | 67.08 | 7161.08 | 12661.86 | 8139.36 |
| 2009 | 52526.52 | 25564.66 | 99.80 | 120.81 | 7469.27 | 11786.95 | 7485.03 |
| 2010 | 63326.74 | 33088.22 | 145.65 | 202.65 | 8504.78 | 13152.96 | 8232.48 |
| 2011 | 74481.77 | 40398.91 | 193.65 | 141.52 | 9280.43 | 15678.41 | 8788.85 |
| 2012 | 78182.88 | 41757.48 | 367.46 | 179.82 | 9866.68 | 17645.88 | 8365.57 |
| 2013 | 68925.26 | 19705.73 | 310.16 | 413.55 | 7885.05 | 31795.22 | 8815.54 |
| 2014 | 68426.78 | 18571.03 | 355.82 | 444.77 | 7896.45 | 32646.42 | 8512.29 |
| 2015 | 72488.91 | 24573.74 | 434.93 | 463.93 | 7212.65 | 31996.60 | 7807.06 |

续表

| 年份 | 能源总产量 | 原煤 | 水电和风电 | 煤层气 | 火电 | 洗精煤 | 焦炭 |
|---|---|---|---|---|---|---|---|
| 2016 | 63030.18 | 14755.37 | 624.00 | 504.24 | 7160.23 | 32031.94 | 7954.41 |
| 2017 | 65901.20 | 26696.58 | 810.58 | 546.97 | 5852.96 | 25818.94 | 6172.57 |

资料来源：历年《山西统计年鉴》。

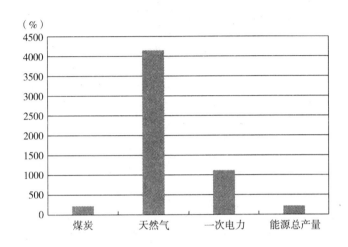

图 11-2　2000~2017 年山西能源生产增长率

资料来源：《山西统计年鉴》·（2001~2018 年）。

从电力生产情况来看（见表 11-2），2001~2017 年，山西发电量逐年增加，电力供给充裕，电力运行平稳。2017 年，总发电量达 2765.5 亿千瓦时，同比增长 10.16%；发电装机容量 8072.7 万千瓦。此外，2017 年山西发电设备利用小时数为 3570 小时，同比增加 92 小时。全社会用电量完成 1990.6 亿千瓦时，同比增长 10.76%。

表 11-2　2001~2017 年山西电力生产情况

| 年份 | 总发电量（亿千瓦时） | 发电装机容量（万千瓦） | 电力外送量（亿千瓦时） | 电力消费量（亿千瓦时） |
|---|---|---|---|---|
| 2001 | 707.8 | 1415.4 | 153.8 | 557.1 |
| 2002 | 842.1 | 1512.3 | 212.4 | 628.8 |
| 2003 | 965.0 | 1583.2 | 233.2 | 841.6 |
| 2004 | 1079.0 | 1843.1 | 238.1 | 841.6 |
| 2005 | 1311.9 | 2307.5 | 369.3 | 946.3 |
| 2006 | 1526.0 | 2745.0 | 432.2 | 1098.0 |
| 2007 | 1760.5 | 3174.0 | 462.6 | 1349.0 |
| 2008 | 1794.0 | 3800.0 | 485.6 | 1313.0 |
| 2009 | 1874.0 | 4088.0 | 601.3 | 1268.0 |
| 2010 | 2151.0 | 4429.0 | 735.8 | 1460.0 |

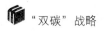

续表

| 年份 | 总发电量（亿千瓦时） | 发电装机容量（万千瓦） | 电力外送量（亿千瓦时） | 电力消费量（亿千瓦时） |
|------|------|------|------|------|
| 2011 | 2344.0 | 4987.0 | 694.25 | 1650.0 |
| 2012 | 2546.9 | 5455.0 | 799.64 | 1765.8 |
| 2013 | 2648.9 | 5767.0 | 793.0 | 793.0 |
| 2014 | 2670.4 | 6304.0 | 850.95 | 1822.6 |
| 2015 | 2449.0 | 6966.0 | 724.2 | 1731.0 |
| 2016 | 2510.0 | 7640.0 | 713.0 | 1797.2 |
| 2017 | 2765.5 | 8072.7 | 774.9 | 1990.6 |

资料来源：历年《山西统计年鉴》《山西省2019年国民经济和社会发展统计公报》。

从能源生产结构来看（见表11-3），2000~2017年，煤炭占比略有下降，从2000年的99.58%下降到2017年的97.74%。其中，原煤和焦炭所占比重不断下降，分别由2000年的45.90%和22.50%下降到2017年的40.51%和9.37%，精洗煤比重不断增大，由2000年的19.79%增加到2017年的39.18%。煤层气发展较快，占比由2000年的0.06%增长到2017年的0.83%。一次电力占比由2000年的0.31%增加到2017年的1.23%。

表11-3　2000~2017年山西能源生产结构　　　　单位:%

| 年份 | 原煤 | 水电与风电 | 煤层气 | 火电 | 洗精煤 | 焦炭 |
|------|------|------|------|------|------|------|
| 2000 | 45.90 | 0.31 | 0.06 | 11.44 | 19.79 | 22.50 |
| 2001 | 48.77 | 0.29 | 0.08 | 12.13 | 18.20 | 20.53 |
| 2002 | 53.04 | 0.25 | 0.07 | 10.59 | 17.92 | 18.13 |
| 2003 | 56.61 | 0.20 | 0.08 | 9.91 | 16.20 | 17.00 |
| 2004 | 56.64 | 0.19 | 0.08 | 9.74 | 18.29 | 15.06 |
| 2005 | 52.70 | 0.17 | 0.09 | 11.05 | 19.58 | 16.41 |
| 2006 | 47.16 | 0.19 | 0.15 | 12.24 | 22.23 | 18.03 |
| 2007 | 43.65 | 0.19 | 0.16 | 13.04 | 25.07 | 17.89 |
| 2008 | 49.69 | 0.17 | 0.12 | 12.81 | 22.65 | 14.56 |
| 2009 | 48.67 | 0.19 | 0.23 | 14.22 | 22.44 | 14.25 |
| 2010 | 52.25 | 0.23 | 0.32 | 13.43 | 20.77 | 13.00 |
| 2011 | 54.24 | 0.26 | 0.19 | 12.46 | 21.05 | 11.80 |
| 2012 | 53.41 | 0.47 | 0.23 | 12.62 | 22.57 | 10.70 |
| 2013 | 28.59 | 0.45 | 0.60 | 11.44 | 46.13 | 12.79 |
| 2014 | 27.14 | 0.52 | 0.65 | 11.54 | 47.71 | 12.44 |
| 2015 | 33.90 | 0.60 | 0.64 | 9.95 | 44.14 | 10.77 |

续表

| 年份 | 原煤 | 水电与风电 | 煤层气 | 火电 | 洗精煤 | 焦炭 |
|---|---|---|---|---|---|---|
| 2016 | 23.41 | 0.99 | 0.80 | 11.36 | 50.82 | 12.62 |
| 2017 | 40.51 | 1.23 | 0.83 | 8.88 | 39.18 | 9.37 |

资料来源:《山西统计年鉴》(2001~2018年)。

2. 能源消费情况

(1) 能源消费总量增加(见表11-4和图11-3)。2000~2017年,山西省能源消费从5788.01万吨标准煤增加到了16836.79万吨标准煤,增长率为190.89%。其中,原煤消费从2000年的2132.18万吨标准煤增长到了2017年的4281.02万吨标准煤,增长率为100.78%;洗精煤消费从2000年的56.12万吨标准煤增长到了2017年的362.36万吨标准煤,增长率为545.69%;焦炭消费从2000年的1240.38万吨标准煤增长到了2017年的1902.76万吨标准煤,增长率为53.40%;石油制品消费从2000年的275.19万吨标准煤增长到了2017年的1285.70万吨标准煤,增长率为367.20%;电力消费从2000年的568.22万吨标准煤增长到了2017年的5788.91万吨标准煤,增长率为887.50%;天然气消费从2000年的918.76万吨标准煤增长到了2017年的3216.08万吨标准煤,增长率为250.05%。

(2) 能源加工转换效率提高。2017年,山西能源总投入56471.69万吨标准煤,总产出42831.88万吨标准煤,加工转换总效率为85.57%,比2000年提高4.13个百分点。在加工转换消费量中,原煤用于加工转换总消费量为76599.53万吨,其中,用于火力发电及供热消费12339.77万吨,用于入洗原煤消费64259.76万吨,直接用于炼焦消费123.80万吨,炼焦用于洗精煤消费11037.49万吨,用于制气消费95.03万吨。

表11-4 2000~2017年山西能源消费量　　　　单位:万吨标准煤

| 年份 | 总量 | 原煤 | 洗精煤 | 焦炭 | 石油制品 | 电力 | 天然气 |
|---|---|---|---|---|---|---|---|
| 2000 | 5788.01 | 2132.18 | 56.12 | 1240.38 | 275.19 | 586.22 | 918.76 |
| 2001 | 6966.97 | 2188.47 | 48.66 | 2103.74 | 319.24 | 1921.04 | 385.82 |
| 2002 | 8097.90 | 2325.22 | 160.61 | 2679.78 | 339.55 | 2203.42 | 389.32 |
| 2003 | 9037.51 | 2563.04 | 197.89 | 2997.05 | 359.67 | 2496.19 | 423.67 |
| 2004 | 9550.58 | 2705.08 | 178.24 | 2646.40 | 420.95 | 2781.11 | 818.78 |
| 2005 | 10117.06 | 2714.34 | 119.07 | 2078.70 | 537.46 | 3194.99 | 1472.50 |
| 2006 | 11196.06 | 2848.78 | 116.68 | 2347.78 | 599.03 | 3574.41 | 1700.57 |
| 2007 | 12135.45 | 2776.03 | 275.14 | 2454.11 | 634.74 | 4278.84 | 1716.59 |
| 2008 | 12472.37 | 3393.14 | 190.86 | 2291.30 | 919.76 | 3974.78 | 1702.53 |
| 2009 | 12885.85 | 3639.05 | 166.11 | 2368.65 | 1211.97 | 3875.82 | 1624.25 |
| 2010 | 13820.47 | 3516.01 | 415.66 | 2515.17 | 1103.77 | 4406.14 | 1863.71 |
| 2011 | 14992.59 | 3813.92 | 531.49 | 2485.38 | 1110.50 | 4981.71 | 2069.59 |

续表

| 年份 | 总量 | 原煤 | 洗精煤 | 焦炭 | 石油制品 | 电力 | 天然气 |
|------|------|------|--------|------|----------|------|--------|
| 2012 | 15803.31 | 3903.64 | 592.39 | 2854.51 | 1129.61 | 5251.76 | 2071.41 |
| 2013 | 16427.08 | 4586.66 | 690.94 | 2251.86 | 1212.54 | 5403.86 | 2281.22 |
| 2014 | 16325.19 | 4246.82 | 615.40 | 2115.41 | 1092.99 | 5358.68 | 2895.90 |
| 2015 | 15813.30 | 4073.02 | 580.18 | 2023.86 | 1133.28 | 5096.18 | 2906.77 |
| 2016 | 15958.30 | 4083.13 | 369.83 | 2135.23 | 1188.01 | 5265.14 | 2916.96 |
| 2017 | 16836.79 | 4281.02 | 362.36 | 1902.76 | 1285.70 | 5788.91 | 3216.08 |

资料来源:《山西统计年鉴》(2001~2018 年)。

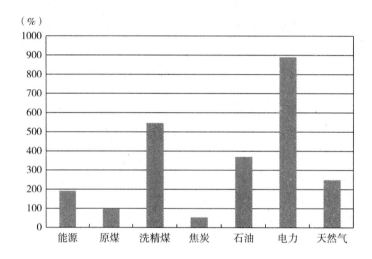

**图 11-3　2000~2017 年山西能源消费增长率**

资料来源:《山西统计年鉴》(2001~2018 年)。

（3）能源产品消费结构有所改善。2000~2017 年,煤炭所占比重比 2000 年下降 20.36 个百分点,石油上升 2.98 个百分点,天然气、一次电力所占比重分别上升 6.31 个、11.20 个百分点,但品种优化程度与全国和世界平均水平（煤炭消费占 26.5%）以及工业化国家（煤炭消费占 21.4%）的能源结构相比相去甚远（见表 11-5）。

表 11-5　2000~2017 年山西能源产品消费结构　　　　单位:%

| 年份 | 原煤 | 洗精煤 | 焦炭 | 石油 | 电力 | 天然气 |
|------|------|--------|------|------|------|--------|
| 2000 | 36.84 | 0.97 | 21.43 | 4.75 | 10.13 | 15.87 |
| 2001 | 31.41 | 0.70 | 30.20 | 4.58 | 27.57 | 5.54 |
| 2002 | 28.71 | 1.98 | 33.09 | 4.19 | 27.21 | 4.81 |
| 2003 | 28.36 | 2.19 | 33.16 | 3.98 | 27.62 | 4.69 |
| 2004 | 28.32 | 1.87 | 27.71 | 4.41 | 29.12 | 8.57 |

续表

| 年份 | 原煤 | 洗精煤 | 焦炭 | 石油 | 电力 | 天然气 |
|---|---|---|---|---|---|---|
| 2005 | 26.83 | 1.18 | 20.55 | 5.31 | 31.58 | 14.55 |
| 2006 | 25.44 | 1.04 | 20.97 | 5.35 | 31.93 | 15.19 |
| 2007 | 22.88 | 2.27 | 20.22 | 5.23 | 35.26 | 14.15 |
| 2008 | 27.21 | 1.53 | 18.37 | 7.37 | 31.87 | 13.65 |
| 2009 | 28.24 | 1.29 | 18.38 | 9.41 | 30.08 | 12.60 |
| 2010 | 25.44 | 3.01 | 18.20 | 7.99 | 31.88 | 13.49 |
| 2011 | 25.44 | 3.55 | 16.58 | 7.41 | 33.23 | 13.80 |
| 2012 | 24.70 | 3.75 | 18.06 | 7.15 | 33.23 | 13.11 |
| 2013 | 27.92 | 4.21 | 13.71 | 7.38 | 32.90 | 13.89 |
| 2014 | 26.01 | 3.77 | 12.96 | 6.70 | 32.82 | 17.74 |
| 2015 | 25.76 | 3.67 | 12.80 | 7.17 | 32.23 | 18.38 |
| 2016 | 25.59 | 2.32 | 13.38 | 7.44 | 32.99 | 18.28 |
| 2017 | 25.43 | 2.15 | 11.30 | 7.64 | 34.38 | 19.10 |

资料来源：《山西统计年鉴》（2001~2018 年）。

（4）终端消费增速加快，第二、第三产业能源消费量明显增加。2017 年山西能源终端消费量达 16836.79 万吨标准煤，是 2000 年的 2.91 倍。第一产业能源消费由 2000 年的 331.40 万吨标准煤减少到 2017 年的 323.60 万吨标准煤，变化不大；第二产业能源消费由 2000 年的 4343.70 万吨标准煤增加到 2017 年的 12712.58 万吨标准煤，增长了 1.93 倍；第三产业能源消费由 2000 年的 425.99 万吨标准煤增加到 2017 年的 2125.80 万吨标准煤，增长了 3.99 倍；人民生活能源消费由 2000 年的 686.92 万吨标准煤增加到 2017 年的 1674.81 万吨标准煤，增长了 1.44 倍。

（5）行业消费构成逐步呈现高耗能结构。在山西 2017 年能源消费总量中，第一产业消费 323.60 万吨标准煤，占全省总量的 1.92%。第二产业中的工业消费 12546.50 万吨标准煤，占全省总量的 75.52%；在工业消费量中，轻工业消费 189.08 万吨标准煤，占工业总量的 1.51%；重工业消费 12357.42 万吨标准煤，占工业总量的 98.50%；建筑业消费 166.08 万吨标准煤，占全省总量的 0.99%。第三产业消费 2125.8 万吨标准煤，占全省总量的 12.63%；人民生活消费 1674.81 万吨标准煤，占全省总量的 9.95%。与 2000 年相比，2017 年行业构成中第一产业占比下降 3.81 个百分点；第二产业消费占比上升 0.47 个百分点，其中建筑业占比下降 0.58 个百分点；第三产业占比上升 5.27 个百分点；人民生活消费占比下降 1.92 个百分点。工业部门特别是重工业部门能源消费增长快，所占比重高。在工业行业中，煤炭、焦化、化工、建材、黑色金属、有色金属、电力七个高耗能行业 2017 年能源消费量达 12357.42 万吨标准煤，占全省总量的 73.40%，上述行业能源消费所占比重比 2000 年上升了 8.02 个百分点，说明进入 21 世纪以来山西高耗能行业快速发展，呈现出重型高耗能的产业结构。

"双碳"战略

3. 能源节能情况

落实国家发展改革委等七部委印发的《能效"领跑者"制度实施方案》，在水泥、电力、钢铁、化工、有色、焦化等高耗能行业开展能效对标活动，推进企业能效诊断，健全对标工作制度，实施节能技术改造，不断降低产品单耗水平。2000~2017年，山西单位GDP能耗由2000年的3.14吨标准煤/万元下降到2017年的1.08吨标准煤/万元，下降了65.61%（见图11-4），但是和全国平均能耗（0.59吨标准煤/万元）相比，山西能源消耗仍然属于较高水平，节能任务重大。

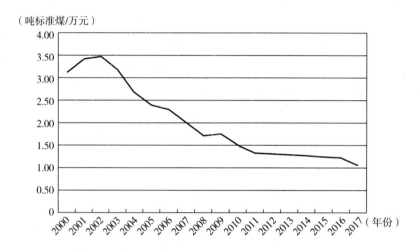

图11-4　2000~2017年山西单位GDP能耗变化

资料来源：《山西统计年鉴》（2001~2018年）。

## 二、山西省能源经济转型发展历程

山西的经济转型由来已久，早在1983年制定的《山西能源重化工基地综合规划》中就明确提出，山西经济发展不能单纯靠挖煤，而是要以煤炭为中心，相应地发展电力、煤化工、交通运输、金属工业、机械工业、农业、轻工业，以及各种服务业等，形成相互协调、有较好经济效益的经济结构。多年来，山西一直在探索转型的道路，但仍然难以摆脱"资源陷阱"。1997~1998年受金融危机影响，能源需求大幅度降低，煤炭销售不畅，导致山西经济剧烈波动，迫使山西不得不寻找新的出路。从1999年开始，山西拉开了大力调整经济结构的帷幕，大规模实质性转型正式开始。

（一）产业结构调整阶段（1999~2009年）

从1999年开始，山西高度重视经济结构调整，先后多次召开全省经济结构调整工作会议，将调整经济结构作为这段时期经济工作的中心任务。

1. 经济结构调整背景

1997~1998年，受亚洲金融危机冲击，国内市场需求持续萎缩。受此影响，山西煤炭产量大幅下降，由1996年的历史高点3.49亿吨下降到1999年的2.49亿吨，省内

258

几大矿务局先后陷入停产、半停产状态。煤炭的不景气直接影响全省经济走势，政府财政困难，大约一半的县区行政事业单位一度出现拖欠工资现象。1999年，山西人均收入全国倒数第一。同时，长期大规模、高强度煤炭开采和粗放式利用所积累的生态环境破坏效应逐步显现，1999年山西13个城市进入全国30个污染最严重城市行列，严重的环境污染已经影响到城乡居民的身体健康。山西陷入改革开放以来经济社会发展最困难的时期。

1999年10月，山西省委、省政府在运城召开了全省调整经济结构工作会议，提出了"以发展潜力产品为切入点，以培育'一增三优'（即新经济增长点，优势产品、优势产业、优势企业）为主攻方向"的结构调整思路，并指出调整经济结构是振兴山西经济的关键，认为加快经济结构战略性调整是当前及以后时期山西经济发展的重要任务。

2. 主要任务及执行效果

这一时期的产业结构调整重点围绕"1311"规划展开，即在市场选择的基础上，集中抓好100个农业产业化龙头企业、30个战略性工业潜力产品、10个旅游景区和100个高新技术产业化项目。其目的是要在第一、第二、第三产业及高新技术领域分别先行重点扶持若干龙头企业，作为全省经济结构调整的表率，从而带动全省经济迅速发展。

这一阶段，山西加大了传统产业内部结构调整力度，煤炭、冶金、电力等产业竞争优势有所提高，煤焦、钢铁、铝镁等产业链条得到延伸，产业整体素质和大中型企业核心竞争力明显增强。能源工业基本建设投资占全省工业比重逐步下降，煤炭、焦炭、电力产量稳步提升，2009年分别达到6.15亿吨、0.77亿吨、1873.8亿千瓦时。淘汰落后产能取得了显著成效，全省煤炭行业累计淘汰了7000多个小煤矿，关闭了多个资源枯竭矿井。煤矿采区回采率、煤炭洗选率等主要指标达到了历史最高水平。取缔非法土小企业、整顿生产秩序等一系列举措，明显改善了山西长期以来依靠小企业粗放型扩张推动经济增长的发展方式。

（二）综改试验区建设阶段（2010~2016年）

2010年，山西被确定为国家资源型经济转型综合配套改革试验区，山西成为中国第一家全省域、全方位、系统性的进行资源型经济转型综合配套改革试验的区域。

1. 经济结构调整背景

党中央、国务院对山西的转型发展和可持续发展问题非常重视，先后把山西确定为生态建设试点省、煤炭工业可持续发展试点省、全国第二批循环经济试点省，这些试点均取得了积极的成效，但山西的资源型依赖发展路径并未发生改变。2008年，受全球金融危机影响，从第四季度开始国内外能源需求快速萎缩，山西煤、焦、化工、冶金等产品量价齐跌。2009年，山西经济出现大幅下滑，第一季度全省规模以上工业增加值同比下降22.4%，工业增速滑落到全国倒数第一。

2009年5月，时任中央政治局常委的习近平同志考察山西，指出要专题研究山西转型发展的全局意义和借鉴价值，指示中财办成立调研组赴山西进行考察调研，向中

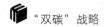

央提出了建议和相关方案。2010年12月，山西国家资源型经济转型综合配套改革试验区批准设立，山西的转型发展站在了新的起点。2012年《山西资源型经济转型配套改革试验区建设总体方案》获得批复，山西开启全面转型。

2. 主要任务及执行效果

《山西资源型经济转型配套改革试验区建设总体方案》从产业转型、生态修复、城乡统筹、民生改善四个领域明确了山西综改区建设的主要任务：产业转型，通过改造提升传统产业，培育壮大接续替代产业，大力发展现代服务业，提升园区承载能力，以循环经济和技术进步为基本路径全面推进产业优化升级；生态修复，通过加快生态治理恢复和污染治理，开展造林绿化，加强水资源保护，全面改善全省生态环境质量；城乡统筹，通过提升城镇化质量，加大城乡基础设施建设，发展现代农业，加快社会主义新农村建设来统筹推进山西城乡协调发展；民生改善，通过促进充分就业，调节收入分配，推进基本公共服务均等化，建立安全发展长效机制，创新社会管理来促进民生改善和构建和谐社会。另外，该总体方案还提出了十个方面的配套举措。

这一阶段，山西全方位推进各项改革，随着一系列稳增长、调结构、增动力的政策发挥作用，山西经济社会发展稳步向好。

一是体制改革有所突破。在综改区先行先试的政策授权下，山西在煤炭管理体制改革、国资国企改革、金融财税体制改革、生态文明体制改革等方面都做出了有益探索。

二是产业转型取得初步成效。第二产业占GDP比重由2010年的近60%降低到了2016年的38.54%。第三产业增加值保持7%以上的增长速度，2015年占GDP比重首次过半，达到53.20%，2016年达到55.45%[1]。

三是生态文明建设取得积极成效。通过推动节能降耗，推进环境污染治理项目建设，淘汰落后产能，2011~2016年，山西万元工业增加值用水量下降27%，工业固废综合利用率达到65%，全省主要污染物排放总量不断下降，重点流域水污染防治成效明显，河流水质进一步改善。2011~2016年，共营造林2252万亩，森林覆盖率、林木蓄积量明显增加，生态示范区数量质量不断提高。治理水土流失面积1820万亩，全省地下水位连续8年持续回升[2]。

四是城乡区域发展协调性增强。2016年，山西城镇化水平为56.21%，较2010年提高了8.16个百分点。城镇人均住房面积由2010年的28.02平方米增加到2016年的31.96平方米，改造农村困难家庭危房45.5万户，城市道路交通、管网等设施明显改善，棚户区、城中村改造步伐明显加快，城乡环境面貌得到进一步改善[3]。城乡基本公共服务体系不断完善，进城务工人员随迁子女在就读地参加中考、高考的政策基本落实，城乡居民大病保险和重特大疾病医疗救助制度实现全覆盖。

五是民生福祉持续增进。2011~2015年，累计新增城镇就业256万人，转移农村劳动力近198万人，城镇登记失业率保持在3.4%左右，就业形势保持总体稳定。城镇

①②③ 资料来源：《山西统计年鉴》（2011~2017年）、山西省发展和改革委员会。

居民人均可支配收入年均名义增长 10.7%，农村居民人均可支配收入年均名义增长 12.4%，实现了农村居民收入增长快于城镇居民收入增长①。

（三）综改示范区建设阶段（2017 年至今）

2017 年，国务院印发《关于支持山西省进一步深化改革促进资源型经济转型发展的意见》（国发〔2017〕42 号），山西的经济转型步入了新的阶段。

1. 经济结构调整背景

近年来，煤炭价格的大幅下跌致使山西经济断崖式下滑，给山西带来了结构失衡的切肤之痛。山西清醒地认识到必须跳出怪圈、丢掉幻想，在煤价低迷时自觉转型，在煤价高涨时强力转型。同时，在经济新常态的新形势下，山西亟须破解制约资源型经济转型的体制性障碍和结构性矛盾。为此，自 2016 年下半年开始，山西开始围绕转型发展谋划实施一系列重大政策举措，并向国务院请求出台支持山西资源型经济转型文件。

2017 年 9 月 1 日，国务院正式出台《关于支持山西省进一步深化改革促进资源型经济转型发展的意见》（国发〔2017〕42 号，以下简称《意见》）。同年 9 月 28 日，山西印发了《贯彻落实国务院支持山西省进一步深化改革促进资源型经济转型发展意见行动计划》（晋发〔2017〕49 号，以下简称《行动计划》），新一轮的转型全面启动。

2. 主要任务及执行效果

《意见》为山西的转型发展确立了时间节点和推进主线，提出在 2020 年要初步建成国家新型能源基地、煤基科技创新成果转化基地、全国重要的现代制造业基地、国家全域旅游示范区，科学体现了产业升级、动力转换的目标要求；提出在 2030 年要基本形成多点产业支撑、多元优势互补、多极市场承载、内在竞争充分的产业体系，基本完成资源型经济转型任务。《意见》涉及健全产业转型升级促进机制、深入实施创新驱动发展战略、全面深化国有企业改革、加快推进重点领域改革、深度融入国家重大战略、深化生态文明体制改革六大方面，168 项重点任务，涵盖了山西转型发展的方方面面，明确了山西资源型经济转型发展的战略框架。山西出台的《行动计划》中，进一步细化提出了 74 项具体任务、234 条推进举措。

山西高度重视《意见》的出台，全省上下积极行动，紧密部署，工作开展卓有成效，《行动计划》涉及的各项任务举措全面启动，一批重大政策相继落地，积极效应初步显现。

一是能源领域方面。印发了《山西打造全国能源革命排头兵行动方案》等一系列文件，能源革命迈出新步伐，现代服务业等非煤产业实现新增长。

二是科技创新方面。印发了《关于强化实施创新驱动发展战略进一步推进大众创业万众创新深入发展的实施意见》（晋发〔2017〕51 号）等一系列文件，技术创新取得新突破，新动能培育取得新进展。国家批复了山西两个国家地方联合工程研究中心，争取到 2018 年中央财政引导地方科技发展资金 2030 万元。搭建了山西科技成果转化和

---

① 资料来源：《山西统计年鉴》（2011~2017 年）、山西省发展和改革委员会。

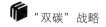

知识产权交易服务平台。设立了山西省科技成果转化引导基金母基金，投入了10亿元财政性资金。与中国科学院科技战略咨询院签署了产业发展战略咨询合作协议，将合作建设中国科学院先进计算技术创新与产业化联盟山西先进计算中心暨计算科学产业基地。

三是国企改革方面。出台了《关于深化国企国资改革的指导意见》（晋发〔2017〕26号）和多个配套文件，通过体系化的顶层设计，实现了在根上改、在制上破、在治上立。全面完成省属国有企业公司制改革，省属企业集团公司层面混合所有制改革混改试点稳妥推进。成功组建了山西文旅集团、交控集团、云时代、大地集团等新兴领域旗舰型企业。授权山西省国有资本投资运营公司行使涉及规划、财务、产权、投资、人力等重要环节和领域的10项重要权利，国资监管职能加快转变。

四是重点领域改革方面。推动承诺制改革在全省10个开发区和晋中市全域试点，全省已试行承诺制项目94个。开发区改革创新取得重大突破，12个开发区实现扩区，新建15个省级开发区；各类开发区承接了全省80%以上的新开工项目，贡献了60%以上的新兴产业产值。制定了国内首个绿色商业银行方案《大同绿色商业银行组建方案》。山西国际能源集团首期发行20亿元绿色债券，为中西部地区首单由能源类企业发行的绿色债券。

五是扩大对外开放方面。大同、运城、五台山等机场航空口岸正式开放，临汾等铁路口岸加快建设，太原、大同全国性综合交通枢纽建设持续推进。开展山西品牌中华行、丝路行活动，成功开通中欧、中亚班列。2017年，山西进出口总额达到1162亿元。复制推广自由贸易试验区改革试点经验，两批共54项经验在山西落地，启动了山西自由贸易试验区申报工作。

六是生态文明建设方面。印发了山西范围内国家级重点生态功能区产业准入负面清单，制定了生态保护红线划定工作方案，出台了《山西省生态文明建设目标评价考核办法》，积极推进芮城县等四个国家生态文明先行示范区工作。全面启动实施太行山、吕梁山重大生态修复工程，加快汾河、桑干河、滹沱河等七河治理，全面推进河长制，实施"五水同治"，全面启动退耕还林还草工作。

## 三、山西省清洁能源发展基础及前景分析

（一）清洁能源发展基础①

山西省作为国家综合能源基地，煤炭、煤层气、风能、太阳能等各类能源资源富集，其中，煤炭资源储量大、分布广、品种全、质量优；煤层气资源总量约占全国的1/4，居全国第一位；风能、太阳能、生物质能、地热能等也相对较为丰富，山西省发展清洁能源有很好的资源基础。

1. 水能

据《中华人民共和国水利资源复查成果山西卷》（2004年）统计，山西在复查范

---

① 张来福，翟晓慧. 山西省开发可再生能源的现状及前景［J］. 山西电力，2019（4）：6-8+16.

围内的河流共 31 条，其中黄河流域 13 条，海河流域 18 条，水能资源理论蕴藏量为 5634.8 兆瓦，其中黄河干流为 4600 兆瓦，境内河流为 1034.8 兆瓦。在这些水能资源中，技术可开发装机容量为 4020.4 兆瓦，年发电量 12055 亿瓦时；经济可开发装机容量为 3973.8 兆瓦，年发电量 11896 亿瓦时。

2. 风能

山西地处黄土高原，山多沟深，地势起伏不平，地面气流受地形影响较大，风能资源较为丰富，在全国仅次于东南沿海及附近岛屿、内蒙古、甘肃走廊和东北、西北地区，属风能季节性可利用区。从地域分布来看，山西风能主要分布在北部的管涔山、吕梁山北段及恒山以北（除大同盆地南部外），特别是神池、平鲁一带（年平均风速在 4 秒/米以上）及五台山区（五台山顶年平均风速达 9.3 秒/米，是山西风速最大的地方）风能资源最为丰富，其有效风能密度在 150 瓦时/平方米以上，有效风速全年小时数大于 4000 小时，年有效风能储量在 0.6 千瓦时/平方米以上，而在五台山中台顶，有效风速时数可占全年总时数的 85%，其有效风能储量多达 5.5 千瓦时/平方米以上，风能潜力相当可观；南部的陵川、阳城、垣曲、芮城一带，地处夏季风的迎风面上，年有效风能储量可达 0.30~0.47 千瓦时/平方米左右，风能资源较丰富，也有一定的开发价值[1]。根据山西省气候中心编制的《山西省风能资源评价报告》（2005 年），山西风能资源技术可开发量为 7595 兆瓦，占风能资源总储量的 13%。

3. 生物质能

山西生物质资源主要包括农业生物质资源、森林生物质资源、人畜粪便资源、城市垃圾四大类。农业生物质资源，主要指可作为能源使用的农作物秸秆及农副产品加工废弃物[2]。2017 年，山西秸秆总资源量为 1628.99 万吨，折标煤资源量约为 846.22 万吨（见表 11-6）。

表 11-6 2017 年山西农作物秸秆资源

| 主要农作物 | 产量（万吨） | 草谷比 | 秸秆资源量（万吨） | 折标能源系数（千克标准煤/千克） | 折标能源量（万吨标准煤） |
|---|---|---|---|---|---|
| 小麦 | 232.39 | 1.40 | 325.35 | 0.50 | 162.67 |
| 谷子 | 41.59 | 0.90 | 37.43 | 0.43 | 16.06 |
| 玉米 | 977.87 | 1.20 | 1173.44 | 0.53 | 620.75 |
| 豆类 | 28.31 | 1.60 | 45.30 | 0.54 | 24.60 |
| 薯类 | 46.73 | 0.50 | 23.37 | 0.43 | 10.02 |
| 油料 | 15.04 | 1.50 | 22.56 | 0.50 | 11.28 |
| 棉花 | 0.40 | 3.40 | 1.36 | 0.54 | 0.74 |

---

① 赵建柱，李景春. 山西省风能利用与可持续发展 [J]. 科技信息，2011 (17)：26-27.
② 袁建斌. 山西省生物质能源林发展前景分析 [J]. 山西林业，2013 (5)：32-33.

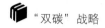

续表

| 主要农作物 | 产量（万吨） | 草谷比 | 秸秆资源量（万吨） | 折标能源系数（千克标准煤/千克） | 折标能源量（万吨标准煤） |
|---|---|---|---|---|---|
| 甜菜 | 0.64 | 0.30 | 0.19 | 0.50 | 0.10 |
| 合计 | 1342.97 | — | 1628.99 | — | 846.22 |

资料来源：《山西统计年鉴》（2018 年）。

从区域分布来看，农作物秸秆资源产量最大的是运城地区，产量最小的为阳泉、太原。森林生物质资源，主要指薪材资源及林业加工废弃物等。山西林地总面积 4600 万亩，占全省土地面积的 19.58%。果园面积 249 万亩，经济林修剪枝条、薪炭林平茬等常年总量约 200 万吨，可利用总量约 100 万吨。其中，运城、临汾等原果区修剪枝条约 100 万吨；薪炭林、防护林等受政策保护，林木剩余物可收集量约 25 万吨；天然林资源储量较大，但受自然条件及政策限制，不予考虑。[①] 2017 年，山西全年产粪便总量约为 2833.48 万吨，折算约 333 万吨标准煤（见表 11-7）。目前山西城镇年产约 1000 余万吨生活垃圾。大中城市垃圾清运填埋比较规范，易于收集利用，是能源产业化利用的重点。县级以下城镇生活垃圾量较小，但在逐年增加，已成为能源产业化利用的潜在部分。大量的生活垃圾未进行无害化和能源化处理就被填埋，资源浪费严重。

表 11-7　2017 年山西畜禽粪便资源

| 种类 | 年末存栏（万头/只） | 年粪便量 [吨/年·头（只）] | 年产粪便量（万吨） |
|---|---|---|---|
| 牛 | 100.73 | 8.00 | 805.84 |
| 马 | 0.98 | 1.60 | 1.57 |
| 驴 | 10.95 | 1.60 | 17.52 |
| 骡 | 4.13 | 1.70 | 7.02 |
| 猪 | 544.11 | 1.50 | 816.17 |
| 羊 | 943.18 | 0.70 | 660.23 |
| 家禽 | 10502.78 | 0.05 | 525.14 |
| 合计 | — | — | 2833.48 |

资料来源：《山西统计年鉴》（2018 年）。

### 4. 地热能

山西地热资源较丰富，地热可采资源总量为 $1.41 \times 10^{17}$ 千焦，折合标准煤 $3.9 \times 10^{17}$ 吨，居全国第 15 位。主要分布在大同、忻州、太原、临汾、运城五大盆地的新绛、临猗、夏县、襄汾、曲沃、太原、清徐、忻州、定襄、原平、阳高、天镇、浑源等 32 个

---

① 袁建斌. 山西省生物质能源林发展前景分析 [J]. 山西林业，2013（5）：32-33.

县市区，地热水温以20℃~40℃为主，高于61℃的地热水点较少①。

5. 太阳能

山西太阳能资源虽不及西藏、新疆、青海、甘肃等地，但高于同纬度的河北、北京、东北各省份，是我国太阳能资源较丰富的地区之一。根据我国太阳能区划数据，山西年曝辐射量为5020~6130兆焦/平方米，折合标准煤170~210千克/平方米。由于地形复杂，年曝辐射量的等值线不规则，其分布特点是由南向北逐渐增加②。年曝辐射量最高的地方是北部的左云县，达6130兆焦/平方米；其次是右玉、五寨等地，约5980兆焦/平方米；中部的方山县至左云、右玉一带和五台山地区及其西北部的繁峙、应县的部分地区，在5860兆焦/平方米以上；临汾的部分地区及晋城市、沁源县，为5020~5440兆焦/平方米；运城大部分地区在5020兆焦/平方米以下。太阳辐射量最低的地方在垣曲县，约4840兆焦/平方米。山西约60%的地区年曝辐射量为5440~5720兆焦/平方米。

（二）清洁能源发展前景分析

1. 技术分析

作为能源大省，山西省在能源领域科技创新已经取得了一定成效，千万吨级智能煤炭综采成套装备、煤层气勘探装备、水煤浆水冷壁气化炉、双循环低温发电机组等部分行业产品技术水平达到国际领先。国家能源局2016年发布的《能源技术创新"十三五"规划》描绘了未来我国能源技术进步的路线图，结合山西省实际，以下能源技术的突破将给山西清洁能源发展带来重大机遇：

（1）清洁高效化石能源技术。进一步提高煤炭开发效率和油气资源采收率，加强煤层气勘探及低成本高效开发，研发深水油气有效开发关键技术及装备。在燃料加工领域，掌握低阶煤提质工艺，研究适应性广的低阶煤热解分质转化技术，开发煤油共处理技术和分级液化技术。在清洁高效燃煤发电领域，掌握具有自主知识产权先进超超临界机组、大型IGCC（整体煤气化联合循环发电）机组、循环流化床机组设计制造技术，研发低能耗大规模二氧化碳捕集工艺与设备，开展多污染物一体化脱除技术和工艺的自主化研发，开展火电机组深度调峰技术研究。

（2）新能源电力系统技术。在可再生能源利用领域，研究8~10兆瓦陆/海上风电机组关键技术，建立大型风电场群智能控制系统和运行管理体系；突破高效太阳能电池的产业化关键技术，发展新型太阳能电池技术，持续提高光伏发电系统的能量转换效率、经济性和智能化水平；完善大型太阳能热发电站高效集热和系统集成技术，实现全天运行的100兆瓦级电站商业化运行；开展地热能利用关键技术及装置研发和示范工程建设。在高比例可再生能源并网及传输领域，重点突破大型可再生能源基地和大量分布式可再生能源并网、特高压直流与柔性输电核心技术与装备等关键技术；进一步提升电网和互联网信息的相互融合，源网荷协同水平；在现代信息通信技术的运

---

① 吴攀升. 山西地理［M］. 北京：北京师范大学出版社，2017.

② 王宏英，王文亮. 山西省太阳能产业的发展现状与趋势［J］. 山西能源与节能，2009（3）：9-10+32.

用、新型电力设备制造及传统电力设备的智能升级等方面持续取得进展。立足电力系统调峰和电能质量管理需要，推动压缩空气储能、液流电池、钠硫电池等多种储能技术发展，在大容量储能等技术上实现突破。推进能源互联网建设，加强智能配电与用电网络建设，促进分布式能源和多能互补式发电项目的微网利用，开展能源互联系统运营交易技术研究。

（3）战略性能源技术。进一步研发高能量密度特种清洁油品的制造技术，发展煤直接液化、煤衍生油等制造清洁燃料和特种油品的成套技术，攻关生物质航空燃油技术；开展氢能利用及燃料电池发电技术研究，发展高效催化技术，研究高效低成本氢气储运技术，推动高性能低成本燃料电池发电产业化；积极开展高温超导材料基础性研究，实现超导输电、超导储能和超导电力装备的突破。

（4）能源基础材料技术。开发钙钛矿类光电材料、光伏组件用高分子材料、银电极材料和碲化镉薄膜材料，以适应高性能光伏电池发展的需要。开展新型高效储能材料研制，开展电池储能系统用聚合物薄膜材料、微纳米制电极材料的开发。发展完善各类催化剂材料。以智能电网为导向开展先进电力电子器件研究。

2. 成本分析

世界范围内新能源发电成本持续下降。国际可再生能源署（IRENA）发布的《2019年可再生能源发电成本报告》，披露了全球范围内投运的生物质能发电、地热发电、水电、陆上风电、海上风电、光热发电、大型地面光伏的加权平准发电成本（见表11-8）。

表 11-8　可再生能源发电成本

| 技术类别 | 2019年成本（美元/千瓦时） | 2010年成本（美元/千瓦时） | 比2010年增加（%） |
| --- | --- | --- | --- |
| 水电 | 0.047 | 0.037 | 27 |
| 地热发电 | 0.073 | 0.050 | 46 |
| 陆上风电 | 0.049 | 0.080 | -39 |
| 海上风电 | 0.121 | 0.170 | -29 |
| 生物质能发电 | 0.066 | 0.070 | 基本持平 |
| 光热发电 | 0.174 | 0.330 | -47 |
| 大型地面光伏 | 0.065 | 0.360 | -82 |

资料来源：国际可再生能源署《2019年可再生能源发电成本报告》。

在以上各类可再生能源发电技术中，除水电、地热发电成本上升外，其他技术都有明显下降，尤其是光伏成本下降超过80%。可见，各类可再生能源发电技术中的成本已经低于或接近化石能源发电成本。在2019年投产的所有发电容量中，有90%的发电成本都低于使用最便宜的新建化石燃料发电项目。

储能系统的成本将会低于调峰电厂的成本。2016年，根据行业机构GTM Research发布的调查报告，储能系统下降的成本将使其在大约5年内开始与调峰工厂的成本相竞争。在今后 10 年，储能系统的成本肯定会低于调峰电厂的成本，到 2027 年，高达 32% 的天然气峰值电厂容量将会被 4 小时储能系统所取代。

2050 年全球实现 100% 可再生能源供电经济可行。芬兰和德国学者发表的研究成果认为，以现有技术加储能就可以在 2050 年在全球范围内实现 100% 可再生能源供电，实现零碳排放，而且成本将低于 2015 年的平均成本。2015 年全球发电的平均平准成本（LCOE）为 8.2 美分/千瓦时，而 2050 年 100% 可再生能源加储能的成本将降低至 6.1 美分/千瓦时。

这样，2050 年全球实现 100% 的可再生能源供电在经济上完全可行。预计 2050 年的全球发电结构是：太阳能光伏 69%、风电 18%、水电 8%、生物质能 2%，其中储能电池将覆盖 31% 的电力需求。

我国电力体制改革将推动用电成本持续下降。自从 2015 年以"管住中间放开两头"为特征的新一轮电力体制改革全面铺开以来，中国的电力市场建设走上了快车道。2017 年 1 月，国家发展改革委按降低平均输配电价 1.06 分/千瓦时，批复了山西省分电压等级输配电价。同年 2 月，山西省公布了山西电网首个监管期 2017~2019 年分电压等级输配电价标准，降低了全省工商业销售电价，其中，一般工商业用电平均每千瓦时降低 1.3 分、大工业用电平均每千瓦时降低 2.7 分，共减轻企业用电成本每年约 15.78 亿元。2018 年的全国"两会"上，《政府工作报告》提出要大幅降低企业非税负担，并首次明确了降低电价的量化指标，要求降低电网环节收费和输配电价格，一般工商业电价平均降低 10%。江苏、浙江、河北、山西等 21 个省份调整了一般工商业电价。

电动车将实现"油电平价"。据测算，如果动力电池成本下降到 100 美元/千瓦，电动汽车购置价格将与燃油车相当。根据动力电池出货量趋势预测，到 2022 年，动力电池价格即可下降到 100 美元/千瓦时，电动车将实现绝对"油电平价"。

3. 政策分析

从全球形势看，能源革命的趋势不可逆转，这为山西推进能源转型提供了巨大的机遇。山西省提出要打造全国能源革命"排头兵"，表明山西将要进入能源转型加速期，"绿色、低碳"必将引领一场新的能源革命。

2014 年 6 月 13 日，习近平总书记在中央财经领导小组第六次会议上发表重要讲话，提出推动能源生产和消费革命是我国能源发展的国策，基本要求可以概括为"四个革命""一个合作"。"四个革命"包括能源消费革命、能源供给革命、能源技术革命、能源体制革命；"一个合作"是加强全方位国际合作。习近平总书记的讲话是山西省实施能源革命战略，推动清洁能源发展的根本遵循。

2014 年 12 月，国务院办公厅印发《能源发展战略行动计划（2014—2020 年）》，提出了能源生产和消费革命的战略的具体目标。2015 年 1 月，山西省办公厅发布《关于贯彻落实〈能源发展战略行动计划（2014—2020 年）〉的实施意见》，明确了山西省的具体目标，提出到 2020 年，煤层气产能达到 400 亿立方米，电力装机容量达到 1.2 亿~1.4 亿千瓦，天然气消费比重达到 12% 左右，非化石能源消费占比 5%~8%。

2016年，山西省政府印发《山西省"十三五"综合能源发展规划》，确定了全省"十三五"能源发展目标，提出到2020年的一系列约束性指标，如电力装机容量力争达到1.3亿千瓦，焦炭产能1.2亿吨，煤基合成油品600万吨，煤制烯烃240万吨，非化石能源消费占比达到5%以上，煤电机组平均供电煤耗水平控制在325克/千瓦时以内，60万千瓦及以上机组平均供电煤耗控制在310克/千瓦时以内。2017年，山西省发展和改革委员会发布《山西省"十三五"新能源产业发展规划》，提出到2020年，可再生能源电力配额基本指标达到10%，优秀指标达到15%；新能源装机规模力争达到3800万千瓦，占到全省发电总装机的30%以上。

2017年，山西发布《山西打造全国能源革命排头兵行动方案》，提出到2020年，新能源装机占全省电力总装机规模的35%左右；单位GDP能耗比2015年下降16%，力争达到18%，下降幅度比全国平均水平高1~3个百分点。

通过梳理以上政策文件可以看出，山西关于清洁能源的发展目标，一方面，发展目标越来越清晰具体，特别是各项约束性指标；另一方面，对主要指标层层加码，从前期的跟随国家大流逐渐向"排头兵"转变，如新能源装机规模占比目标从30%提升至35%。此外，围绕以上基础性文件，山西省在各具体领域也出台了一些政策，进一步明确了实现目标的抓手和举措，如电力体制改革、煤炭电力去产能、储能参与调峰市场等，这都体现了山西省政府大力发展清洁能源，实现能源转型的坚定决心和务实行动。

4. 情景分析

党的十九大开启了中国特色社会主义新时代，提出了2020年到2035年，再到21世纪中叶的"两阶段"安排。在这样一个长时间轴下，山西省清洁能源转型至少应当考虑两种情景：一种是常规转型情景，即基于现有的政策机制维持到2050年，并延续目前的发展趋势和政策轨迹，包括时下正在开展的电力体制改革；另一种是加速转型情景，即考虑更为积极的政策取向，更加重大的技术突破，分析山西未来能源体系转型可能的道路。

按照2035年、2050年两个时间节点，在能源常规转型和加速转型两种情景下，山西省清洁能源可达到以下目标：

（1）在常规转型情景下，到2035年，多点产业支撑、多元优势互补、多极市场承载、内在竞争充分的产业体系基本形成，清洁、安全、高效的现代能源体系基本建成，资源型经济转型任务基本完成。其中，根据现有政策目标预测，能源供应结构逐渐优化，新能源装机将占全省电力总装机规模的50%左右，电力系统将呈现出源网荷储协调发展态势，跨区输电将以清洁电力为主，电网大范围配置清洁能源的能力显著增强，依托于分布式清洁能源发电或综合能源优化利用的微电网及分布式能源系统初具规模，将作为大电网的有益补充。煤层气产量保持在400亿立方米；能源消费结构持续转型，煤炭在一次能源消费中的比重降到60%以下，非化石能源消费占比达到15%，单位GDP能耗较2015年下降46%。到2050年，一次能源结构持续朝着清洁低碳方向调整，煤炭在一次能源需求中的占比降到40%以下，非化石能源占比达到30%。在电源装机中，清洁能源装机占比达到70%，互联电网将成为能源资源优化配置的主要平台。

（2）在加速转型情景下，到2035年，新能源装机占比将达到55%，煤炭在一次能源消费中的比重降到55%以下，非化石能源消费占比达到25%，单位GDP能耗较2015年下降57%。到2050年，非化石能源占比达到50%以上，超过煤炭成为第一大能源品种，太阳能和风能占一次能源的比重分别达到18.8%和16.8%，在一次能源中居前两位。清洁电源占比达到82%以上，其中光伏、风电成为第一、第二大电源，煤电将主要发挥调峰与电力支撑作用。在极端情景下，如果核能、氢能等能源技术取得重大突破，我国"去煤化"进程将很有可能加速推进，煤炭作为能源的角色将逐步退出历史舞台。

### 四、能源革命对山西省经济社会发展的促进作用

#### （一）能源产业关联情况分析

通过投入产出分析，研究山西能源产业对全省经济社会发展的支撑作用，为下一步分析能源转型对经济社会的影响奠定基础。下文主要根据2012年山西42个部门的投入产出表[1]进行分析，涉及的能源产业主要有煤炭开采和洗选业，石油和天然气的开采业，石油加工、炼焦及核燃料加工业，电力、热力的生产和供应业，燃气生产和供应业五大产业部门。同时，为对比分析，下文还给出了2002年、2007年山西42个部门的投入产出表及2002年、2007年和2012年中国42个部门的投入产出表的相应计算结果。

##### 1. 主要能源产业的感应度及影响力分析

从产业关联的角度考虑，任何一个产业部门都要影响或受影响于其他产业部门的生产活动，经济学将这种相互影响称为"波及"。在产业经济领域，把一个产业影响其他产业的程度，称为该产业的影响力；把受到其他产业影响的程度称为该产业的感应度。产业的影响力和感应度的大小，可以分别用影响力系数和感应度系数[2]来表示。

感应度系数的计算公式为：

$$E_i = \frac{\sum_{j=1}^{n} b_{ij}}{\frac{1}{n} \sum_{i=1}^{n} \sum_{j=1}^{n} b_{ij}} \tag{11-1}$$

其中，$E_i$ 为第 $i$ 产业部门受到其他产业部门影响的感应度系数；$b_{ij}$ 为完全消耗系数矩阵第 $i$ 行第 $j$ 列的系数。

从式（11-1）计算可知，经济社会全部产业部门的感应度系数的平均值为1。如果某个产业的感应度系数大于1或小于1，则表明该产业的感应度系数在全社会的平均值以上或以下；也就说明当全社会各部门均增加1个单位最终使用时，该产业为满足其他产业部门生产的需求而提供的产出量要大于或小于1个单位。

---

① 国家统计局国民经济核算司. 中国地区投入产出表（2012）［M］. 北京：中国统计出版社，2016.

② 杨公朴，夏大慰. 现代产业经济学［M］. 上海：上海财经大学出版社，2002.

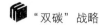

影响力系数的计算公式为：

$$F_i = \frac{\sum_{i=1}^{n} b_{ij}}{\frac{1}{n} \sum_{i=0}^{n} \sum_{i=0}^{n} b_{ij}} \tag{11-2}$$

其中，$F_i$ 表示第 $i$ 产业部门对其他产业部门的影响力系数，$b_{ij}$ 为完全消耗系数矩阵第 $i$ 行第 $j$ 列的系数。

影响力系数反映了国民经济某一产业部门增加 1 个单位最终使用时，对国民经济各产业部门所产生的生产需求波及程度；它反映了该产业对国民经济增长的拉动作用。同感应度系数一样，全社会各产业影响力系数的平均值也为 1。当影响力系数大于 1 时，表示该部门的生产对其他部门所产生的影响程度超过社会的平均影响水平；当影响力系数小于 1 时，表示该部门的生产对其他部门所产生的影响程度低于社会的平均影响水平。

2. 主要能源产业感应度系数分析

根据 2012 年山西 42 个产业部门的投入产出表，可以计算出这 42 个产业部门的感应度系数（见表 11-9）。由数据可知，山西 2012 年全部 42 个产业部门中有 15 个产业部门的感应度系数大于 1，其余产业部门的感应度系数小于 1。在感应度系数大于 1 的产业部门中，初级产品及原材料产业部门有 7 个，服务业部门有 3 个，制造业部门有 5 个。其中原材料及初级产品部门中的金属冶炼及压延加工业（E14）、化学工业（E12）、水的生产和供应业（E25）、煤炭开采和洗选业（E2）位居前 4，感应度系数较高；加工程度较高的制造业部门，除仪器仪表及文化办公用机械制造业外（E20），其余制造业部门感应度系数都较低。从山西主要产业的感应度系数排名可以看出，山西经济发展仍然依赖于低附加值的原材料产业及初级产品产业，经济发展方式粗放。

具体到山西主要能源产业的感应度系数，有 2 个能源产业的感应度系数大于 1，分别为煤炭开采和洗选业（E2）及石油加工、炼焦及核燃料加工业（E11），其余 3 个产业的感应度系数小于 1，分别为石油和天然气的开采业（E3），电力、热力的生产和供应业（E23），燃气生产和供应业（E24）。

为更好地分析能源产业对山西经济的影响，表 11-10 给出山西主要能源产业 2002 年、2007 年和 2012 年的感应度系数及其排序。可以看出，山西主要能源产业中，燃气生产和供应业（E24）及石油和天然气的开采业（E3）的感应度系数值历年都较低，排序较靠后；煤炭开采和洗选业（E2）及石油加工、炼焦及核燃料加工业（E11）的感应度系数一直都较高，排序较靠前；电力、热力的生产和供应业（E23）则经历了感应度系数值快速下降的过程，从 2002 年的 2.739 和 2007 年的 3.491 快速下降到 2012 年的 0.131，在 42 个产业中的排序也从 2002 年的第 5 位和 2007 年的第 4 位下降到了 2012 年的第 34 位。这说明山西经济增长对燃气产业及石油、天然气产业的依赖度较低，对煤炭产业及焦化产业的依赖度仍较高，对电力产业的依赖度在不断下降。

表 11-9  2012 年山西 42 个产业部门的感应度系数

| 产业部门 | 感应度系数 | 产业部门 | 感应度系数 |
|---|---|---|---|
| E1 | 1.882 | E22 | 0.263 |
| E2 | 2.480 | E23 | 0.131 |
| E3 | 0.202 | E24 | 0.260 |
| E4 | 1.740 | E25 | 3.068 |
| E5 | 0.076 | E26 | 0.252 |
| E6 | 0.823 | E27 | 0.067 |
| E7 | 0.735 | E28 | 0.215 |
| E8 | 0.186 | E29 | 1.137 |
| E9 | 0.243 | E30 | 1.294 |
| E10 | 0.633 | E31 | 1.397 |
| E11 | 1.821 | E32 | 0.824 |
| E12 | 3.426 | E33 | 2.354 |
| E13 | 0.636 | E34 | 0.338 |
| E14 | 6.580 | E35 | 0.497 |
| E15 | 0.691 | E36 | 0.036 |
| E16 | 1.267 | E37 | 0.023 |
| E17 | 1.158 | E38 | 0.665 |
| E18 | 0.969 | E39 | 0.045 |
| E19 | 1.019 | E40 | 0.001 |
| E20 | 2.203 | E41 | 0.055 |
| E21 | 0.292 | E42 | 0.016 |

资料来源：根据 2012 年山西投入产出表数据计算。

表 11-10  2002 年、2007 年、2012 年山西主要能源产业感应度系数及排序

| 产业部门 | 2002 年 | | 2007 年 | | 2012 年 | |
|---|---|---|---|---|---|---|
| | 系数值 | 排序 | 系数值 | 排序 | 系数值 | 排序 |
| E2 | 2.448 | 6 | 2.154 | 5 | 2.480 | 4 |
| E3 | 0.012 | 40 | 0.046 | 40 | 0.202 | 32 |
| E11 | 1.814 | 8 | 2.125 | 6 | 1.821 | 8 |
| E23 | 2.739 | 5 | 3.491 | 4 | 0.131 | 34 |
| E24 | 0.118 | 32 | 0.105 | 33 | 0.260 | 28 |

资料来源：根据 2002 年、2007 年、2012 年山西投入产出表数据计算。

3. 主要能源产业影响力系数分析

依据 2012 年山西 42 个产业部门的投入产出表，可以计算出这 42 个产业部门的影

响力系数，相关计算结果见表 11-11。可以看出，2012 年山西 42 个产业部门中有 21 个产业部门的影响力系数大于 1。也就是这些产业部门每增加 1 个单位的最终需求，国民经济中其他产业的总产出增加会超过 1 个单位。进一步分析可知，这 21 个影响力系数大于 1 的产业部门，除邮政业（F28）外均为工业部门，其中又以制造业部门居多，除食品制造和烟草加工业（F6）外的全部制造业部门的影响力系数都大于 1。这反映了制造业等工业部门的生产因为要投入大量的其他产业所生产的中间投入品，对其他产业的带动作用较大。

### 表 11-11　2012 年山西 42 个产业部门的影响力系数

| 产业部门 | 影响力系数 | 产业部门 | 影响力系数 |
|---|---|---|---|
| F1 | 0.708 | F22 | 1.284 |
| F2 | 0.826 | F23 | 0.967 |
| F3 | 1.011 | F24 | 1.522 |
| F4 | 0.842 | F25 | 1.108 |
| F5 | 0.541 | F26 | 0.963 |
| F6 | 0.981 | F27 | 0.978 |
| F7 | 1.211 | F28 | 1.477 |
| F8 | 1.297 | F29 | 0.280 |
| F9 | 1.071 | F30 | 0.869 |
| F10 | 1.196 | F31 | 0.522 |
| F11 | 1.122 | F32 | 0.532 |
| F12 | 1.340 | F33 | 0.525 |
| F13 | 1.172 | F34 | 0.231 |
| F14 | 1.433 | F35 | 0.562 |
| F15 | 1.371 | F36 | 0.737 |
| F16 | 1.387 | F37 | 0.570 |
| F17 | 1.502 | F38 | 0.541 |
| F18 | 1.654 | F39 | 0.251 |
| F19 | 1.483 | F40 | 0.814 |
| F20 | 1.825 | F41 | 1.024 |
| F21 | 1.732 | F42 | 0.538 |

资料来源：根据 2012 年山西投入产出表数据计算。

　　具体到山西主要能源产业的影响力系数，有 3 个能源产业的影响力系数大于 1，分别为石油和天然气的开采业（F3），石油加工、炼焦及核燃料加工业（F11）及燃气生产和供应业（F24）；其余两个能源产业，煤炭开采和洗选业（F2）及电力、热力的生产和供应业（F23）的影响力系数略小于 1。表 11-12 给出了山西主要能源产业历年的影响力系数及排序。可以看出，除石油和天然气开采业（F3）外，山西主要能源产业，如煤炭开采和洗选业（F2），石油加工、炼焦及核燃料加工业（F11），电力、热力的生产和供应业（F23）及燃气生产和供应业（F24）历年的影响力系数都比较稳定。山西石油和天然气开采业（F3）的影响力系数快速上升，从2002年的0上升到2012年的1.011，排序也从2002年的第42位上升到2012年的第21位，该变化反映了近年来山西煤层气产业的快速发展对经济的影响。

表11-12　2022年、2007年、2012年山西主要能源产业影响力系数及排序

| 产业部门 | 2002年 | | 2007年 | | 2012年 | |
|---|---|---|---|---|---|---|
| | 系数值 | 排序 | 系数值 | 排序 | 系数值 | 排序 |
| F2 | 0.923 | 26 | 1.042 | 21 | 0.826 | 28 |
| F3 | 0.000 | 42 | 0.419 | 40 | 1.011 | 21 |
| F11 | 1.133 | 16 | 1.046 | 20 | 1.122 | 17 |
| F23 | 0.734 | 35 | 1.052 | 19 | 0.967 | 24 |
| F24 | 1.244 | 9 | 1.710 | 2 | 1.522 | 4 |

资料来源：根据2002年、2007年、2012年山西投入产出表数据计算。

4. 产业感应度系数和影响力系数的综合分析

产业的感应度系数和影响力系数反映了一个产业在产业结构中的产业关联强度。一般而言，产业关联强度大的行业，其在产业结构系统中的波及作用大，该产业的变化，对整个经济系统的影响较大[1]。因此，一国（或一地区）的政府在制定产业结构政策时，感应度系数和影响力系数会被作为主导产业选择的重要基准。

表11-13给出了2012年山西感应度系数和影响力系数都大于1的产业列表。由表可知，山西42个产业部门中感应度系数和影响力系数都大于1的产业部门总共有7个，主要为原材料工业和制造业。由于这七大产业的感应度系数和影响力系数在山西全部产业中处于较高水平，这些产业的快速发展，能够推动山西经济的快速发展。这就要求山西省政府制定相应的政策，保证这些产业的稳步发展，更好地发挥其对经济增长的促进作用。

表11-13　2012年山西感应度系数和影响力系数均大于1的产业部门

| 产业部门 | 感应度系数 | 影响力系数 |
|---|---|---|
| 石油加工、炼焦及核燃料加工业 | 1.821 | 1.122 |
| 化学工业 | 3.426 | 1.340 |
| 通用、专用设备制造业 | 1.267 | 1.387 |

---

① 郭丕斌，吴青龙，周喜君．"全产业链"理论与应用研究：以山西为例［M］．北京：经济管理出版社，2014．

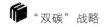

续表

| 产业部门 | 感应度系数 | 影响力系数 |
|---|---|---|
| 交通运输设备制造业 | 1.158 | 1.502 |
| 通信设备、计算机及其他电子设备制造业 | 1.019 | 1.483 |
| 仪器仪表及文化办公用机械制造业 | 2.203 | 1.825 |
| 水的生产和供应业 | 3.068 | 1.108 |

具体到山西的能源产业，表11-14给出了2002年、2007年、2012年山西主要能源产业感应度系数与影响力系数。可以看出，山西主要能源产业对经济的波及作用经历了一个由升到降的过程：2002~2007年，山西能源产业对经济的波及作用处于上升过程，到2007年，煤炭开采和洗选业，石油加工、炼焦和核燃料加工业，电力、热力的生产和供应业的感应度系数和影响力系数都大于1（同期山西只有6个产业的感应度系数和影响力系数都大于1），说明这一时期是山西煤炭资源型经济发展的高峰时期；2007~2012年，山西能源产业对经济的波及作用处于下降过程，到2012年，五大能源产业中，只有石油加工、炼焦和核燃料加工业的感应度系数和影响力系数都大于1，说明山西经济增长对能源产业的依赖度在下降，山西煤炭资源型经济转型取得了一定成效。

表11-14　2002年、2007年、2012年山西主要能源产业感应度系数与影响力系数

| 产业部门 | 2002年 | | 2007年 | | 2012年 | |
|---|---|---|---|---|---|---|
| | $E_i$ | $F_i$ | $E_i$ | $F_i$ | $E_i$ | $F_i$ |
| 煤炭开采和洗选业 | 2.448 | 0.923 | 2.154 | 1.042 | 2.480 | 0.826 |
| 石油和天然气开采业 | 0.012 | 0.000 | 0.046 | 0.419 | 0.202 | 1.011 |
| 石油加工、炼焦和核燃料加工业 | 1.814 | 1.133 | 2.125 | 1.046 | 1.821 | 1.122 |
| 电力、热力的生产和供应业 | 2.739 | 0.734 | 3.491 | 1.052 | 0.131 | 0.967 |
| 燃气生产和供应业 | 0.118 | 1.244 | 0.105 | 1.710 | 0.260 | 1.522 |

（二）主要能源产业的分配系数分析

各产业部门产品的分配系数，表示某一产业部门的产品在国民经济各产业部门的分配情况。通过分配系数，可以清楚地看到某一产业部门的产品流向、比重及各产业间的相互影响关系。下文将根据2012年山西42个部门投入产出表，就山西五大能源产业的分配系数进行分析，希望据此给出山西主要能源产业的产业链图谱。

1. 煤炭开采和洗选业的分配系数分析

从八大分配产业的构成角度分析，山西与全国煤炭开采和洗选业产品的流向基本相同，八大分配产业中有7个产业是相同的，只有1个产业不同：山西煤炭开采和洗选业产品一个重要的分配产业为建筑业，居八大分配产业第7位；而全国煤炭开采和洗选业产品的一个重要分配产业为造纸印刷和文教体育用品，同样位居第7。这说明，

以煤炭为基础的建材产业在山西获得了一定程度的发展。

从煤炭开采和洗选业八大产业分配系数的角度分析，从表 11-15 可以看出，山西煤炭产业最主要的分配产业为石油加工、炼焦产品和核燃料加工业，电力、热力的生产和供应业及煤炭开采和洗选业，分配系数分别为 0.1030、0.0607 和 0.0570。而全国煤炭产业最主要的分配产业为电力、热力的生产和供应业，煤炭开采和选洗业，金属冶炼和压延加工业，分配系数分别为 0.3933、0.1597 和 0.1303。对比全国与山西的煤炭开采和洗选业前八大分配产业的分配系数，会发现差距巨大。但如果考虑到山西所生产煤炭的巨大的出省量——山西每年生产煤炭总产出的 70% 是通过铁路或公路运输方式输送到外地，这在投入产出表中被核算为最终使用。去掉最终使用，2012 年山西只有 24.84% 的煤炭产品作为中间投入使用。而在全国范围内，煤炭产出的 106.42% 是作为中间投入使用。也就是说，产业的中间分配比重更能反映山西与全国的不同。山西煤炭开采和洗选业产品的中间使用更为集中，前三大分配产业使用了全部中间投入的 88.85%，而全国煤炭开采和洗选业的前三大分配产业只使用了全部中间投入的 64.21%；山西煤炭开采和洗选业产品的中间使用的 99.36% 被八大分配产业使用，而全国这一比重为 94.73%。

表 11-15　2012 年山西及全国煤炭开采和洗选业分配系数前 8 位的产业部门

| 山西 | | | 全国 | | |
|---|---|---|---|---|---|
| 产业部门 | 分配系数 | 比重（%） | 产业部门 | 分配系数 | 比重（%） |
| 石油加工、炼焦产品和核燃料加工业 | 0.1030 | 41.47 | 电力、热力的生产和供应业 | 0.3933 | 36.96 |
| 电力、热力的生产和供应业 | 0.0607 | 24.44 | 煤炭开采和洗选业 | 0.1597 | 15.01 |
| 煤炭开采和选洗业 | 0.0570 | 22.95 | 金属冶炼和压延加工业 | 0.1303 | 12.24 |
| 非金属矿物制品业 | 0.0097 | 3.90 | 非金属矿物制品业 | 0.1052 | 9.89 |
| 金属冶炼和压延加工业 | 0.0072 | 2.90 | 石油加工、炼焦产品和核燃料加工业 | 0.1020 | 9.58 |
| 化学工业 | 0.0066 | 2.66 | 化学工业 | 0.0963 | 9.05 |
| 建筑业 | 0.0016 | 0.64 | 造纸、印刷及文教体育用品制造业 | 0.0122 | 1.15 |
| 燃气生产和供应业 | 0.0010 | 0.40 | 燃气生产和供应业 | 0.0091 | 0.86 |
| 八大产业分配系数总计 | 0.2468 | 99.36 | 八大产业分配系数总计 | 1.0081 | 94.73 |
| 中间使用分配系数合计 | 0.2484 | 100.00 | 中间使用分配系数合计 | 1.0642 | 100.00 |

以 2002 年、2007 年和 2012 年山西 42 个部门投入产出表为对象，计算山西煤炭开采和洗选业的主要分配产业在时间序列上的演变（见表 11-16）。

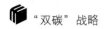

表 11-16　2002 年、2007 年、2012 年山西煤炭开采和
洗选业主要分配产业演变　　　　　　　　　　单位:%

| 2002 年 | | 2007 年 | | 2012 年 | |
|---|---|---|---|---|---|
| 产业部门 | 比重 | 产业部门 | 比重 | 产业部门 | 比重 |
| 石油加工、炼焦及核燃料加工业 | 37.07 | 石油加工、炼焦及核燃料加工业 | 32.71 | 石油加工、炼焦和核燃料加工业 | 41.47 |
| 电力、热力的生产和供应业 | 23.24 | 电力、热力的生产和供应业 | 24.41 | 电力、热力的生产和供应业 | 24.44 |
| 非金属矿物制品业 | 8.16 | 煤炭开采和洗选业 | 11.69 | 煤炭开采和洗选业 | 22.95 |
| 煤炭开采和洗选业 | 7.87 | 建筑业 | 11.42 | 非金属矿物制品业 | 3.90 |
| 化学工业 | 7.12 | 通用、专用设备制造业 | 7.09 | 金属冶炼和压延加工业 | 2.88 |
| 建筑业 | 6.54 | 非金属矿物制品业 | 5.16 | 化学工业 | 2.66 |
| 金属冶炼和压延加工业 | 4.45 | 金属冶炼和压延加工业 | 3.64 | 建筑业 | 0.64 |
| 通用、专用设备制造业 | 1.12 | 化学工业 | 1.91 | 燃气生产和供应业 | 0.40 |
| 八大产业总计 | 95.57 | 八大产业总计 | 98.03 | 八大产业总计 | 99.36 |

从八大分配产业的构成角度分析，可以看出，不同年份山西煤炭开采和洗选业的产品流向基本相同，在 2002 年、2007 年投入产出表中，山西煤炭开采和洗选业的八大分配产业的构成完全相同；2012 年，通用、专用设备制造业掉出了八大分配产业之列，被燃气生产和供应业替代。

从煤炭开采和洗选业八大产业分配系数的角度分析。山西煤炭开采和洗选业产品的分配有向主要分配产业集中的趋势。从表 11-16 可以看出，山西煤炭开采和洗选业的主要八大分配产业的分配比重是不断上升的，从 2002 年的 95.57%上升到 2007 年的98.03%，再上升到 2012 年的 99.36%，表现出明显的分配向八大产业集中的趋势。而在这种向八大产业分配集中的趋势中，又明显地表现为向主要产业分配集中的趋势，即向石油加工、炼焦及核燃料加工业，电力、热力的生产和供应业，煤炭开采和洗选业分配集中的趋势。其中，石油加工、炼焦及核燃料加工品的分配比重从 2002 年的37.07%上升到 2012 年的 41.47%；电力、热力的生产和供应业的分配比重从 2002 年的23.24%上升到 2007 年的 24.41%和 2012 年的 24.44%；煤炭开采和洗选业的分配比重从 2002 年的 7.87%上升到 2007 年的 11.69%，到 2012 年又上升到 22.95%；其余产业的分配比重有下降趋势。

2. 电力、热力的生产和供应业分配系数分析

从电力、热力的生产和供应业八大分配产业的产业构成角度分析，如表 11-17 所示，2012 年山西电力、热力的生产和供应业和全国电力、热力的生产和供应业主要的分配产业有六大产业是相同的，分别为金属冶炼及压延加工业，电力、热力的生产和供应业，化学工业，非金属矿物制品业，煤炭开采和洗选业以及建筑业。有两大产业不同，山西电力产业的八大分配产业还包括交通运输、仓储和邮政业（第 5 位），信息

传输、软件和信息技术服务业（第7位）；而全国前八大分配产业还包括金属制品业（第6位）和金属矿采选产业（第7位）。从山西与全国电力产业分配的两大不同产业来分析，考虑到山西丰富的电力及冶金产品资源，山西的金属制品业有巨大的发展潜力。

表 11-17　2012 年山西及全国电力、热力的生产和供应业分配系数前 8 位的产业部门

| 山西 | | | 全国 | | |
|---|---|---|---|---|---|
| 产业部门 | 分配系数 | 比重（%） | 产业部门 | 分配系数 | 比重（%） |
| 电力、热力的生产和供应业 | 0.1936 | 28.60 | 电力、热力的生产和供应业 | 0.3264 | 34.66 |
| 金属冶炼和压延加工业 | 0.1663 | 24.56 | 化学工业 | 0.1042 | 11.07 |
| 煤炭开采和洗选业 | 0.0907 | 13.40 | 金属冶炼和压延加工业 | 0.0960 | 10.19 |
| 化学工业 | 0.0578 | 8.54 | 非金属矿物制品业 | 0.0545 | 5.79 |
| 交通运输、仓储和邮政业 | 0.0373 | 5.51 | 建筑业 | 0.0369 | 3.92 |
| 非金属矿物制品业 | 0.0218 | 3.22 | 金属制品业 | 0.0300 | 3.19 |
| 信息传输、软件和信息技术服务业 | 0.0139 | 2.05 | 金属矿采选产业 | 0.0251 | 2.67 |
| 建筑业 | 0.0122 | 1.80 | 煤炭开采和洗选业 | 0.0183 | 1.94 |
| 八大产业分配系数总计 | 0.5936 | 87.68 | 八大产业分配系数总计 | 0.6914 | 73.42 |
| 中间使用分配系数合计 | 0.6770 | 100.00 | 中间使用分配系数合计 | 0.9417 | 100.00 |

从电力、热力的生产和供应业八大产业分配系数的角度分析，2012 年山西电力、热力的生产和供应业分配系数最大的三家产业分别是电力、热力的生产和供应业，金属冶炼和压延加工业，煤炭开采和洗选业，分配系数分别为 0.1936（28.60%）、0.1663（24.56%）和 0.0907（13.40%）；其他产业的分配系数和中间投入比重都较小。而全国电力、热力的生产和供应业的分配系数最大的产业则分别是电力、热力的生产和供应业 0.3264（34.66%），化学工业 0.1042（11.07%）及金属冶炼和压延加工业 0.096（10.19%）；其他产业的分配系数和中间投入比重较小。山西电力工业前八大产业分配系数总计为 0.5936，而全国电力工业前八大产业分配系数总计为 0.6914。考虑到山西作为全国重要的电力生产及输出基地，山西电力全部中间投入的分配系数只有 0.6770，而全国电业工业中间投入的分配系数为 0.9417，山西电力工业分配系数前八大产业的中间投入比重为 87.68%，比全国的这一比重 73.42% 反而要高。也就是说，与全国相比，山西电力、热力的生产和供应业的分配集中度更高。

以 2002 年、2007 年和 2012 年山西 42 个部门投入产出表为对象，计算山西电力、热力的生产和供应业的主要分配产业在时间序列上的演变（见表 11-18）。

表 11-18  2002 年、2007 年、2012 年山西电力、热力的生产和供应业主要分配产业演变

单位:%

| 2002 年 | | 2007 年 | | 2012 年 | |
|---|---|---|---|---|---|
| 产业部门 | 比重 | 产业部门 | 比重 | 产业部门 | 比重 |
| 电力、热力的生产和供应业 | 15.72 | 金属冶炼及压延加工业 | 26.33 | 电力、热力的生产和供应业 | 28.60 |
| 金属冶炼和压延加工业 | 14.05 | 电力、热力的生产和供应业 | 16.60 | 金属冶炼和压延加工业 | 24.56 |
| 非金属矿物制品业 | 8.06 | 煤炭开采和洗选业 | 11.41 | 煤炭开采和洗选业 | 13.40 |
| 煤炭开采和洗选业 | 6.30 | 化学工业 | 4.89 | 化学工业 | 8.54 |
| 化学工业 | 5.89 | 非金属矿物制品业 | 4.64 | 交通运输、仓储和邮政业 | 5.51 |
| 教育事业 | 4.62 | 信息传输、计算机服务和软件业 | 3.89 | 非金属矿物制品业 | 3.22 |
| 建筑业 | 4.22 | 卫生、社会保障和社会福利业 | 3.52 | 信息传输、软件和信息技术服务业 | 2.05 |
| 卫生、社会保障和社会福利业 | 4.13 | 建筑业 | 3.20 | 建筑业 | 1.80 |
| 八大产业总计 | 62.99 | 八大产业总计 | 74.48 | 八大产业总计 | 87.68 |

从八大分配产业的构成角度分析,可以看出,不同年份山西电力、热力的生产和供应业的产品流向基本相同,2007 年与 2002 年相比,主要分配产业多了一个信息传输、计算机服务和软件业,少了一个教育事业;而 2012 年与 2007 年相比,主要分配产业多了一个交通运输、仓储和邮政业,少了一个卫生、社会保障和社会福利业;其他主要分配产业都相同。

从八大产业分配系数的角度分析,山西电力、热力的生产和供应业产品的分配有向主要分配产业集中的趋势。从表 11-18 可以看出,山西电力、热力的生产和供应业主要八大分配产业的分配比重是不断上升的,从 2002 年的 62.99% 上升到 2007 年的 74.48%,再上升到 2012 年的 87.68%,表现出明显的分配向八大产业集中的趋势。而在这种向八大产业分配集中的趋势中,又同样表现为向主要产业分配集中的趋势,即向电力、热力的生产和供应业,金属冶炼和压延加工业,煤炭开采和洗选业分配集中的趋势。其中,电力、热力的生产和供应业的分配比重从 2002 年的 15.72% 上升到 2007 年的 16.60% 和 2012 年的 28.60%;金属冶炼和压延加工业分配比重从 2002 年的 14.05% 上升到 2007 年的 26.33% 和 2012 年的 24.56%;煤炭开采和洗选业的分配比重从 2002 年的 6.30% 上升到 2007 年的 11.41%,到 2012 年又上升到 13.40%;其余产业的分配比重有下降趋势。

3. 石油加工、炼焦和核燃料加工业分配系数分析

从石油加工、炼焦和核燃料加工业八大分配产业的构成角度分析,如表 11-19 所示,2012 年山西石油加工、炼焦和核燃料加工业的主要分配产业与全国石油加工、炼

焦和核燃料加工业相比，有六大产业相同，分别是金属冶炼和压延加工业，交通运输、仓储和邮政业，建筑业，化学工业，石油加工、炼焦和核燃料加工业以及非金属矿物制品业；有两大产业不同，山西石油加工、炼焦和核燃料加工业的主要分配产业还包括煤炭开采与洗选业（第6位）以及公共管理、社会保障和社会组织（第8位），全国的石油加工、炼焦和核燃料加工业的主要分配产业还包括租赁和商务服务业（第5位）与电力、热力的生产和供应业（第6位）。

**表11-19 2012年山西及全国石油加工、炼焦和核燃料加工业分配系数前8位的产业部门**

| 山西 | | | 全国 | | |
|---|---|---|---|---|---|
| 产业部门 | 分配系数 | 比重（%） | 产业部门 | 分配系数 | 比重（%） |
| 金属冶炼和压延加工业 | 0.2443 | 39.47 | 交通运输、仓储和邮政业 | 0.2263 | 23.22 |
| 交通运输、仓储和邮政业 | 0.1780 | 28.76 | 化学工业 | 0.1859 | 19.07 |
| 建筑业 | 0.0461 | 7.45 | 金属冶炼和压延加工品 | 0.1270 | 13.03 |
| 化学工业 | 0.0266 | 4.30 | 石油加工、炼焦和核燃料加工业 | 0.0709 | 7.27 |
| 石油加工、炼焦和核燃料加工业 | 0.0237 | 3.83 | 租赁和商务服务业 | 0.0511 | 5.24 |
| 煤炭开采与洗选业 | 0.0230 | 3.72 | 电力、热力的生产和供应业 | 0.0480 | 4.92 |
| 非金属矿物制品业 | 0.0182 | 2.94 | 非金属矿物制品业 | 0.0442 | 4.53 |
| 公共管理、社会保障和社会组织 | 0.0078 | 1.26 | 建筑业 | 0.0439 | 4.50 |
| 八大产业分配系数总计 | 0.5677 | 91.73 | 八大产业分配系数总计 | 0.7973 | 81.79 |
| 中间使用分配系数合计 | 0.6189 | 100.00 | 中间使用分配系数合计 | 0.9748 | 100.00 |

从八大产业分配系数的角度分析。山西石油加工、炼焦和核燃料加工业最主要的分配产业有两大产业，分别是金属冶炼和压延加工业，交通运输、仓储和邮政业，其分配系数分别为0.2443（39.47%）、0.178（28.76%），其余产业的分配系数及中间使用比重较小。与之相比，全国石油加工、炼焦和核燃料加工业主要分配产业有三个，分别为交通运输、仓储和邮政业，化学工业，金属冶炼和压延加工业，其分配系数分别为0.2263（23.22%）、0.1859（19.07%）、0.127（13.03%），其他产业的分配系数和中间使用占比相对较小。之所以如此，可能与山西及全国石油加工、炼焦和核燃料加工业的主体构成不同有关，山西石油加工、炼焦和核燃料加工业主要为焦化产品，而全国层面主要为石油化工产业。并且与全国相比，山西石油加工、炼焦和核燃料加工业的分配系数更为集中，虽然前八大产业的分配系数只有0.5677，但该产业的中间使用分配系数合计只有0.6189，前八大产业分配系数占整个中间使用分配系数的比重达到91.73%，而全国前八大产业分配系数虽然达到0.7973，但由于全国该产业的中间使用分配系数合计为0.9748，前八大产业的分配系数只占整个中间使用分配系数的81.79%。

以2002年、2007年和2012年山西42个部门投入产出表为对象，计算山西石油加工、炼焦和核燃料加工业的主要分配产业在时间序列上的演变（见表11-20）。

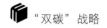 

表 11-20  2002 年、2007 年、2012 年山西石油加工、炼焦和核燃料加工业分配产业演变

单位:%

| 2002 年 | | 2007 年 | | 2012 年 | |
|---|---|---|---|---|---|
| 产业部门 | 比重 | 产业部门 | 比重 | 产业部门 | 比重 |
| 金属冶炼和压延加工业 | 26.51 | 金属冶炼和压延加工业 | 41.53 | 金属冶炼和压延加工业 | 39.47 |
| 交通运输、仓储和邮政业 | 17.28 | 非金属矿物制品业 | 13.61 | 交通运输、仓储和邮政业 | 28.76 |
| 建筑业 | 16.43 | 建筑业 | 9.73 | 建筑业 | 7.45 |
| 非金属矿物制品业 | 7.67 | 石油加工、炼焦和核燃料加工业 | 9.26 | 化学工业 | 4.31 |
| 公共管理和社会组织 | 6.10 | 化学工业 | 6.56 | 石油加工、炼焦和核燃料加工业 | 3.83 |
| 化学工业 | 4.00 | 煤炭开采和洗选业 | 5.95 | 煤炭开采和洗选业 | 3.72 |
| 石油加工、炼焦和核燃料加工业 | 3.73 | 交通运输、仓储和邮政业 | 3.06 | 非金属矿物制品业 | 2.94 |
| 煤炭开采和洗选业 | 2.99 | 金属制品业 | 2.67 | 公共管理和社会组织 | 1.26 |
| 八大产业总计 | 84.71 | 八大产业总计 | 92.37 | 八大产业总计 | 91.73 |

从八大分配产业的构成角度分析,可以看出,不同年份山西石油加工、炼焦和核燃料加工业的产品流向基本相同,其中,2002 年与 2012 年的分配产业完全相同,只是排序上不同;2007 年的分配产业则少了一个公共管理和社会组织,多了一个金属制品业。

从八大产业分配系数的角度分析,山西石油加工、炼焦和核燃料加工业产品的分配有向主要分配产业集中的趋势。从表 11-20 中可以看出,山西石油加工、炼焦和核燃料加工业主要八大分配产业的分配集中度是不断上升的,从 2002 年的 84.71% 上升到 2007 年的 92.37% 和 2012 年的 91.73%,表现出明显的分配向八大产业集中的趋势。而在这种向八大产业分配集中的趋势中,又明显地表现为向主要产业分配集中的趋势,即向金属冶炼和压延加工业,交通运输、仓储和邮政业集中,其中,金属冶炼和压延加工业的分配占比从 2002 年的 26.51% 上升到 2007 年的 41.53% 和 2012 年的 39.47%;而交通运输、仓储和邮政业的分配占比从 2002 年的 17.28% 上升到 2012 年的 28.76%。

4. 燃气生产和供应业分配系数分析

从燃气生产和供应业八大分配产业的构成角度分析,如表 11-21 所示,2012 年山西燃气生产和供应业的主要分配产业与全国燃气生产和供应业相比,只有三大产业相同,分别是电力、热力的生产和供应业,化学工业,交通运输、仓储和邮政业,其余五大产业不同。山西燃气生产和供应业的主要分配产业还包括金属冶炼和压延加工业(第 2 位),煤炭开采和洗选业(第 3 位),非金属矿物制品业(第 6 位),信息传输、软件和信息技术服务业(第 7 位),建筑业(第 8 位);而全国燃气生产和供应业其余五大分配产业为燃气生产和供应业(第 2 位),房地产业(第 4 位),住宿和餐饮业

（第 5 位），居民服务、修理和其他服务业（第 6 位），通用设备制造业（第 8 位）。可以看出，山西燃气生产和供应业的分配产业主要分布在第二产业，而全国燃气生产和供应业的分配产业主要分布在第三产业。

表 11-21　2012 年山西及全国燃气生产和供应业分配系数前 8 位的产业部门

| 山西 | | | 全国 | | |
|---|---|---|---|---|---|
| 产业部门 | 分配系数 | 比重（%） | 产业部门 | 分配系数 | 比重（%） |
| 电力、热力的生产和供应业 | 0.4538 | 41.29 | 交通运输、仓储和邮政业 | 0.2174 | 40.78 |
| 金属冶炼和压延加工业 | 0.2328 | 21.18 | 燃气生产和供应业 | 0.1039 | 19.49 |
| 煤炭开采和洗选业 | 0.1108 | 10.08 | 化学工业 | 0.0408 | 7.65 |
| 化学工业 | 0.1037 | 9.43 | 房地产业 | 0.0247 | 4.63 |
| 交通运输、仓储和邮政业 | 0.0874 | 7.95 | 住宿和餐饮业 | 0.0227 | 4.26 |
| 非金属矿物制品业 | 0.0567 | 5.16 | 居民服务、修理和其他服务业 | 0.0212 | 3.98 |
| 信息传输、软件和信息技术服务业 | 0.0155 | 1.41 | 电力、热力的生产和供应业 | 0.0201 | 3.77 |
| 建筑业 | 0.0112 | 1.02 | 通用设备制造业 | 0.0152 | 2.85 |
| 八大产业分配系数总计 | 1.0719 | 97.53 | 八大产业分配系数总计 | 0.4660 | 87.41 |
| 中间使用分配系数合计 | 1.0991 | 100.00 | 中间使用分配系数合计 | 0.5331 | 100.00 |

从八大产业分配系数的角度分析，山西燃气生产和供应业最主要的分配产业有三大产业，分别是电力、热力的生产和供应业，金属冶炼和压延加工业，煤炭开采和洗选业，其分配系数分别为 0.4538（41.29%）、0.2328（21.18%）和 0.1108（10.08%），其余产业的分配系数及中间使用比重较小。与之相比，全国燃气生产和供应业主要分配产业有两个，分别为交通运输、仓储和邮政业，燃气生产和供应业，其分配系数分别为 0.2174（40.78%）、0.1039（19.49%），其他产业的分配系数和中间使用占比相对较小。整体来看，山西燃气生产和供应业的中间使用的分配系数为 1.0991，说明山西燃气产品不足以满足山西各产业的中间使用，就山西能源产业大省的地位而言，燃气生产和供应业的发展是其能源产业发展的短板。山西燃气生产和供应业的分配系数总和为 1.0719，占中间使用比重为 97.53%，而全国八大分配产业的分配系数为 0.4660，占中间使用比重为 87.41%；同样可以得出山西燃气生产和供应业的中间使用集中度更高的结论。

以 2002 年、2007 年和 2012 年山西 42 个部门投入产出表为对象，计算山西燃气生产和供应业的主要分配产业在时间序列上的演变（见表 11-22）。

表 11-22　2002 年、2007 年、2012 年山西燃气生产和供应业分配产业演变　单位：%

| 2002 年 | | 2007 年 | | 2012 年 | |
|---|---|---|---|---|---|
| 产业部门 | 比重 | 产业部门 | 比重 | 产业部门 | 比重 |
| 住宿和餐饮业 | 31.67 | 住宿和餐饮业 | 23.06 | 电力、热力的生产和供应业 | 41.29 |

续表

| 2002 年 | | 2007 年 | | 2012 年 | |
| --- | --- | --- | --- | --- | --- |
| 产业部门 | 比重 | 产业部门 | 比重 | 产业部门 | 比重 |
| 化学工业 | 20.58 | 燃气生产和供应业 | 20.04 | 金属冶炼和压延加工业 | 21.18 |
| 交通运输及仓储业 | 9.69 | 非金属矿物制品业 | 12.78 | 煤炭开采和洗选业 | 10.08 |
| 非金属矿物制品业 | 8.12 | 化学工业 | 11.83 | 化学工业 | 9.43 |
| 金属制品业 | 6.82 | 金属制品业 | 6.61 | 交通运输、仓储和邮政业 | 7.95 |
| 金属矿采选业 | 5.72 | 金属矿采选业 | 6.21 | 非金属矿物制品业 | 5.16 |
| 燃气生产和供应业 | 4.39 | 石油加工、炼焦和核燃料加工业 | 3.90 | 信息传输、软件和信息技术服务业 | 1.41 |
| 通用、专用设备制造业 | 4.11 | 金属冶炼及压延加工业 | 2.84 | 建筑业 | 1.02 |
| 八大产业总计 | 91.10 | 八大产业总计 | 87.27 | 八大产业总计 | 97.53 |

从八大分配产业的构成角度分析，可以看出，不同年份山西燃气生产和供应业的产品流向区别很大，除化学工业和非金属矿物制品业在历年的分配产业中都位居前 8 外，其余主要分配产业都在不断变化。

从八大产业分配系数的角度分析，山西燃气生产和供应业产品的分配有向主要分配产业集中的趋势。从表 11-22 中可以看出，山西燃气生产和供应业主要八大分配产业的分配集中度是不断上升的，从 2002 年的 91.10% 上升到 2012 年的 97.53%，表现出明显的分配向八大产业集中的趋势。而在这种向八大产业分配集中的趋势中，又明显地表现为向主要产业分配集中的趋势，山西燃气生产和供应业前两大分配产业的分配比重从 2002 年的 52.25% 上升到 2012 年的 62.47%。

5. 石油和天然气开采业分配系数分析

从四大分配产业①的产业构成角度分析，如表 11-23 所示，2012 年山西石油和天然气开采业的主要分配产业与全国该产业的分配产业相比，有三大产业相同，分别是石油加工、炼焦和核燃料加工业，燃气生产和供应业，化学工业；有一大产业不同，山西石油和天然气开采业的一个重要的分配流向为石油和天然气开采业（第 4 位），而全国石油和天然气开采业的产品流向为电力、热力的生产和供应业（第 4 位）。

表 11-23　2012 年山西及全国石油和天然气开采业分配系数前 4 位的产业部门

| 山西 | | | 全国 | | |
| --- | --- | --- | --- | --- | --- |
| 产业部门 | 分配系数 | 比重（%） | 产业部门 | 分配系数 | 比重（%） |
| 石油加工、炼焦和核燃料加工业 | 0.8747 | 68.94 | 石油加工、炼焦和核燃料加工业 | 1.8296 | 86.18 |

---

① 山西石油和天然气开采业是近些年来随着煤层气开采发展起来的一个"新兴"产业，2002 年该产业的产值为零，2007 年产值为 0.25 亿元，2012 年产值为 40.69 亿元。因此，本章只对 2012 年山西石油和天然气的开采业的分配系数进行分析。由于在 2012 年山西的投入产出表中，山西石油和天然气开采业产品的分配系数只有四个产业，因此，本章在分析时只对其四大分配产业展开分析。

续表

| 山西 | | | 全国 | | |
|---|---|---|---|---|---|
| 产业部门 | 分配系数 | 比重（%） | 产业部门 | 分配系数 | 比重（%） |
| 燃气生产和供应业 | 0.3623 | 28.55 | 燃气生产和供应业 | 0.1156 | 5.44 |
| 化学工业 | 0.0277 | 2.19 | 化学工业 | 0.1132 | 5.33 |
| 石油和天然气开采业 | 0.0040 | 0.32 | 电力、热力的生产和供应业 | 0.0393 | 1.85 |
| 四大产业分配系数总计 | 1.2687 | 100.00 | 四大产业分配系数总计 | 2.0977 | 97.80 |
| 中间使用分配系数合计 | 1.2687 | 100.00 | 中间使用分配系数合计 | 2.1231 | 100.00 |

从四大产业分配系数的角度分析，山西石油和天然气开采业主要的分配产业有两大产业，分别为石油加工、炼焦和核燃料加工业，燃气生产和供应业，其分配系数分别为 0.8747（68.94%）、0.3623（28.55%）；其余产业的分配系数较小。与之相比，全国石油和天然气开采业的主要分配产业只有一个，为石油加工、炼焦和核燃料加工业，其分配系数为 1.8296（86.18%）。之所以有此区别，可能是山西与全国的石油和天然气开采业的主要产品构成不同有关，全国石油和天然气开采业产品以石油为主，而山西该产业的产品则全部为煤层气，没有石油。整体来看，山西石油和天然气开采业产品的分配与全国相比集中度更高：山西石油和天然气开采业的全部产品集中在四大产业，分配比重为 100%，而全国该产业产品的四大分配产业的中间使用比重为 97.80%。

6. 主要能源产业分配系数综合分析

（1）从山西能源产业主要分配产业的构成角度分析。表 11-24 给出了山西与全国能源产业的主要分配产业的横向对比分析。可以看出，山西能源产业的主要分配产业集中于少数产业，而全国能源产业的主要分配产业则较多，进入山西能源产业主要分配产业的产业部门有 12 个，而全国能源产业的主要分配产业共有 18 个，说明在山西内部，能源产业对少数产业的依赖更强。表 11-25 给出了山西五大能源产业主要分配产业的时间序列对比分析。可以看出，从时间序列上分析，山西能源产业的分配产业也表现出向少数产业集中的倾向。2002 年山西能源产业主要的分配产业有 15 个，到 2007 年下降到 14 个，到 2012 年下降到 11 个。

**表 11-24　2012 年山西及全国能源产业的主要分配产业**

| 山西 | 全国 |
|---|---|
| ①石油加工、炼焦和核燃料加工业；②电力、热力的生产和供应业；③煤炭开采和洗选业；④非金属矿物制品业；⑤金属冶炼和压延加工业；⑥化学工业；⑦建筑业；⑧燃气生产和供应业；⑨交通运输、仓储和邮政业；⑩信息传输、软件和信息技术服务业；⑪公共管理、社会保障和社会组织；⑫石油和天然气开采业 | ①石油加工、炼焦和核燃料加工业；②电力、热力的生产和供应业；③煤炭开采和洗选业；④金属冶炼和压延加工业；⑤非金属矿物制品业；⑥化学工业；⑦建筑业；⑧燃气生产和供应业；⑨交通运输、仓储和邮政业；⑩造纸、印刷及文教体育用品制造业；⑪金属制品业；⑫金属矿采选业；⑬租赁和商务服务业；⑭房地产业；⑮住宿和餐饮业；⑯居民服务、修理和其他服务业；⑰通用设备制造业 |

表 11-25　2002 年、2007 年、2012 年山西能源产业的主要分配产业

| 2002 年 | 2007 年 | 2012 年 |
|---|---|---|
| ①石油加工、炼焦和核燃料加工业；②电力、热力的生产和供应业；③煤炭开采和洗选业；④非金属矿物制品业；⑤建筑业；⑥化学工业；⑦金属冶炼和压延加工业；⑧燃气生产和供应业；⑨交通运输、仓储和邮政业；⑩卫生、社会保障和社会福利业；⑪通用设备制造业；⑫教育事业；⑬住宿和餐饮业；⑭金属制品业；⑮金属矿采选业 | ①石油加工、炼焦和核燃料加工业；②电力、热力的生产和供应业；③煤炭开采和洗选业；④非金属矿物制品业；⑤建筑业；⑥化学工业；⑦金属冶炼和压延加工业；⑧燃气生产和供应业；⑨交通运输、仓储和邮政业；⑩卫生、社会保障和社会福利业；⑪通用设备制造业；⑫信息传输、计算机服务和软件业；⑬金属制品业；⑭金属矿采选业 | ①石油加工、炼焦和核燃料加工业；②电力、热力的生产和供应业；③煤炭开采和洗选业；④非金属矿物制品业；⑤建筑业；⑥化学工业；⑦金属冶炼和压延加工业；⑧燃气生产和供应业；⑨交通运输、仓储和邮政业；⑩信息传输、软件和信息技术服务业；⑪公共管理和社会组织 |

（2）从山西能源产业主要分配产业分配系数的角度分析。表 11-26 给出了 2012 年山西及全国能源产业八大分配产业的分配系数及比重。可以看出，作为重要的能源基地，山西在煤炭开采和洗选业，石油加工、炼焦和核燃料加工业，电力、热力的生产和供应业三大产业上具有优势，其八大分配产业的分配系数较低，主要都作为最终产品输出省外，而燃气生产和供应业，石油和天然气开采业则生产能力不足，分配系数大于 1，需要从省外输入。但与全国能源八大分配产业的分配比重相比，山西能源产业八大分配产业的分配比重普遍较高，说明山西能源产业分配的集中度更高。表 11-27 给出了山西历年能源产业八大分配产业分配系数及比重。可以看出，2002~2012 年，虽然山西不同能源产业八大分配产业的分配系数有升有降，但分配比重是不断上升的，同样呈现分配向主要产业集中的趋势。

表 11-26　2012 年山西及全国能源产业八大分配产业分配系数及比重

| 山西 | | | 全国 | | |
|---|---|---|---|---|---|
| 产业部门 | 分配系数 | 比重（%） | 产业部门 | 分配系数 | 比重（%） |
| 煤炭开采和洗选业 | 0.2468 | 99.36 | 煤炭开采和洗选业 | 1.0081 | 94.73 |
| 电力、热力的生产和供应业 | 0.5936 | 87.68 | 电力、热力的生产和供应业 | 0.6914 | 73.42 |
| 石油加工、炼焦和核燃料加工业 | 0.5677 | 91.73 | 石油加工、炼焦和核燃料加工业 | 0.7973 | 81.79 |
| 燃气生产和供应业 | 1.0719 | 97.53 | 燃气生产和供应业 | 0.4660 | 87.41 |
| 石油和天然气开采业 | 1.2687 | 100.00 | 石油和天然气开采业 | 2.0977 | 97.80 |

表 11-27　2002 年、2007 年、2012 年山西能源产业八大分配产业分配系数及比重

| 产业部门 | 2002 年 | | 2007 年 | | 2012 年 | |
|---|---|---|---|---|---|---|
| | 分配系数 | 比重（%） | 分配系数 | 比重（%） | 分配系数 | 比重（%） |
| 煤炭开采和洗选业 | 0.3107 | 95.57 | 0.3152 | 98.03 | 0.2466 | 99.30 |
| 电力、热力的生产和供应业 | 0.6485 | 62.99 | 0.481 | 74.48 | 0.5936 | 87.68 |

| 产业部门 | 2002 年 | | 2007 年 | | 2012 年 | |
|---|---|---|---|---|---|---|
| | 分配系数 | 比重（%） | 分配系数 | 比重（%） | 分配系数 | 比重（%） |
| 石油加工、炼焦和核燃料加工业 | 0.5202 | 84.71 | 0.5101 | 92.37 | 0.5677 | 91.73 |
| 燃气生产和供应业 | 0.7678 | 91.10 | 0.2540 | 87.27 | 1.0719 | 97.53 |
| 石油和天然气开采业 | — | — | — | — | 1.2687 | 100.00 |

山西主要能源产业对经济的波及作用经历了一个由升到降的过程：2002~2007 年，山西能源产业对经济的波及作用处于上升过程，2007 年，煤炭开采和洗选业，石油加工、炼焦和核燃料加工业，电力、热力的生产和供应业的感应度系数和影响力系数都大于 1；2007~2012 年，山西能源产业对经济的波及作用处于下降过程，2012 年，山西五大能源产业中，只有石油加工、炼焦和核燃料加工业的感应度系数和影响力系数都大于 1，说明山西经济增长对能源产业的依赖度在下降，山西煤炭资源型经济转型取得了一定的成效。

从山西能源产业主要分配产业分配系数的角度分析可知，作为能源基地，山西在煤炭采选产业，石油加工、炼焦和核燃料加工业，电力、热力的生产和供应业三大产业上具有优势，八大分配产业的分配系数较低，而燃气生产和供应业、石油和天然气开采业的生产能力不足，分配系数大于 1。从分配比重分析可知，无论与全国能源产业八大分配产业的分配比重相比，还是从时间序列角度分析，山西能源产业分配的集中度更高，呈现分配向主要产业集中的趋势。

（三）节能环保取得明显成效

山西积极推进黑色煤炭绿色发展、高碳资源低碳发展，促进能源产业实现绿色低碳安全高效发展。2017 年，山西化学需氧量排放量较 2015 年削减 11.99%，重点工程较 2015 年减排 4.14 万吨；氨氮排放量较 2015 年削减 9.68%，重点工程较 2015 年减排 0.42 万吨。全省二氧化硫排放总量较 2015 年下降 10.9%，重点工程较 2015 年减排 11.7 万吨；氮氧化物排放总量较 2015 年下降 10.4%，重点工程较 2015 年减排 10.3 万吨[①]。

（四）能源企业数量众多，创新能力有待提高

山西能源企业数量众多，其中进入世界 500 强的有 5 个，进入中国 500 强的有 8 个（见表 11-28）。能源企业主要集中在煤炭、焦化、电力、煤化工、建材等领域。据山西省统计局数据，2017 年，能源工业企业实现利润 696.2 亿元，同比增加 557.0 亿元。然而企业创新主体地位和意识不强，2017 年，全省专利申请总量仅占全国的 0.17%。全国 3333 家上市公司中山西只有 38 家，占全国的 1.14%。省属五大集团全员工效不高，企业生产效率偏低，远低于国内部分大型煤炭企业和世界先进国家水平，能源企业创新能力有待提高。

---

① 参见《2017 年山西省环境状况公报》。

表 11-28  山西主要能源企业概览

| 公司名称 | 成立时间 | 2017年营业收入（亿元） | 净利润（亿元） | 中国500强排名（2017年） |
|---|---|---|---|---|
| 大同煤矿集团有限责任公司 | 1949年 | 1701 | 6 | 95 |
| 山西焦煤集团有限责任公司 | 2001年 | 1530 | 26 | 96 |
| 阳泉煤业（集团）有限责任公司 | 1950年 | 1602 | 15 | 99 |
| 山西潞安矿业（集团）有限责任公司 | 2000年 | 1603 | 27 | 100 |
| 山西晋城无烟煤矿业集团有限责任公司 | 1958年 | 1666 | 30 | 108 |
| 山西煤炭进出口集团有限公司 | 1980年 | 852 | 10 | 178 |
| 晋能控股电力集团有限公司 | 1994年 | 1026 | 16 | 211 |
| 太原钢铁（集团）有限公司 | 1934年 | 810 | 43 | 212 |

资料来源：《山西统计年鉴》（2018年）。

## 五、山西省可再生能源主导的能源革命存在问题及政策建议

（一）山西能源革命的不利条件

1. 能源消费居高不下

山西是全国第一个获批国家资源型经济转型综改试验区的省份，是山西转型跨越主战略"以煤为基、多元发展"的重要实践。但目前看来，这一战略的重点仍着眼于煤炭行业，未能更好地发展和释放其他能源（可再生能源和新能源）的市场潜力和创新活力，不利于能源转型进程的推进。同时，由于资源禀赋以及历史等多种原因，多年来，山西"一煤独大"的特征尤为突出。自1980年起，山西煤炭消费总量便由0.43亿吨持续上升至2017年的2.9亿吨，30多年总量增长近7倍（见图11-5）。

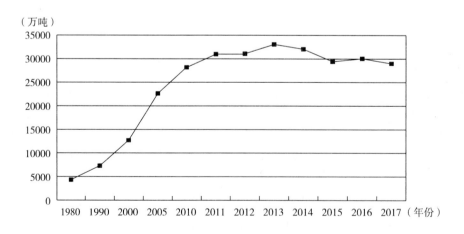

图 11-5  1980~2017年山西煤炭消费总量

资料来源：历年《山西统计年鉴》、《山西省2017年国民经济和社会发展统计公报》。

近年来，在全面推进供给侧结构性改革和强化燃煤污染防治工作的驱动下，山西全省煤炭消费总量从 2013 年开始呈现逐年下降趋势，由 2013 年最高值 3.3 亿吨下降为 2015 年的 2.9 亿吨，随着经济回暖，2016 年煤炭消费总量反弹至 3 亿吨，但长期以来，煤炭在全省一次能源消费中的比重超过 85%，在山西能源消费中的主导地位仍然无法撼动。

此外，山西作为煤炭调出大省，近年来煤炭外调量基本维持在 6 亿吨左右[①]（见图 11-6）。随着"十三五"期间山西煤炭外运通道的进一步完善，全省运输能力将进一步提高，预测年外运保障能力将超过 8 亿吨。但考虑到周边省份煤炭产量、外调量增加，以及节能减排等政策因素，尤其是国家"十三五"期间基本不增加煤炭消费量或是很少量的增加，工业化和城镇化过程中能源消费增长主要依靠非化石能源和天然气，山西煤炭外调量基本按照保持现有水平的原则，预测到 2020 年山西煤炭外调量仍为 5 亿~6 亿吨[②]。

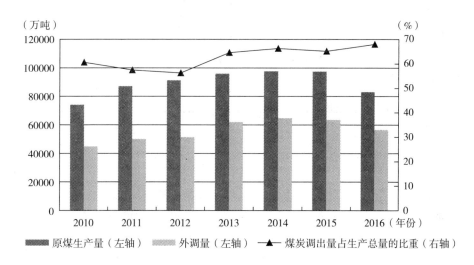

**图 11-6  2010~2016 年山西煤炭外调量**

资料来源：《山西统计年鉴》（2011~2017 年）。

同时，基于中国能源构成以及国际能源出口情况，在未来很长一段时间内，我国能源消费结构仍将以化石能源为主，虽然随着其他清洁能源消费的逐步上升，煤炭消费会下降，但煤炭的基础性地位不会改变，这也决定了山西煤炭产业的长期基础性地位，对能源转型的推力明显不足。

2. 煤炭产业锁定效应显著

基于煤炭资源优势和全国能源基地的定位，山西省形成了以煤为主的产业结构和经济结构，且短期内以煤为主的能源消费结构难以发生根本性的改变。

---

① 2016 年，山西煤炭产量为 8.32 亿吨，调出的煤炭有 5.65 亿吨。

② 资料来源：《山西省煤炭消费总量控制及对策建议研究报告》。

如图 11-7 所示，2001~2017 年，山西煤炭行业增加值占到全部工业增加值比例由 16% 增长至 45% 左右，且一度在 2012 年达到了 62%，整体呈倒"U"形趋势；煤炭行业增加值占全省 GDP 的比重由 7% 左右增长至 13% 左右，一度在 2013 年攀升至 33%，2017 年逐步回落到 13.2%，整体呈现倒"U"形趋势。

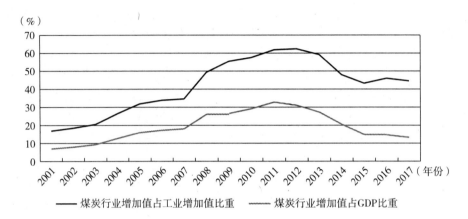

**图 11-7　2001~2017 年山西煤炭行业增加值占比**

资料来源：中国国家统计局、《山西省 2017 年国民经济和社会发展统计公报》。

长期以来，山西经济发展一直呈现出资源依赖的特性，且对国内能源供需情况、煤炭价格走势等外部冲击的影响较为敏感，突出表现为"煤炭兴则山西兴，煤炭衰则山西衰"，经济发展随着煤炭行业效益波动较大。在煤炭繁荣期，经济高速增长，新兴产业发展受挤出效应，动力不足；煤炭衰退时期，经济断崖式下跌，其他产业难以支撑。2005~2007 年全国 GDP 高速增长，GDP 年均增速达 10% 以上，而山西省则高达 13%；2008 年、2009 年前后，在全球金融危机影响下，山西 GDP 增速表现为比全国更为明显的"V"形波动；"十二五"时期，随着全国经济进入新常态，经济平均年增速下降到 7% 左右，而山西则出现断崖式下跌，增速位列全国倒数。2016 年、2017 年，煤炭价格的逐步回暖又带来了 GDP 增速的明显回升，之后与全国增速基本保持一致（见图 11-8）。

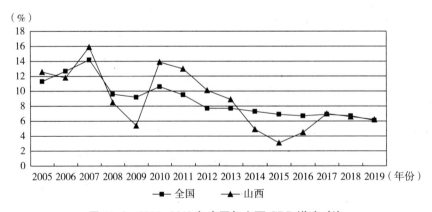

**图 11-8　2005~2019 年全国与山西 GDP 增速对比**

资料来源：《中国统计年鉴》《山西统计年鉴》《山西省 2017 年国民经济和社会发展统计公报》。

3. 能源结构调整任务艰巨

目前，山西能源消费结构仍然以煤炭为主，主要包括原煤、无烟煤、烟煤、褐煤、洗精煤、其他洗煤、煤制品、煤矸石等。与全国和其他地区比较，山西省煤炭消费占一次能源消费的比重远高于其他地区，其中高于全国平均水平14个百分点左右。初步估算，国家煤炭占一次能源消费的比重由2010年的69.2%下降至2016年的62%，年均下降1.2%，2017年更是下降到60.4%。而2017年煤炭占山西省能源消费比重高达84.6%，高出全国平均水平24个百分点，更是全球平均水平的2.9倍。

虽然煤炭在山西一次能源中的比重呈下降趋势，由2010年的90%左右下降至2017年的84.6%，但在中短期内其主体能源地位难以发生根本性的改变。在能源转型大趋势下，山西新能源发展速度加快，但受资源、投资、体制和现有产业结构等因素的制约，传统化石能源清洁化利用和新能源大规模开发利用还存在诸多制约因素，风电、光伏等新能源的稳定性、可控性有待提升，至少短期内要大比例替代煤炭还比较难。

此外，传统能源在山西工业经济中的占比极大，能源重化工特点明显，六大高耗能产业仍是支撑经济增长的重要动力，且产业存量大，抑制了煤炭产业链的延伸。随着非化石能源的快速发展，山西全省风电、光电、水电等新能源装机占比持续上升，2016年新能源装机占全省总装机的比例为22.1%，较2015年增长1.3%，2017年达到25.4%，同比增长3.3%，年均增幅2.3%，但增速与火电相比仍然较小[1]，发电量替代效应尚不明显，且由于火电自身装机增速过快，产生了弃风、弃光的现象[2]。山西作为欠发达省份，经济发展为客观需求，随着经济回暖，能源和煤炭需求刚性存在，能源结构调整任重道远。

4. 能源比价关系不合理

资源类产品间往往具有替代关系，要进行合理的比价才能推动能源市场的有序发展。目前，山西能源价格改革不到位，煤炭、石油、天然气、电力的定价机制各不相同，各类能源没有形成合理的比价关系，在实际中价格的表现形式也有多样。例如，煤炭价格在实际中就有出矿价、车板价、到厂价等各种不同的价格。同时，在经济新常态的背景下，煤炭需求放缓、产能过剩、油气价格走低，煤化工等消纳市场前景不容乐观。尤其是自2014年下半年以来，煤炭、石油等替代能源价格的持续走低，天然气相比较煤炭、石油价格，经济性逐步降低，与发生炉煤气相比，终端价格相差近5倍（见表11-29），致使许多企业出现"气改煤"的资源逆替代现象，不利于全省大气污染防治及节能减排工作的推进。

表 11-29　替代能源价格对比　　　　　　　　　　　　单位：元/立方米

| 替代能源 | 焦炉煤气 | 发生炉煤气 | 瓦斯气 | 天然气 |
|---|---|---|---|---|
| 价格 | 0.20~0.75 | 0.13~0.23 | 0.45~1.00 | 2.26~3.20 |

资料来源：《山西省煤层气产业发展战略研究报告（2017年）》。

---

[1] 2017年火电装机达到6366万千瓦，与2015年相比，年均增速为11.53%。

[2] 2016年山西弃风电量为13.9亿千瓦时，弃风率为9.5%。

以天然气为例，由于天然气与其他可替代能源比价关系的不合理，造成价格信号扭曲，导致各地纷纷进行"油改气"，争上以天然气为原料和燃料的高耗能化工项目，加剧了天然气供求矛盾。此外，2014~2015年，国家天然气市场化改革推高了天然气价格，受燃气价格上涨与市场需求不足双重影响，2014~2015年，煤层气进网价格曾达到2.12元/立方米；2016年，受天然气价格调低影响，煤层气进网价格为1.2~1.4元/立方米；2017年略有上涨，价格为1.3~1.4元/立方米。售气价格已与成本倒挂，全省大多数煤层气企业是在依靠国家、省两级煤层气利用补贴（0.4元/立方米）来维持运营。

5. 能源消费政策有待完善

目前，山西在能源消费领域的推进政策有待进一步完善。与浙江、江苏等省相比较，山西新能源发展缺少省内补贴政策，缺乏新能源产业引导基金以及能源转型发展基金，新能源扶持政策仍需加大。

煤层气方面，山西现行的财政补贴、发电上网加价等煤层气经济扶持政策主要出台于2007年，其测算基准是基于2006年之前的物价水平，因近年来物价上涨因素致使这些经济扶持政策的激励效能被大幅削弱，煤层气等资源开发利用财政补贴标准有待提高。

光伏方面，太阳能光伏发电的返税和回购政策尚未制定，《可再生能源法》中太阳能电池的配套政策尚待落实，贷款优惠政策、政府直接补贴政策、收购光伏发电等激励政策与机制的建立和完善进展缓慢[1]。

新能源汽车方面，山西对省公告内车辆生产企业生产的列入工信部《新能源汽车推广应用推荐车型目录》且实现终端销售的电动汽车，虽按照国家同期补贴资金的50%给予省级营销补助，但同时取消了省级电动汽车推广应用补贴，且非个人用户在购买新能源电动汽车申请财政补贴时受到累计行驶里程须达3万千米（作业类专用车除外）的指标限制[2]。同时，山西现行的售电侧市场准入对售电企业（公司）、电力用户企业均提出了较为严苛的要求[3]，且准入步骤相对烦琐，阻碍了全省售电侧市场的发展。

6. 能源转型阻力亟待降低

山西是一个内陆省份，经济和社会的开放程度远远落后于东南沿海地区，区域的封闭性决定了思想上的保守性，仍然将经济增长动力寄希望于煤炭，未能充分意识到新能源所能带来的长期的经济效益和环境效益，此外，山西能源转型是在包括政府、市场以及企业微观主体等在内的大系统内运行的，转型涉及诸多利益主体，主体间的利益不可能达到完全均衡。

（二）山西能源革命存在的问题

1. 清洁能源经济性较差

目前，山西清洁能源开发的初始投资都处在较高状态，技术研发需要不断加大投

---

① 资料来源：《2017山西省光伏产业发展报告》。

② 更多资料，请参阅山西省2017年印发的《关于调整新能源汽车补贴政策的通知》，以及2015年印发的《新能源汽车营销补助资金管理办法》。

③ 资料来源：《山西省售电侧改革实施方案》。

入资金，投资短期内收益不明显，骨干企业处于孤立状态，上下游配套产业薄弱，产业聚集程度低，导致各种原辅材料需长途运输，成本高，市场反应时间慢。同时，作为一个电力严重过剩的省份，山西在电价上没有任何优势，不仅赶不上内蒙古、青海、新疆的电价，甚至和江浙等地比肩，这在一定程度上拉高了风电、水电等新能源大规模并网的发电成本，也增加了能源系统的平衡成本和容量成本，且随着电价补贴逐渐下降，电网接纳清洁能源发电成本将不能获得合理补偿。此外，全省煤炭清洁利用的成本问题突出，煤炭清洁高效转化的路径主要有先进的燃煤发电技术、IGCC 技术、煤基多联产能源系统技术，但每种转化途径的成本都相对较高。

2. 清洁能源技术落后

山西在煤炭清洁高效、低碳绿色发展创新方面的体系尚不完善，加之相关专业技术人员储备不足，进一步制约了煤炭清洁发展成果的转化与应用。已建成的大型煤气化炉、大型空分设备、甲醇反应器、大型煤直接液化反应器、关键泵阀等许多核心部件仍依赖进口。同时，由于国外相关技术缺少工业示范验证，引进风险很大，给企业生产造成很大困难，付出的成本代价也较高。此外，全省科技创新能力不足，能源开发利用新技术储备不足，在全国范围内缺少实力强大的一线新能源装备制造企业，技术产品市场竞争力不强，煤层气地面抽采项目的选区评价、勘探、压裂、排采、提纯等关键技术，至今尚未实现整体性突破，异地复制效果差，相当多的矿区勘探评价难、建产达效慢、生产成本高、现实收益低，在清洁低碳（绿色安全采煤技术、高效太阳能利用、先进储能技术、生物燃料、二氧化碳捕集、利用与封存等相关技术）、节约高效（700℃超超临界燃煤发电、整体煤气化联合循环发电、重型燃气轮机等相关技术）、安全生产（煤炭深加工、煤层气、煤制油气等相关技术）、能源利用（先进电网、能源互联网、高端能源基础材料等相关技术）等前沿能源技术的研究、开发和利用方面与国内外先进水平存在较大差距。

3. 能源创新人才缺乏

目前，山西在能源创新领域的专业人才匮乏，由于规模以上能源制造基本属于国有企业，用人体制僵化，同竞争对手比，人才专业性不够，流动性不足，严重制约了本省能源经济的转型。在传统的煤矿企业，矿工较多从事简单劳动，掌握的技能比较单一，难以适应转型和发展新兴产业的需要。此外，与沿海发达城市相比，山西没有发达的海港和陆路交通优势，经济发展相对落后，地域导致信息与技术相对滞后，以致很多的行业经验、信息与政策，特别是工艺技术、人才储备及设备升级等方面与江浙地区相比相去甚远，以致在新材料、新工艺、新技术方面毫无竞争力。虽然全省新能源产业随着市场需求、电网架构、信息产业等发展不断壮大，但可再生能源、煤层气、煤电、煤机装备和节能等能源领域高层次人才缺乏，能源产业发展急需的专业技术人才和技能人才亟待培养。

4. 转型配套设施不健全

截至 2017 年底，山西省已初步形成贯穿全省的"三纵十一横"天然气（煤层气）管网输配格局，省级输气管道总长超过 8000 千米，实现了全省地级城市的全覆盖及县县通，全省管道密度和气化率远超全国平均水平。但相较于陕西省 3355 千米省级长输管道、52 亿立方米的年销气量，以及河北省 820 千米省级长输管道、13 亿立方米的年销气量，山西 8000 余千米管道年销气量仅为 42 亿立方米（其中有近 1000 千米属于重复建设），全省管道密度极高，利用率却极低，燃气管网设施建设严重过剩，资源利用率低而增加的经营成本，进一步转嫁给用户。同时，新能源行业部分项目的配套送出工程未能及时纳入电网规划，电网配套送出工程工作滞后。目前投产的特高压输电线路仅有蒙西—天津南、晋北—江苏、榆横—潍坊 3 条，盂县电厂—河北南网 500 千伏交流输电通道正在建设，外送通道能力建设严重不足。

此外，可再生能源多具有间歇性、不确定性等特点，其大规模开发离不开配套设施的辅助。2017 年，全省发电总装机容量 8538.34 万千瓦，新能源装机总量为 2171.85 万千瓦，其中并网风电装机 871.63 万千瓦，并网太阳能装机 590.38 万千瓦，水电装机 244.21 万千瓦，煤层气装机 424.63 万千瓦，生物质装机 41 万千瓦[①]。随着新能源装机的不断增速，与之相配套的电网改造、燃气管网、储气及天然气调峰等清洁能源利用基础设施有待进一步加强。

5. 能源转型政策不完善

近年来，山西在推动能源行政审批制度、煤炭清费立税、煤焦公路运销体制等改革方面已经取得一定成效，但总的来看，山西在能源管理中没有很好厘清政府和市场的边界，存在煤炭改革仍显滞后，资源的行政化配置，政府对微观经济干预过多，企业行政色彩浓重，煤炭、电力等能源价格形成机制仍不完善等问题，目前在能源管理体制，资源市场化配置，新能源政策支持，电力、天然气等能源价格形成，资源税、污染税等能源税制以及生态环境保护等方面仍存在体制机制障碍。此外，自 2014 年以来，山西全省各市县新能源项目开发积极性虽普遍高涨，但受国家新能源规模指标管理政策影响，一些建设条件良好的项目不能满足足量开发；各市新能源规划研究滞后，个别区域目前仍存在无视资源条件圈地，影响新能源统筹开发；分布式能源应用机制尚未形成，企业和民众认识不足，发展意愿低，制约了分布式能源发展；新能源并网机制尚待完善，供需双方还尚未形成成熟的市场交易机制。

（三）可再生能源主导能源革命政策建议

随着我国经济发展步入新常态，以及环境治理和建设生态文明要求的增强，能源转型变革任务也日益迫切，遵循能源"四个革命、一个合作"的战略思想，深入推进能源革命，着力推动能源产业高质量发展，建设清洁、低碳、安全、高效的现代能源体系，推动生态文明建设迈上新台阶。面对新时代，实现能源结构优化调整，发展生态文明，建设美丽中国是大家共同的目标与责任，我们要增强使命担当，抓住机遇，迎接挑战，为开创更大的发展和崭新的局面不懈努力。以山西为例，实现可再生能源主导的能源革命胜利，应该以政府为指导，市场为主体，科技为核心，协同创新驱动能源革命稳步向前，具体建议如下：

---

① 资料来源：《山西省 2017 年国民经济和社会发展统计公报》。

1. 机制改革

坚持问题导向和目标导向，通过加强顶层设计全面推进中国能源体制革命，系统谋划能源革命改革试点，做好顶层设计，强化时间和效能意识，尽快搭建能源革命试点制度框架，实现重点领域突破。对能源管理机制从能源机构和机构职能上进行改变和完善，建立健全有国家强制力保障的法律法规体系，为能源事业持续健康发展提供制度保障。

2. 体制改革

坚持市场化导向改革，发挥市场对资源配置的决定性作用，放开竞争环节，改革能源定价机制，使能源资源价格反映稀缺程度和市场供需基本关系，发挥能源价格优化配置市场资源作用①。建立完善能源革命市场激励体制，改革能源价格制定机制，构建全国统一的、充满活力的能源领域交易市场平台体系，改革完善财税体制、金融体制、投资体制、价格体制和市场监管体制等建设，进一步完善促进低碳发展的财税金融等政策体系，改革和完善能源产品价格形成机制和资源、环境税费制度，加快推进国有能源企业改革创新，全面提升中国参与全球能源治理的水平。

3. 科技革新

加大针对能源革命科技创新的支持和引导力度，布局实施能源领域重大科技任务，以先进技术创新支撑能源体系的革命，从全球能源变革的发展趋势，以世界范围内经济社会发展方式的重大变革为指引，重点支持可再生能源领域技术创新，大力发展太阳能、风能等可再生能源开发技术，氢能、储能和智能电网等利用技术，以及二氧化碳捕集和埋存（CCS）技术等治理技术，夺取先进能源技术的竞争优势和制高点，加快先进能源技术的研发和产业化。建立起以法律法规、行业标准、市场监管等一系列创新成果保护和市场化环境，保障科研投入的回报，形成科技创新的良好氛围。

4. 人才优势改革

加大能源创新型人才培养和培训投入，鼓励能源相关高校和企业加大人力资源建设。一是在高校学科中系统设置和增加重大能源战略领域专业，加强基础性人才培养能力。二是在行业和企业中进一步重视吸引高端能源技术和管理人才，并形成良好的就业环境，让人才在专业岗位上增强实干能力。三是加强引进和输出能源从业人员，增进交流，把我国能源科技水平推向世界前沿。四是提高能源技术人员劳动报酬，增加培训等提高劳动生产率措施，扩大能源工程技术人员储备。

## 六、芮城、大同可再生能源发展情况及案例调研

（一）山西芮城国家先进光伏技术"领跑者"基地建设情况②

山西芮城国家先进光伏技术"领跑者"基地（以下简称"芮城基地"）是我国第二批光伏领跑基地之一。芮城基地于 2016 年 5 月获得国家能源局批复，2016 年 12 月开工建设，2017 年 9 月并网。芮城基地建设规模 50 万千瓦，包括 1 个 12 万千瓦、1 个

---

① 谢旭轩，任东明，赵勇强. 推动我国能源革命体制机制改革研究 [J]. 中国能源，2014，36（4）：16-19+44.
② 资料来源：《芮城光伏发电应用领跑基地运行监测月报（2020 年 1 月）》。

10万千瓦、1个8万千瓦和4个5万千瓦的单体项目。

芮城基地采用多种技术综合示范以保障基地示范效果，7个项目选用多种型号高效组件提高能源利用效率，对多种类型组件与逆变器进行优化设计组合提高能效比，通过跟踪支架等多种调节方式提高发电量。各项目主要设备情况统计见表11-30。

表11-30　芮城基地各项目主要设备统计　　　　　　　　　　　单位：兆瓦

| | | 项目名称 | | | | | | | 容量合计 |
|---|---|---|---|---|---|---|---|---|---|
| | | 华电福新 | 中电国际 | 协鑫 | 东方日升 | 中节能 | 晶科 | 特变电工 | |
| 并网容量 | | 130.1347 | 89.5 | 107 | 52.79 | 50.035 | 51.34 | 51.325 | 532.124 |
| 组件类型及容量 | 单晶 | 130.1347 | 89.5 | 0 | 1.06 | 50.035 | 51.34 | 51.325 | 373.394 |
| | 多晶 | 0 | 0 | 107 | 51.73 | 0 | 0 | 0 | 158.73 |
| 逆变器类型及容量 | 集中 | 0 | 2 | 0 | 1 | 0 | 0 | 0 | 3 |
| | 集散 | 11.018 | 38 | 0 | 2 | 30 | 0 | 0 | 81.018 |
| | 微型逆变器 | 0 | 0 | 0 | 0.133 | 0 | 0 | 0 | 0.133 |
| | 组串 | 119.0267 | 40 | 105.7 | 48.34 | 20 | 53 | 51.325 | 437.391 |
| 支架类型及容量 | 固定 | 97.6534 | 56 | 34.98 | 45.36 | 50 | 40.8 | 0 | 324.793 |
| | 固定可调 | 0 | 0 | 66.59 | 0 | 0 | 9.72 | 46.492 | 122.802 |
| | 斜单轴 | 32.481 | 24 | 0 | 0 | 0 | 0 | 4.832 | 61.313 |
| | 平单轴 | 0 | 0 | 5.42 | 1.782 | 0 | 0.82 | 0 | 8.022 |
| | 双轴 | 0 | 0 | 0 | 0 | 0 | 0 | 0 | 0 |
| | 柔性 | 0 | 0 | 0 | 1.68 | 0 | 0 | 0 | 1.68 |

资料来源：芮城基地各项目业主。

芮城基地安装了单晶组件37.33万千瓦，多晶组件15.87万千瓦。组件供应商共计9家，其中海泰的组件安装容量占基地总容量的24%，排名第一位；协鑫组件安装容量占基地总容量的20%，排名第二位；其他还有晶澳、乐叶、东方日升、中环、天合、晶科、晋能等（见图11-9）。

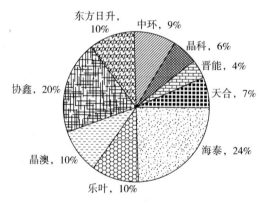

图11-9　组件厂商组件安装容量份额

资料来源：芮城基地各项目业主。

（二）山西大同采煤沉陷区国家先进技术光伏示范基地（一期）建设情况①

1. 基地概况

大同采煤沉陷区国家先进技术光伏示范基地（一期）（以下简称"大同基地"）是我国首个光伏发电领跑基地，于2015年6月获得国家能源局批复，2015年8月开工建设，2016年6月竣工验收完成。该基地建设规模100万千瓦，包括7个10万千瓦和6个5万千瓦的单体项目。

根据各项目业主提供的情况和项目实际安装容量，统计得到各项目安装容量和使用组件情况（见表11-31）。

表 11-31  大同光伏领跑基地容量统计

| 序号 | 项目名称 | 备案容量（兆瓦） | 组件安装容量（兆瓦） | 超装容量（兆瓦） | 超装率（%） | 逆变器安装容量（兆瓦） |
|---|---|---|---|---|---|---|
| 1 | 华电 | 100 | 108.30 | 8.30 | 8.30 | 105.84 |
| 2 | 京能 | 100 | 104.74 | 4.74 | 4.74 | 101.36 |
| 3 | 晶澳 | 50 | 53.48 | 3.48 | 6.96 | 50.29 |
| 4 | 晶科 | 50 | 50.08 | 0.08 | 0.16 | 54.97 |
| 5 | 英利 | 50 | 53.04 | 3.04 | 6.09 | 47.83 |
| 6 | 招商新能源 | 100 | 100.94 | 0.94 | 0.94 | 100.94 |
| 7 | 三峡 | 100 | 104.97 | 4.97 | 4.97 | 104.97 |
| 8 | 同煤 | 100 | 100.73 | 0.73 | 0.73 | 100.00 |
| 9 | 阳光电源 | 50 | 50.14 | 0.14 | 0.28 | 46.00 |
| 10 | 正泰 | 50 | 50.36 | 0.36 | 0.72 | 50.36 |
| 11 | 中广核 | 100 | 100.06 | 0.06 | 0.06 | 101.00 |
| 12 | 中节能 | 50 | 50.27 | 0.27 | 0.55 | 50.27 |
| 13 | 国电投 | 100 | 115.01 | 15.01 | 15.01 | 106.80 |
| | 合计 | 1000 | 1042.12 | 42.12 | 4.21 | 1021.37 |

注：中广核先进技术微型实证平台1兆瓦容量单独下达。

2. 基地总体运行简况

太阳能资源：2020年1月，大同基地白天平均环境气温0.6℃，各项目平均斜面辐射量为132千瓦时/平方米，环比减少4.59%。斜面辐射量最高的项目是招商新能源，辐射量为131千瓦时/平方米。斜面辐射量最低的项目是国电投，辐射量为115千瓦时/平方米。

5万千瓦单体项目发电量：2020年1月，大同基地5万千瓦单体项目发电量最高的项目是阳光电源，发电量达510万千瓦时。本月5万千瓦单体项目较上月电量均有所下

① 资料来源：《大同一期光伏发电领跑基地运行监测月报（2020年1月）》。

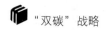

降，环比降幅为 15.7%。其中，晶澳环比降幅最大，达 19.5%。与上年同期对比，中节能发电量同比降幅最大，为 14.59%。截至 2020 年 1 月，项目累计发电量为 425 万千瓦时（中节能）至 510 万千瓦时（阳光电源），与上年同期相比，中节能同比减少最多，增幅为 14.59%。

10 万千瓦单体项目发电量：大同基地 10 万千瓦单体项目发电量最高的项目是三峡，发电量达到 1039 万千瓦时。10 万千瓦单体项目发电量较上月电量均有所减少，环比降幅为 13.55%，其中中广核（20.12%）环比降幅最大。截至 2020 年 1 月，项目累计发电量为 909 万千瓦时（中广核）至 1039 万千瓦时（三峡）。与上年同期相比，招商新能源同比减少最多，同比增幅为 17.03%。

截至 2020 年 1 月，基地累计平均满负荷利用小时数为 94 小时，阳光电源累计利用小时数最高（102 小时），其他累计小时数超过平均水平的项目有同煤（97 小时）、招商新能源（101 小时）、京能（96 小时）、三峡（99 小时）。

大同基地建立了全国首个光伏发电领跑基地综合技术监测平台，并同步建设了先进技术微型实证平台。

### （三）风电、光伏项目开发存在的困难和问题

为加快风电、光伏产业发展，国家虽然陆续出台了发电量全额收购、电网免费接入、资金补贴等一系列支持风电光伏产业发展的政策，从一定程度上促进了风电光伏产业快速发展。当前，山西芮城在推动风电光伏发展中，主要面临补贴指标争取难、土地计划落实难等因素制约。

#### 1. 取得指标难，政府补贴的等待时间比较长

风电、光伏企业前期取得省能源管理局开发指标难度大，获得项目核准、备案时间长，导致项目开工不断延后。光伏发电项目只有经过能源部门核准或备案才能享受发电补贴，保证合理盈利水平，否则没有发电补贴，投运即亏损。获得指标后，获得补贴的等待时间比较长。指标争取难让不少正在做前期工作的地面电站项目陡然"停车"。经了解，目前光伏发电的上网电价是 0.36 元/千瓦时，每度电政府补贴 0.64 元，目前部分政府补贴没有到位。风电的上网电价是 0.61 元/千瓦时，目前正处于争取政府补贴中。

#### 2. 成本相对较高，市场竞争力弱

风能光伏发电产业发展面临的首要问题仍然是成本较高，缺乏市场竞争力。目前，光伏发电成本一般在 0.7 元/千瓦时以上，风电发电成本通常也超过 0.5 元/千瓦时，而火电成本一般仅为 0.4~0.5 元/千瓦时。光伏发电与风能发电短期内仍难以与火电直接竞争，当下新能源项目的发展缘于政策补贴，随着光伏发电、风电技术的进步，补贴会呈现持续下降的趋势。

#### 3. 土地计划落实难

光伏发电项目需要的土地面积较大。据测算，1 兆瓦地面光伏电站占地近 20 亩，分布式光伏占地面积约 15 亩（10000 平方米）。建设 30 兆瓦的地面光伏电站需要 600 亩土地，3 兆瓦分布式光伏发电需要面积 3 万平方米（约 45 亩）。目前，在土地日益紧

张的情况下，项目需要大面积的土地指标是制约光伏项目的瓶颈之一。同时，风能与光伏资源具备开发价值的地区主要集中在山地，区域道路等级低，路面质量差，设备运输困难。

在"中国煤都"大同进行企业的调研过程中，我们发现争当山西能源革命和对外开放"尖兵"的大同在能源革命、转型改革中也面临着一些困难和问题，例如，大同近年来一直努力将电力变为经济发展优势，但目前山西送出去的电价并没有明显优势。大同新能源规模大，可以先行先试，光伏基地也做了一些改革尝试，比如林光互补模式，即在产煤沉陷区上建光伏电站，由企业来负责生态治理，但在土地资源及其税收政策上还有些体制问题没有理顺。储能方面，现利用的储能方式有压缩空气储能、抽水蓄能、电化学储能等，但目前还未探索出切实可行的路径，而且希望今后能将新能源加储能的试点做成全国示范。人才引进和培养方面，大同存在高精尖人才短缺问题，缺乏产业领军人才。生态环境方面，能源与环境的关系需要推进、开发出新型模式来协同解决等。

**（四）发展建议**

**1. 加强政府服务**

风能、光伏发电作为一项新技术，在成本上还高于常规能源，在发电特性上又具有波动性，现阶段不可能单纯依靠市场自我发展，还需要政府加以扶持。目前，山西光伏发电还处于起步阶段，这就要求各级政府发挥主导作用，落实专项经费，加大对风能光伏市场培育和引导力度，协调解决项目开发建设过程中遇到的矛盾和问题。

**2. 加强规划引导，推进产业集聚**

优化产业布局，将新能源产业纳入能源开发利用和城镇建设等相关规划。系统开展风力资源、太阳能资源、建筑屋顶及其他场地光伏发电应用的资源调查工作，根据资源详查和评估的结果，制定科学的开发规划，避免盲目发展；根据资源空间分布、用电负荷和发展规划，合理规范新能源开发，避免因位置重叠而影响新能源的进一步利用。落实重点建设项目，优先保障列入规划且建设条件落实的项目争取年度规模指标。加快培育市场主体，加强产业引导，实施品牌带动，推进产业集群和集聚，逐步建立从新能源开发利用到设备制造的整个产业链条，形成能源产业集群。

**3. 加大政策支持，优化发展环境**

积极争取国家和山西省对新能源的政策支持，研究制定新能源产业的激励政策，加大对新能源产业的扶持力度，切实推动新能源产业的发展，对新能源项目所需的土地、交通、资金、供电等各种要素要优先予以保证，对项目审批、建设、投产提供全过程全方位服务，确保项目顺利实施。

## 第二节 青海省可再生能源发展调研报告①

青海土地资源广阔，域内常规清洁能源资源（太阳能、水电、风能）十分丰富，非常规清洁能源资源（地热资源、页岩气、天然气水合物）和储能原料资源（盐湖资源）潜力巨大。青海已建成千万千瓦级的水光风储多能互补系统，是我国清洁电源装机比重最高的省份，率先在全国实现了"绿电15日"，为我国乃至全球范围内建设高比例清洁电力系统做出了重要探索，具备开展能源生产和消费革命的资源优势和产业基础。

### 一、能源资源基础

（一）常规清洁能源资源十分丰富，大规模勘探开发条件日臻成熟

1. 太阳能资源得天独厚，开发潜力巨大

青海太阳能辐照水平仅次于西藏，居全国第二位，全省理论可开发太阳能发电装机容量达35亿千瓦。其中，海西州和海南州分别属于我国太阳能一类和二类资源区，利用所在地区的荒漠化土地发展太阳能发电产业潜力巨大。

2. 水能资源优势突出，居全国前列

青海水能资源理论蕴藏量2187万千瓦，居全国第五位，是全国十三大水电基地之一，大中型水电站主要集中在黄河上游，呈梯级分布。境内黄河上游大中型水电站调节性能优良，龙羊峡水库库容247亿立方米，可实现多年调节，待建的宁木特、茨哈峡等水电站都具备年调节能力。

3. 风能资源比较好，分布较为集中

青海70米高度年均风功率密度大于200瓦/平方米的风能资源技术开发量约7555万千瓦。其中，年均风功率密度大于300瓦/平方米的风能资源技术开发量为2008万千瓦，居全国第十位，主要分布在柴达木盆地、青南高原西部和环青海湖地区。

（二）非常规清洁能源开发潜力较大，已逐步形成规模化示范应用

1. 地热资源总量巨大、分布广

青海地热能资源丰富，浅层地温能、中深层地热能、干热岩等地热能种类齐全，广泛分布在海南州、海东市、西宁市、玉树州和海西州等地，尤其是共和—贵德盆地中深层地热资源丰富，地下热水水温高达60℃~105℃。据不完全统计，青海全省盆地沉积型地热可采资源量达7.38亿吨标准煤/年。

2. 非常规天然气资源条件较好，勘探开发有潜力

青海目前基本确定页岩气主要分布于德令哈、大柴旦、都兰、天峻、祁连、门源

---

① 本节引用数据由青海省能源局提供。

等沉积盆地，页岩气分布面积占全省土地面积的 2/3，预测全省远景资源量 5.6 万亿立方米。蕴藏的天然气水合物远景资源量约 350 亿吨油当量。此外，青海还具有一定煤层气资源，聚乎更矿区预测赋存煤层气资源 148.29 亿立方米，江仓矿区预测赋存煤层气资源 48.67 亿立方米。

（三）化石能源资源条件尚好，未来具备一定勘探开发潜力

1. 油气资源总体处于勘探早期，但普遍埋藏较深

青海省油气资源主要分布在柴达木盆地，第四次油气资源评价柴达木盆地石油天然气总资源量为 70.3 亿吨，其中石油 38.2 亿吨，天然气 32.1 万亿立方米。截至 2018 年底，累积探明石油地质储量 7.18 亿吨，探明率为 18.8%；累积探明天然气地质储量 4.24 万亿立方米，探明率为 13.2%。目前柴达木盆地总体处于勘探早期，具有较大勘探潜力。

2. 煤炭资源相对匮乏，分布相对集中

截至 2018 年底，青海省累计查明煤炭资源量 79.4 亿吨，保有资源量 76.1 亿吨，煤炭资源相对贫乏，仅占全国的 0.3%，主要分布在海西、海北两个自治州所属的柴达木盆地北缘、祁连山两大含煤区，昆仑山、唐古拉山和积石山含煤区分布相对较少。

（四）盐湖矿产资源富饶，可强力支撑能源新技术、新材料发展

1. 锂资源丰富，资源储量位居全国之首

青海省拥有丰富的矿产资源，已经初步探明盐湖氯化锂 2248 万吨，储量居全国首位，占世界盐湖锂资源储量的 1/3，其中东台吉乃尔湖是全国经济价值最大的锂矿区。现编入资源储量表的矿产地 10 处，主要分布于柴达木盆地中部现代盐湖中，以晶间卤水或孔隙卤水、湖水液体矿形式及液体氯化锂形态与其他盐类矿产共（伴）生。

2. 盐湖矿产资源可为能源新技术、新材料发展提供基础原料

青海省盐湖资源丰富，初步探明氯化钠、氯化钾和镁盐储量分别为 3299 亿吨、8.0 亿吨、60.1 亿吨，均居全国首位。其中镁、钾盐储量都占全国已探明储量的 90% 以上，察尔汗盐湖也是全国最大的钾镁盐矿区。

## 二、能源开发现状

（一）能源保障能力显著增强

1. 能源供给保障形势稳固

"十三五"时期青海省能源供需平衡发展，能源供需格局得到扭转。2019 年，青海省能源生产总量 4542.13 万吨标准煤，较 2015 年净增长 1293.53 万吨标准煤，增幅达 39.82%，首次实现省内供需富余，省内能源保障形势进一步稳固。

2. 能源消费总量出现下降拐点

"十三五"前期，青海省能源消费呈现不断上涨趋势，2018 年能源消费总量达到 4374 万吨标准煤，2019 年能源消费总量为 4235.23 万吨标准煤，同比回落 3 个百分点。"十三五"前四年能源消费年均增速 0.81%，低于全国 2.7% 的年均增速。截至 2019 年，提前三年完成"十三五"单位 GDP 能耗下降 10% 的节能目标。

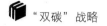

（二）能源供需结构逐步优化

1. 生产清洁程度维持高位

2019 年，青海省一次能源生产结构中一次电力占比达到 54%，相较"十三五"初期占比提升 10.2 个百分点。清洁电力装机容量约 2800 万千瓦，其中水电、太阳能发电、风电装机分别为 1192 万千瓦、1132 万千瓦和 462 万千瓦。2015 年以来，光伏发电装机年均增速约为 20%，2019 年可再生发电量占全部发电量比重稳步维持在 88% 高位，居全国第一位。

2. 消费电气化进程稳步推进

2019 年，青海省一次能源消费中煤、油、气、电的结构占比为 27：11：16：46，相较 2016 年电力上升 7 个百分点，煤炭下降 9 个百分点。终端能源消费结构中，天然气、热力、电力等清洁能源消费量比重超过 60%，其中电力占终端能源消费比重提升至 33.6%，同比上升 2.5 个百分点。

（三）清洁能源基地建设加速

1. 建成两个千万千瓦级清洁能源基地

"十三五"期间，青海省清洁能源装机规模快速增长，平均增速超过 12%，装机占比超过 87%，发电量占比超过 88%，均位居全国前列，新能源发展迅猛，装机超过水电装机。以海南、海西资源富集区为重点，采取大规模集中开发模式，推进公共基础设施园区化、运维管理智能化，打造布局合理、管理规范的千万千瓦级新能源发电基地。

2. 加强多能互补协调运行，建立高比例可再生能源电力运行体系

青海省加强水、光、风、储及与西北电网间的协调互补运行，实现了高比例的可再生能源电力消纳。率先建成了光热电站 11 万千瓦，为探索光热调峰运行方式积累了经验。2017 年以来，青海通过加强多能互补和省际协调，分别实现了"绿电 7 日""绿电 9 日""绿电 15 日"和"绿电百日"，创下连续多天全部由清洁电力供应的世界纪录。

3. 电力网架结构不断完善，外送能力进一步增强

青海省建成了 750 千伏西宁至甘肃武胜等一批重大输变电工程，已形成东西 750 千伏双链式结构的主网网架，330 千伏为支撑的环网结构，南北 330 千伏电网贯通，110 千伏电网辐射供电，有效支撑青海经济社会发展及新能源外送消纳。青海—河南 ±800 千伏特高压直流工程于 2018 年 11 月 7 日正式开工建设，2020 年 7 月 ±800 千伏青豫特高压直流工程双极低端直流系统顺利通过 168 小时带电试运行考核，其间所有设备运行正常，标志着工程双极低端系统正式顺利投入运行。

（四）能源科技装备取得突破

1. 能源科技支撑不断加强

青海省坚持以科技创新引领清洁能源发展，成立青海省光伏产业科研中心，组建 6 个重点实验室，建成全国首座"百兆瓦太阳能光伏发电实证基地"和首个新能源大数据创新平台。清洁能源多能互补研究成果和青豫高海拔特高压直流输电关键技术达到

国际领先水平；德令哈光热发电项目填补我国大规模槽式光热发电技术空白，格尔木、德令哈两个基地成功入选国家能源局光伏发电领跑基地名单。

2. 煤炭油气勘探开发取得突破性进展

全面建成青海开采规模最大、现代化程度高的鱼卡矿区 400 万吨/年矿井。油气勘探取得新突破，切探 2 井获自喷高产工业油流，实现了切克里克凹陷新区勘探的重大突破。

（五）能源开发"水光互补"与"虚拟水电"的创新模式

为了减少天气变化对光伏电站发电的影响，提高光伏发电电能的质量，从而获得稳定可靠的电源，黄河水电公司探索出了目前全球运行最大的"水光互补"项目——共和县塔拉滩 850 兆瓦龙羊峡水光互补光伏发电项目。

"水光互补"项目是利用水能、光能的互补性，依托水轮发电机组的快速调节能力和水电站水库的调节能力，调整光伏电站的有功出力，进行水光互补发电，达到平滑、稳定的发电曲线，有效弥补独立光伏电站的不足，提高了电力系统的安全性和稳定性，使光伏发电成为与水电相媲美的优质电能。通过水光互补，减少电网为吸纳新能源电量所需的旋转备用容量，提高电网消纳及送出能力。当太阳光照射时，用光伏发电，此时，水电停发或者少发。当天气变化或在夜晚的时候，就可以通过电网调度系统自动调节水力发电，以减少天气变化对光伏电站发电的影响，提高光伏发电电能的质量，从而获得稳定可靠的电源。

850 兆瓦龙羊峡水光互补光伏电站一年可发电 14.94 亿千瓦时，相对于每年节约火电标准煤 49.3 万吨，减少二氧化碳排放约 123.2 万吨，减少二氧化硫排放约 419.1 万吨，减少氮氧化合物排放约 364.87 万吨，节约 70% 的电力系统旋转备用容量，容量在 400~600 兆瓦；增强龙羊峡调峰调频能力 [18%（晴天）、9%（阴天）、5%（雨天）]，提高龙羊峡输电送出能力（22.4%），提升电网电能质量，使其均衡、优质、安全，更加友好，创造了良好的经济效益和社会生态环境效益。龙羊峡水光互补光伏发电项目推动了国际大规模水光互补技术的发展，为正在实施的全球首个 1000 兆瓦水光风多能源互补电站项目建设奠定了基础。"水光互补"技术实现了水力发电和光伏发电快速补偿的功能，解决了光伏发电的安全并网问题，填补了国内外大规模"水光互补"关键技术的空白，为我国清洁能源提供了互补的新型发展模式。

"水光互补"项目将光伏电站视为"虚拟水电机组"，接入龙羊峡水电站，并通过水轮发电机组调节后，组合两个电源的电力电量，利用龙羊峡水电站的送出通道送入电网。"虚拟水电"机组的概念，在世界范围内是首创，甚至为中国乃至全球太阳能领域的发展都将作出重要的贡献。

（六）能源开发利用惠民富民

1. 率先实现高比例全清洁能源供电

2019 年"绿电 15 日"期间，青海省连续 15 日 360 小时实现用电零排放，累计供电 28.39 亿千瓦时。2020 年创新性地在三江源地区实施"绿电百日行动"，持续刷新世界清洁能源供电纪录。推动西宁市进入全国第二批绿色公交都市创建城市，全市 100

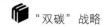

条运营线路、1940 台公交车全部使用清洁动力。

2. 实施清洁用能惠民新举措

青海省农网改造升级工程覆盖 42 个国家级贫困县，重点实施了 7 个乡、54 个村、2.3 万人口大电网供电。累计建成并网 72.16 万千瓦扶贫光伏电站，每年产生扶贫收益约 5.7 亿元，带动建档立卡贫困户 7.64 万户。三江源清洁取暖工程有力推进，玛多县城全部实行电力供暖，成为全国首个高海拔地区大范围清洁能源供暖试点示范县。加快补足储气能力短板，保障天然气稳定供应，规划 8 座储气站，规模 5.58 万立方米，其中 6 座储气站已开工建设。

3. 能源发展反哺农牧业

结合地方生态环境和产业特点，青海省应积极开展"光伏+"综合扶贫，与人民群众共享清洁能源发展成果。在"牧光互补"综合扶贫方面，从 2014 年开始，海南州共和光伏园 100 兆瓦集中式光伏扶贫电站综合模式。在"农光互补"综合扶贫方面，西宁市湟中县 34.1 兆瓦村级光伏扶贫电站将光伏板间隙的土地出租给农产品种植公司，部分种植收益用于该电站统筹扶贫工作，还解决了部分群众的就业问题。

（七）青海国家清洁能源示范省建设情况

2016 年 8 月，习近平总书记在青海考察时作出"使青海成为国家重要的新型能源产业基地"的重要指示，为青海建设清洁能源示范省提供了遵循。2018 年初，国家能源局复函批复支持青海省创建国家清洁能源示范省。青海省坚决贯彻落实习近平总书记重要指示精神，将建设国家清洁能源示范省作为统筹"五个示范省"建设的重点工作任务之一，在国家能源局的大力支持下，大力发展清洁能源，全面推进能源发展模式和产业格局转变，经过几年的努力，青海国家清洁能源示范省建设工作取得显著成效。

1. 新能源发展领跑全国

青海省集中式光伏发电量占全国的 8.4%，居全国第一位，主要分布在海西州、海南州资源富集地区，分别占全省的 47%、44%。青海省建成全球最大、首座水光互补光伏发电项目；光热发电率先在全国拉开商业化建设序幕，建成中国首座太阳能光热示范电站中控德令哈项目，填补我国大规模槽式光热发电技术空白的中广核德令哈项目，装机居全国第一位；建成全国首座新能源大数据中心，接入数量、规模全国第一。

2. 水电调峰服务国家

黄河上游水电基地建成装机 1049 万千瓦，是全国十三大水电基地之一。其中，龙羊峡电站装机 128 万千瓦，总库容 247 亿立方米，是我国北方第一大水库，连同拉西瓦水电站、李家峡电站长期服务西北电网调峰、调频，保障了西北电网安全稳定运行。

3. 电网架构不断完善

一是省内汇集输送能力提升。青海电网已由西北电网末梢发展成中间枢纽，省内 750 千伏，东部、南部形成两个三角环网，西部形成链式结构；省内 330 千伏，形成东部双环网，中西部单环网和南部双辐射式结构。二是融入全国特高压电网。青海—河南±800千伏特高压直流输电工程是全国首条专为输送清洁能源的特高压空中走廊，于2020年7月15日带电260万千瓦运行，配套300万千瓦光伏、195万千瓦风电投运，到2020年底将实现年30亿千瓦时送电目标。三是交易外送能力不断提升。青海省依托国网北京电力交易中心，与山东签订政府间外送协议80亿千瓦时，与陕西达成多年电量互济协议，2020年1~6月全省电量输出达到114.23亿千瓦时，同比增长1.46%，在上年高增长基础上再创新高。

4. 能源结构不断优化

2019年，青海省一次能源生产总量达到4542.13万吨标准煤，其中原煤占比20%、原油占比7.17%、天然气占比18.74%、一次电力占比54.09%。能源消费总量达到4235.23万吨标准煤，其中原煤占比27.14%、原油占比10.87%、天然气占比16.38%、一次电力占比45.61%。2019年非化石能源消费占比43.6%，同比提高1.5个百分点，比全国平均水平高28.3个百分点，居全国第二位。能源自给率首次超过100%，达到107.25%。

（八）电网及新能源发展现状、问题及促进电网与新能源协调发展的工作措施

1. 青海电网概况

青海电网与西北主网通过6回750千伏交流线路相连，通过±400千伏柴拉直流与西藏电网相连，通过±800千伏青豫直流与河南电网相连，东西跨距1200千米，南北跨距800千米。东部、南部750千伏骨干电网形成双环网结构，西部通过双回750千伏线路连接并向西延伸至鱼卡；330千伏电网形成东部双环网、中西部单环网、南部辐射供电结构。

青海电源主要分布在南部和西部地区，截至2020年7月，总装机3193.05万千瓦，其中水电1192.54万千瓦，占比37.35%；光伏1100.12万千瓦，占比34.45%；风电486.8万千瓦，占比15.24%；光热21万千瓦，占比0.66%；火电392.59万千瓦，占比12.3%。新能源装机1607.92万千瓦，占比达50.35%；清洁能源装机2800.46万千瓦，占比达87.7%。

青海负荷主要集中在东部西宁、海东地区，以电解铝、铁合金等高载能为主，负荷特性曲线平滑。2019年，全社会用电量716.5亿千瓦时，同比下降2.96%；全网最高用电负荷926.1万千瓦，同比增长0.13%。截至2020年7月，全社会用电量415.74亿千瓦时，同比下降2.04%；全网最高用电负荷921.4万千瓦，同比增长2.32%。

2. 新能源消纳情况

"十二五"以来青海新能源快速发展，装机规模年均增长176万千瓦，年均增速达43%，发电量年均增长75.2%。光伏年利用小时数保持在1500小时左右，处于全国领先水平。风电开发起步晚、规模小，受高海拔空气密度低等因素影响，风电年利用小时数在1700小时左右。

（1）发电情况。2019年，青海新能源发电量224.7亿千瓦时，同比增长33.3%

（太阳能同比增长 20.7%、风电同比增长 77%），占全省电源总发电量的 25.5%。截至 2020 年 7 月，全省新能源发电量 141.93 亿千瓦时，同比增长 7.81%（太阳能同比增长 4.78%、风电同比增长 14.65%），占全省电源发电量的 27.02%。

（2）消纳情况。2010~2014 年，青海新能源实现全额消纳。2015 年新能源发展速度加快，而负荷增长缓慢，出现弃电现象。2019 年，全年弃电量 13.91 亿千瓦时，综合利用率为 94.19%（弃电率为 5.81%）。2019 年光伏利用小时数为 1502 小时，风电为 1743 小时。截至 2020 年 7 月，累计弃电量 5.76 亿千瓦时，综合利用率为 96.17%（弃电率为 3.83%），光伏利用小时数为 859 小时，风电为 958 小时。

3. 新能源消纳存在的问题

受源荷储发展不均衡、结构性矛盾突出等因素影响，青海电网在实现资源优化配置中还存在电网安全问题突出、新能源消纳压力大等问题。

（1）新能源高占比带来安全压力。随着"两个基地"建设进程加快，新能源装机占比不断提高，调峰能力不足问题凸显；电力电子设备大幅增加，电网抗扰动能力下降；青豫直流近区新能源场站端暂态过电压问题突出。"十四五"青海传统电网安全问题与新问题交织，保障电网安全压力巨大。

（2）新能源消纳形势严峻。青海电网在新能源与电网协调发展方面主要面临用电市场空间增长乏力（电量增长率为 6.1%）、省内消纳新能源受限，电源结构性矛盾突出、调峰能力严重不足（最大调峰缺口约 800 万千瓦），常规电源发展缓慢、外送通道利用效率低三个方面突出问题，电网消纳压力成倍增加。到 2025 年青海可消纳新能源总装机 3148 万千瓦（光伏 1753 万千瓦、风电 1274 万千瓦、光热 121 万千瓦、火电 591 万千瓦），与预期存在较大差距。

4. 促进电网与新能源协调发展的工作措施与推进重点

（1）加强管理，引导新能源有序发展。

一是加强组织领导，成立促进新能源消纳领导小组。青海省电力公司落实《国家能源局关于可再生能源发展"十三五"规划实施的指导意见》《国家发展和改革委员会 国家能源局关于印发〈解决弃水弃风弃光问题实施方案〉的通知》以及国家电网有限公司关于新能源消纳相关文件的工作安排及要求，成立以董事长为组长的促进青海省新能源消纳领导小组，加强组织领导，积极推动解决弃风、弃光问题，保障新能源消纳年度目标实现。

二是发挥规划引领，持续滚动开展新能源消纳能力分析。每年定期开展新能源消纳专题研究，分析年度电网消纳新能源存在的问题，明确当年可新增新能源装机规模，行文报青海省能源局，取得青海省能源局同意意见。

三是引导新能源布局，确保新能源平稳发展。积极主动对接，鼓励发电企业提前开展项目接网方案研究，引导新能源企业在并网条件较好区域开发建设新能源项目。

（2）协同运行，促进新能源高质量发展。

一是开展多能互补集成优化研究。2017 年，青海省电力公司会同多家科研单位开展青海清洁能源多能互补研究，得出青海太阳能、风能具有天然互补性和地域广袤带来的发电出力"平滑效应";通过优化光伏、风电集中开发布局、规模和配比,可以使新能源本身自然互补效益最大化,降低风光出力在各时间尺度上的不确定性。

二是加强多能协调控制。2015 年底,完成新能源自动发电控制(AGC)系统改造升级,实施省内风、光、水、火多能协调控制,午间黄河水电、火电机组按最小方式发电,最大化利用新能源消纳空间。午间新能源出力最大,即光伏出力最大时,省内所有水、火电出力降至最低。

(3)加快配套工程建设,促进新能源高效并网。

2010~2019 年,青海省累计投资 172.15 亿元,建成 14 项电网网架加强及能力提升工程、27 项清洁能源送出工程,有效解决了清洁电源的输送和消纳难题。世界首条主送新能源的特高压工程青豫±800 千伏特高压直流工程 2018 年 8 月启动,2019 年 11 月取得国家核准意见,2020 年 7 月成功带电运行,创造多个第一的纪录。

(4)多措并举,促进新能源大规模消纳。

一是开展大用户直接交易以及发电权交易。引导新能源参与省内大用户直接交易;组织开展发电权替代交易;在清洁取暖、工农业生产、居民生活、商业用能、交通运输等领域大力推进电能清洁替代,提高新能源消纳量。

二是跨区外送,实现青海新能源在更大范围内配置。充分发挥大电网在清洁能源输送和资源大范围配置中的主导作用,自 2016 年起,青海先后与湖北、江苏、重庆、河南、上海签订协议,积极外送清洁能源电量。2020 年 7 月青豫特高压直流建成,设计年外送清洁电量 400 亿千瓦时以上。

(5)创新实践,打造绿色发展亮丽名片。

一是探索灵活共享储能模式。青海为全国首次将共享理念引入储能,全面释放源网荷各端储能能力的省份。2019 年,全省累计减少弃光电量 470.6 万千瓦时,累计放电电量 352.5 万千瓦时,储能综合转换效率达 74.9%。目前,已经实现共享储能常态化。

二是全清洁能源供电实践。青海持续探索能源绿色转型之路,2020 年继"绿电 7 日""绿电 9 日""绿电 15 日"之后,开展了"绿电三江源百日"活动,青海绿色发展品牌效应深入人心。首创发布"绿电指数",涵盖电力生产、传输、消费全过程,旨在综合反映绿色电力发展总体水平。

(6)工作推进重点。

为落实青海省"一优两高"发展战略,服务青海清洁能源示范省建设,青海电网在电源结构优化、外送通道建设等方面继续推进相关工作开展,持续提高电网与能源协调运行能力,增加新能源消纳规模。

一是持续开展新能源消纳研究,为新能源高质量发展提供支撑。结合青豫特高压直流运行效率提升、储能、区域负荷发展以及电网的规划建设,继续深入开展新能源高占比情况下青海电网消纳能力研究,提升新能源涉网性能,有效引导新能源布局,支撑青海第二条特高压直流外送通道工程立项,充分发挥电网优化配置资源能力。

二是促请推动电源结构优化，提高新能源消纳潜力。在电网规划中立足推动全省能源发展转型升级，促请加快青豫直流配套水电建设，推动光热电站发展，真正将青豫直流主送青海电落到实处。结合"十四五"全省能源电力规划，加快推进省内常规电源建设，推动桥头"上大压小"等火电项目建设，补齐电源短板。促请青海省政府加大抽蓄、电化学储能等调峰电源推进力度，提升新能源消纳能力和送电保障能力。

三是依托特高压直流外送通道，拓展新能源发展空间。加快省内 750 千伏鱼卡—托素、省际郭隆—武胜Ⅲ回线路工程建设，提高省内、省际断面输电能力，提高青豫直流外送运行效率，促进新能源大规模外送。加快青海第二条特高压直流外送规划研究，提前谋划省内 750 千伏配套电源、电网建设，为工程早日纳入国家规划奠定基础，推动新能源发展空间进一步提升。

四是有序建设新能源汇集送出工程，实现电网与新能源协调运行。根据系统消纳能力，有序引导新能源建设规模及布局，积极配合开展海西、海南千万千瓦级清洁能源基地新能源汇集送出工程建设；加快目标网架的构建，提升省内关键新能源输送断面能力，实现电网与基地新能源协调发展。

（九）青海国家清洁能源发展对生态环境改善的示范效应

我们在调研中发现，青海国家清洁能源发展对生态环境改善的示范效应非常突出。以光伏和光热发电基地建设为例，原来的戈壁滩寸草不生之地，在建设为光伏、光热发电基地后，光伏板之下的地表温度可比原来降低 1℃~2℃，再加上光伏板定期或不定期清洗，增加了地面湿度，使原来的戈壁土地变成了草地。光伏、光热发电基地在发电的同时，还可以放牧养羊，并为冬天畜牧提供牧草饲料。事实证明，新能源的发展不仅不会造成生态环境的破坏，而且更利于生态环境的恢复和发展。

以青海省海南藏族自治州共和县光伏产业园的发展为例，这个位于荒漠戈壁的光伏产业园，在发展光伏发电的同时，在光伏板下面由于地面温度、湿度的改变而变成了草场，草场上可以放牧，发电养羊两不误，结果是在荒漠戈壁搞出了优质农场。这座光伏产业园位于青海省海南藏族自治州共和县的塔拉滩戈壁，园区完全建成之后达609 平方千米，几乎和新加坡国土面积一样大。

青海省共和县日照多，降水少，风沙大。共和县的塔拉滩曾是沙化严重的半荒漠化草地，如今，在塔拉滩的道路两旁，大面积的太阳能光伏板代替了光秃秃的沙石地面，植被也重新回到这片沙化的土地，曾经的"不毛之地"成了全国首个千万千瓦级太阳能生态发电园。光伏园区的企业将光伏支架提高至 1.2 米，并加盖了羊舍，上面光伏发电，下面放养羊群，形成牧光互补，实现生态畜牧业发展的有机结合。修建光伏板使子阵区风速下降了 50%、蒸发量减少了 30%，草地的含水量大大增加，土地荒漠化得到有效遏制，草地得到了恢复。恢复后的草地也为企业和牧民带来了"意外收获"。由于植被恢复效果良好，为防范火灾隐患，每年 9~10 月，光伏企业会让当地百姓免费将草割走，用来喂养牲畜。

同时，黄河水电公司将生态保护的理念融入建设中，在这里开展了光伏生态产业种植和光伏支架型研究试验等工作，针对当地土壤、水质、植被，种植雪菊、紫苏、透骨草等高原生态作物。除了草地植被恢复和在光伏园区养羊之外，生态型经济作物产业也得到了发展。

### 三、能源发展展望

（一）全力打造海南州、海西州两个"高原三峡"

1. 推进海南州千万千瓦级可再生能源基地建设力度

推进特高压外送基地配套光伏、风电项目招标及竞争性配置，力争"十四五"初期完成清洁能源配套电源建设，中期实现向受端落点省份满功率跨区输电。到2025年，海南州可再生能源装机规模超过2000万千瓦；到2035年，海南州建成海南州水风光储多能互补运行基地，清洁能源基地规模超过3000万千瓦。

2. 加快海西州千万千瓦级可再生能源基地建设进程

加速统筹可再生能源基地规划与建设，促进高海拔低风速风电与光伏、储能互补融合发展，并提前做好特高压外送配套电源安排及项目布局。到2025年，海西州可再生能源装机规模超过2000万千瓦。到2035年，海西州建成"柴达木清洁能源生态走廊"，清洁能源基地规模超过5500万千瓦。

（二）依托资源优势，构建多元灵活调峰体系

1. 开发建设黄河上游水电储能工厂

有效落实国家《新时代推进西部大开发形成新格局》部署要求，"十四五"期间核准及建设龙羊峡—拉西瓦、羊曲—龙羊峡、格尔木南山口等一批大型储能工厂和抽水蓄能电站，并于"十五五"期间投运。到2030年，青海常规水电装机达到2122万千瓦。到2035年，建成运行规范、多方参与的黄河上游大型水电储能基地。

2. 积极发展太阳能热发电储能调峰能力

依托海西州德令哈、格尔木，以及海南州塔拉滩等光热发电项目建设，开展太阳能热发电储能调峰运行示范。到2035年，青海光热装机达到1500万千瓦，其中海西州装机1200万千瓦，建成格尔木大灶火、中灶火200万千瓦级，及乌图美仁300万千瓦级热发电产业园区；海南州光热装机300万千瓦，新建成巴拉哈滩、木格滩等50万千瓦级光热园区。

3. 全面推进电化学等新型储能设施建设

制定新型储能技术示范项目工作方案，大力推进储能项目建设，探索储能多样化应用方式。在海西州已建成5万千瓦电化学储能系统的基础上，积极开展大规模锂离子电池、液流电池、压缩空气储能等各类新型储能技术创新应用。到2025年，储能应用规模达到百万千瓦级，初步形成多种技术路线、多元化应用的储能市场格局，建成全国领先的电网侧共享储能运营平台。

（三）强化电网建设，提升绿色电力外送能力

1. 建设青海坚强智能电网

完善省内750千伏骨干网架体系，扩大330千伏主网覆盖面，优化调整网架结构。

重点解决供电能力低、可靠性差等问题，全面提升城乡供电保障能力。持续扩大青海与周边省份的电力交换，充分挖掘青海—西藏±400千伏直流联网工程送电能力，"十四五"期间显著提升青海、西藏间余缺互济能力。

2. 完善100%绿色电力跨省外送通道建设布局

优化跨省电力外送通道建设布局，加快建设青海—河南±800千伏特高压直流工程，到2022年实现满功率运行。围绕海西州建设第二条特高压直流100%清洁电力外送通道，适时启动相关研究工作，开展光伏、风电、光热、抽蓄等联合运行方式和外送方案研究论证，力争2025年前建成投运。2025年后，进一步明确通道落点、建设规模、开发时序。

（四）壮大能源产业，促进青海特色能源发展

1. 建设泛在电力物联网

大力发展智慧能源技术，推动风光水储多能互补、综合能源服务等能源新业态发展。"十四五"期间重点发展能源大数据服务应用，建设基于互联网的绿色能源灵活交易平台，推动能源互联网的核心设备研发和关键技术攻关。中长期，力争实现能源大数据中心与电网系统的有效衔接和有机融合，以提升电气化水平为核心，以推进多能互补、集成优化为目标，建设能源互联网。

2. 发展新型能源材料产业

发挥清洁能源开发利用规模优势和市场优势，培育壮大新型能源材料产业。着力开展锂离子电池相关材料研发和生产，做大做强储能电池及动力电池产业，到2025年形成较为完整的锂电产业集群，锂电产业年产值突破500亿元；到2035年力争建成国家级千亿锂电产业基地。强化电子级、太阳能级晶硅材料产业优势，到2025年，打造出一个以光伏发电成套装备、关联设备制造为主体，兼具光伏发电服务的产业集群，到2035年产业规模进一步扩大。

3. 培育非常规能源利用示范

干热岩开发争取"十四五"期间建成国家级干热岩研究基地，2030年前开展干热岩开发利用试验，2035年初步实现干热岩规模化开发利用。非常规天然气开发力争2035年前初步完成相关基础性技术研究，并开展相关试验开发。低温微堆核能供热争取2025~2030年项目开工建设。以"青海绿氢"为核心，"十四五"期间，在海西州光伏基地建设100兆瓦氢燃料电池储能示范项目，优化光伏基地电力输出曲线，提供绿色氢气供给。

（五）优化能源服务，推进清洁能源惠民富民

1. 创新清洁能源开发利用效益共享机制

"十四五"时期，进一步完善光伏扶贫等"飞地模式"，为巩固脱贫成果拓宽就业和增收渠道，打造青海"光伏羊""光伏菜"全国知名品牌，实施2~3个清洁能源惠民富民示范项目。中长期，持续保障高原农牧区清洁能源供应。建设美丽宜居乡村，发展与现代农牧业融合的分布式光伏、分散式风电及微网系统，因地制宜推进生物质能供暖等多元利用，促进农牧区生产、生活用能清洁化。

2. 建立藏区绿色能源普遍服务机制

"十四五"时期，统筹考虑青海三江源生态保护、保障民生用能需求等，补偿农牧区电力、天然气建设以及运营成本，争取在国家层面建立青海藏区普遍服务建设和运营补偿机制。中长期，研究清洁能源开发带动藏区经济社会发展的长效机制，制定能源惠民措施及政策，拓宽融资渠道，加大惠民基础设施、示范项目建设和运营的支持力度。

# 参考文献

［1］ ECFIN. Energy Economic Developments in Europe ［R］. Brussels：European Commission，2014.

［2］ IRENA. Renewable Power Generation Costs in 2019 ［R］. Bonn：IRENA，2020.

［3］ Markandya A，Chiabai A. Valuing Climate Change Impacts on Human Health：Empirical Evidence from the Literature ［J］. International Journal of Environmental Research and Public Health，2009，6（2）：759-786.

［4］ Pan X，Wang H，Wang L，et al. Decarbonization of China's Transportation Sector：In Light of National Mitigation Toward the Paris Agreement Goals ［J］. Energy，2018（155）：853-864.

［5］ Peng T，Ou X，Yuan Z，et al. Development and Application of China Provincial Road Transport Energy Demand and GHG Emissions Analysis Model ［J］. Applied Energy，2018（222）：313-328.

［6］ Schmidt O，Hawkes A，Gambhir A，et al. The Future Cost of Electrical Energy Storage Based on Experience Rates ［J］. Nature，2017，2（8）：1-8.

［7］ World Bank. Global Economic Prospects，January 2019 ［R］. Washington D. C.：World Bank，2019.

［8］ Zhang H，Chen W，Huang W. TIMES Modelling of Transport Sector in China and USA：Comparisons from a Decarbonization Perspective ［J］. Applied Energy，2016（162）：1505-1514.

［9］ Zhang Q，Zheng Y，Tong D，et al. Drivers of Improved PM2. 5 Air Quality in China from 2013 to 2017 ［J］. Proceedings of the National Academy of Sciences of the United States of America，2019，116（49）：24463-24469.

［10］ 边文越，陈挺，陈晓怡，等. 世界主要发达国家能源政策研究与启示 ［J］. 中国科学院院刊，2019，34（4）：488-496.

［11］ 曹莉萍，周冯琦. 能源革命背景下中国能源系统转型的挑战与对策研究 ［J］. 中国环境管理，2017，9（5）：84-89.

［12］ 戴彦德，田智宇，杨宏伟，等. 重塑能源：中国——面向 2050 年能源消费和生产革命路线图（综合卷）［M］. 北京：中国科学技术出版社，2017.

［13］ 发挥新型举国体制优势　构建国家洁净能源体系 ［J］. 中国科学院院刊，

2019，34（4）：381-382.

［14］凤振华，王雪成，张海颖，等．低碳视角下绿色交通发展路径与政策研究 ［J］．交通运输研究，2019，5（4）：37-45.

［15］桂黄宝．战略性新兴产业成长动力机制分析：以我国新能源汽车为例［J］．科学管理研究，2012（3）：48-51.

［16］国家发展和改革委员会能源研究所国家可再生能源发展中心．中国可再生能源展望 2018［R］．2018.

［17］国家发展和改革委员会能源研究所国家可再生能源发展中心．中国可再生能源展望 2019［R］．2020.

［18］国家发展和改革委员会综合运输研究所．中国交通低碳发展研究报告 ［M］．北京：人民交通出版社，2013.

［19］国网能源研究院有限公司．中国能源电力发展展望 2019［M］．北京：中国电力出版社，2019.

［20］霍国庆，孙皓．战略性新兴产业与大国崛起［J］．智库理论与实践，2016，1（1）：90-93.

［21］金小禾．国家实验室是建设世界科技强国的重要支撑［N］．学习时报，2020-05-13（006）.

［22］金之钧，白振瑞，杨雷．能源发展趋势与能源科技发展方向的几点思考 ［J］．中国科学院院刊，2020，35（5）：576-582.

［23］康重庆，王毅，张靖，等．国家能源互联网发展指标体系与态势分析［J］．电信科学，2019，35（6）：2-14.

［24］李常刚，刘玉田，张恒旭．大规模风电接入对电力系统频率的影响 ［C］//中国电机工程学会，上海电力学院．中国高等学校电力系统及其自动化专业第二十六届学术年会暨中国电机工程学会电力系统专业委员会 2010 年年会论文集，2010.

［25］刘朝全，姜学峰．2019 年国内外油气行业发展报告［M］．北京：石油工业出版社，2020.

［26］刘坚．电动汽车退役电池储能应用潜力及成本分析［J］．储能科学与技术，2017（2）：243-249.

［27］刘俊伶，孙一赫，王克，等．中国交通部门中长期低碳发展路径研究［J］．气候变化研究进展，2018（5）：513-521.

［28］毛盛勇，叶植材．中国统计年鉴 2019［M］．北京：中国统计出版社，2019.

［29］莫神星．论以科技创新推动能源技术革命的路径［J］．上海节能，2018（3）：139-145.

［30］清华大学建筑节能研究中心．中国建筑节能年度发展研究报告 2016［M］．北京：中国建筑工业出版社，2016.

［31］清华大学建筑节能研究中心．中国建筑节能年度发展研究报告 2017［M］．

北京：中国建筑工业出版社，2017.

［32］清华大学建筑节能研究中心．中国建筑节能年度发展研究报告2019［M］．北京：中国建筑工业出版社，2019.

［33］清华大学建筑节能研究中心．中国建筑节能年度发展研究报告2020［M］．北京：中国建筑工业出版社，2020.

［34］邵志刚，衣宝廉．氢能与燃料电池发展现状及展望［J］．中国科学院院刊，2019，34（4）：469-477.

［35］王长信，贾英华．科技创新引领新能源革命［J］．全球化，2014（9）：83-93+132.

［36］王海林，何建坤．交通部门$CO_2$排放、能源消费和交通服务量达峰规律研究［J］．中国人口·资源与环境，2018，28（2）：59-65.

［37］王宏英，葛维奇，曹海霞．中国生态环境可承载的煤炭产能研究［J］．中国煤炭，2011，37（3）：10-14.

［38］王继业，孟坤，曹军威，等．能源互联网信息技术研究综述［J］．计算机研究与发展，2015，52（5）：1109-1126.

［39］韦婷．海外疫情扩散下的光伏组件产业长期仍持乐观态度（一）．［EB/OL］．前瞻经济学人网．［2020-03-26］．https：//www.qianzhan.com/analyst/detail/220/200325-6186eacd.html.

［40］肖宇，彭子龙，何京东，等．科技创新助力构建国家能源新体系［J］．中国科学院院刊，2019，34（4）：385-391.

［41］杨永明．全球主要能源展望报告对比与启示（2020）［R］．北京：能源研究俱乐部，2020.

［42］俞敏，李佐军，高世楫．欧盟实施《欧洲绿色政纲》对中国的影响与应对［J］．中国经济报告，2020（3）：132-137.

［43］《中国科学院院刊》"建设世界科技强国"系列［J］．中国科学院院刊，2020，35（5）：封3.

［44］中电联发布2019年全国电力可靠性指标［EB/OL］．［2020-06-04］．http：//news.bjx.com.cn/html/20200604/1078736.shtml.

［45］《中国环境空气质量管理评估报告（2018）》发布［J］．中华环境，2019（1）：72.

［46］中国电动汽车充电基础设施促进联盟．2019-2020年度中国充电基础设施发展年度报告［R］．2020.

［47］中国煤控项目．中国"十三五"煤炭消费总量控制规划研究报告（2016—2020）［R］．2016.

［48］中国煤控项目．中国煤炭消费总量控制规划研究报告［R］．2015.

［49］中国能效经济委员会．中国能效2018［R］．北京：中国能效经济委员会，2019.

［50］中国能源中长期发展战略研究项目组．中国能源中长期（2030、2050）发展战略研究［M］．北京：科学出版社，2011.

［51］专家建言：科技创新构建国家能源新体系［J］．氯碱工业，2019，55（4）：48.